LINGUAGEM JURÍDICA E ARGUMENTAÇÃO

TEORIA E PRÁTICA

O GEN | Grupo Editorial Nacional – maior plataforma editorial brasileira no segmento científico, técnico e profissional – publica conteúdos nas áreas de concursos, ciências jurídicas, humanas, exatas, da saúde e sociais aplicadas, além de prover serviços direcionados à educação continuada.

As editoras que integram o GEN, das mais respeitadas no mercado editorial, construíram catálogos inigualáveis, com obras decisivas para a formação acadêmica e o aperfeiçoamento de várias gerações de profissionais e estudantes, tendo se tornado sinônimo de qualidade e seriedade.

A missão do GEN e dos núcleos de conteúdo que o compõem é prover a melhor informação científica e distribuí-la de maneira flexível e conveniente, a preços justos, gerando benefícios e servindo a autores, docentes, livreiros, funcionários, colaboradores e acionistas.

Nosso comportamento ético incondicional e nossa responsabilidade social e ambiental são reforçados pela natureza educacional de nossa atividade e dão sustentabilidade ao crescimento contínuo e à rentabilidade do grupo.

FABIO TRUBILHANO
ANTONIO HENRIQUES

LINGUAGEM JURÍDICA E ARGUMENTAÇÃO

TEORIA E PRÁTICA

7ª edição revista e atualizada

- O autor deste livro e a editora empenharam seus melhores esforços para assegurar que as informações e os procedimentos apresentados no texto estejam em acordo com os padrões aceitos à época da publicação, e todos os dados foram atualizados pelo autor até a data de fechamento do livro. Entretanto, tendo em conta a evolução das ciências, as atualizações legislativas, as mudanças regulamentares governamentais e o constante fluxo de novas informações sobre os temas que constam do livro, recomendamos enfaticamente que os leitores consultem sempre outras fontes fidedignas, de modo a se certificarem de que as informações contidas no texto estão corretas e de que não houve alterações nas recomendações ou na legislação regulamentadora.

- Fechamento desta edição: *22.04.2021*

- Os Autores e a editora se empenharam para citar adequadamente e dar o devido crédito a todos os detentores de direitos autorais de qualquer material utilizado neste livro, dispondo-se a possíveis acertos posteriores caso, inadvertida e involuntariamente, a identificação de algum deles tenha sido omitida.

- **Atendimento ao cliente: (11) 5080-0751 | faleconosco@grupogen.com.br**

- Direitos exclusivos para a língua portuguesa
  Copyright © 2021 by
  Editora Atlas Ltda.
  Uma editora integrante do GEN | Grupo Editorial Nacional
  Al. Arapoema, 659, sala 05, Tamboré
  Barueri – SP – 06460-080
  www.grupogen.com.br

- Reservados todos os direitos. É proibida a duplicação ou reprodução deste volume, no todo ou em parte, em quaisquer formas ou por quaisquer meios (eletrônico, mecânico, gravação, fotocópia, distribuição pela Internet ou outros), sem permissão, por escrito, da Editora Atlas Ltda.

- Capa: Fabrício Vale

- **CIP – BRASIL. CATALOGAÇÃO NA FONTE.**
  SINDICATO NACIONAL DOS EDITORES DE LIVROS, RJ.

T78L

Trubilhano, Fabio
Linguagem jurídica e argumentação: teoria e prática / Fabio Trubilhano, Antonio Henriques. – 7. ed. – Barueri [SP]: Atlas, 2021.

Inclui bibliografia
ISBN 978-65-59-77033-5

1. Direito – Linguagem. 2. Argumentação jurídica. I. Henriques, Antonio. II. Título.

21-70563   CDU: 340.113

Meri Gleice Rodrigues de Souza – Bibliotecária – CRB-7/6439

Aos meus queridos pais,
Angela e Sol.

Para Dra. Lineide Mosca (*in memoriam*),
Dra. Maria Margarida de Andrade, Elaine Silveira,
amigas de ontem, de hoje, de sempre.

SOBRE OS AUTORES

FABIO TRUBILHANO

Doutor em Filologia e Língua Portuguesa (USP) e mestre em Direito (PUC-SP). Professor da Faculdade de Direito da Universidade Presbiteriana Mackenzie, onde leciona Direito Civil, Linguagem Jurídica e Retórica. Foi Diretor de Negócios Jurídicos do Sport Club Corinthians Paulista na gestão 2018/2020. Sócio-fundador do escritório de advocacia Trubilhano Sociedade de Advogados, em São Paulo.

trubilhano@trubilhano.com.br

www.trubilhano.com.br

ANTONIO HENRIQUES

Bacharel em Direito. Doutor em Filologia e Língua Portuguesa pela Universidade de São Paulo. Advogado. Ex-professor de Língua Portuguesa das Faculdades Metropolitanas Unidas (FMU). Ex-professor do Colégio Bandeirantes (SP). Ex-professor da Rede Oficial de Ensino (SP).

SUMÁRIO

1 Língua e Linguagem 1
    1.1. Língua 1
    1.2. Linguagem 3
    1.3. Linguagem verbal 4
        1.3.1. Língua falada 5
        1.3.2. Língua escrita 7
    1.4. Linguagem não verbal 10
        1.4.1. Linguagem corporal 10
            1.4.1.1. A linguagem do rosto 11
            1.4.1.2. A linguagem gestual 13
        1.4.2. Linguagem do vestuário 14
    1.5. Níveis de linguagem 15
        1.5.1. Nível culto (variante padrão) 15
        1.5.2. Nível coloquial 16
        1.5.3. Nível vulgar 16
        1.5.4. Reflexões sobre os níveis de linguagem 17
    1.6. Características da linguagem jurídica 19
        1.6.1. Correção 19
        1.6.2. Estilo 24
        1.6.3. Conservadorismo 25
        1.6.4. Autoritarismo 28
        1.6.5. Precisão terminológica 29
        1.6.6. Clareza 30
        1.6.7. Ritualização 31
    1.7. Denotação e conotação 32
        1.7.1. Denotação 32
        1.7.2. Conotação 32
    1.8. Exercícios 36

2 Vocabulário Jurídico 37
    2.1. Polissemia e homonímia 37

		2.1.1.	Polissemia	37
		2.1.2.	Homonímia	38
	2.2.	Sinonímia e paronímia		39
		2.2.1.	Sinonímia	39
		2.2.2.	Paronímia	40
	2.3.	Escolha lexical		42
	2.4.	Repertório vocabular jurídico		58
	2.5.	O juridiquês		85
	2.6.	Exercícios		89
3	Argumentação Jurídica			91
	3.1.	Preliminares		91
	3.2.	Comunicação – *modus operandi*		91
	3.3.	Comunicação e argumentação		93
	3.4.	Argumentação objetiva e subjetiva		97
		3.4.1.	Argumentação objetiva	97
		3.4.2.	Argumentação subjetiva	99
			3.4.2.1. *Éthos*	99
			3.4.2.2. *Páthos*	99
	3.5.	Comunicação conflitual		102
	3.6.	Figuras de linguagem e argumentação		103
		3.6.1.	Preliminares	103
		3.6.2.	Figuras de escolha	103
		3.6.3.	Figuras de presença	107
		3.6.4.	Figuras de comunhão	113
	3.7.	Estratégias argumentativas		114
		3.7.1.	Preliminar	114
		3.7.2.	Demonstração	115
		3.7.3.	Argumentação	115
		3.7.4.	Argumentos quase lógicos	117
		3.7.5.	Tipos de argumentos	117
	3.8.	Falácias da argumentação		124
	3.9.	Língua e argumentação		128
	3.10.	Exercícios		130
4	O Latim na Linguagem Jurídica			135
	4.1.	Prelúdio		135
	4.2.	Expressões latinas		136

4.3.	Brocardos jurídicos e argumentação		158
	4.3.1.	Preâmbulo	158
	4.3.2.	Principais brocardos jurídicos em latim	159
	4.3.3.	Outros brocardos jurídicos em latim	170
4.4.	Exercícios		176

5 A Gramática no Português Jurídico ... 177

5.1.	Preâmbulo		177
5.2.	Observações gramaticais		177
	5.2.1.	Onde – Aonde – Donde	177
	5.2.2.	Senão – Se não	178
	5.2.3.	Porque e variantes	179
	5.2.4.	Salvado – Salvo	180
	5.2.5.	Pagado – Pago	181
	5.2.6.	Sob – Sobre	181
	5.2.7.	Só	181
	5.2.8.	Junto – Junto a(de) – Juntada	182
5.3.	Vícios de linguagem		182
5.4.	Evitando erros frequentes		186
5.5.	Numeração e estrutura dos artigos de lei		198
5.6.	Regência de alguns verbos jurídicos		200
	5.6.1.	Arguir	200
	5.6.2.	Arrazoar	201
	5.6.3.	Carecer	201
	5.6.4.	Herdar	201
	5.6.5.	Implicar	201
	5.6.6.	Obedecer	202
	5.6.7.	Obstar	203
	5.6.8.	Preferir	203
	5.6.9.	Responder	204
	5.6.10.	Retrotrair	205
	5.6.11.	Viger	205
	5.6.12.	Prover	206
	5.6.13.	Proceder	207
	5.6.14.	Conhecer	207
	5.6.15.	Residir	208
5.7.	Uso do hífen		208
	5.7.1.	O hífen e o latim	209

		5.7.2.	Hífen e prefixos	209
	5.8.		Reforma ortográfica: alguns casos de acentuação	212
	5.9.		Prefixação e sufixação	215
		5.9.1.	Preliminar	215
		5.9.2.	Prefixos latinos	216
		5.9.3.	Prefixos gregos	220
		5.9.4.	Sufixos latinos	223
		5.9.5.	Sufixos gregos	225
	5.10.		Expressões vernáculas	226
	5.11.		Repertório vocabular erudito	228
	5.12.		Abreviaturas e siglas no Direito	232
	5.13.		Arcaísmos, neologismos e estrangeirismos	242
	5.14.		Exercícios	247
6	Estruturação Frasal			249
	6.1.		Texto	249
	6.2.		Contexto	250
	6.3.		Intertexto	250
		6.3.1.	Paráfrase	251
		6.3.2.	Estilização	252
		6.3.3.	Paródia	255
		6.3.4.	Transcrição	256
	6.4.		Coesão	258
		6.4.1.	Elementos de coesão	260
	6.5.		Coerência	266
	6.6.		Considerações finais sobre coesão e coerência	268
	6.7.		Exercícios	272
7	Prática da Linguagem Jurídica			275
	7.1.		Discursos extrajudiciais	283
		7.1.1.	Notificação extrajudicial	284
			7.1.1.1. Estrutura da notificação extrajudicial	285
			7.1.1.2. Exemplo de notificação extrajudicial	287
			7.1.1.3. Notificação extrajudicial por meio de advogado e por meio de cartório	288
		7.1.2.	Requerimento extrajudicial	288
			7.1.2.1. Estrutura do requerimento extrajudicial	290
			7.1.2.2. Exemplo de requerimento extrajudicial	295

	7.1.3.	Parecer jurídico...	295
		7.1.3.1. Parecer jurídico, parecer técnico e laudo pericial...	296
		7.1.3.2. Estrutura do parecer jurídico (consultivo)...........	297
		7.1.3.3. Exemplo de parecer jurídico (consultivo).............	300
	7.1.4.	Ata	302
		7.1.4.1. Ata de audiência	303
		7.1.4.2. Estrutura da ata..	303
		7.1.4.3. Exemplo de Ata de Assembleia Extraordinária de Sociedade Limitada..	307
	7.1.5.	Procuração extrajudicial..	308
		7.1.5.1. Estrutura da procuração extrajudicial..................	311
		7.1.5.2. Exemplo de procuração extrajudicial	317
	7.1.6.	Substabelecimento extrajudicial.......................................	317
		7.1.6.1. Estrutura do substabelecimento extrajudicial	318
		7.1.6.2. Exemplo de substabelecimento extrajudicial.........	320
7.2.	Discursos judiciais...		320
	7.2.1.	Numeração de processos: Número Único Nacional.................	321
	7.2.2.	Procuração judicial	322
		7.2.2.1. Estrutura da procuração judicial............................	323
		7.2.2.2. Exemplo de procuração judicial para finalidade especial...	328
		7.2.2.3. Exemplo de procuração judicial para finalidade geral..	329
	7.2.3.	Substabelecimento judicial..	329
		7.2.3.1. Estrutura do substabelecimento de procuração judicial..	330
		7.2.3.2. Exemplo de substabelecimento judicial	332
		7.2.3.3. Exemplo de substabelecimento judicial simplificado (em primeira pessoa)	333
	7.2.4.	Requerimento judicial simples	333
		7.2.4.1. Estrutura do requerimento judicial simples	334
		7.2.4.2. Exemplo de requerimento judicial simples............	338
		7.2.4.3. Exemplo de requerimento judicial simples para juntada de substabelecimento.................................	339
	7.2.5.	A construção do discurso na petição inicial.............................	339
		7.2.5.1. Crises jurídicas...	339
		7.2.5.2. O pedido	340
		7.2.5.3. Argumentação e lógica	341

	7.2.6.	Construção do discurso na contestação............................	342
		7.2.6.1. Argumentação e lógica	342
		7.2.6.2. O princípio da eventualidade...................	344
	7.2.7.	Construção do discurso na sentença judicial	345
		7.2.7.1. Estrutura da sentença judicial................	346
		7.2.7.2. Os fundamentos..	347
7.3.	Exercícios..		348

Apêndice A – Expressões Jurídicas em Machado de Assis 349

Apêndice B – Latinismos na Literatura Jurídica 375

Bibliografia 389

1
LÍNGUA E LINGUAGEM

Soa oportuno iniciar este capítulo com a explicação da dicotomia língua/linguagem, explorada por muitos doutrinadores, entre eles, pelo prestigiado linguista suíço Ferdinand de Saussure.

1.1. LÍNGUA

Consoante a lição de Carvalho (1987, p. 62), há três conceitos para língua: (1) acervo linguístico, isto é, conjunto de hábitos linguísticos com que alguém seja capaz de compreender e ser compreendido; (2) instituição social, a saber, conjunto de convenções estabelecidas pelo corpo social para que os membros da sociedade exercitem a língua; (3) realidade sistemática: conjunto ordenado de signos pelo qual a sociedade concebe e se exprime.

Nota-se que os termos-chave do que se expôs acima são: (1) *acervo* (conjunto, reunião, somatório de elementos); (2) *socialização* (instituição dos membros constituintes de determinada sociedade); (3) *sistema* (organização em um conjunto unitário de partes num todo).

Servatis servandis,[1] todos os autores, na definição de língua, convergem para os pontos acima expostos. Tal é o caso, por exemplo, de Cazacu (1970, p. 54), "La lengua seria el conjunto [sistema] de las convenciones [socialização] linguísticas";[2] Borba (1976, p. 71), "Sistema de signos que se caracteriza pela socialização de hábitos vocais individuais"; Jovanovic (1987, p. 30), "A língua é o conjunto de signos [sistema] que serve de meio de comunicação entre os integrantes de uma mesma comunidade [socialização] sócio-linguística-cultural."

A língua constitui, portanto, uma convenção social entre determinado povo, o qual desenvolve coletivamente signos linguísticos e lhes atribui significado.

---

[1] Conservando-se o que deve ser conservado.
[2] A língua seria o conjunto das convenções linguísticas.

Tais signos linguísticos são sons articulados (fala) ou sinais gráficos (escrita) que formam palavras (significantes) às quais determinado sentido é agregado (significado).

Assim, por ser um acordo coletivo, todos os usuários de uma mesma língua passam a atribuir a cada significante o(s) mesmo(s) significado(s), ainda que, abstratamente, não exista correspondência direta, concreta e lógica entre os sons ou letras e os objetos aos quais eles se referem.

O fato de existir uma vastidão de línguas, e mesmo uma grande diversidade de sinais gráficos que correspondem aos sons (variedade de alfabetos), é prova de que entre as palavras (significantes) não existe correspondência natural com o sentido que elas carregam (significados). A língua é, efetivamente, um pacto construído vagarosamente entre seus usuários. Assim foi construída cada uma das línguas, algumas delas desdobrando-se de uma mesma origem, como, por exemplo, as línguas neolatinas (francês, italiano, português, espanhol etc.), que evoluíram a partir do latim.

Desse modo, o mesmo signo linguístico, gráfico ou sonoro, pode ter significado para determinadas línguas e nada representar para outras; ou, então, o mesmo signo pode existir em várias línguas, mas associado a ideias distintas, ou seja, com conteúdo semântico distinto. É, como foi dito acima, uma questão de convenção coletiva, produto da vontade social e do costume cristalizados pelo uso no perpassar dos anos.

Nesse sentido, vale citar a explicação de Terra (1997, p. 15): "a língua é exterior aos indivíduos e, por isso, não podem criá-la ou modificá-la individualmente. Ela só existe em decorrência de uma espécie de contrato coletivo que se estabeleceu entre as pessoas e ao qual todos aderiram". Assim, por meio deste acordo, os falantes de uma mesma língua associam as "imagens acústicas ou gráficas" às ideias que elas convencionalmente contêm, possibilitando a comunicação. É impossível alterar a língua individualmente porque o signo linguístico deixaria de ser conhecido entre os demais falantes, o que tornaria inviável a compreensão e interpretação da ideia.

A língua é o meio comunicativo mais especializado que há, possibilitando ao ser humano formular e expor detalhadamente, por meio de códigos linguísticos, os pensamentos abstratos. Por conseguinte, o domínio da língua possibilita ao homem decodificar os códigos linguísticos que lhes são apresentados pelos outros falantes, assimilando as ideias expostas. Trata-se, portanto, do meio de comunicação mais complexo e eficaz que existe. Tão complexo que se levam anos para obter fluência em uma língua estrangeira. Tão eficaz que é utilizado pelo ser humano até mesmo para formular ideias consigo mesmo: pensamos em português, por exemplo. Não houvesse o domínio de qualquer língua, nem sequer uma língua nativa, o desenvolvimento do raciocínio estaria restrito a outras formas de associações, que não as linguísticas, o que provavelmente imporia certos limites à formulação de ideias e planejamentos.

Cada língua possui suas próprias regras e estruturas, que se manifestam por meio de sua fonologia, morfologia e sintaxe. Conforme uma língua é constituída, toma-se uma de suas variantes por padrão, fazendo sobre ela incidir as regras da gramática normativa, que é, assim como a relação entre significantes e significados, uma questão de convenção social, paulatinamente construída.

1.2. LINGUAGEM

Uma vez delineadas as principais observações sobre a língua, importa verificar a outra face da dicotomia, a saber, a linguagem, gênero do qual a língua é uma espécie. Pode-se assim dizer porque toda língua é uma manifestação da linguagem, mas nem toda linguagem se manifesta por meio de uma língua.

Em razão disso, classifica-se a linguagem em verbal e não verbal. Será verbal quando a comunicação for realizada por meio de uma língua, seja na forma falada ou escrita. Por outro lado, será não verbal quando a comunicação é praticada sem a utilização de uma língua, como, por exemplo, a linguagem gestual.

Em verdade, sempre que houver comunhão entre os comunicadores acerca dos códigos utilizados, poderá haver linguagem: esta pode ser realizada por cores (p. ex., semáforo vermelho); por sons (p. ex., sirene de viatura policial); por gestos (p. ex., gesto de positivo); por desenhos gráficos (p. ex., desenho de caveira com ossos cruzados); por pinturas (p. ex., um quadro artístico); por símbolos (p. ex., a balança da justiça); por sinais (p. ex., os sinais de trânsito); por movimentos sincronizados (p. ex., a dança); entre outras tantas possibilidades.

Em que pese a classificação em linguagem verbal e linguagem não verbal, verdade é que, em muitas situações, a comunicação se perfaz pelo uso concomitante de ambos os modos de linguagem, como ocorre, por exemplo, quando o falante gesticula, em meio a seu discurso, a fim de dar-lhe ênfase. O mesmo ocorre nas histórias em quadrinhos, aliando os desenhos às falas dos personagens. Nesses casos, dá-se o nome de linguagem mista.

Vale citar que a comunicação não se circunscreve aos seres humanos. Ela existe entre os animais também. Todos sabem, por exemplo, quando um cão está alegre, pelo gesto de balançar a cauda, e sabem quando pretende demonstrar ferocidade, ao rosnar e mostrar os dentes. Também os golfinhos possuem larga aptidão para interagir com os humanos: basta verificar nos parques aquáticos especializados para perceber que tais animais, quando treinados, reconhecem certos gestos e executam os movimentos para os quais foram condicionados, em patente interação comunicativa com o seu treinador por meio do reconhecimento da linguagem gestual. Mesmo alguns invertebrados desenvolveram formas de comunicação: é o que ocorre com as abelhas, conforme provou o zoólogo austríaco Karl von Frisch, ganhador do Prêmio Nobel de Fisiologia/Medicina de 1973 em razão dos estudos sobre comportamento animal. Em sua publicação, *A Dança das Abelhas*, demonstra e descreve como esses animais utilizam o próprio corpo para se comunicar com as demais abelhas, realizando voos em estilos específicos.

Entretanto, embora possam desenvolver a comunicação por meio de linguagens próprias, os animais não desenvolvem o domínio de uma língua, sendo esta aptidão exclusiva dos seres humanos. Mesmo aqueles animais que possuem a capacidade de pronunciar palavras, como certas aves, não o fazem com o intuito de trocar informações, mas tão somente repetem o que ouvem.

Ponto aceito por todos – *nemine discrepante* – é que tanto a língua como a linguagem constituem uma ação, uma atividade. A diferença capital entre uma e outra reside no fato de a língua ser uma ação *in potentia, in fieri*,[3] ao passo que a linguagem é uma atividade *in actu, in agendo*. Para lembrar a teoria de Wilhelm von Humboldt, linguista alemão do final do século XVIII e início do século XIX, a linguagem é *enérgeia* e a língua, *érgon*. Isso porque, como ele afirmou, cada língua seria um reflexo e uma projeção da visão de mundo do povo que a fala, enquanto a linguagem constituiria uma propriedade inata ao espírito humano.

Assinaladas as diferenças entre língua e linguagem, importa dizer que elas são termos distintos, mas relacionados e, assim, são termos includentes e não excludentes. Já a filosofia escolástica rezava: *aliud est distinctio, aliud separatio*.[4] Nesse sentido, Cazacu (1970) se expressa: "Lenguage y lengua son, en el fondo, dos aspectos diferentes – pero de ninguna manera opuestos – de un mismo fenómeno complejo, el de la comunicacion."[5]

1.3. LINGUAGEM VERBAL

Conforme anteriormente exposto, a linguagem se classifica em verbal e não verbal. A etimologia do termo "verbal" (*uerbo*) remonta ao sentido de "palavra, verbo". Em suma, a linguagem será verbal quando se utilizar de signos linguísticos, efetivando-se a comunicação por meio do emprego de palavras faladas ou escritas de um idioma. Ocorre que a utilização de uma língua, conforme se dê na forma falada ou na forma escrita, apresenta características próprias que merecem certas reflexões, sobretudo no âmbito jurídico.

---

[3] A se construir.
[4] Distinção é uma coisa, separação é outra.
[5] Linguagem e língua são, no fundo, dois aspectos diferentes – mas de nenhuma maneira opostos – de um mesmo fenômeno complexo, o da comunicação.

1.3.1. Língua falada

Não há duvidar que a fala constitui o primeiro e mais importante meio de comunicação. Só ao homem compete a faculdade de falar, razão por que Coseriu qualifica o homem de "ser falante".

O termo "falante" relaciona-se ao latim *fari* (falar). *Fari* (segundo Bréal e Bailly, s.d., p. 101), em vários exemplos, tem um sentido particular: "falar por inspiração divina", realçando a importância do falar. Como sinônimos de falante, temos "locutor" (do latim *loqui*) ou "orador" (do latim *orare*, cognato de *os – oris* – boca; "orare" é um termo comum na linguagem religiosa e jurídica); ou ainda "emissor" (do latim *emittere*, cujo sentido primeiro é "deixar sair"). Em Retórica costuma-se usar a expressão *orador/falante*.

Algumas características da fala lhe são próprias, como se pode ver no quadro abaixo:

> individualidade
> espontaneidade
> maior restrição vocabular
> contato direto com o destinatário
> informalidade

Sob a perspectiva argumentativa, a comunicação verbal por meio da fala apresenta certas vantagens se comparada à língua escrita, embora também conte com desvantagens. Sobre as vantagens, destaca-se o fato de que na língua falada a interação comunicativa se torna mais ágil e espontânea, além de poder ser complementada pelos elementos suprassegmentais: ritmo, entonação, tom da voz. Quando a conversa se realiza pessoalmente, é possível trabalhar, também, com elementos como a gesticulação, o olhar, o toque, entre outros, os quais colaboram para a eficácia da comunicação e argumentação.

Por meio do discurso falado e presencial, é possível ao orador prestar atenção às reações do auditório, durante o ato comunicativo, a fim de moldar a linha argumentativa conforme o receptor demonstre estar concordando ou não com as ideias sustentadas. Assim, em um diálogo, se o receptor balança a cabeça em sentido positivo, é aconselhável que o emissor siga na mesma linha argumentativa, uma vez que seu discurso parece estar sendo eficaz.

Entretanto, percebendo a rejeição do interlocutor, por meio de gestos ou mesmo refutação expressa, caberá ao emissor robustecer ou reformular a linha argumentativa exposta, a fim de atingir a persuasão do receptor que está se mostrando reticente. Essa é uma das vantagens que o contato direto com o destinatário possibilita, além de o orador poder utilizar meios subjetivos e não verbais para colaborar com a persuasão, normalmente atrelados às paixões (*páthos*), como a imagem, as expressões faciais, o contato físico, o choro, o riso etc.

Cabe dizer que constitui grave equívoco pensar que a palavra falada não pode ser revestida de validade jurídica, ou que não haja desdobramento jurídico se as palavras ditas não forem registradas por escrito. Assim, ainda que não haja registro escrito, a simples palavra falada pode propiciar diversos efeitos jurídicos, alguns deles de profunda importância. Hipoteticamente, imagine que um empregado injustamente profira ofensas verbais graves para um superior hierárquico, ofendendo profundamente sua honra diante de todos os demais empregados. Nesse caso, ainda que não haja palavra escrita, poderá haver sérias consequências jurídicas em três âmbitos: trabalhista, em razão de eventual dispensa por justa causa; cível, em razão de eventual indenização por danos morais; e penal, em razão de eventual condenação por crime de injúria.

Claro que, para haver condenação judicial, mister se faz a presença de provas, a fim de promover o convencimento do juiz. Entretanto, nem sempre a prova se faz por meio de documento escrito, pois o direito admite, em regra, outras formas de provar o alegado: depoimento pessoal, testemunhas, perícias, gravações audiovisuais etc.

Sobre os negócios jurídicos, importante ressaltar que a regra geral é a disposta no art. 107 do Código Civil, segundo a qual a forma dos negócios jurídicos é livre, salvo se a lei estipular o contrário para determinado ato: "A validade da declaração de vontade não dependerá de forma especial, senão quando a lei expressamente a exigir." Isso significa que, em regra, os negócios jurídicos podem ser celebrados verbalmente, não havendo prejuízo para a sua validade.

Nada impede, entretanto, que sejam celebrados por escrito ou mesmo por escritura pública: a validade jurídica, caso a lei não exija forma especial, é a mesma. Não há negar, entretanto, que a forma escrita costuma oferecer maior segurança jurídica, pois registra a vontade manifestada pelas partes, servindo o instrumento escrito de prova sobre tal convergência volitiva. É, em suma, o que diziam os romanos: *verba volant, scripta manent*.[6]

Ainda sobre as características da língua falada, vale citar que é comum o falante deixar em seu discurso indícios e marcas que fazem com que o destinatário o identifique como participante de determinado segmento social, seja em razão das gírias empregadas, do sotaque, da maior ou menor correção gramatical, do vocabulário empregado etc.

O diálogo falado proporciona, também, a construção conjunta do assunto, pois, ainda que as questões sejam apresentadas somente por um dos falantes, a

---

[6] Palavras voam, a escrita permanece.

interação imediata entre os demais interlocutores permite a presença de várias vozes construindo as ideias contidas no discurso.

Acerca das desvantagens, ressalta o fato de que na língua falada o emissor não tem como rever seu discurso antes de submetê-lo à apreciação do receptor, uma vez que a produção e recepção discursivas são concomitantes. Assim, a revisão prévia do texto, tão comum em textos escritos, fica impossibilitada na comunicação oral. Ao falante não é dada a oportunidade de extirpar os excessos, os erros, as repetições, os vícios gramaticais de seu discurso, mesmo porque ele o elabora praticamente no mesmo instante em que o disponibiliza para o receptor. Uma vez dito e ouvido, não há nada que o falante possa fazer para apagar o que disse: no máximo, pode falar mais, a fim de persuadir o ouvinte a desprezar aquilo que dissera antes.

Aliás, a informalidade típica da língua falada, bem como o maior desapego às normas gramaticais, dão-se em razão do imediatismo típico da fala. Como a formulação e a exposição de ideias são amiúde realizadas espontaneamente e com muita agilidade, sem possibilidade de revisões ou alterações prévias da produção discursiva submetida ao ouvinte, é natural que o linguajar seja mais informal, solto, desapegado dos rigores da gramática normativa.

Importante notar que há algumas situações em que o discurso falado muito se assemelha ao discurso escrito, como sói ocorrer, por exemplo, com os jornais televisivos, os seminários acadêmicos, a prolação de sentenças, a apresentação de relatórios por ministro do STF, entre outras hipóteses. Isso se explica pelo fato de que, embora sejam proferidos oralmente, na verdade correspondem a leituras ou memorizações de textos escritos, os quais já passaram por planejamento, correções e revisões antes de serem apresentados verbalmente aos destinatários. Assim, mesmo que orais, carregam marcas típicas da escrita.

1.3.2. Língua escrita

A escrita é, obviamente, muito posterior à fala. Apenas após diversos milênios de comunicação exclusivamente falada é que o homem passou a desenvolver mecanismos de registro da língua. Para isso, desenvolveu formas gráficas e lhes atribuiu representações dos sons utilizados na fala, de modo que qualquer outro usuário da língua pudesse ver tais signos gráficos e entender os sons que representam, formando, assim, palavras, frases, discursos. Para Dubois et al. (1978, p. 222), escrita "é uma representação da língua falada por meio de signos gráficos". Também Borba (1976, p. 71) pensa dessa maneira: "transposição do sistema oral, auditivo para o gráfico, visual".

Estima-se que a escrita teve sua origem há cerca de cinco mil anos, na antiga Mesopotâmia, por meio da escrita cuneiforme, e no Egito antigo, por meio dos hieróglifos. O desenvolvimento da escrita é, sem dúvida, um dos maiores marcos da humanidade, senão o maior. Afirma-se isso, entre outras várias razões, porque a escrita permitiu aos integrantes de cada geração deixar registradas suas vidas, ideias e culturas, propiciando maior facilidade no acúmulo do conhecimento humano. Frise-se, pois, que não se trata apenas de uma questão de registro do passado, mas, principalmente, de conhecimento agregado, o que possibilitou a evolução das diversas ciências, fazendo com que o ser humano atingisse o estágio evolutivo e tecnológico em que se encontra atualmente. Aliás, história e escrita imbricam-se, tanto o é que, para referir-se a período anterior à sua invenção, utiliza-se o nome de "pré-história".

Algumas características da linguagem escrita merecem destaque, conforme se pode ver no quadro abaixo:

> contato indireto com o destinatário
> maior riqueza vocabular
> maior apego à gramática
> maior preocupação com a clareza

Sob a perspectiva argumentativa, assim como a língua falada, a escrita carrega vantagens e desvantagens. Vale ressaltar, sobre as vantagens, que o texto escrito é produzido antes de sua apresentação ao receptor, possibilitando ao emissor planejar cuidadosamente a sua produção textual, tanto do ponto de vista do assunto, uma vez que pode refletir sobre quais temas serão abordados e de que forma, quanto do ponto de vista linguístico-discursivo, já que poderá cuidadosamente escolher o nível de linguagem empregado, os vocábulos utilizados, as normas gramaticais aplicáveis. Poderá, também, rever o texto quantas vezes sejam necessárias, antes de ofertá-lo ao receptor.

Entretanto, se por um lado o autor tem a vantagem de revisitar o seu texto para depurá-lo antes de submetê-lo ao leitor, por outro lado não poderá contar com a interação imediata própria da língua falada. Nesta, caso o interlocutor não compreenda o texto falado, de imediato poderá intervir e expor a dúvida para que o emissor a esclareça. Mas, na língua escrita, em regra, a leitura do texto não será realizada na presença do seu autor.

Desse modo, quando a comunicação se realiza por escrito, o autor deve perquirir a máxima clareza na exposição de suas ideias, afastando eventuais obscuridades, já que não será possível, ao menos de imediato, responder a eventuais questionamentos do leitor ou explicar-lhe melhor certa dúvida que remanesça, como sói ocorrer no diálogo falado.

Assim, por exemplo, ao peticionar em juízo o advogado deve verificar se o conteúdo de seu texto está claro, pois a apreciação de sua petição, em regra, demorará dias, ou mesmo semanas, e não será realizada em sua presença. O inverso também é verdadeiro: ao decidir, o juiz deve ser claro, caso contrário não será compreendido pelos advogados das partes, os quais podem, nesse caso, opor recurso denominado embargos de declaração, com o intuito de que o magistrado afaste a obscuridade ou contradição presente em sua decisão.

Em razão da busca pela clareza e da interação indireta com o destinatário, os textos escritos tendem a ser mais longos e complexos. A formalidade é, também, uma característica distintiva da escrita, uma vez que ao autor, sendo-lhe possível revisar seu texto, é-lhe dada a oportunidade de adequá-lo à norma padrão e à variante de maior prestígio social. Essa seria uma das razões para que alguns vissem na escrita valor superior à língua falada. Ressaltamos, no entanto, que essa ideia não passa de mito, pois ambas as formas são importantes para a comunicação, não havendo qualquer razoabilidade em atribuir-lhes valorações distintas. Língua falada e língua escrita, antes de serem sistemas excludentes, são complementares, estando cada qual adaptada a determinados usos e modalidades discursivas.

Importante ressalvar que, em razão de canais comunicativos modernos e ágeis, algumas manifestações linguísticas por escrito apresentam características da fala, como, por exemplo, as conversas travadas em redes sociais pela internet, ou mesmo as mensagens de texto trocadas por telefones celulares. Nesses casos, o destinatário recebe as mensagens praticamente no momento em que elas são digitadas, ou logo após, e comumente as responde sem demora, de modo que o cuidadoso planejamento típico do texto escrito é deixado em segundo plano. Tais textos escritos são impregnados, também, da informalidade própria da oralidade, pois pretendem alcançar agilidade no ato comunicativo. Prova de tal fato é a abundância de palavras abreviadas utilizadas pelos comunicadores quando usam canais dessa natureza: "sds" por "saudades", "vc" por "você", "s" por "sim", "n" por "não", "tb" por "também", entre tantas outras.

Na seara judicial, a maioria dos atos processuais realiza-se por meio da escrita: petições, atas, documentos, certidões, mandados, laudos, despachos, sentenças, acórdãos etc. É verdade que a comunicação oral está presente no processo judicial, como, por exemplo, nas audiências e nas sustentações orais, entretanto, a língua escrita é predominantemente utilizada. Trata-se de uma questão de segurança jurídica, no intuito de que os atos praticados fiquem registrados, podendo ser consultados a qualquer momento pelas partes, magistrados de quaisquer instâncias e outros interessados. Não fosse o processo registrado pela língua escrita, em pouco tempo as ideias se perderiam e seria praticamente impossível promover a justiça nos casos concretos.

Sobre os negócios jurídicos, vale citar que, quando escritos, podem sê-lo por duas maneiras: instrumento particular ou público. Este, também denominado "escritura pública", é lavrado por tabelião de notas, que goza de fé pública. Aquele, comumente denominado "contrato particular", é escrito pelas próprias partes, ou por advogado contratado para tal.

Embora a regra geral dos negócios jurídicos seja a da forma livre, conforme previsto no art. 107 do Código Civil, alguns negócios devem ser praticados necessariamente por escrito, sob pena de invalidade. Assim, a própria lei determina quando o negócio deve ser realizado por instrumento particular ou por escritura pública, sendo, nesses casos, vedada a forma verbal.

É o caso, por exemplo, do art. 108, do Código Civil, o qual estipula que a escritura pública é, em regra, essencial aos negócios jurídicos que visem à constituição, transferência, modificação ou renúncia de direitos reais sobre imóveis cujo valor seja superior a trinta vezes o salário-mínimo do país. Consequentemente, por entender o legislador que se trata de direito de destacada relevância, seria juridicamente inválida a transferência de propriedade de imóvel por negócio jurídico entabulado verbalmente ou por instrumento particular, sendo imprescindível a lavratura de escritura pública.

1.4. LINGUAGEM NÃO VERBAL

Conforme já exposto, a linguagem não verbal é aquela cuja comunicação se efetiva por meio de signos não linguísticos, daí a adjetivação "não verbal", ou seja, sem o emprego de palavras.

Dessa forma, por não contar com a vastidão de possibilidades comunicativas presentes em uma língua, a linguagem não verbal pode, em certas situações, conferir aos seus usuários menor amplitude comunicativa, assim como pode propiciar-lhes, em certos momentos, menor precisão, certeza e clareza do que seria possível transmitir por meio da linguagem verbal. É o que ocorre, por exemplo, quando um turista está em país estrangeiro sem dominar a língua nativa, o que fatalmente restringirá seu potencial comunicativo, uma vez que estará adstrito à utilização da linguagem não verbal.

Por ser de maior relevância para a comunicação jurídica, passaremos a pormenorizar o estudo sobre a linguagem corporal e a do vestuário.

1.4.1. Linguagem corporal

Tompakow e Weil têm um livro com um título sugestivo, *O corpo fala* (1993); não menos sugestivo é o título do livro de Rector e Trinta (1990), *Comunicação do corpo*. Realmente o corpo fala com voz silenciosa. O silêncio é, ele também, uma prerrogativa do ser humano, por ser uma determinação negativa de falar. Também nesse particular o ser racional distingue-se do irracional. Provavelmente por essa razão, os romanos, na lição de Ernout e Meillet (1951, p. 1103), pelo menos até a época clássica, usavam dois verbos para calar: *silere* para os irracionais e *tacere* para os racionais.

A linguagem jurídica fala em "tácita aceitação", "tácita ratificação", "tácita recondução", "renúncia tácita", "confissão tácita". A antiga redação do art. 186 do Código de Processo Penal rezava que o silêncio do réu poderia ser interpretado em prejuízo da própria defesa, razão pela qual Noronha (1969, p. 115) disse que o silêncio do denunciado poderia ser interpretado contra ele. Entretanto, em harmonia com a nova ordem constitucional (CF, art. 5º, LXIII), a redação do art. 186 do Código de Processo Penal foi alterada, fazendo constar, em seu parágrafo único, que o silêncio não importará em confissão e não poderá ser interpretado em prejuízo da defesa.

No âmbito do Direito Privado, o art. 111 do Código Civil determina que o silêncio somente acarreta anuência quando as circunstâncias ou os usos o autorizarem e não for exigida a declaração expressa. Assim, o dito popular "quem cala consente" não encontra guarida, em regra, nos negócios jurídicos.

Vale transcrever Pirandelo, na citação de Cazacu (1970, p. 58): "Que los actores no teman al silencio, porque en ciertos momentos el silencio habla más que las palabras, si saben hacerlo hablar."[7]

1.4.1.1. A linguagem do rosto

Bem certo é que Cesare Lombroso exagerou na dose, e ponha exagero nisso, ao procurar identificar o criminoso por determinados traços físicos, especialmente do rosto, não havendo razões científicas que possam sustentar tal posicionamento. Entretanto, indícios de um discurso falso podem comumente ser deflagrados pela observação atenta da linguagem corporal do falante. Um depoimento falso, por exemplo, pode revelar-se até mesmo pelo transpirar, pela agitação excessiva das mãos, pelo empalidecer ou pelo movimentar-se das pálpebras. Ao interrogar um detento, é comum o juiz analisar-lhe a linguagem corporal e suas reações. Por essa razão é que alguns se opõem ao uso da videoconferência em interrogatórios.

Apelamos para expressões significativas da fala do rosto recorrentes ao longo dos dias como: "cara emburrada"; "cara amarrada"; "cara de choro"; "cara de poucos amigos"; "rosto amigo"; "rosto zombeteiro" e outras muitas.

O rosto fala para os escritores. Tomás Antonio Gonzaga (RAMOS, 1964, p. 157) viu o seu rosto numa fonte e o seu semblante lhe disse que não estava enrugado. Quando Rubião, em *Quincas Borba*, recebe uma carta de Sofia, Machado de Assis diz: "Via-se-lhe a comoção no rosto [...]" (ASSIS, 1962, p. 663).

Em se falando do rosto cumpre chamar a atenção para os olhos e para o riso.

---

[7] "Que os atores não temam o silêncio, porque em certos momentos o silêncio fala mais que as palavras, se sabem fazê-lo falar."

a) Os olhos

Que os olhos falam atestam-no as inúmeras expressões populares correntes no dia a dia: "olho gordo"; "olhos esbugalhados"; "olhos meigos"; "olhos brejeiros"; "olho atravessado"; "olhos travessos"; "olhos amigos" e por aí vai.

O ditado popular "os olhos são a janela da alma" revela o quão importante se mostram os olhos para a comunicação corporal. Tal ditado metafórico passa a ideia de que as emoções transparecem pelos olhos, pelo olhar. É comum dizer que pessoas que falam sem olhar nos olhos do interlocutor não inspiram confiança. É comum, também, que se usem óculos escuros em situações nas quais se pretende evitar o ato comunicativo, como em partidas de pôquer, ou em situações nas quais a pessoa está entristecida e não quer se expor.

Os escritores, em geral, dão especial atenção aos olhos de suas personagens. Machado de Assis tinha verdadeira obsessão pelos olhos. Damião e Henriques (2009, p. 20) lembram que em *Dom Casmurro* aparecem *olhos dorminhocos* (Tio Cosme); *olhos quentes e intimativos* (Sancha); *olhos curiosos* (Justina); *olhos refletidos* (Escobar); *olhos policiais* (Escobar); *olhos oblíquos* (Capitu); *olhos de ressaca* (Capitu). A fala do olhar em Machado de Assis atinge a maior expressão quando Capitu fita o cadáver de Escobar com *olhos de viúva*, revelando naquele instante que o homem dela era *de facto* Escobar, enquanto Bentinho o era *de jure*, de direito. Em *Quincas Borba*, Machado de Assis tece loas, muitos e variados elogios, aos olhos de Sofia que enfeitiçam o pobre Rubião. Para ele (Rubião), os olhos de Sofia não eram olhos, eram estrelas.

Diferentemente do que ocorre normalmente com a língua falada ou escrita, a linguagem transmitida pelos olhos muitas vezes é sutil e, portanto, dúbia. Frise-se, pois, que a dubiedade é inerente aos atos comunicativos sutis, como o olhar, o que por vezes oferece certa sedução ao destinatário, que não possui certeza absoluta do que o seu interlocutor esteja pensando, mas lhe oferece indícios e suposições.

b) O riso

Por influência dos padres da Igreja – com especial relevo para São João Crisóstomo –, corria, em tempos remotos, a afirmação de que Cristo nunca riu e, talvez por isso, o riso fosse coisa do diabo. Causa espécie Cristo não ter sorrido, por exemplo, na festa de casamento em Caná ou quando convivia na intimidade de Marta e Maria, embora os Evangelhos nada digam a respeito. Hoje, considera-se um mito a asserção de que Cristo nunca sorriu.

Correm na voz do povo expressões e provérbios que atestam o falar do riso. É o caso, por exemplo, do riso amarelo, do riso sardônico, "muito riso, pouco siso"; "quem ri por último ri melhor" etc.

Ao se falar em riso, pensa-se na *ironia*, figura de *escolha*, que, para Morier (1961, p. 217), consiste em exprimir o contrário do que se pretende dizer. É o que ocorre quando determinada frase é construída literalmente em sentido oposto à ideia que se pretende exteriorizar, propositadamente, de modo que o contexto, por vezes acompanhado de um "riso irônico", é que permitirá ao interlocutor elucidar o verdadeiro sentido.

O sentido duplo de que se reveste a ironia comporta um quê de retórico pela *oposição* que carrega (entre o sentido literal e o real sentido almejado pelo emissor, alcançado pelo destinatário por meio da correta interpretação contextual) e pelo *desvio* que confere à ironia um caráter criptológico, oculto, enigmático e ambíguo. Dessa forma, a ironia viola a máxima de *clareza*. Defays (1996, p. 58) acha que a ironia também se opõe à máxima de *qualidade* (dizer a verdade), desde que não seja uma verdadeira mentira.

A ironia caminha par a par com o cômico, difícil de definir, associado que está a inúmeros fatores e por trabalhar com o previsível e o imprevisível. Parece claro que a finalidade do cômico é provocar o riso caracterizado pela alegria (o "rir com" – riso de inclusão) e pela malignidade (o "rir de" – riso de exclusão). Há o riso bom e o riso mau. Di-lo Resende (1993, p. 98): "e riam o riso mau da chacota".

1.4.1.2. A linguagem gestual

Que o gesto fala testemunham, mais uma vez, expressões como "mão leve"; "mão pesada"; "mão fechada"; "mão de vaca"; "mão de ferro" e outras muitas.

Não há cenário melhor para se avaliar a linguagem gestual que o campo de futebol, especialmente por parte do juiz. Não lhe cabe, ao juiz, discutir com os jogadores, trocar impropérios, mas, sim, arbitrar, isto é, conduzir, dirigir o jogo com o apito e com os gestos, com o uso, sobretudo, das mãos.

Cumpre lembrar que o termo *mão* procede do latim *manus* que, segundo a lição de Ernout e Meillet (1951, p. 687), era símbolo da força, instrumento de luta e trabalho e se usava como sinônimo de *uis* (força militar, tropas). Bréal e Bailly (s.d., p. 182) dizem o mesmo. O termo *punho* tem a mesma conotação de "força" e promana do latim *pugnus*, corradical de *pugnare* (combater). *Manus* (mão) tinha largo emprego na linguagem jurídica e sobrevive, por exemplo, em *mandato* e *mandado*, do verbo latino *mandare* (*man*(*um*)*dare* – *in manus dare*).

Emblemática, também, é a mão estendida, sinal de força na área religiosa e na área política. Basta nos lembrarmos da saudação nazista, consistente em estender o braço em uma linha reta e ascendente, com a palma da mão aberta e rígida, em franca alusão ao poderio, autoritarismo e domínio presentes na ideologia nazista. Já a palma da mão estendida para cima tende a demonstrar o inverso, ou seja, humildade e subserviência, como se denota em várias situações do dia a dia:

mendicância (mãos que aguardam receber a esmola); convite para dança (mãos que aguardam o aceite da dama); oração a deuses (palmas das mãos voltadas ao céu). Por vezes, a humildade e subserviência que se pretende imbuir no discurso são complementadas por atos comunicativos corporais mais enfáticos, como o ajoelhar, no caso de reverência a deuses ou a reis, ou mesmo em um clássico pedido de casamento.

A linguagem gestual enquadra-se na *actio*, parte da retórica aristotélica.[8] A *actio* é praxe dividi-la em: (1) *pronunciação* (*pronuntiatio*) ou *vozes* (*voces*) ou *vocalidade*; (2) *ação* (*actio*) que abrange a *expressão facial* (*vultus*); e (3) o *gesto* (*gestus* – expressão corporal). Zumthor (1993, p. 133) lembra dois versos medievais que sintetizam a *actio*:

> *In recitante sonent tres linguae: prima sit oris,*
> *Altera rethorici vultus et tertia gestus.*[9]

1.4.2. Linguagem do vestuário

Andrade e Henriques (2009, p. 17) transcrevem texto de Constanza Pascolato (*Folha de S. Paulo*, 8 mar. 1988), na *Folha Ilustrada*, sob a rubrica MODA: "A linguagem das roupas é antiga e universal." Eis um trecho, "A declaração de que a roupa é uma linguagem não é nova. Balzac em *Filha de Eva* (1839), observa que para uma mulher, vestir é a contínua manifestação de pensamentos íntimos, uma linguagem, um símbolo. Hoje a semiótica está em voga e os sociólogos nos dizem que a moda é uma linguagem de signos, um sistema não verbal de comunicação."

Provavelmente nas pegadas de Balzac, Machado de Assis se compraz em seus romances a observar, a revelar-se espectador atento da "toilette" feminina, consciente de que o vestido pendurado no armário somente ganha relevo no corpo da mulher. Machado parece mostrar uma queda pelos vestidos de cor preta, símbolo de respeito, seriedade, compostura. Por essa razão é que também os juízes de direito e demais operadores do direito, mormente em julgamentos

---

[8] Aristóteles (s.d.), em *Arte Retórica*, separou o discurso retórico em quatro partes: *inventio* (do latim *invenire*, que significa achar, encontrar, relacionar) que diz respeito ao material de onde se tiram os argumentos; *dispositio* que corresponde ao procedimento de organização do discurso; *elocutio* que consiste na escolha do estilo que será utilizado no discurso; e a *actio* que se refere aos atos relacionados à execução propriamente dita do discurso.

[9] "Entendam-se três línguas no recitador: a primeira seja a da boca, a segunda a do rosto do falante e a terceira o gesto."

mais solenes como os do Tribunal do Júri, revestem-se de toga e beca pretas no exercício de suas funções.

Todos hoje concordam que o vestuário é expressão de subjetividade, isto é, do *éthos* de cada um, mas também do *éthos* coletivo. A maneira de vestir faz parte da construção da corporalidade. Afinal, como rezava propaganda antiga, grande porcentagem de todos é roupa. O vestuário faz parte da aparência física e, com esta, começa o convencimento. Soa oportuno lembrar Pascal, citado por Declerq em nota de rodapé (1992, p. 130): "Un prédicateur persuade plus par sa mine et son allure que par les grandes vérités qu'il annonce."[10] A vestimenta concorre para compor o rosto e o porte.

Por essas razões, os profissionais da área jurídica costumam trajar-se formalmente, e preferencialmente com cores sóbrias, a fim de transparecer à sociedade a seriedade de seus ofícios e funções. Um jurisdicionado não espera ser sentenciado por um juiz que esteja conduzindo a audiência vestindo camiseta e bermuda, tampouco um cliente pretende ver seu advogado realizando sustentação oral perante o Tribunal trajando roupas com estampas coloridas, assim como o réu não pretende ser acusado por um promotor que esteja vestindo tênis e calça jeans. O terno e a gravata, assim como as roupas formais para as mulheres, denotam seriedade, rigor e sobriedade, que são qualidades imprescindíveis à ordem jurídica.

1.5. NÍVEIS DE LINGUAGEM

A linguagem verbal se exterioriza por meio do uso da língua pelo falante. Como os falantes são muitos, eles se expressam de variadas formas, de acordo com as circunstâncias em que se encontram. Costuma-se falar em três níveis (registros) de linguagem: nível culto, coloquial e vulgar.

1.5.1. Nível culto (variante padrão)

Servem-se do nível culto aqueles que, conhecendo as regras gramaticais, encontram-se em situações discursivas que a exigem, como sói ocorrer, por exemplo, com os diplomatas, os oradores, os operadores do Direito, os palestrantes, os escritores nos seus livros e nos diferentes misteres que lhes são próprios. O nível culto caracteriza-se não só pela observância estrita das normas gramaticais, mas também pelo uso de vocabulário mais rico, selecionado. Em latim, dizia-se *sermo urbanus* ou *sermo eruditus* para referir-se à linguagem culta, a qual era empregada pelos intelectuais, principalmente na forma escrita.

---

[10] "Um pregador persuade mais por seu rosto e seu porte que pelas grandes verdades que ele anuncia."

A variante padrão, conhecida como nível culto, consiste na variante tida por gramaticalmente correta. Sendo a língua um fato, cujo uso a legitima, importante se faz que haja normas a fim de que sua unidade não se esvaia. Se não houvesse normas a regulamentar o fato língua, em pouco tempo uma língua se tornaria várias outras línguas, e então as pessoas de um mesmo território passariam a não mais lograr efetividade na comunicação verbal. Ademais, se não houvesse uma variante padrão controlada por normas, com o passar do tempo as consequentes alterações da língua impossibilitariam a compreensão de textos escritos anteriormente.

Assim, embora seja a língua um fato em constante e inevitável modificação, seu ímpeto é relativamente contido pela variante padrão, pautada pela gramática normativa, que funciona como rédeas a refrear a constante tendência de alteração da língua.

1.5.2. Nível coloquial

Os latinos falam em *sermo usualis*, aquele usado no dia a dia, em casa, na rádio, na televisão, enfim, na comunicação, no trato corrente ao longo do dia. Parece claro que o nível coloquial é menos rígido, a gramática não é seguida ao pé da letra. O jurista, por exemplo, na hora do café ou em casa, não vai usar o jargão jurídico. O nível de linguagem empregado pelo advogado em conversa informal com seus amigos não será o mesmo utilizado no fórum, em audiência perante o magistrado. Todos merecemos descanso, do nível culto inclusive.

O nível coloquial é o lugar adequado para a linguagem informal. Expressões informais típicas de redes sociais, construções frásicas alternativas e certas palavras da gíria, como "sacanear", "cara" e "trampo", podem ser empregadas em um ambiente descontraído, mas não soam bem em um texto jurídico, como, por exemplo, em petições ou sentenças judiciais, lugares impróprios para informalidades.

1.5.3. Nível vulgar

Em latim é o *sermo plebeius*, próprio dos menos aquinhoados culturalmente, com menor grau de escolaridade, ou mesmo analfabetos. Como consequência, o vocabulário é restrito, eivado de graves desvios gramaticais, comumente contaminado pela gíria, abusivo nos recursos enfáticos, e, por vezes, com termos de baixo calão. Tal nível de linguagem costuma ser empregado por pessoas que desconhecem as principais normas gramaticais da língua e que possuem minguado repertório vocabular, ou por falantes que se encontrem em ambientes completamente descontraídos, em que não há a mínima preocupação com o atendimento às normas gramaticais, sendo raramente utilizado na língua escrita.

1.5.4. Reflexões sobre os níveis de linguagem

Na verdade, o nível coloquial e o nível vulgar não são errados sob a perspectiva comunicativa, sequer apresentam maior ou menor eficácia argumentativa. Os níveis de linguagem, em realidade, mostram-se adequados ou inadequados conforme o contexto em que se inserem. O falante que sabe se comunicar precisa entender o momento adequado para transitar entre os níveis de linguagem conforme a situação concreta lhe exige.

Existem momentos em que o atendimento estrito e excessivamente apegado à norma culta pode se mostrar até mesmo prejudicial à interação social e aos objetivos do falante, com prejuízo da carga semântica e emotiva da mensagem que se pretende transmitir. Assim, em uma situação informal, não se espera que o falante diga "entregá-lo-ei", "amo-te", ou "oscular-te-ia". Não há dúvida de que, na informalidade, como em hipotético diálogo entre dois jovens enamorados, a expressão "te amo" vai melhor do que a expressão "amo-te", embora aquela vá de encontro à norma culta, uma vez que inicia período com pronome oblíquo átono, o que em regra exigiria a ênclise.

Assim, cabe ao comunicador entender que a norma culta, embora seja de extrema importância, não encerra todas as possibilidades comunicativas da língua. Existem variantes as quais podem ser mais ou menos adequadas, conforme a situação. Por tal razão, o falante deve ser "poliglota" em sua própria língua, e não um purista da gramática normativa, conforme ensina Bechara (2001, p. 38).

Entretanto, o ideal é que o uso de variantes que não sejam padrão se dê por opção intencional do usuário da língua, e não por desconhecimento, pois ignorar a norma culta propicia severo prejuízo à imagem do falante quando este se encontra em situação mais formal, como é o caso da seara jurídica, além de que as ausências do domínio da variante padrão e da riqueza vocabular costumam resultar em discursos rudimentares e deficientes.

Vejamos, a título de ilustração, um exemplo de texto escrito em nível culto, em sua modalidade mais erudita:

> "Machado de Assis, verdadeiramente, não poderia dispor, para a urdidura de um adultério, de mais apropriado material. Bentinho e Capitu, não os preparara a natureza, um para o outro. Se o destino impiedoso os ajuntou, o mesmo destino, logicamente, os desuniu. Inventou-os o admirável artista, feitos, ambos, de uma pobre argila, vítima, Bentinho, dos desvarios do ciúme, escravizada, Capitu, às injunções do temperamento."

O texto (sem alteração) é de um jurista (CARVALHO FILHO, 1959, p. 117) em que discute o possível adultério de Capitu. O termo "adultério" especificou-se para o matrimônio; nos outros casos, o termo em uso é "adulteração": do vinho, da lei, da escrituração, do leite, da mercadoria etc.

O nível culto, que atende aos ditames da variante padrão, pode apresentar maior ou menor grau de erudição. O nível do texto acima, além de culto, revela-se erudito, como o provam os termos "urdidura", "argila", "desvarios", "injunções". Prova-o também o uso de hipérbatos e do objeto direto pleonástico: inicia-se a sentença com o objeto direto que se repete com o pronome pessoal: "Bentinho e Capitu [objeto direto] não *os* [pronome] preparara a natureza um para o outro." Veja-se outro exemplo no Código Civil (antigo), art. 220:

> "A *anulação* do casamento, nos casos do artigo antecedente, só *a* poderá demandar o cônjuge enganado."

Vejamos como o texto original acima citado, de Carvalho Filho, poderia ser escrito se estivesse em nível coloquial:

> "Machado de Assis, de verdade, não poderia arrumar material melhor para imaginar um adultério. A natureza não preparara Bentinho e Capitu um para o outro. Se o destino, impiedoso, juntou os dois, o mesmo destino, logicamente, os separou. O admirável artista fez os dois de um pobre barro, sendo Bentinho vítima das loucuras do ciúme e Capitu escrava do temperamento."

Além dos três níveis de linguagem tratados anteriormente, há, também, as variações regionais, consistentes na manifestação da língua portuguesa em diferentes regiões territoriais, influenciada por sotaques, gírias e vocabulário próprio, entre outras marcações linguísticas. Pasquale Cipro Neto, em texto publicado na *Folha de S.Paulo* (11 fev. 2010, p. C2), tece interessantes reflexões sobre famoso poema modernista de Oswald de Andrade, que tem como pano de fundo o provincianismo, uma das manifestações da variação regional:

> "'Para dizerem milho dizem mió/Para melhor dizem mió/Para pior pió/Para telha dizem teia/Para telhado dizem teiado/E vão fazendo telhados.' Com esse significativo poema ('Vício na fala'), Oswald de Andrade colocou em evidência uma das bandeiras do Modernismo brasileiro, o reconhecimento de todas as formas de manifestações de brasilidade. A manifestação de brasilidade do poema em questão diz respeito a uma das nossas tantas variedades linguísticas (o dialeto caipira).
> É claro que o título do poema de Oswald não deve ser tomado em sentido literal (muito pelo contrário). O falar caipira é tão funcional e sistêmico quanto qualquer outro. Note-se, por favor, a regularidade nesse dialeto. O 'lho' e o 'lha' de 'milho', 'telha' e 'telhado', por exemplo, passam, respectivamente, a 'io' (em 'mio', que parece resultar do que seria 'miio') e 'ia' (em 'teia' e 'teiado'). Note-se também a regularidade em 'mió' e 'pió' ('melhor'/'pior'). Note-se ainda que certamente não foi por acaso que o genial Oswald escolheu as palavras 'teiado'/'telhado'

para encerrar o poema. A regularidade existente na construção de um telhado é a mesma que ele aponta no falar caipira.

E por que Oswald não emprega 'teiado' quando encerra o poema? Porque o texto não foi escrito no dialeto caipira, uai! Desnecessário dizer que o 'vício na fala' não impede os operários de fazer (bem) telhados. [...]"

Cabe ressaltar, por fim, que além de buscar a adequação do nível de linguagem ao contexto discursivo concreto, o emissor deve atentar-se para o fato de que tal nível seja de domínio do receptor, sob pena de a mensagem tornar-se de difícil compreensão, ou mesmo ininteligível para o receptor. No ato comunicativo, o emprego de nível de linguagem desconhecido pelo destinatário tende a frustrar a principal função da linguagem, que é a de transmitir, com efetividade, o sentido pretendido pelo emissor, a ideia contida na mensagem. Sobre esse tema, corre famosa anedota no meio jurídico, de autoria incerta:

"Diz a lenda que Ruy Barbosa, ao chegar à sua casa, ouviu um barulho estranho vindo do seu quintal. Chegando lá, constatou haver um ladrão tentando levar seus patos de criação. Aproximou-se vagarosamente do indivíduo e, surpreendendo-o ao tentar pular o muro com seus amados patos, disse-lhe:

– Oh, bucéfalo mentecapto! Não o interpelo pelo mero valor dos meus diletos bípedes, mas sim pelo ato vil e sorrateiro de profanar a minha habitação, levando meus ovíparos à sorrelfa e à socapa. Se o faz por necessidade, por ser vítima da miséria, pelo ímpeto da fome, transijo; mas se é para zombar da minha elevada imagem de cidadão digno e honrado, infligir-lhe-ei, com minha bengala fosfórica, severa sanção.

E o ladrão diz:
– Dotô, é pra levá ou deixá os pato?"

1.6. CARACTERÍSTICAS DA LINGUAGEM JURÍDICA

A linguagem jurídica não é outro fenômeno senão a manifestação da própria língua portuguesa, só que aplicada a uma área específica da ciência, com características próprias. Assim sendo, uma vez compreendidos os fundamentos gerais referentes à língua e à linguagem, cumpre destacar algumas marcas importantes do texto jurídico.

1.6.1. Correção

O discurso jurídico espelha-se na variante padrão da língua portuguesa, em atendimento às normas gramaticais, e nos modelos clássicos, no *scriptor classicus*, a saber, naquele que prima pela excelência da linguagem. Algumas preferências e características da linguagem jurídica evidenciam o conúbio com a linguagem clássica:

- **Passiva pronominal**

    Lapa (1959, p. 158) ensina que, na linguagem oficial e, por consequência, na linguagem jurídica, predomina a voz passiva ou a voz reflexa com valor de passiva com o intuito de acentuar o ato, a função, e não as pessoas.

    Temos observado que se privilegia, no discurso jurídico, a passiva pronominal. No Código Civil, nos 100 primeiros artigos, a passiva pronominal, de acentuado sabor clássico, aparece 30 vezes. Exemplos: "Art. 10. Far-se-á averbação [...]"; "Art. 80. Consideram-se imóveis [...]".

- **Ordem das palavras**

    Na língua portuguesa, existe a ordem direta (sujeito + verbo + predicado), corrente no falar quotidiano. Há, outrossim, a ordem inversa, frequentemente encontrada na linguagem escrita culta.

    De novo, o Código Civil oferece-nos vários exemplos. Assinalamos a anteposição do verbo ao sujeito nos arts. 3º, 4º, 7º, 9º, 10, 12, 13, 14, 18, 20, 22, 23, 26, 27, 35, 37, 39, 42, 44, 45, e por aí vai.

    Vejamos a inversão da ordem natural das palavras na oração contida no art. 45 do referido diploma legal: "Começa a existência legal das pessoas jurídicas de direito privado com a inscrição do ato constitutivo no respectivo registro, precedida, quando necessário, de autorização ou aprovação do Poder Executivo, averbando-se no registro todas as alterações por que passar o ato constitutivo".

- **Orações reduzidas**

    As orações reduzidas, com toques particulares, têm parentesco acentuado com o ablativo absoluto latino e, talvez por essa razão, sabem ao paladar dos escritores clássicos, aos cultores do Direito inclusive. São reduzidas as orações que apresentam o verbo numa das formas nominais, isto é, infinitivo, gerúndio ou particípio.

    Mais uma vez, o Código Civil nos apresenta vários exemplos. Num mesmo artigo, deparam-se mais de um caso:

    > "Não tendo o devedor declarado em qual das dívidas líquidas e vencidas quer imputar o pagamento, se aceitar a quitação de uma delas, não terá direito a reclamar contra a imputação feita pelo credor, salvo provando haver ele cometido violência ou dolo" (art. 353, CC).

- **Colocação pronominal**

    Nos textos jurídicos, a topologia pronominal faz-se ao gosto dos clássicos portugueses. Além de correta, a linguagem jurídica sabe colorir suas páginas escritas com um jogo de colocação dos pronomes de multifacetados matizes.

    Persiste na legislação, ainda, em excelente gramática, a fusão num mesmo pronome do objeto direto e do objeto indireto, à moda machadiana:

    > "O usufrutuário [...] dará caução, fidejussória ou real, se lha exigir o dono [...]" (art. 1.400, CC).

    Explicação: se o dono exigir do usufrutuário [objeto indireto – "lhe"] a caução [objeto direto – "a"].

    > "O mandante é obrigado a satisfazer todas as obrigações contraídas pelo mandatário, na conformidade do mandato conferido, e adiantar a importância das despesas necessárias à execução dele, quando o mandatário lho pedir" (art. 675, CC).

    Explicação: quando o mandatário pedir ao mandante [objeto indireto – "lhe"] o adiantamento da importância das despesas necessárias [objeto direto – "o"].

- **Pontuação**

    Ponto pacífico é que a pontuação, de caráter subjetivo, concorre para a clareza e realce da entonação.

    Na linguagem jurídica, cujo objetivo é a clareza, a vírgula merece atenção especial, por ser usada à larga, mas sempre com a finalidade de compor textos claros. Economia de vírgulas pode ser boa em Mário de Andrade ou Saramago, não, porém, em textos jurídicos, nos quais elas devem ser sempre empregadas em harmonia com as normas gramaticais. Vale lembrar que sujeito e predicado não se separam por vírgulas, salvo se houver algum elemento entre eles, o qual deve vir entre vírgulas, como no exemplo a seguir: "O advogado, veementemente, defendeu sua tese"; jamais, porém, deve-se escrever "O advogado, defendeu sua tese" e sim "O advogado defendeu sua tese".

    A importância da pontuação é tema de gracioso poema russo, escrito para o público infantil, de autoria de Samuil Marchak, vertido para o português por Tatiana Belinky, que passamos a transcrever em razão das ricas figuras de linguagem:

"Quem é importante?

Certo dia, num caderno,
Numa página interna,
Deu-se a grande reunião
Dos sinais de pontuação,
Para decidir, no instante,
Qual o que é mais importante.

Chegou correndo, afobadão,
O Ponto de Exclamação,
Bufando, muito excitado,
Entusiasmado ou assustado.
– Socorro!
– Viva!
– Saravá!
– Dá o fora! – sempre a berrar!

E logo, todo sinuoso,
A rebolar-se, entrou, pimpão,
O enxerido e mui curioso
Dom Ponto de Interrogação:
– Quem é?
– Por quê?
– Aonde?
– Quando? – ele só vive perguntando...

E vêm as Vírgulas dengosas,
Muito falantes, muito prosas,
E anunciam: – Nós meninas
Somos as pausas pequeninas,
Que, pelas frases espalhadas,
São sempre tão solicitadas!

Mas já chegam os Dois-Pontos,
Ponto-e-Vírgula, e pronto!
Tem início a discussão,

Que já dá em confusão:
– Sem por cima ter um ponto,
Vírgula é um sinal bem tonto! –
Ponto-e-Vírgula declara,
Arrogante, e fecha a cara.

– Essa não! Tenha paciência! –
Intervêm as Reticências.
– Somos nós as importantes,
Tanto agora como dantes:
Quando falta competência,
Botam logo... Reticências!

Til e Acento Circunflexo,
Numa discussão sem nexo,
Cara a cara, bravos, quase
Se engalfinham. Mas a Crase
Corta a briga, ao declarar:
– Poucos sabem me empregar!
Me respeitem pois bastante,
Já que sou tão importante!

Mas Dois-Pontos protestou:
– Importante eu é que sou!
Eu preparo toda a ação
E a e-nu-me-ra-ção!...
– É aqui que nós entramos!
Nós, as Aspas, e avisamos:
Sem nossa contribuição
Não existe citação!

A Cedilha e o Travessão
Já se enfrentam, mas então,
Bem na hora, firme e pronto
Se apresenta o senhor Ponto:
– Importante é o meu sinal.
Basta. Fim. PONTO FINAL."

1.6.2. Estilo

A correção da linguagem, tão cara aos clássicos, concerta-se muito bem ao bom estilo e ao uso das figuras de linguagem, cuja função principal na arquitetura do discurso é concorrer para a persuasão do auditório ao provocar agrado e comoção.

O estilo jurídico, tradicionalmente, pauta-se pelo formalismo, rigor gramatical e emprego de vocabulário técnico. Desse modo, os juristas têm por estilo dirigir-se um ao outro empregando pronomes de tratamento formais, títulos e adjetivos (Vossa Excelência, doutor, ilustre etc.), de tal sorte que, ainda quando há ferrenho embate discursivo, preservam-se os modos solenes de tratamento.

O tradicionalismo está arraigado à linguagem jurídica de tal maneira que certos adjetivos, pelo fato de terem sido tantas vezes atrelados a certos nomes, já formaram expressões cristalizadas: "egrégio Tribunal de Justiça", "colenda turma", "eminente desembargador", "ínclito julgador", "meritíssimo juiz", "excelso Supremo Tribunal Federal", "nobre causídico", "respeitável sentença", "venerando acórdão", entre tantas outras. O mesmo processo de cristalização em razão do costume ocorreu com alguns verbos e seus complementos: "interpor apelação", "propor ação", "opor embargos", "suscitar conflito de competência", "impetrar *habeas corpus*", "celebrar contrato", "lavrar escritura pública".

As conjunções e demais conectores linguísticos frequentemente empregados pelos juristas também costumam conferir estilo característico ao texto, uma vez que é comum a utilização de termos pouco lembrados fora do discurso jurídico, tais como "porquanto", "por conseguinte", "malgrado", "não obstante" etc.

De toda forma, o importante é que o jurista tenha conhecimento preciso das expressões jurídicas técnicas e amplo domínio da língua portuguesa e de suas vastas possibilidades, para que possa manejá-la conforme seus interesses e propósitos, cunhando estilo próprio. Tal estilo, entretanto, ainda que pessoal, há de se harmonizar com o nível de linguagem adequado ao âmbito jurídico, de modo a não extrapolar os limites da correção gramatical e da polidez.

Deve-se cuidar, também, para que o excesso de erudição não reverta em texto de compreensão dificultosa, pois a falta de clareza é altamente prejudicial à comunicação. Aliás, buscando a clareza é que os advogados e demais operadores do direito costumam produzir parágrafos curtos e devidamente concatenados, a fim de que o leitor possa acompanhar, com maior facilidade, as etapas do raciocínio expostas no texto.

Portanto, ainda que o estilo da linguagem jurídica seja clássico, tal fato não deve servir de incentivo ao emprego exacerbado de palavras raras ou de expressões latinas pouco conhecidas. Texto apinhado de termos arcaicos e de palavras desconhecidas torna-se enfadonho e, por vezes, obscuro. A elegância textual se prende mais à clareza e singeleza com que se transmite uma ideia do que às formas imoderadamente excêntricas que se lhe dão.

1.6.3. Conservadorismo

Em reflexo à própria ciência do Direito, que, por ser social e histórica, aproveita conhecimentos de civilizações e gerações antigas, a linguagem jurídica guarda marcas de conservadorismo que são evidenciadas, sobretudo, por meio da sobrevivência de arcaísmos, amiúde presentes nos textos jurídicos e na legislação, como "pertenças" (CC, art. 93), "defeso" (CC, art. 1.228, § 2º), "avençado" (CC, art. 458), "mantença" (CC, art. 1.695), "lídimo" (comum na expressão "lídima justiça"), "alugueres" (Lei 8.245/91, art. 69), "usança", "quiçá" e outros mais.

Também os latinismos demonstram o apego da linguagem forense aos escritos do passado, já que se falava latim à época do Direito Romano, período que serviu de fonte inspiradora para a construção do Direito em muitos países modernos. O uso do latim no Direito será objeto de estudo em capítulo próprio, entretanto, desde já, cabe mencionar algumas expressões e reminiscências latinas que demonstram bem o conservadorismo da linguagem jurídica:

- *Exequatur*

  3ª pessoa do singular do presente do subjuntivo de *exsequi*. Usa-se a palavra em latim como substantivo e com o sentido de autorização, ordem; também compreendido como "cumpra-se", "execute-se". Assinala Acquaviva (2010, p. 908) que o termo refere-se particularmente à determinação do Superior Tribunal Justiça para o cumprimento de cartas rogatórias.[11]

- *Laudo*

  1ª pessoa do singular, do presente do indicativo de *laudare* (louvar), substantivado em português. É o relatório exarado por árbitros e peritos, no qual consta o resultado da apreciação do caso. Não se confunde com sentença, que é proferida por magistrado; nem com parecer, que é resultado do estudo dos assistentes técnicos das partes.

- *Nascituro*

  Particípio futuro latino (*nasciturus*), a palavra se encontra aportuguesada como substantivo. Dá-se o nome de nascituro àquele já concebido, mas que ainda não nasceu, ou seja, àquele que já foi gerado, mas ainda se encontra no ventre materno.

  Valendo-se da conotação, Werneck (1992, p. 29) diz que Afonso Arinos de Mello Franco foi chamado de "bacharel nascituro" por ter sido nomeado promotor antes mesmo de ter concluído o curso de Direito.

---

[11] Instrumento de requisição para a prática de um ato em território estrangeiro.

O art. 2º do Código Civil traz disposição específica acerca do nascituro: "A personalidade civil da pessoa começa do nascimento com vida; mas a lei põe a salvo, desde a concepção, os direitos do nascituro".

Pertinente também é a redação do Enunciado nº 1, aprovado pelo Conselho da Justiça Federal, na I Jornada de Direito Civil, que dispõe: "A proteção que o Código [Civil] defere ao nascituro alcança o natimorto no que concerne aos direitos da personalidade, tais como nome, imagem e sepultura". A título de explicação, natimorto (derivado do latim *natus*) refere-se àquele que nasceu morto.

- **Habeas Corpus**

Forma composta da 2ª pessoa do singular do presente do subjuntivo de *habere* (haver, ter) e o substantivo *corpus*. Trata-se de uma forma de imperativo, cujo sentido é: "tenha o corpo", "haja o corpo".

É remédio constitucional que serve de garantia contra a violência ou constrangimento da liberdade de locomoção. Vejamos o que dispõe o art. 5º, inciso LXVIII, da Constituição Federal:

> "[...] conceder-se-á *habeas corpus* sempre que alguém sofrer ou se achar ameaçado de sofrer violência ou coação em sua liberdade de locomoção, por ilegalidade ou abuso de poder".

- **Alibi**

Advérbio latino cujo sentido é "em outro lugar": *alius* (outro) + *ubis* (lugar). Substantivou-se em português com o sentido de prova ou evidência, testemunhal ou documental, de que o acusado se encontrava em lugar diverso do local do crime no momento em que este foi cometido. Assim, apresenta-se um álibi como meio de prova da negativa de autoria do ato delituoso, conforme exemplificado na frase a seguir: "O álibi apresentado pelo réu convenceu o juiz de sua inocência".

A presença do acento agudo em português (álibi) mostra que o termo está vernaculizado. Sem o acento, o termo deve grafar-se em itálico, ou entre aspas.

- **Caput**

Nominativo latino (*caput-capitis*) conservado na linguagem jurídica com o sentido de "primeira parte de um artigo de lei". Em tradução literal, significa "cabeça", ainda presente na expressão "decapitar".

- **Quorum**

  Genitivo plural de *qui-quae-quod*. Usa-se com o sentido de número mínimo de pessoas para que possa ser realizado determinado ato, normalmente reunião ou assembleia. Agora, já existe a forma vernaculizada (quórum) que dispensa as aspas e o itálico.

- **Deficit – Superavit**

  3ª pessoa do singular do verbo *deficere* (faltar) e *superare* (sobrar), respectivamente. Comumente usados na área comercial e em situações de desequilíbrio econômico-financeiro. Haverá *deficit* quando os créditos e direitos mostrarem-se inferiores às dívidas e obrigações; sendo superiores, estar-se-á diante de *superavit*.

  Hoje, é comum encontrar as formas vernaculizadas, com a presença do acento (déficit e superávit).

  A afinidade do vocabulário jurídico com o latim transparece ainda no fato de grande número de vocábulos conservarem vestígios dos casos latinos. Vejamos:

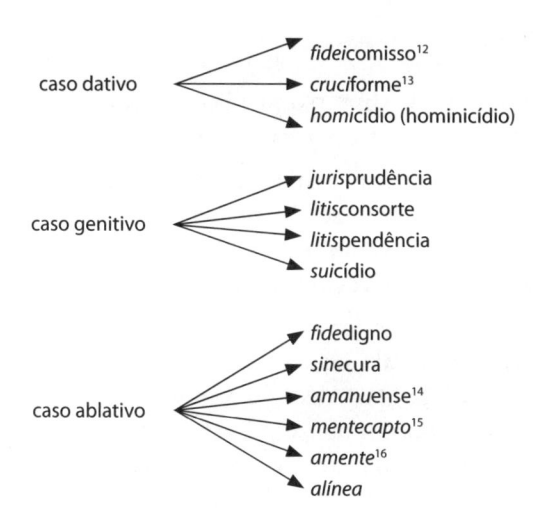

caso dativo
- *fidei*comisso[12]
- *cruci*forme[13]
- *homi*cídio (hominicídio)

caso genitivo
- *juris*prudência
- *litis*consorte
- *litis*pendência
- *sui*cídio

caso ablativo
- *fide*digno
- *sine*cura
- *amanuense*[14]
- *mentecapto*[15]
- *amente*[16]
- *alínea*

---

[12] Estipulação por meio de testamento, constituindo uma pessoa como herdeira ou legatária, impondo-lhe a obrigação de que pela morte, ou sob determinada condição, transmita a outrem, indicado pelo testador, a herança ou legado.
[13] Em formato de cruz; crucial.
[14] Escrevente.
[15] Alienado, louco.
[16] Sinônimo de demente.

O caso ablativo reponta, outrossim, nas chamadas *orações reduzidas*, cujo verbo se acha no particípio, infinitivo ou gerúndio e cujo uso, vezes muitas, concorre para a flexibilidade da frase. Podemos citar, por exemplo, *usucapto* (tomado pelo uso); *absente reo* (ausente o réu).

Outra reminiscência do latim é o uso do particípio futuro passivo, sobrevivente no Direito: crime *nefando* (crime indigno de se nomear, abominável); argumento *despiciendo* (argumento que deve ser desprezado); expressão *vitanda* (expressão que deve ser evitada); partes *pudendas* (partes que o pudor deve recatar); *extraditando* (aquele cuja extradição foi solicitada); *interditando* (aquele cuja interdição foi requerida judicialmente); *exequenda* (sentença ou documento em execução) e outras.

É provavelmente em razão do conservadorismo que a linguagem jurídica se mostra avessa aos neologismos e estrangeirismos, mas inclinada ao latinismo. Aliás, não há confundir o latinismo com os estrangeirismos, pois o latim nada mais é que o embrião do português, entre outras línguas, daí a designação "línguas neolatinas" (novo + latim).

1.6.4. Autoritarismo

O toque autoritário do discurso jurídico lhe foi investido pela sociedade, caso contrário, este mesmo discurso seria ineficaz.

A vertente autoritária do Direito transparece em um sem-número de expressões e palavras como: "afixe e cumpra-se"; "revoguem-se as disposições em contrário"; "intimem-se"; "conduzir sob vara"; "sob as penas da lei"; "sob pena de condução coercitiva"; *manu militari*;[17] "a lei cumpre-se e não se discute". O mesmo acontece em brocardos jurídicos, caso de *dura lex sed lex*[18] ou *fiat justitia pereat mundus*.[19]

Esta característica da fala jurídica é confirmada pelas palavras de W. de Barros Monteiro (1967b, p. 14): "Além de comum, a lei é, por igual, obrigatória. Ela ordena e não exorta (*jubeat non suadeat*); também não teoriza; ninguém se subtrai ao seu tom imperativo e ao seu campo de ação [...]" O parecer de Bittar (2009, p. 204) é o mesmo: "O legislador, quando 'fala' – e seu modo de 'falar' é quase sempre escrito –, não simplesmente 'fala', em seu discurso normativo, mas sim prescreve; esse seu ato de falar é criador de deveres e obrigações e se direciona a toda a comunidade de súditos que deverá submeter-se aos seus ditames." Em nossos dias surgiram as chamadas "súmulas vinculantes" tidas e havidas, por

---

[17] "Mão militar"; ação executada à força.
[18] A lei é dura mas é a lei.
[19] Faça-se justiça ainda que pereça o mundo.

alguns, como autoritárias, ditatoriais, pois obrigam ao magistrado de instância inferior interpretar a lei como interpretada pelo Supremo Tribunal Federal.

A propósito, sobre a expressão "decisão judicial não se discute, cumpre-se", merece lida a consideração de Jânio de Freitas (*Folha de S. Paulo*, 22 maio 2003, p. H8): "Esta é uma das ideias obtusas consagradas por governantes, políticos em geral e jornalistas. Discute-se e deve-se discutir, porque todo avanço do próprio direito, da democracia e da civilização decorreu de questionamentos."

1.6.5. Precisão terminológica

A linguagem jurídica é utilizada dentro de um campo específico, e mesmo científico, do conhecimento, qual seja, o Direito. Portanto, assim como ocorre com outras linguagens técnicas, a comunicação entre juristas também requer termos precisos, denotativos, de modo que possam exprimir fatos, valores e pensamentos com exatidão, clareza e rigor.

Portanto, ainda que o leigo confunda, por exemplo, furto com roubo, ou lei com decreto, o jurista deve se ater às precisões terminológicas, pois cada termo jurídico traz consigo uma carga semântica, técnica e axiológica própria. Raras são as hipóteses em que um termo jurídico pode ser substituído por outro sem prejuízo algum, pois, em regra, cada qual tem acepção específica.

A título de exemplo, seguem abaixo alguns termos jurídicos cujo rigor terminológico se mostra essencial para que a comunicação jurídica seja estabelecida com precisão, como se verá mais profundamente no capítulo sobre vocabulário jurídico:

{ furto → subtração de bem alheio móvel
  roubo → subtração de bem alheio móvel mediante grave ameaça ou violência

{ residência → lugar em que a pessoa estabelece sua habitação, ainda que temporariamente
  domicílio → local onde se estabelece residência com ânimo definitivo[20]

{ separação → fim dos deveres conjugais
  divórcio → dissolução do casamento civil

---

[20] O *animus permanendi* (intenção de permanência definitiva) é o que diferencia a residência do domicílio, os quais podem, ou não, coincidir. É possível, assim, a pessoa ter residência em um local, mas domicílio em outro: por exemplo, uma pessoa que tenha domicílio em São Paulo e resolva estudar por algum tempo em Londres, na capital inglesa terá sua residência, mas continuará domiciliada em São Paulo, pois é onde estabeleceu seu centro de negócios jurídicos, ainda que se encontre temporariamente ausente.

{ ab-rogar → revogar a lei por inteiro, *in totum*[21]
{ derrogar → revogar a lei parcialmente
{ revogar → anular a lei por inteiro ou parcialmente

{ incapacidade → proibição da prática de determinados atos da vida civil
{ inimputabilidade → situação que impede a pessoa de responder penalmente pelos seus atos

{ calúnia → imputar a alguém, falsamente, fato definido como crime
{ difamação → imputar a alguém fato ofensivo à sua reputação
{ injúria → ofender a dignidade ou o decoro de alguém

{ decreto → expedido pelo Poder Executivo
{ lei → elaborada pelo Poder Legislativo

{ juiz → magistrado de primeira instância
{ desembargador → magistrado de segunda instância
{ ministro → magistrado de tribunal superior

{ sentença → ato pelo qual o juiz de primeira instância extingue o processo
{ acórdão → julgamento colegiado proferido pelos tribunais

A busca da objetividade, entretanto, não torna a linguagem jurídica imune à polissemia. Ademais, cumpre lembrar que, no mais das vezes, o que chamamos de objetivo é, na verdade, o menos subjetivo.

1.6.6. Clareza

Toda forma de comunicação há de ser clara, pela simples e boa razão de ser um ato de interação, isto é, um ato de transmissão de sentido e de partilha de pontos de vista. Ausência de clareza no sistema comunicacional tende a gerar consequências graves, visto que a linguagem tem por objetivo precípuo a exteriorização de ideias do emissor e a respectiva recepção pelo destinatário. Obscuridade, ambiguidade, incoerência e omissão constituem óbices à clareza textual.

Obscuro é o texto que não transmite claramente ao receptor a mensagem que supostamente contém, por oferecer-lhe parcas e minguadas associações de ideias, ou por expô-las de modo intrincado, impedindo o receptor de acompanhar

---

[21] Na totalidade.

o raciocínio, ou, então, por conter excesso de palavras abstratas e imprecisas, ou de uso raro e arcaicas, impossibilitando o receptor de compreender e acompanhar o encadeamento de ideias. Textos que se mostram demasiadamente obscuros acabam por se tornar ininteligíveis.

A ambiguidade não se casa com a clareza porque o texto ambíguo oferece ao receptor possibilidades interpretativas dúbias, ou seja, o enunciado pode ser interpretado de formas distintas, embaraçando a compreensão do texto. É o caso da frase "o juiz entregou ao advogado o seu livro", em que não há como saber a quem pertence o livro.

O texto incoerente se opõe radicalmente à clareza, porquanto a incoerência consiste em conclusões que não encontram amparo nas premissas que deveriam sustentá-las. É como asseverar que "a justiça deve ser branda com quem age com boa-fé, razão pela qual o réu, que agiu honestamente, teve pena severa". Ora, o texto não é claro, já que a conclusão (atribuição de pena severa ao réu) não se harmoniza com as premissas (brandura da justiça com quem age com boa-fé e conduta honesta do réu).

A omissão também é estranha à clareza, já que no ato de interação comunicativa a omissão consiste em não aclarar fatos e questões pertinentes ao tema em discussão. O texto omisso acerca de questões e aspectos relevantes do assunto em pauta não propicia ao leitor o acesso à informação e às ideias do emissor com a clareza necessária.

Diante de todo o exposto, evidencia-se a necessidade de o discurso jurídico ser claro. A exposição dos fatos pelo autor, a defesa do réu, as decisões judiciais, os pareceres jurídicos, as sustentações orais, as atas, os contratos, as denúncias e tantas outras situações discursivas do âmbito jurídico demandam alto nível de clareza textual, sem a qual a aplicação da lei e a efetivação da justiça se mostram extremamente dificultosas.

1.6.7. Ritualização

O discurso jurídico é, de certo modo, marcado por padrões textuais que naturalmente se repetem, os quais foram formados em razão de constante reprodução pelos juristas, constituindo-se em verdadeiros ritos.

Assim, certos textos jurídicos costumam trazer alguns padrões linguísticos que são reproduzidos em razão de simples costume e rito, sem haver menção ou exigência expressa em lei. É o caso da linguagem empregada em contratos, nos quais se tem por hábito colocar a qualificação completa das partes no preâmbulo e, em seguida, a expressão genérica que remete ao papel desempenhado pela parte no referido contrato, como, por exemplo, a frase "doravante designado simplesmente comprador", de modo que, em todo o corpo textual do contrato, não se menciona mais o nome do contratante, mas simplesmente o termo genérico, no caso, "comprador".

Aliás, muitos são os documentos jurídicos que seguem um mesmo rito ou padrão em razão do costume, mesmo não havendo obrigatoriedade legal. Redigir procurações em um único parágrafo, por exemplo, é fruto da cristalização do costume.

Também se veem ritos linguísticos em peças judiciais, como no caso das mais variadas petições submetidas à apreciação do magistrado, em cujos desfechos se coloca, por mera praxe e estética textual, a expressão "Termos em que / Pede deferimento", ou "Nesses termos, / Pede deferimento", sempre em duas linhas separadas e com letras maiúsculas em cada início de linha, embora gramaticalmente seja uma única e mesma frase.

Tão forte é a influência da repetição de certos modelos, que algumas frases se tornaram verdadeiras fórmulas e são conhecidas e repetidas até mesmo por pessoas que não trabalham com a linguagem jurídica, como a menção, em notificações extrajudiciais, de que "serão tomadas as medidas judiciais cabíveis".

1.7. DENOTAÇÃO E CONOTAÇÃO

1.7.1. Denotação

O termo está vinculado ao verbo latino *notare* (designar com uma marca, imprimir com uma marca). Ernout e Meillet (1951, p. 791) referem que, na linguagem jurídica, havia a *nota censoria* com que se anotavam, marcavam os cidadãos merecedores de repreensão em livro determinado.

Em linguística, denotação é a representação comum, constante, real, atual, referencial da palavra. Assim, o sentido denotativo é o significado literal da palavra, aquele que consta nos dicionários, sem alargamento de sentido, sem figuras de linguagem. Exemplo: Minha casa tem um portão de ferro (metal).

A denotação no emprego de palavras e orações oferece ao destinatário maior precisão no ato comunicativo, razão pela qual a linguagem em sentido denotativo está presente em bulas de remédio, manual de instruções e nos textos normativos. Nesse sentido, a legislação deve vir, sempre, escrita em sentido denotativo, sem quaisquer figuras de linguagem, a fim de que o texto legal possa transmitir seu conteúdo semântico com técnica e precisão.

1.7.2. Conotação

Etimologicamente, o termo também se prende ao latim *notare*. O que faz a diferença é a preposição *co, com*, em latim *cum* de sentido associativo, includente, ao passo que o *de* (denotação) indica afastamento, exclusão.

Na área linguística, geralmente, toma-se conotação como tudo que se refere ao conteúdo emocional, subjetivo, individual da palavra. Quando há conotação, diz-se sentido figurado, porque consiste no alargamento do sentido literal, propiciado pelo uso de figuras de linguagem. Ex.: Ele tem um coração de ouro. O termo *ouro* foge de seu sentido referencial, assume sentido emocional e se caracteriza como conotativo. O próprio termo *coração* também está em sentido figurado, uma vez que não se refere ao órgão muscular, mas sim à índole, ao caráter, ao temperamento da pessoa.

Cite-se, como exemplo de utilização marcante e reiterada de belíssimas conotações, a letra da música "Eu te amo", de Chico Buarque e Tom Jobim:

"Ah, se já perdemos a noção da hora
Se juntos já jogamos tudo fora
Me conta agora como hei de partir
Ah, se ao te conhecer, dei pra sonhar, fiz tantos desvarios
Rompi com o mundo, queimei meus navios
Me diz pra onde é que inda posso ir
Se nós, nas travessuras das noites eternas
Já confundimos tanto as nossas pernas
Diz com que pernas eu devo seguir
Se entornaste a nossa sorte pelo chão
Se na bagunça do teu coração
Meu sangue errou de veia e se perdeu
Como, se na desordem do armário embutido
Meu paletó enlaça o teu vestido
E o meu sapato inda pisa no teu
Como, se nos amamos feito dois pagãos
Teus seios inda estão nas minhas mãos
Me explica com que cara eu vou sair
Não, acho que estás te fazendo de tonta
Te dei meus olhos pra tomares conta
Agora conta como hei de partir."

As características principais da denotação e conotação são:

Denotação
elemento estável
elemento referencial
elemento objetivo
elemento próprio
elemento restritivo

Conotação
elemento variável
elemento expressivo
elemento subjetivo
elemento figurado
elemento expansivo

A conotação faz-se presente em todas as formas de linguagem. Algumas amostras:

Linguagem jurídica
barra do tribunal
corpo de delito
ônus da prova
fisionomia jurídica
acordo leonino

Linguagem eclesiástica
vale de lágrimas
barca de Pedro
odor de santidade
sono dos justos
carregar a cruz

Linguagem futebolística
mão de alface
tapete verde
drible da vaca
folha seca
cama de gato

Linguagem bíblica
sal da terra
beijo de Judas
escada de Jacó
lavar as mãos
pó das sandálias

Linguagem popular
bater as botas
cair na real
dar o prego
papar o prêmio
esticar as canelas

Linguagem médica
tratamento invasivo
doença agressiva
tumor maligno
colesterol alto
peito congestionado

Estabelecidas as características da denotação e conotação, talvez seja possível dizer que a conotação é o elemento de maior relevância da comunicação. Ela é que dá movimentação, vida e colorido às palavras. Estas, graças à conotação, sofrem alterações semânticas, adquirem maior ou menor carga afetiva, revestem-se de tonalidade mais forte ou mais fraca. A conotação é que atribui ao texto riqueza, harmonia e originalidade. Enfim, o jogo surpreendente que as palavras jogam se deve, em geral, à conotação.

Em determinados contextos, quando o emissor pretende deixar claro que seu enunciado deve ser compreendido ao pé da letra, denotativamente, sem qualquer extensão de sentido, é comum utilizar-se da expressão "literalmente". Isso evita ruídos, pois alerta o interlocutor sobre o fato de que o sentido das palavras empregadas deve ser interpretado restritamente, sem qualquer figura de linguagem, seja metáfora, hipérbole, eufemismo etc.

Vê-se, pois, que conotação e denotação dizem respeito ao sentido que se atribui às palavras empregadas pelo emissor no discurso, podendo tal sentido ser literal (sentido denotativo) ou figurado (sentido conotativo).

Importante notar, também, que há palavras de sentido mais geral e outras de sentido mais específico. Ocorre a hiperonímia quando o vocábulo apresenta sentido genérico em relação a outro de sentido específico. À relação inversa dá-se o nome de hiponímia. Assim, a palavra "mamífero" está em relação de hiperonímia com "homem"; e a palavra "homem" está em relação de hiponímia com "mamífero". Vejamos outros exemplos:

Sentido geral	Sentido específico
ave	corvo
doutor	médico
animal	cavalo
veículo	automóvel
peixe	salmão

Ainda sobre o sentido das palavras, vale lembrar que há aquelas que comportam carga mais forte ou mais fraca, devendo o falante escolhê-las conforme a situação concreta, ou seja, conforme queira imprimir maior ou menor impacto no seu discurso. Quando, em um discurso, utiliza-se propositadamente palavra com carga semântica mais suave, a fim de substituir outra tida por desagradável ou grosseira, dá-se o nome de eufemismo. É o caso, por exemplo, de dizer "gente humilde", em vez de dizer "gente pobre".

Vejamos outros exemplos:

Carga mais forte	Carga mais fraca
agarrar	pegar
velho	idoso
banir demente	expulsar deficiente mental
careca	calvo
mentir	faltar com a verdade
morrer	descansar em paz

Poderíamos incluir na mesma faixa algumas palavras com o prefixo *in* e *des*, ambos negativos. O primeiro pode implicar negação total (mais forte); o segundo, negação parcial (mais fraco).

$$\begin{cases} \text{incrédulo (sem crença)} \\ \text{descrente (perdeu a crença)} \end{cases}$$

$$\begin{cases} \text{incolor (sem cor)} \\ \text{descolorido (perdeu a cor)} \end{cases}$$

Há, também, palavras de sentido valorizante e outras de sentido desvalorizante. A palavra latina *niger* evoca fertilidade, abundância, razão por que o rio Nilo é *niger*; já o sinônimo *ater* evoca tristeza e desgraça. Eis por que Virgílio chama o rio do inferno (Styx) de *ater*. Palavras há marcadas pela desvalorização, como é o caso de sogra, madrasta e outras. Há aquelas que assumem sentido positivo e, com o correr do tempo, adquirem nota depreciativa. Tal é o caso, por exemplo, de *amante* usada pelo Pe. Vieira que chama o Cristo de "divino *amante*" no seu sentido etimológico – aquele que ama. Mais tarde, a palavra associou-se a amores ilegítimos.

1.8. EXERCÍCIOS

1. Explique a distinção entre o sentido conotativo e o sentido denotativo.

2. Elabore texto sobre a importância da linguagem corporal no Direito.

3. Pesquise sobre a utilização da linguagem falada no processo judicial brasileiro.

4. Elabore uma dissertação sobre as características da linguagem jurídica.

5. Qual o nível de linguagem apropriado ao discurso jurídico? Por quê?

2

VOCABULÁRIO JURÍDICO

2.1. POLISSEMIA E HOMONÍMIA

2.1.1. Polissemia

À multiplicidade de significado das palavras dá-se o nome de *polissemia*. A base semântica de uma palavra sofre alterações em virtude da ação conotativa que a envolve, o que acontece em todas as formas de discurso, no discurso jurídico inclusive. A palavra "obrigação", por exemplo, consoante Monteiro (*Direito das obrigações*, 1967b, p. 3), comporta vários sentidos. O renomado autor, na mesma obra (p. 4), assim se expressa: "Muitas são, portanto, suas acepções [obrigação], utilizando o legislador ora de uma, ora de outra; aliás, na linguagem jurídica, tornam-se frequentes essas polissemias."

Pode-se dizer o mesmo da palavra "direito", cuja origem latina remonta a *directus* (direito, reto), e que atualmente é dotada de inúmeras acepções, entre as quais podem ser citadas: (i) conjunto de normas jurídicas, positivadas por instituições competentes, que regulam a convivência social (*norma agendi*, direito objetivo); (ii) faculdade atribuída ao jurisdicionado de exigir em juízo os interesses que a lei lhe assegura (*facultas agendi*, direito subjetivo); (iii) nome que designa domínio do saber, disciplinas e cursos da área jurídica (e, nesses casos, o termo deve vir grafado com a letra inicial maiúscula: Faculdade de Direito, Juiz de Direito, Direito Civil etc.); (iv) tudo aquilo que não contém erros; (v) o que é ou está retilíneo; (vi) lado oposto ao esquerdo; (vii) aquilo que é considerado justo, de acordo com as normas morais e éticas.

Vale citar, também, o termo "ministro", que remonta suas raízes latinas em *minister* (sacerdote, servente). No âmbito jurídico, refere-se tanto aos magistrados dos tribunais superiores (integrantes do Poder Judiciário, como, por exemplo, os ministros do STF), como aos chefes dos ministérios que integram a administração pública em nível federal (integrantes do Poder Executivo, como, por exemplo, o ministro da Educação).

Vê-se, pois, que existe polissemia quando uma mesma palavra é empregada em diversos sentidos, ou seja, quando ocorre pluralidade significativa de um mesmo vocábulo.

2.1.2. Homonímia

Elucidativa é a definição de *homonímia* proposta por Dubois (1978, p. 326), com nossos grifos: "homonímia é a identidade fônica (*homofonia*) ou a identidade gráfica (*homografia*) dos fonemas que não têm o mesmo sentido, de modo geral".

Assim, vê-se que homonímia é gênero, do qual se desmembram as espécies homofonia e homografia. Os homônimos homófonos são palavras que se grafam distintamente, mas que são pronunciadas de modo igual. Exemplos:

- cessão (ato ou efeito de ceder; por exemplo, cessão de direitos)
- sessão (reunião, período; por exemplo, sessão de julgamento)
- seção (repartição, secção; por exemplo, seção de direito privado)

- tacha (mancha, nódoa)
- taxa (tributo)

- estremar (demarcar, limitar)
- extremar (assinalar, sublimar)

- remissão (perdão – v. remitir)
- remição (resgate, liberação, pagamento – v. remir)

- censo (dados sobre a população de determinado local, coleta de tais dados)
- senso (qualidade de sensato, prudência)

- coser (costurar)
- cozer (cozinhar)

- incerto (que não é certo, impreciso)
- inserto (inserido)

- descente: que desce, oposto de ascendente
- decente: que tem decência, digno, correto (antônimo: indecente)

- incipiente (iniciante, principiante)
- insipiente (ignorante, desprovido de sapiência)

{ cassar (revogar, anular, proporcionar privação)
{ caçar (procurar, perseguir, via de regra, para matar ou aprisionar)

Já os homônimos homógrafos são palavras que, embora semanticamente distintas, são grafadas igualmente. Exemplos:

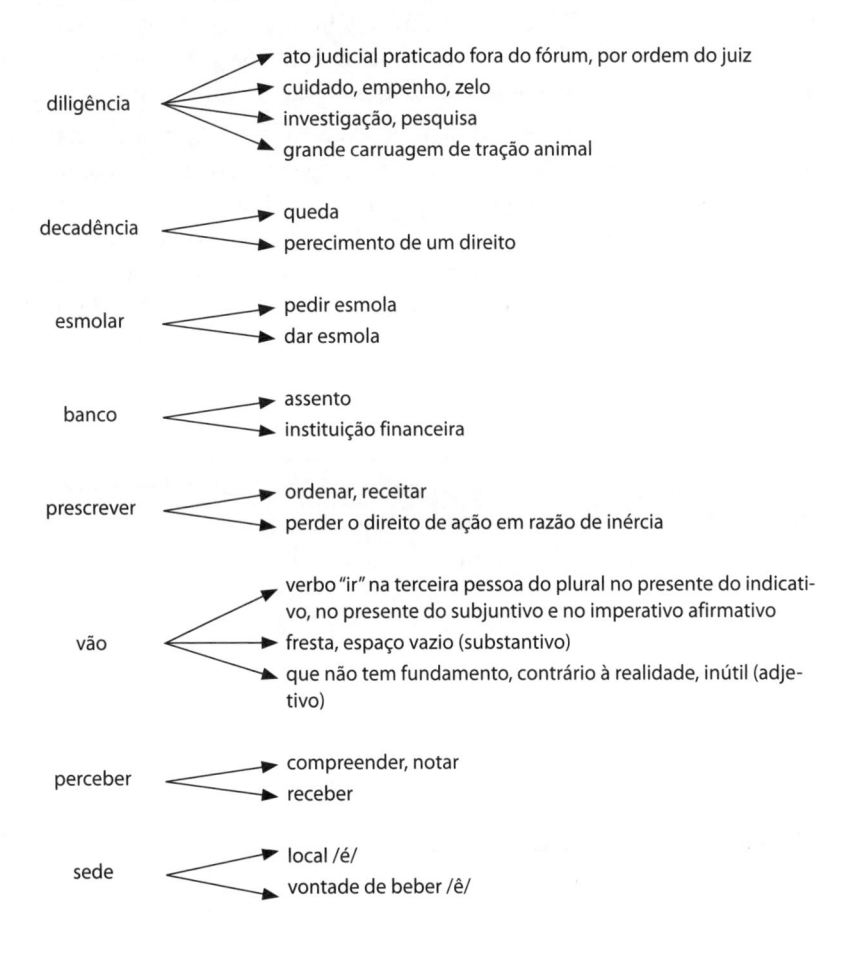

diligência
- ato judicial praticado fora do fórum, por ordem do juiz
- cuidado, empenho, zelo
- investigação, pesquisa
- grande carruagem de tração animal

decadência
- queda
- perecimento de um direito

esmolar
- pedir esmola
- dar esmola

banco
- assento
- instituição financeira

prescrever
- ordenar, receitar
- perder o direito de ação em razão de inércia

vão
- verbo "ir" na terceira pessoa do plural no presente do indicativo, no presente do subjuntivo e no imperativo afirmativo
- fresta, espaço vazio (substantivo)
- que não tem fundamento, contrário à realidade, inútil (adjetivo)

perceber
- compreender, notar
- receber

sede
- local /é/
- vontade de beber /ê/

2.2. SINONÍMIA E PARONÍMIA

2.2.1. Sinonímia

A equivalência de termos implica a questão da sinonímia, uma das formas de relação de significação, como a *monossemia* (lexema com um só sentido, uma só acepção); a *polissemia* (lexema com vários sentidos); *hiperonímia* (lexema de sentido geral); *hiponímia* (lexema de sentido de inclusão); *coiponímia* (lexema de inclusão no mesmo nível).

Sinonímia é a identificação de acepções. Essa identificação de acepções pode ser *total* ou *parcial*. No primeiro caso, pode-se falar em sinonímia *stricto sensu*; no segundo caso, em *parassinonímia* ou *quase sinonímia*.

A sinonímia *total* (absoluta, completa, *stricto sensu*) ocorre entre termos cujo sentido cognitivo e afetivo são equivalentes, consoante a lição de Jota (1976, p. 307) e Dubois et al. (1978, p. 555). Na mesma linha, Ulmann, citado por Lyons (1979, p. 476): "só se podem considerar como sinônimas as palavras que se podem substituir em qualquer contexto sem a mais leve mudança ou no sentido cognitivo ou afetivo".

Em razão disso, alguns estudiosos asseveram que, na prática, não existe sinonímia *absoluta*: não existem palavras com significados idênticos, mas, sim, equivalência de sentidos. Entendemos seja possível sinonímia na linguagem técnico-científica em que predomina o sentido denotativo (como, por exemplo, as palavras "delito" e "crime"), mas *cum grano salis*,[1] porque cada palavra tem um rosto próprio, um *tonus* afetivo ou expressivo particular, uma vida peculiar.

2.2.2. Paronímia

Pode-se dizer que *paronímia* consiste na afinidade de palavras de sentido diverso com outras pela forma gráfica ou pelo som. Demandam atenção, pois são termos que se parecem e, portanto, costumam propiciar confusão. Eis alguns exemplos de parônimos amiúde utilizados na área jurídica:

{ prover: deferir (recurso); fornecer algo de que se necessita
  provir: originar-se, proceder

{ tampouco: nem, também não
  tão pouco: muito pouco

{ infligir: impor, aplicar (pena, castigo)
  infringir: desobedecer

{ mandado: ordem judicial, determinação (ex.: mandado de prisão)
  mandato: outorga de poderes de representação, contrato cujo instrumento é a procuração

{ elidir: suprimir, excluir
  ilidir: refutar, anular

---

[1] Com ponderação, com parcimônia, "com um grão de sal".

{ destratar: tratar mal
{ distratar: desfazer o trato

{ aresto: acórdão, decisão judicial colegiada
{ arresto: providência cautelar de apreensão de bens

{ inerme: sem meios de defesa, desarmado
{ inerte: sem ação, que se encontra em inércia

{ cumprimento: saudação; ato ou efeito de cumprir
{ comprimento: medida, extensão

{ deferir: conceder deferimento, aprovar, condescender, anuir, aquiescer
{ diferir: promover diferimento, procrastinar, postergar; distinguir

{ eminente: que sobressai, insigne, excelente, elevado
{ iminente: próximo de ocorrer, imediato

{ migrar: mudar de um local para outro, mudar de região, de país
{ imigrar: entrar e fixar residência em país estrangeiro
{ emigrar: sair de um país para morar em outro

{ delação: ato de delatar, revelar crime, indicar autoria (ex.: delação premiada)
{ dilação: ato de dilatar, prolongar, aumentar (ex.: dilação de prazo)

{ aferir: sopesar, cotejar, avaliar, medir
{ auferir: obter, conseguir

{ cavaleiro: que anda a cavalo (feminino: amazona)
{ cavalheiro: homem gentil, educado (feminino: dama)

{ docente: professor, mestre, aquele que ensina
{ discente: aluno, estudante, discípulo

{ flagrante: evidente; que está acontecendo ou acabou de acontecer
{ fragrante: aromático, que exala cheiro

{ retificação: correção, emenda
{ ratificação: confirmação, corroboração

{ cessão: ato ou efeito de ceder, transferir
{ cessação: ato ou efeito de cessar, parar, terminar

{ imitir: pôr para dentro, investir (ex.: imitir alguém na posse de imóvel)
{ emitir: expedir, enviar, enunciar (ex.: emitir ordem de prisão)

{ prescrever: ordenar, recomendar; perda do direito de ação
{ proscrever: banir, expulsar

{ ementa: resumo, síntese (ex.: ementa de acórdão)
{ emenda: correção, retificação, alteração (ex.: emenda constitucional)

{ tráfico: praticar comércio ilegal, ato de traficar (ex.: tráfico de drogas)
{ tráfego: movimento, fluxo, ato de trafegar (ex.: tráfego de veículos)

Observação: há parentesco entre a *paronímia* e a *paranomásia*, jogo de palavras de sons semelhantes e sentidos diferentes (trocadilho). Oswald de Andrade nos legou dois exemplos: "Não confundir capitão de fragata com cafetão de gravata," "Carolina de Sá Leitão com caçarolinha de assar leitão." Da mesma forma não se há de confundir *habeas corpus* com *habeas copos* ou Obama com Osama, nem juridiquês com tucanês.

2.3. ESCOLHA LEXICAL

Léxico é o repertório de palavras existentes em uma língua e, portanto, a escolha lexical é a faculdade que possui o emissor de escolher as palavras que mais lhe pareçam apropriadas para a construção do discurso, dentre todas as possibilidades que a língua lhe oferece.

A adequada escolha lexical é importante não só para a ornamentação do texto, mas também para a argumentação, contribuindo, assim, para o jogo da persuasão, o que interessa, de forma significativa, ao Direito. Perelman, citado por Koch (1987, p. 156), ensina que a escolha das palavras sempre se acha revestida de carga argumentativa.

O que determina, em geral, a escolha das palavras é o *tonus* afetivo que as impregna, associando-as ao *páthos* e, por consequência, à argumentação. Se toda linguagem é argumentativa, se toda linguagem é ideológica, também a palavra o é. Esta força das palavras já a percebera Cecília Meireles (1958, p. 793):

"Ai, palavras, ai palavras.
que estranha potência a vossa!

Ai, palavras, ai palavras,
sois de vento, ides ao vento,
no vento que não retorna,
e, em tão rápida existência,
tudo se forma e se transforma."

Já o dissemos: em contexto específico, cada palavra carrega carga emotiva diferente: valorizante/desvalorizante; enérgica/apática; simpática/antipática; forte/fraca. Os bons escritores sabem jogar com as palavras, conforme o contexto.

O *Auto da barca do inferno* (do dramaturgo português Gil Vicente) é uma sessão de julgamento onde não há advogados e, em consequência, os acusados, eles mesmos, se defendem. A alcoviteira Brísida Vaz, uma acusada, usa o termo valorizante "meninas" (virgens destinadas aos cônegos) e o termo desvalorizante "moças" (defloradas, para os outros fregueses). Ela era:

"A que criava as meninas
para os cônegos da Sé...

Eu sou aquela preciosa
que dava as moças a molhos."

Na mesma peça sai da boca do Parvo (outro acusado) uma carga de palavras desvalorizantes contra o Diabo, por exemplo, cabrão, gafanhoto, chacinado.

Mesmo o posicionamento da palavra na frase pode determinar ênfase, relevo, afetividade. A palavra que encabeça ou fecha a frase, em geral, tem destaque. Marouzeau (1946, p. 156) observa que Ovídio coloca as palavras importantes no início dos versos, ao descrever o palácio do Sol nas *Metamorfoses*. A posposição do pronome *eu* foi usada, à larga, por Alexandre Herculano, sempre com o propósito de realce:

"Não!... vos digo eu: não serei quem torne a erguer,
essa derrocada abóboda! [...]

Se dizeis isso pela que ma destes, tirai-ma que
não vo-la pedi eu."

Com o mesmo intuito Gil Vicente usa o pronome posposto no *Auto da alma*: o Diabo busca reforçar sua credibilidade junto à Alma:

"Neste espelho vos verei
e sabereis

que não vos hei de enganar
e poreis estes pendentes,
em cada orelha seu.
Isso si:
Que as pessoas diligentes
São prudentes.
Agora vos digo eu
Que vou contente daqui."

Merece referido o posicionamento da locução "de Valença", no *Auto da alma*, com o objetivo claro de chamar a atenção da Alma para a procedência dos sapatos que o Diabo lhe oferece (à Alma). Não se trata de calçados quaisquer; são sapatos finos, importados, que estão na moda, de solas espessas, para realçar a estatura, conhecidos como chapins. Corresponderiam aos sapatos da Sicionia (*calci sicyonii*) entre os romanos.

"Uns chapins havei mister
de *Valença*, ei-los; aqui." (grifo nosso)

Os bons escritores, na perseguição da expressividade, jogam também com o volume das palavras. Assim procede, com frequência, Eça de Queirós ao usar, de maneira especial, os advérbios de modo:

"Jacinto começou a mostrar *claramente, escancaradamente,* o tédio de que a existência o saturava."
"A outra porta *timidamente, medrosamente* entreaberta."

A ênfase é que leva Ruy Barbosa a se servir do mesmo expediente:

"Assim que, em suma, *logicamente, juridicamente,* e *tradicionalmente*, não há outra maneira de nos exprimirmos."

É de se ver que a escolha lexical se enlaça à estilística, sendo certamente um de seus elementos componentes, uma vez que permite a cada um se expressar de modo individualizado, forjando o próprio estilo.

No discurso jurídico, entretanto, a escolha lexical deve estar em harmonia com a precisão e o rigor dos termos técnicos, de modo que cada palavra deve ser escolhida conforme seu sentido científico-jurídico.

No bojo de tais considerações, chamamos a atenção do leitor para os termos jurídicos que seguem abaixo, os quais guardam peculiaridades e devem ser escolhidos em razão da carga semântica técnica que possuem, a fim de que o emissor possa construir texto jurídico com técnica e exatidão de sentido.

- **Ab-rogar – Derrogar – Revogar**

    Consoante o parecer de Ernout e Meillet (1951, p. 1017), os compostos do verbo latino *rogare* adquiriram, na linguagem do direito, um sentido técnico.

    Ab-rogar – abolir por inteiro (*in totum*) uma lei, no total.

    "Ab-rogar uma lei é anulá-la."

    O hífen permanece na reforma ortográfica, como já ensinavam Henriques e Andrade (1996, p. 30). Vale o mesmo para os cognatos (ab-rogável etc.).

    Derrogar – abolir parcialmente uma lei.

    Revogar – trata-se de termo mais abrangente, podendo se referir tanto à derrogação como à ab-rogação.

- **Arresto – Aresto**

    Arresto – o termo tem origem controvertida. Machado (1967, p. 319) liga o verbo *arrestar* ao latim tardio *adrestare*, que assumiu sentido jurídico, com possível influência do francês antigo *arrester*, que nos deu o atual *arrêter*. De Plácido e Silva (1978, p. 159) sugere *ad rapere* ("levar violentamente a juízo, apossar-se de, apoderar-se de").

    O significado de *arresto* é apreensão judicial de bens para garantia de pagamento de dívidas. Consiste em tutela de urgência de natureza cautelar. Distingue-se do sequestro porque este recai sobre bem já em litígio, ao passo que o arresto recai sobre quaisquer bens, de modo provisório e preventivo, com objetivo de tornar certa a execução futura.

    Aresto – decisão judicial colegiada; sinônimo de acórdão.

- **Civil – Cível**

    Ambas as expressões pertencem à mesma classe gramatical e carregam o mesmo conteúdo semântico na linguagem jurídica: servem, principalmente, para adjetivar nomes que envolvam fatos, direitos e deveres da seara do direito civil e áreas correlatas, em exclusão às áreas penal, militar e religiosa.

    Embora possam ser utilizadas, no mais das vezes, como sinônimas, costuma-se empregar "civil" para códigos, leis, direitos, registros, casamento e ramo da ciência do Direito (exemplos: Direito Civil, Código Civil, Código de Processo Civil, direitos civis, legislação civil, casamento civil, registro civil); e "cível" para qualificar varas, área, recursos e tribunais (exemplos: 1ª vara cível, área cível, matéria cível, causa cível, apelação cível, Tribunal de Alçada Cível, 1ª Câmara Cível, Juizado Especial Cível, foro cível). Para qualificar ação judicial e processo, emprega-se tanto o adjetivo "civil" como o "cível", conforme se vê nos exemplos a seguir: ação civil pública, ação civil *ex delicto*, ação cível originária, ações cíveis, processo civil, processos cíveis.

Cegalla (2009, p. 87) destaca que tanto "cível" como "civil" derivam da palavra *civilis*, e que o "deslocamento do acento prosódico se deve, provavelmente, à influência de adjetivos terminados em -*ível*, como horrível, possível, incrível". Por fim, vale mencionar que o uso dos plurais requer certa atenção: o plural de "cível" é "cíveis", o de "civil" é "civis".

- **Comodato – Mútuo**

    O contrato de empréstimo se divide em duas modalidades, *comodato* e *mútuo*, os quais estão regulamentados, respectivamente, nos artigos 579 a 585 e 586 a 592 do Código Civil. O contrato de comodato é o empréstimo que recai sobre bens infungíveis, e o de mútuo sobre bens fungíveis.[2] Dessa maneira, faz-se comodato ao emprestar imóvel, faz-se mútuo ao emprestar dinheiro. Ademais, em regra, o comodato é gratuito; e o mútuo, oneroso.

- **Conteste – Inconteste – Incontestável**

    Conteste – da raiz latina *testis* (testemunho), o adjetivo *conteste* refere-se a afirmação ou depoimento que está de acordo com outro. Testemunhas contestes, portanto, são aquelas cujos depoimentos se harmonizam.

    Inconteste – o prefixo de negação *in* atribui ao termo a ideia contrária do que foi exposto acima: *inconteste* é o que não está em harmonia com outro depoimento, testemunho ou afirmação. O vocábulo também pode ser utilizado para qualificar o que não se põe em dúvida, ou em questão, como se depreende da letra de Chico Buarque:

    > "Para um coração mesquinho
    > Contra a solidão agreste
    > Luiz Gonzaga é tiro certo
    > Pixinguinha é inconteste."

    Incontestável – irrefutável, irrespondível, que não se pode contestar.

---

[2] São fungíveis os móveis que podem substituir-se por outros da mesma espécie, qualidade e quantidade (art. 85 do Código Civil).

- **Contrato – Pacto**

  Contrato – do latim *contractus*, de *contrahere*, contrato constitui o acordo de vontades que se dá em conformidade com a lei em que uma ou mais pessoas adquirem, resguardam, transferem, conservam, modificam ou extinguem direitos. É uma das fontes da obrigação.

  Pacto – deriva do latim *pactum*, de *pacisor* cujo significado é convencionar. Pacto denota ajuste, convenção, tratado, transação entre duas ou mais pessoas.

  No Direito Romano, pacto distinguia-se do contrato, enquanto aquele não permitia às partes ir a juízo em razão do ajuste, ou seja, não gerava uma ação, este lhe conferia o direito de recorrer às vias judiciais por meio da ação competente.

  Os pactos, ainda no Direito Romano, designavam também as cláusulas adjetas aos contratos, isto é, cláusulas acessórias, sentido este que ainda perdura hodiernamente na prática forense, como nos termos *pacto antenupcial* (convenção anterior ao casamento ajustada pelos nubentes para determinar o regime matrimonial), *pacto compromissório* (convenção que determina um compromisso), *pacto de retrovenda* (ajuste pelo qual o vendedor reserva para si o direito de reaver o bem da venda) etc.

  No direito moderno, pacto e contrato aproximam-se na sinonímia, não sendo sinônimos perfeitos em razão do sentido de "cláusula acessória" que a palavra *pacto* ainda guarda, como descrito acima. Para Pereira (2009, p. 9), "não obstante tal especificidade, todos eles poderão, sem quebra da boa linguagem, denominar-se *contratos*, como ainda não ofenderia a boa técnica apelidar de pacto qualquer contrato típico".

- **Defloramento – Desvirginamento**

  Tôrres (1959, p. 64) comenta e endossa a proposta de Ruy Barbosa para substituir o termo "desvirginamento" por "defloramento", por ser este de uso habitual na linguagem jurídica, além de ter um tom menos brutal.

  O antigo e revogado Código Penal dos Estados Unidos do Brazil, de 1890, utilizava o verbo *deflorar* em seu art. 267: "Deflorar mulher de menor idade, empregando seducção, engano ou fraude: Pena – de prisão cellular por um a quatro annos."

  Fica-nos a impressão de que nos dias atuais ambos os termos têm circulação restrita. Para referir-se ao desvirginamento, o Código Penal atual utilizava a expressão "ter conjunção carnal com mulher virgem [maior de 14 e menor de 18 anos]" (crime de sedução, revogado pela Lei 11.106, de 2005).

Verdade é que atualmente o direito penal considera a virgindade de somenos importância: em antanho eram outros os valores sobre a feminilidade e a sexualidade.

- **Delatar – Denunciar**

    Delatar – do latim *deferre*, cujo sentido primitivo era "colocar nas mãos de" (*deferre reum, deferre nomen*). Delatar (revelar, entregar) assumiu sentido pejorativo e, mesmo odioso, bem como delator. A delação premiada é benefício legal que se concede ao condenado que colabora na investigação dos crimes cometidos pelos seus companheiros, delatando-os.

    Denunciar – o termo é cognato de *nuntius* (anunciador, em sentido geral). O verbo, na linguagem do Direito, era "anunciar solenemente". Tal caráter solene, de certa forma, conserva-se no fato de a denúncia ser de competência exclusiva do Ministério Público. A denúncia é oferecida, portanto, somente pelo Ministério Público, por meio da qual requer ao juiz que condene o réu pela prática de ato delituoso. Percebe-se, então, que *denunciar* não é sinônimo de *delatar*.

- **Descriminar – Discriminar**

    Os dois verbos têm a mesma raiz, o latim *crimen* do verbo *cernere* (separar, joeirar, distinguir). O termo *crimen* significou, a princípio, "o que serve para joeirar, decidir". Na linguagem jurídica, na opinião de Ernout e Meillet (1951, p. 206), assumiu o sentido de "decisão judicial"; em seguida, confundiu-se com *scelus*[3] e terminou em designar o "crime".

    "*Discriminar*" conservou o sentido primitivo (distinguir, discernir) e "*descriminar*" é criação posterior, com o sentido de inocentar, isentar de crime.

    Ao lado de "*descriminar*" apareceu "*descriminalizar*", que já recebe acolhida no VOLP (2009).

- **Desquite – Separação – Divórcio**

    Desquite – instituto que não está mais presente no ordenamento jurídico brasileiro. Consistia na dissolução da sociedade conjugal, não sendo permitido ao desquitado contrair novas núpcias, pois com o desquite não se extinguia o vínculo conjugal. O termo se forma de *des+quitar* (não estar quite).

    Separação – dissolução apenas da sociedade conjugal, pondo termo aos deveres de fidelidade recíproca, coabitação e regime de bens, mas sem dissolver o vínculo conjugal.

---

[3] Ação má.

Divórcio – do latim *vertere* (voltar), cujo composto *divertere* significa "voltar em sentido oposto", "separar". O termo, na linguagem jurídica, usa-se para indicar a ruptura de todos os laços do casamento, já que o divórcio propicia a dissolução do vínculo conjugal. Com o advento da Emenda Constitucional nº 66/2010, não há mais necessidade de prévia separação judicial.

- **Édito – Edito**

Édito – ordem judicial ou de outra autoridade, ou anúncio de interesse da coletividade, afixado em locais públicos, veiculado pela imprensa e/ou divulgado por edital. Alguns éditos se tornaram históricos, como o Édito de Milão, também conhecido como Édito da Tolerância, o qual foi assinado por Constantino e Licínio no ano 313 d.C., concedendo aos cristãos e a todos os demais a livre escolha de religião no Império Romano.

Edito – lei, decreto, mandamento, preceito legal.

- **Elidir – Ilidir**

Elidir – (excluir, eliminar, suprimir) liga-se ao latim *elido* e este, a *laedere* (bater, ferir). O art. 735, do Código Civil, utiliza a palavra "elidida", que guarda o sentido de "excluída", "eliminada": "A responsabilidade contratual do transportador por acidente com o passageiro não é elidida por culpa de terceiro, contra o qual tem ação regressiva".

Ilidir – (rebater, refutar, destruir) prende-se ao mesmo verbo *laedere*. O importante é não se confundir no uso desses verbos, os quais possuem sentidos distintos, embora se prendam à mesma etimologia latina. O Código Civil, em seus artigos 306 e 1.600, emprega corretamente o verbo "ilidir", com a ideia de "refutar", "afastar", "contestar":

> CC02, art. 306: "O pagamento feito por terceiro, com desconhecimento ou oposição do devedor, não obriga a reembolsar aquele que pagou, se o devedor tinha meios para ilidir a ação."
>
> CC02, art. 1.600: "Não basta o adultério da mulher, ainda que confessado, para ilidir a presunção legal da paternidade."

A propósito do Código Penal, art. 244, parágrafo único, diz Jesus (1995, p. 630): "Ilide consta do texto original do Código Penal. O correto é *elide*." Assiste-lhe razão, como podemos depreender do sentido da frase:

> CP, art. 244, parágrafo único: "Nas mesmas penas incide quem, sendo solvente, frustra ou ilide, de qualquer modo, inclusive por abandono injustificado de emprego ou função, o pagamento de pensão alimentícia judicialmente acordada, fixada ou majorada."

- **Esbulho – Turbação**

    Esbulho – implica privação total de posse, e sugere ação de reintegração de posse.

    Turbação – implica cerceamento do exercício de posse, e sugere ação de manutenção de posse.

    O Código Civil, art. 1.210, § 1º, mostra que os termos são diferentes: "O possuidor turbado, ou esbulhado, poderá manter-se ou restituir-se [...]."

- **Estremar – Extremar**

    Estremar – deriva-se do latim *extremus* e figura na linguagem jurídica como "demarcar, delimitar, separar". Exemplo: "Foi necessário ingressar com ação demarcatória para estremar as propriedades dos fazendeiros."

    Vale dizer que o substantivo "estrema" refere-se à divisa, ao limite entre terras; e o adjetivo "estreme" traz a ideia de pureza, não contaminação, conforme os exemplos a seguir: "O advogado fala um inglês jurídico estreme". "O juiz, estreme de dúvidas, condenou o réu."

    Extremar – provém da mesma raiz latina, e carrega o sentido de intensidade, tornar extremo, sublimar: "A alegria do réu absolvido extremava." Também carrega o sentido de "assinalar, diferenciar", como na frase: "O advogado extremou-se como o mais sábio do tribunal."

- **Exarar – Prolatar – Proferir**

    Exarar – provém do latim *aro* (*arare* – trabalhar, lavrar o campo). Assumiu o sentido de lavrar, consignar por escrito a decisão judicial. Configura pleonasmo dizer "exarar por escrito", uma vez que *exarar* já contém a ideia "por escrito".

    Prolatar – do latim *prolatare* com influência do supino *latum* do verbo *ferre* (levar). Significa "declarar oralmente a sentença", ou "dá-la por escrito", ou ainda pode ser utilizado no sentido de promulgar lei, por meio da expressão "prolação da lei".

    Proferir – refere-se, em rigor, a ato verbal, ato praticado oralmente, embora já se admita a sua utilização referindo-se à emanação de despachos e decisões judiciais, ainda que na forma escrita. O verbo também vincula-se ao latim *ferre*.

- ***Habeas corpus* – Hábeas**

    Habeas corpus – forma latina que deve ser grafada sem acentos, sem hífen e entre aspas ou em itálico. Vale lembrar que o latim não conheceu acentos ou hífen.

Habeas corpus pode ser utilizado em dois sentidos: é o remédio constitucional que visa assegurar a liberdade de ir e vir (Exemplo "O advogado impetrou *habeas corpus* para libertar o seu cliente"); e é a própria ordem judicial que concede a liberdade pleiteada (Exemplo "O magistrado concedeu *habeas corpus* a um suspeito de homicídio"). Portanto, o termo designa tanto a ordem judicial (ordem de *habeas corpus*) como a ação judicial por meio da qual se requer ao magistrado a referida ordem.

Hábeas – forma reduzida e vernaculizada, referenciada pelo Vocabulário Ortográfico da Língua Portuguesa – VOLP.

Com referência a *habeas corpus*, encontramos no dia a dia forense a expressão informal "*habeas corpus* canguru", aquele que pula instâncias.

- **Impronunciar – Despronunciar**

   Os dois verbos procedem do latim *pronuntiare* e ambos os prefixos (*in* – *des*) são negativos. Tais verbos referem-se ao Direito Processual Penal e envolvem o conceito de pronúncia, que é o ato pelo qual o juiz, por meio de sentença, submete o réu a julgamento pelo Tribunal do Júri, nos casos de crimes dolosos contra a vida.

   Impronunciar – verificar, em primeira instância, a ausência de razões para a pronúncia.

   Despronunciar – revogar, em instância superior, a sentença de pronúncia proferida pelo juízo de primeiro grau.

- **Imputabilidade – Responsabilidade**

   Imputabilidade – conjunto de requisitos capazes de conferir à pessoa a atribuição de pena em razão de um feito delituoso. Observe-se que o *in* (*im*) não é negativo, mas intensivo. Quando negativo, há incidência de outro prefixo *in*: "inimputabilidade", "inimputável".

   Responsabilidade – no âmbito penal, consiste em obrigação que a pessoa tem de arcar com as consequências do ato delituoso. Supõe, portanto, a imputabilidade. Já a responsabilidade civil se refere à obrigação de reparar os danos causados a outrem em razão da prática de ato ilícito, daí dizer que alguém foi condenado a indenizar outrem, ou seja, tornar indene, sem dano, ressarcir.

- **Incontinênti – Incontinente**

   Incontinênti – esta forma é de uso continuado no discurso jurídico e tem o sentido de "sem demora", "de imediato", "sem detença". É advérbio oriundo do verbo latino *continere*, composto de *tenere* (ter, durar, persistir) com sentido negativo. Se for grafado em latim, não leva acento.

Incontinente – da mesma raiz latina, consiste em adjetivo que significa "imoderado", "sem continência", "que não se contém".

- **Infligir – Infringir**

    Infligir – composto do latim *fligere* (bater) com o prefixo *in* (no caso intensivo). Deve-se evitar o erro comum *inflingir*. Usa-se o verbo com o sentido de aplicar pena, castigo. Cognato: inflição.

    Infringir – composto do latim *frangere* (bater com violência, quebrar). Cognato: infração, infringência. Portanto, poderíamos dizer: "infligiu-se pena privativa de liberdade ao réu em razão de ele ter infringido a lei penal".

- **Marital – Uxório**

    Marital – forma adjetiva: relativo a marido (outorga marital).

    Uxório – forma adjetiva: relativo à esposa (outorga uxória).

- **Mariticídio – Uxoricídio – Matricídio – Patricídio – Fratricídio – Homicídio**

    Mariticídio – homicídio do marido perpetrado pela própria mulher, a mariticida.

    Uxoricídio – homicídio da esposa cometido pelo próprio marido, o uxoricida.

    Matricídio – homicídio da mãe praticado pelo próprio filho, o marricida.

    Patricídio – homicídio do pai, praticado pelo próprio filho, o patricida. Em sentido mais amplo, pode-se empregar a palavra "parricídio", que abrange o homicídio praticado contra qualquer ascendente, ou seja, pai, mãe, avós, bisavós etc.

    Fratricídio – homicídio da própria irmã, ou irmão. Aquele que o pratica recebe o nome de fratricida.

    Homicídio – forma tipificada no Código Penal em seu art. 121, consistente no ato de matar alguém. Embora sinônimos, a lei preferiu utilizar "matar" em vez de "assassinar", e "homicídio" em vez de "assassínio" ou "assassinato".

    Observe-se que o sufixo latino *cidium* refere-se a "matar, causar a morte", daí a construção morfológica das palavras acima mencionadas, e tantas outras: suicídio (matar a si mesmo),[4] infanticídio (matar o próprio filho

---

[4] A lei brasileira não considera ilícito penal o suicídio, ou a tentativa de suicídio.

durante o parto ou logo após, sob a influência do estado puerperal),[5] genocídio (matar membros de um grupo nacional, étnico, religioso ou racial com o intuito de extermínio total ou parcial),[6] feticídio (matar o feto, abortar),[7] filicídio (matar o próprio filho), regicídio (matar rei ou rainha) etc.

- **Jurídico – Judicial**

    Jurídico – é palavra de amplo sentido utilizada para qualificar tudo aquilo que se refere a direitos e deveres, ao ordenamento vigente, à área do Direito. Expressões como "ordenamento jurídico", "questão jurídica", "linguagem jurídica" e tantas outras que utilizam o adjetivo "jurídico" pretendem indicar que o tópico está sendo abordado sob a perspectiva do Direito.

    Judicial – refere-se ao Poder Judiciário (juízes e tribunais), ou seja, utiliza-se o adjetivo "judicial" para indicar que órgãos do Poder Judiciário (CF, art. 92) estão envolvidos. Assim, por exemplo, quando se diz "cobrança judicial", significa que o credor está movendo um processo judicial para que o Judiciário, por meio de um juiz de direito, obrigue o devedor a pagar, nos limites da lei; por outro lado, quando se diz "cobrança extrajudicial", trata-se de cobrança realizada pela própria parte interessada ou por seus procuradores fora da instância judicial, sem que haja o envolvimento do Judiciário. O mesmo raciocínio serve para as palavras "acordo judicial" – celebrado perante um juiz de direito e por este homologado – e "acordo extrajudicial" – em que as próprias partes transigem sem que se submeta a questão ao Poder Judiciário.

- **Natos – Naturalizados**

    Natos – segundo as alíneas do inciso I do art. 12 da Constituição Federal de 1998, brasileiros natos são aqueles nascidos no Brasil, ainda que de pais estrangeiros, desde que estes não estejam a serviço de seu país; nascidos no estrangeiro de pai brasileiro ou mãe brasileira, desde que qualquer deles esteja a serviço do Brasil; e os nascidos no estrangeiro de pai brasileiro ou de mãe brasileira, desde que sejam registrados em repartição brasileira competente ou venham a residir no Brasil e optem, em qualquer tempo, depois de atingida a maioridade, pela nacionalidade brasileira.

---

[5] Previsto no art. 123 do Código Penal.
[6] Previsto no art. 208 do Código Penal Militar.
[7] O aborto está previsto nos arts. 124 e seguintes do Código Penal.

Naturalizados – segundo a redação das alíneas do inciso II do artigo supracitado, são brasileiros naturalizados os que, na forma da lei, adquirem a nacionalidade brasileira, exigidas aos originários de países de língua portuguesa apenas residência por um ano ininterrupto e idoneidade moral; e os estrangeiros de qualquer nacionalidade, residentes no Brasil há mais de quinze anos ininterruptos e sem condenação penal, desde que requeiram a nacionalidade brasileira.

A Constituição Federal (art. 12, § 2º) também preceitua que não poderão ser estabelecidas, ainda que legalmente, distinções entre brasileiros natos e naturalizados, salvo nos casos previstos na própria Carta Magna.

- **Particular – Privada**

Conquanto sinônimos, há de usá-los de acordo com certa preferência ditada pelo costume. É, portanto, a praxe que determina o emprego de *particular* ou *privada*.

Nesse sentido, o costume cristalizou algumas expressões, tais quais "convenção particular", "escrito particular", "bens particulares", "escola particular", "instrumento particular". De outro lado, "direito privado", "propriedade privada", "virtudes privadas", "dependência privada", "vida privada", "direito privado" etc.

Cabe dizer que o termo "privado" pode ter sentido de sofrer privação, como consta do Código Civil, art. 346, II: "[...] terceiro que efetiva o pagamento para não ser privado de direito sobre imóvel [...]".

- **Plebiscito – Referendo**

Ambos os termos dizem respeito a consultas feitas ao povo sobre matéria de eminente relevância, de natureza constitucional, legislativa ou administrativa. Pelo inciso XV do art. 49 da Constituição Federal de 1988, é da competência exclusiva do Congresso Nacional autorizar referendo e convocar plebiscito.

O *plebiscito* é realizado antes de a lei ser elaborada: submete-se a matéria à consulta do povo (plebiscito) para que, caso haja aprovação, seja a lei elaborada em harmonia com a vontade popular. Como exemplo de plebiscito, citem-se a forma de governo (república ou monarquia constitucional) e o sistema de governo (parlamentarismo ou presidencialismo), que foram objeto de escolha popular por meio de plebiscito, em 7 de setembro de 1993, nos termos do art. 2º do Ato das Disposições Constitucionais Transitórias.

Difere do *referendo* porque, neste caso, já há uma lei aprovada que, antes de entrar em vigência, é submetida à aprovação popular. Cite-se, como exemplo de referendo, a consulta popular realizada em 23 de outubro de 2005, acerca do art. 35 da Lei nº 10.826/2003 (Estatuto do Desarmamento), em que a maioria optou por responder "não" à pergunta "O comércio de armas de fogo e munição deve ser proibido no Brasil?".

- **Progenitor – Genitor**

  Os dicionários hoje registram os termos como sinônimos. No Projeto do Código Civil de 1916, Ruy Barbosa ofereceu emenda ao art. 391 que assim rezava: "São direitos do progenitor sobre a pessoa dos filhos menores [...]", alegando que "progenitor" é avô. Para tanto, apoiou-se no prevérbio latino *pro* (antes, anterior).

  Esse argumento de Ruy Barbosa não procede, pois, conforme lição de Ernout e Meillet (1951, p. 481), "Il y a tendance du latin à renforcer les formes de la racine *gena* avec le préverbe |pro| -ainsi *progigno, prognatus, progenero, progenitor*."[8]

  Mais conveniente é outro argumento de Ruy Barbosa: "quando a lei dispõe do termo específico e unívoco, não deve buscar o indeciso e multicor". No caso, porém, acima exposto, não há indecisão, nem imprecisão, nem ambiguidade: é claro que progenitor é pai. O próprio Ruy Barbosa na emenda à redação do art. 366, do Código Civil antigo, usou o termo progenitor, por ele condenado: "O filho reconhecido, enquanto menor, ficará sob o poder do progenitor, que o reconheceu..."

- **Recepção – Repristinação**

  Recepção – é o fenômeno pelo qual normas vigentes em uma ordem jurídica anterior são recebidas, recepcionadas, validamente pela nova ordem constitucional, porque o conteúdo daquelas é materialmente compatível com a nova Constituição. O Código Tributário Nacional (Lei nº 5.172/1966), sancionado sob a vigência da Constituição brasileira de 1946, foi recepcionado pela Constituição Federal de 1988.

  Repristinação – é a recuperação da vigência de uma norma revogada, em razão de a norma revogadora haver perdido a vigência. No ordenamento jurídico brasileiro, esse fenômeno só é permitido quando expressamente previsto por lei, como preceituado no § 3º do art. 2º da Lei de Introdução às Normas do Direito Brasileiro: "Salvo disposição em contrário, a lei revogada não se restaura por ter a lei revogadora perdido a vigência".

---

[8] Há tendência do latim em reforçar as formas da raiz *gene* com o prevérbio |pro|-assim *progigno, prognatus, progenero, progenitor*.

- **Remição – Remissão**

    Remição – cognato de remir: resgate, pagamento, liberação de uma obrigação por meio de seu cumprimento. Assim, diz-se que o devedor remiu a dívida, ou seja, pagou-a. Desse modo, a expressão "remição da execução" significa que o executado se liberou da execução em razão de ter pagado o valor que devia: "Antes de adjudicados ou alienados os bens, o executado pode, a todo tempo, remir a execução, pagando ou consignando a importância atualizada da dívida, acrescida de juros, custas e honorários advocatícios" (CPC, art. 826).

    Remissão – cognato de remitir: perdão da dívida. Assim, diz-se que o credor remitiu a dívida, ou seja, perdoou-a. O Código Civil, em seu art. 385, estipula que o perdão da dívida deve ser aceito pelo devedor para extinguir a relação obrigacional entre credor e devedor: "A remissão da dívida, aceita pelo devedor, extingue a obrigação, mas sem prejuízo de terceiro."

    Existe, ainda, o termo *remissão*, cognato de remeter; daí a expressão *índice remissivo*. Também há o vocábulo *remisso*, com o sentido de relapso, negligente, conforme se vê no Código de Processo Civil, art. 897: "Se o arrematante ou seu fiador não pagar o preço no prazo estabelecido, o juiz impor-lhe-á, em favor do exequente, a perda da caução, voltando os bens a novo leilão, do qual não serão admitidos a participar o arrematante e o fiador remissos."

- **Resilição – Rescisão – Resolução**

    Resilição – liga-se ao verbo *resilir* e significa dissolução de um contrato em razão de vontade unilateral ou bilateral. Será unilateral quando compete só a uma das partes fazê-lo, como o ato de o empregador resilir contrato de trabalho de empregado não estável; será bilateral quando houver acordo de ambas as partes, distrato amigável.

    Rescisão – o termo promana do vocábulo latino *rescindere*. A rigor, consiste na anulação, por meio de decisão judicial, dos efeitos jurídicos de um contrato, ato ou convenção, em razão de algum vício jurídico de que padeça.

    Resolução – a palavra possui várias acepções e, nas relações obrigacionais, refere-se à dissolução do contrato em razão de inadimplemento ou por onerosidade excessiva.

- **Sequestro – Arresto**

    Sequestro relaciona-se ao latim *sequester*, adjetivo substantivado e, como tal, incorporado à linguagem jurídica. Bréal e Bailly (s.d., p. 340) explicam: "On appelait *sequester* celui qui était chargé de garder, jusqu'au jugement, un objet litigieux."⁹ Vê-se, então, que o termo contém (1) ideia de depósito; (2) ideia de litígio.

Conforme já explicado, no Processo Civil sequestro e arresto são tutelas de urgência de natureza cautelar: haverá sequestro quando a apreensão recair sobre bem litigioso; haverá arresto quando recair sobre quaisquer bens que não estejam envolvidos no litígio. Em ambos os casos, pretende-se garantir a execução futura e, assim, a consequente satisfação coercitiva do crédito.

- **Sufrágio – Voto – Escrutínio**

    Sufrágio – diz respeito ao direito do cidadão de eleger, ser eleito e de participar da organização e das decisões do Estado. Para José Afonso da Silva (2001, p. 314), sufrágio é o "Direito Público de natureza política, que tem o cidadão de eleger, ser eleito e de participar da organização e da atividade do poder estatal".

    Voto – é palavra polissêmica e pode significar o exercício do sufrágio; manifestação de vontade numa deliberação coletiva; a escolha de representantes para certo cargo ou função; meio pelo qual os candidatos são eleitos; e manifestação de opinião.

    Escrutínio – aproxima-se da expressão "votação", compreendendo desde a recepção dos votos até a sua contagem.

    A Constituição Federal, em seu art. 14, dispõe que "A soberania popular será exercida pelo sufrágio universal e pelo voto direto e secreto, com valor igual para todos [...]".

- **Taxa – Tarifa**

    Taxa – é espécie de tributo decorrente do exercício do poder de polícia administrativa, isto é, do poder de fiscalização da administração (por exemplo, a taxa de licença e funcionamento); ou da prestação de serviço público específico e divisível, de utilização efetiva ou potencial (por exemplo, taxa de lixo). A cobrança da taxa é compulsória e autorizada pela Constituição Federal, em seu art. 145, II.

    Tarifa – também denominada preço público. Não é tributo, visto que sua receita não é de natureza tributária, mas sim contratual, sendo a relação normalmente protegida pelo Código de Defesa do Consumidor.

---

9   Chamava-se *sequester* aquele que estava encarregado de guardar, até o julgamento, um objeto litigioso.

Em regra, a sua existência decorre de uma atividade desempenhada pelo Estado ou por empresas concessionárias ou permissionárias de serviços públicos, como, por exemplo, as tarifas cobradas pelo fornecimento de energia elétrica, de transporte público e de telefonia.

- **União estável – Casamento – Concubinato**

    União estável – entidade familiar configurada pela convivência pública, contínua e duradoura e estabelecida com o objetivo de constituição de família (CF, art. 226; CC, art. 1.723). Embora o texto constitucional traga expressamente a menção "entre homem e mulher", em 2011 o Supremo Tribunal Federal decidiu que a união estável é instituto que também abrange as relações entre pessoas do mesmo sexo.

    Casamento – casamento civil, ou religioso com efeitos civis, é o instituto por meio do qual se constitui o vínculo conjugal, estabelecendo comunhão plena de vida, com base na igualdade de direitos e deveres dos cônjuges (CC, arts. 1.511 e seguintes). Embora o Código Civil mencione expressamente que o casamento é celebrado entre homem e mulher (art. 1.514), o Conselho Nacional de Justiça, em sua Resolução nº 175, de 14 de maio de 2013, na esteira da decisão do STF acima mencionada, dispõe que é vedada às autoridades competentes a recusa de habilitação, celebração de casamento civil ou conversão de união estável em casamento entre pessoas do mesmo sexo.

    Concubinato – É a relação não eventual entre pessoas impedidas de casar (CC, art. 1.727). O art. 1.521 do Código Civil estabelece quem são as pessoas que não podem casar, entre as quais, a título de exemplo, vale citar: as pessoas casadas; os ascendentes com os descendentes, seja o parentesco natural ou civil; os irmãos unilaterais ou bilaterais, e demais colaterais até o terceiro grau. Caso tais pessoas constituam relação não eventual, considerar-se-ão concubinas.

2.4. REPERTÓRIO VOCABULAR JURÍDICO

- **Abaixo-assinado**

    Documento subscrito por várias pessoas, ou por uma classe, cujo conteúdo expressa, por vezes, solidariedade ou protesto, mas em regra, pedido ou reivindicação de determinada medida, em prol dos subscritos ou da coletividade, a quem de direito, isto é, à autoridade pública ou à pessoa com atribuições para apreciar e decidir a solicitação.

    Sob o aspecto estrutural, o abaixo-assinado inicia-se pelo endereçamento ao destinatário incumbido de apreciar o seu teor, normalmente constando em tal endereçamento o pronome de tratamento adequado, nome da pessoa e a função ou cargo exercido. No corpo do texto, discorre-se objetivamente sobre as razões do abaixo-assinado, e a providência solicitada. Por fim, são colocados, abaixo, os nomes e as respectivas assinaturas dos signatários, podendo conter dados pessoais, como, por exemplo, número de documento de identidade.

O substantivo "abaixo-assinado" (plural: abaixo-assinados) não se confunde com a expressão "abaixo assinado" (sem hífen), cujo significado corresponde àquele que assina o documento, o signatário. Portanto, quem assina um documento é o abaixo assinado, ou seja, "o que assina abaixo".

Dessa maneira, temos:

> "As pessoas abaixo assinadas reivindicam o que consta no abaixo-assinado".

- **Achádego**

Recompensa atribuída a quem acha objeto alheio perdido e o restitui ao dono ou legítimo possuidor. O termo consta no dicionário etimológico de Machado (1967, p. 71), em que testemunha sua origem datar do século XIII, e cita a presença do referido termo em documento de D. Diniz.

O direito do descobridor ao recebimento do achádego está previsto no Código Civil, em seu art. 1.234: "Aquele que restituir a coisa achada, nos termos do artigo antecedente, terá direito a uma recompensa não inferior a cinco por cento do seu valor, e à indenização pelas despesas que houver feito com a conservação e transporte da coisa, se o dono não preferir abandoná-la."

- **Agravante**

No Direito Penal, agravante é a circunstância que, por tornar o crime mais grave, faz com que a pena seja mais severa. A reincidência, o motivo fútil ou torpe e o estado de embriaguez preordenada são exemplos de circunstâncias agravantes, previstas no art. 61 do Código Penal. O contrário é "atenuante", que é uma circunstância que abranda a pena, como, por exemplo, o fato de o agente ser menor de vinte e um anos na data do cometimento do crime, ou maior de setenta anos na data da sentença.

No Direito Processual, agravante é a parte que interpõe recurso de agravo, a fim de que determinada decisão judicial interlocutória seja reapreciada por órgão jurisdicional de instância superior.

- **Alcunha**

    Machado (1967, p. 174) informa que "alcunha" é sinônimo de "cognome", "sobrenome". O termo provém do árabe. Geralmente, as palavras iniciadas por *al* são de proveniência arábica, como alfafa, alface, alcouce, almirante e outras muitas.

    O termo, na prática forense e policial, é utilizado com o sentido de "apelido", "vulgo":

    > "José Carlos de Matos, conhecido sob a alcunha de Bigodinho".
    > "José Carlos de Matos, vulgo Bigodinho".

- **Alienar**

    O termo deita suas raízes no latim *alius* (outro, estranho). Significa, na linguagem jurídica, tornar alheio, de outrem, transferir-lhe o domínio.

    Alguns sustentam tratar-se de entrega da posse, também. Não pensamos assim: tornar alheio é transferir a propriedade de um bem, *v. g.*, vender, doar, permutar.

    Cognatos: alhear; alienígena (de outro país, estrangeiro).

    Alienado: o bem que sofreu alienação.

    Alienante: o sujeito que realizou a alienação.

    Alienatário: o sujeito em favor de quem se alienou.

    Alienável: que pode transmitir-se por alienação; alienatório.

    Inalienável: que não poder ser alienado.

    Inalienabilidade: qualidade do que é inalienável; inalheabilidade.

- **Aprazar**

    Marcar, estabelecer prazo para. Exemplos:

    > "Mostrava-se necessário aprazar o fim dos trabalhos."
    > "Os estagiários aprazaram três dias para organizar o escritório."

- **Arbitragem**

    Do latim *arbitror* ser testemunha de, arbitrar, avaliar, estimar.

    Arbitragem é o ato de arbitrar; processo extrajudicial que se instaura para solucionar um litígio sem a intervenção do Poder Judiciário.

A arbitragem é regida pela Lei 9.307/1996, alterada pela Lei 13.129/2015, que em seu art. 1º estabelece:

> "As pessoas capazes de contratar poderão valer-se da arbitragem para dirimir litígios relativos a direitos patrimoniais disponíveis."

A referida Lei, em seu art. 13, esclarece que qualquer pessoa capaz e que tenha a confiança das partes pode ser árbitro, cuja função deverá ser exercida com imparcialidade, independência, competência, diligência e discrição.

- **Autuar**

O verbo *autuar* possui duas importantes acepções na linguagem jurídica. A primeira se refere ao registro de uma irregularidade, como nos exemplos "a empresa foi autuada", "o fiscal lavrou a autuação", "foi emitido auto de infração de trânsito".

A segunda acepção se refere a preparação, reunião e ordenação de peças e documentos de um processo judicial ou administrativo, para sua tramitação em juízo ou na instância administrativa competente. A autuação, em geral, consiste em atribuir capa, número do processo, juízo para o qual foi distribuído ou instância administrativa competente, nome das partes, nome e número de inscrição na OAB dos patronos das partes, natureza do procedimento e numeração sequencial das folhas.

É bom lembrar a expressão *em autos apartados*, isto é, organizados em separado, à parte dos autos da ação principal. Em sentido contrário, a expressão *autos apensados* ou *em apenso*, que ocorre quando há a anexação dos autos de um processo aos de outro, permanecendo cada qual com sua própria numeração de folhas.

Cabe explicar que, tecnicamente, o termo *autos* não se confunde com o termo *processo*. O processo é abstrato, sendo os autos do processo a sua exteriorização física ou digital, a sua perspectiva tangível. Assim, pode ocorrer de se extraviarem os autos, mas não por isso o processo estará extinto. Da mesma forma, na hipótese de um incêndio que atinja e destrua os autos de um processo, não haverá a extinção do processo, e sim a necessidade de proceder-se à restauração dos autos. Igualmente, tratando-se de autos digitais, eventual perda de dados ou arquivos não implica a extinção do processo, impondo-se, em tal hipótese, a necessidade de se recuperar ou reconstituir os dados, informações ou arquivos perdidos. Nesse sentido, dispõe o art. 712 do Código de Processo Civil que, "verificado o desaparecimento dos autos, eletrônicos ou não, pode o juiz, de ofício, qualquer das partes ou o Ministério Público, se for o caso, promover-lhes a restauração".

- **Avença**

  Contrato, ajuste, convenção.

  Do latim *advenientia*, da raiz do verbo *venio* + *ad* (vir para). O termo é arcaico, mas sobrevive na linguagem jurídica, inclusive na forma verbal (avençar).

  Seu antônimo, mais usual, é *desavença* (falta de avença).

- **Carga**

  Na linguagem jurídica, fazer carga significa retirar os autos do ofício, da secretaria. Diz respeito, portanto, a carregar os autos para fora do fórum, do tribunal, a fim de examiná-los, ou extrair-lhes cópias reprográficas. Quando são devolvidos, faz-se a descarga. Trata-se, evidentemente, de processos cujos autos são físicos, pois não se fazem cargas ou descargas de autos digitais, os quais, em geral, podem ser consultados pela internet. A origem do termo "carga" está no verbo latino *carricare*, que significa "carregar".

  Assim, a frase "o advogado não conseguiu fazer carga dos autos porque estavam conclusos" deve ser entendida no seguinte sentido: o advogado tentou retirar os autos do cartório e levá-los consigo, mas não pôde porque estavam com o magistrado.

- **Citação**

  Ato pelo qual a pessoa natural ou jurídica, na condição de ré, executada ou interessada, é convocada para integrar a relação processual (art. 238 do CPC). Em geral, pode-se entender a "citação" como o ato pelo qual a pessoa é chamada a juízo para que figure como parte no processo, a fim de que possa defender-se.

  Atenção para os cognatos (palavras da mesma raiz):

  > *Citado*: quem recebe a citação – é o réu, o executado ou o interessado.
  >
  > *Citante*: quem promove a citação – sujeito ativo, autor da ação, quem requer a citação.

  Citando: quem deve ser citado – a parte que está sendo procurada para ser citada, ou contra a qual já se expediu mandado de citação.

  O termo (citação e cognatos) procede do verbo latino *ciere*, termo da linguagem jurídica que designa "convocar, chamar".

- **Coação**

    O termo vincula-se ao verbo latino *cogere*, composto de *agere* (agir), que implicava, no sentir de Ernout e Meillet (1951, p. 31), a ideia de força (física ou moral). Dessarte, *coação* é uma forma de constranger alguém a praticar ato ou omitir-se.

    Há quem sustente, como De Plácido e Silva (2009, p. 302), que a coação se confunde com coerção. Outros, como Acquaviva (2010, p. 182), sustentam que coação é pressão psicológica, moral; e coerção é violência física.

    O Código Civil considera a coação um vício do negócio jurídico, que lhe acarreta anulabilidade, desde que incuta ao coato fundado receio de dano iminente e considerável à sua pessoa, à sua família ou a seus bens, ou ainda a terceiro não pertencente à sua família, conforme apreciação do magistrado.

    > Coato – aquele que praticou ato sob coação
    > Coator – aquele que exerceu coação

- **Coerção**

    Coerção e coação deitam suas raízes em *cogere*, composto de *agere* (levar para frente) e implicam a mesma ideia de força, violência (física ou moral). Daí por que o sentido dos dois termos, por vezes, se confunde, sendo tratados como sinônimos não só por De Plácido e Silva, mas também por Piragibe Magalhães (2007, p. 248) e outros.

    O termo "coerção", entendemo-lo distinto de coação. Esta é pressão resistível, ou vício do consentimento; aquele é violência física, irresistível. O próprio Estado está imbuído de coerção, pois guarda em si violência potencial, que se exterioriza na forma da lei: é o caso, pois, do cumprimento coercitivo de ordem de prisão, ou de despejo.

    Enquanto a coação inquina o negócio jurídico, imprimindo-lhe anulabilidade, a coerção ilegal aniquila-o por completo, pois lhe suprime elemento essencial, qual seja, a manifestação da vontade.

- **Coisa julgada**

    Coisa liga-se ao latim *res*, de múltiplo sentido.

    "Coisa julgada", ou *res judicata*, refere-se a "caso julgado", "trânsito em julgado" e, por isso, de caráter inalterável.

    Coisa julgada é, pois, decisão judicial imutável e indiscutível, da qual não cabe mais recurso, razão pela qual é denominada, também, de "decisão transitada em julgado". Vale lembrar que o trânsito em julgado pode ocorrer quando se esgotam todas as instâncias recursais ou quando não houver interposição de recurso no prazo legal.

A perspectiva imutável da coisa julgada é garantia constitucional que tem por escopo propiciar estabilidade e segurança jurídica às relações sociais. Entretanto, a imutabilidade da coisa julgada admite algumas exceções, como se pode depreender da leitura do art. 966 do Código de Processo Civil, que trata das hipóteses de cabimento da ação rescisória.

- **Comarca**

Divisão territorial com o objetivo de fixar os limites dentro dos quais é atribuída competência aos juízes para que exerçam sua jurisdição. Em grandes comarcas, com alto número de habitantes e de feitos judiciais, como é o caso da comarca de São Paulo, pode haver foros regionais, além do central.

Em cada comarca, há varas nas quais os juízes titulares e auxiliares são alocados, a fim de que exerçam a jurisdição. Conforme as possibilidades e necessidades, os Tribunais de Justiça podem instituir varas especializadas, como as varas da infância e juventude, as de registros públicos etc.

Vale dizer, ainda, que fórum é o nome que se dá ao prédio em que se estabelece o Poder Judiciário, como, por exemplo, o Fórum João Mendes Júnior (foro central da comarca de São Paulo).

- **Conclusão**

Do verbo latino *claudere* (fechar). O particípio passado deste verbo – *concluso* – sobrevive no Direito na expressão "autos conclusos", ou "autos em conclusão", isto é, autos remetidos ao juiz para sua apreciação.

Assim, *conclusão* é a permanência dos autos com o juiz para que pratique os atos pertinentes, que podem consistir em despachos, decisões interlocutórias ou sentença.

- **Cônjuge**

Do verbo latino *iungo*, do qual é composto. Refere-se ao esposo e à esposa, unidos pelo casamento legal e não por outra forma qualquer de afetividade. Cabe lembrar que aqueles que se encontram em união estável recebem a designação de "companheiros", e não "cônjuges", expressão restrita àqueles que se encontram sob o enlace matrimonial.

Em vernáculo o termo é classificado por Bechara (2001, p. 133) como "substantivo sobrecomum", ou seja, apresenta apenas um gênero (masculino), embora possa designar o marido ou a esposa. Dessarte, seja para mulher ou para homem, grafa-se "o cônjuge", cabendo ao contexto a elucidação do sexo a que se refere.

A fim de evitar confusões, amiúde se diz "o cônjuge-varão" e "o cônjuge--varoa", designando, respectivamente, "o cônjuge-marido" e "o cônjuge--mulher". Para referir-se ao cônjuge-mulher, também é comum a expressão "cônjuge-virago".

- **Contestação**

Vem do latim *contestari*, composto de *testari* (testemunhar): "pôr frente à frente as testemunhas das duas partes". Em consonância com De Plácido e Silva (1978, p. 424), na linguagem forense, o sentido do termo gira em torno de "disputa, contenda, contradita".

Contestação é uma das modalidades de defesa do réu no processo civil, quiçá a mais importante, em que se ilidem os argumentos tecidos na Petição Inicial pelo autor. A contestação pode refutar os fatos narrados ou pode alegar fatos que sejam impeditivos, extintivos ou modificativos do direito do autor. Prevê o art. 336 do Código de Processo Civil que é na Contestação que o réu deve alegar toda a matéria de defesa, expondo as razões de fato e de direito com que impugna o pedido do autor, além de especificar as provas que pretende produzir no curso do processo.

- **Crime comissivo**

Trata-se do crime resultante de uma ação, de um fazer, de uma conduta positiva. O agente que dispara projétil contra a vítima, provocando-lhe a morte, pratica crime comissivo.

Comisso é particípio passado de cometer; sobrevive em "crime comisso" e "fideicomisso".

- **Crime omissivo**

Crime cometido por omissão, por abstenção, quando o agente poderia e deveria agir. Pratica o crime omissivo denominado "omissão de socorro" aquele que deixa de prestar assistência a pessoa ferida, quando era possível fazê-lo sem risco pessoal, nem solicita socorro à autoridade pública. Ressalte-se que, nos termos do art. 13, § 2º, do Código Penal, a omissão é penalmente relevante quando o omitente devia e podia agir para evitar o resultado.

O verbo *omitir* contém dois particípios passados: "omitido e omisso"; este último assume a função de adjetivo e parece corrente na linguagem jurídica.

- **Crime comissivo por omissão**

    Também são crimes cometidos por omissão, por abstenção, mas nesse caso o agente tinha o dever legal de evitar o resultado. Como bem assinala De Plácido e Silva (2009, p. 401), a característica do crime comissivo por omissão "é ter a descrição típica de um crime de ação, sendo praticado através de uma omissão".

    A mãe que não alimenta o filho lactante, propiciando-lhe a morte, pratica crime comissivo por omissão. Também o pratica a enfermeira que é contratada para cuidar de enfermo e intencionalmente não lhe administra os medicamentos prescritos, provocando a morte da vítima.

    O crime comissivo por omissão também é designado por "crime comissivo impróprio", justamente pelas razões expostas por De Plácido e Silva: é crime que, embora seja cometido por meio de abstenção, tem as características de crime praticado por ação.

- **Culpa**

    Termo latino que, no ensino de Ernout e Meillet (1951, p. 278), indica "négligence" (negligência) e opõe-se a *dolus malus*, a *delictum* e a *scelus*.

    A culpa *lato sensu* divide-se em culpa *stricto sensu* e dolo. A culpa *stricto sensu* manifesta-se por meio de negligência, imperícia e imprudência. Já o dolo consiste na conduta intencional.

    Assim, temos:

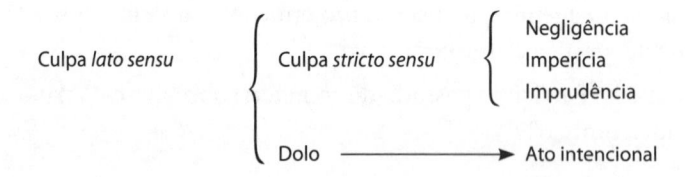

    Culpa *lato sensu* { Culpa *stricto sensu* { Negligência / Imperícia / Imprudência ; Dolo ⟶ Ato intencional }

- **Dativo**

    Do verbo latino *dare* (dar) temos *dativus*, próprio da linguagem jurídica. Ernout e Meillet (1951, p. 320) citam a expressão *dativi tutores*, isto é, tutores dativos, nomeados pelo juiz. Isso ocorrerá quando não houver tutor testamentário ou legítimo, além das demais hipóteses do art. 1.732 do Código Civil.

    Também se dá a qualificação de dativo ("advogado dativo", "defensor dativo") ao advogado que é nomeado pelo juiz, e não pela parte. É o caso previsto pelo parágrafo único do art. 362 do Código de Processo Penal, o qual determina que se o juiz verificar que o réu se oculta para não ser citado, o oficial de justiça procederá à citação com hora certa e, "se o acusado não comparecer, ser-lhe-á nomeado defensor dativo".

Vê-se, pois, que dativo é aquele nomeado ou designado pelo magistrado ou por testamento, e não pela lei, para a prática de determinada função.

- **Delito**

  Deita suas raízes etimológicas no substantivo latino *delictum* (falta) e no verbo *delinquere* (cometer falta, delinquir). No âmbito penal, delito e crime são termos sinônimos, os quais se diferenciam das contravenções penais, já que estas são condutas consideradas de menor potencial ofensivo pelo legislador. Tanto o delito/crime como a contravenção penal, entretanto, enquadram-se no gênero "infração penal".

  A palavra "delito" também é encontrada na expressão "exame de corpo de delito", assaz frequente na linguagem da Medicina Legal, cujo sentido se relaciona à verificação dos vestígios materiais deixados pelo crime.

- **Demanda**

  No Direito, diz-se que há demanda quando alguém entrega à justiça a solução de um pleito. A palavra é compreendida com o sentido de controvérsia submetida ao judiciário, pleito judicial, processo, litígio, contenda. Do substantivo derivou o verbo "demandar", que significa propor uma ação judicial; e "demandante", que é aquele que propõe uma demanda, o autor do processo judicial. Etimologicamente, relaciona-se ao verbo *mandare* com o sentido de confiar. O verbo, por seu lado, é cognato de *manus* (mão): *in man(us) dare*. Daí o sentido de confiar, entregar nas mãos da justiça.

- **Denúncia**

  Do verbo latino *denuntiare*, composto de *nuntiare* (anunciar). Em sentido amplo, o verbo "denunciar" corresponde a informar, declarar, relatar, conforme pode ser visto na parte final do art. 446 do Código Civil: "o adquirente deve denunciar o defeito ao alienante nos trinta dias seguintes ao seu descobrimento, sob pena de decadência".

  Em sentido mais restrito, no âmbito do processo penal, denúncia é a peça vestibular do processo penal, realizada pelo Ministério Público, na qual se requer a condenação do réu pela prática de ato delituoso. Nesse sentido, dispõe o art. 24 do Código de Processo Penal que, "nos crimes de ação pública, esta será promovida por denúncia do Ministério Público". Há de se destacar, conforme dispõe a parte final do mesmo artigo, que existem situações previstas na lei em que a denúncia do Ministério Público depende de requisição do Ministro da Justiça ou de representação do ofendido (crimes de ação penal pública condicionada, como, por exemplo, crime de contágio venéreo previsto no art. 130 do Código Penal e crime de divulgação de segredo previsto no art. 153 do Código Penal).

Na seara das relações obrigacionais, o termo "denúncia" consiste na comunicação formal que um contratante faz ao outro pondo fim ao contrato celebrado entre eles, conforme o art. 473 do Código Civil: "A resilição unilateral, nos casos em que a lei expressa ou implicitamente o permita, opera mediante denúncia notificada à outra parte."

- **Desforço pessoal**

No ensinamento de De Plácido e Silva (1978, p. 511), desforço pessoal é a força, a resistência oferecida pelo próprio possuidor para se manter na posse de um bem ou para reavê-lo.

Dispõe o art. 1.210, § 1º, do Código Civil: "O possuidor turbado, ou esbulhado, poderá manter-se ou restituir-se por sua própria força, contanto que o faça logo; os atos de defesa, ou de desforço, não podem ir além do indispensável à manutenção, ou restituição da posse."

Entendemos, pois, que "atos de defesa" correspondem à manutenção da posse por força própria, repelindo a turbação; e "desforço pessoal" corresponde à restituição da posse por força própria, repelindo o esbulho.

- **Desídia**

Desidia (latim) significa "preguiça" e, por consequência, desleixo, desatenção que, contumaz, pode levar à despedida do empregado por justa causa, nos termos do art. 482, alínea *e*, da Consolidação das Leis do Trabalho (CLT).

- **Diligência**

O latim *diligentia* deu-nos diligência (cuidado, empenho), oposto de negligência, daí a expressão latina *diligens praesumitur, quilibet non negligens* (presume-se diligente, quem não for negligente), conforme elucida De Plácido e Silva (2009, p. 464).

Na prática forense, o termo designa ato judicial praticado por serventuário da justiça fora do fórum, cartório ou auditório, por ordem do juiz. Dessa maneira, quando o oficial de justiça realiza a citação do réu, dizemos que a diligência foi cumprida. É esse o sentido contido no art. 154, I, do CPC: "Incumbe ao oficial de justiça fazer pessoalmente citações, prisões, penhoras, arrestos e demais diligências próprias do seu ofício [...]".

O termo significa também um tipo de carruagem de tração animal.

- **Dolo**

    O termo provém do latim *dolus* (ardil, astúcia, engano) que, no parecer dos sempre citados Ernout e Meillet (1951, p. 324), não teria, necessariamente, sentido pejorativo. Havia o *dolus bonus* e o *dolus malus*. Tal distinção, ainda existente no Direito Civil, é mencionada por Gonçalves (2010, p. 417): "*dolus bonus* é o dolo tolerável, destituído de gravidade suficiente para viciar a manifestação de vontade [...], *dolus malus* é o revestido de gravidade, exercido com o propósito de ludibriar e de prejudicar".

    O termo "dolo", isoladamente, refere-se sempre ao *dolus malus*: intenção de prejudicar, de agir com má-fé, de praticar embuste, de produzir o resultado criminoso.

    Vê-se, pois, que o termo está presente tanto na seara do direito privado quanto na do direito público. No direito civil, é defeito do negócio jurídico, em que a parte é induzida a erro pelo autor do dolo, podendo o ato ser anulado quando este for a sua causa (CC, art. 145). Já no direito penal, há dolo quando a conduta do agente é intencional (dolo direto) ou quando o agente assume o risco de produzir o resultado (dolo eventual), nos termos do art. 18, I, do Código Penal: "Diz-se o crime doloso, quando o agente quis o resultado ou assumiu o risco de produzi-lo".

    Atente-se para não incidir em erro de prosódia: o correto é pronunciar o primeiro "o" com som aberto, embora receba som fechado quando convertido em advérbio (dolo, som aberto /ó/; dolosamente, som fechado /ô/).

- **Égide**

    Escudo, proteção, apoio. Remonta ao tempo dos gladiadores romanos, que se protegiam com elmos, armaduras e égides. Na mitologia grega, a deusa da sabedoria e da guerra frequentemente é retratada ostentando bela égide, conhecida por "escudo de Palas". Assim o é porque, segundo a mitologia, a deusa não tinha mãe, saíra literalmente da cabeça de Zeus, já completamente armada (BULFINCH, 1999, p. 14).

    Na linguagem jurídica, o termo é utilizado em sentido figurado (sob o amparo, sob a proteção), como na expressão "sob a égide da lei". Outras expressões com o mesmo sentido também são frequentemente empregadas, conforme se vê nos exemplos a seguir: "com fulcro no art. 5º da Constituição Federal"; "forte no art. 1º do Código Civil"; "nos termos do contrato celebrado"; "com base na Cláusula 3ª" etc.

- **Emancipação**

  É a obtenção antecipada da capacidade civil, a qual, em regra, ocorre apenas quando a pessoa completa 18 anos de idade, momento em que cessa a menoridade e a pessoa se torna apta a exercer todos os atos da vida civil em razão da maioridade atingida. Porém, o menor que obtém a emancipação torna-se plenamente capaz para os atos da vida civil antes de atingir os dezoito anos completos. A emancipação, entretanto, não atribui ao menor o direito de praticar atos para os quais a idade mínima de dezoito anos é exigida, tais como se candidatar a vereador (CF, art. 14, § 3º, VI, "d") e comprar bebidas alcoólicas (ECA, art. 2º c/c art. 81, II). Também não influi a emancipação na imputabilidade penal ("maioridade penal"), nem mesmo possibilita a prática de atos para os quais se exige ser penalmente imputável, como dirigir veículo automotor (CTB, art. 140, I).

  O Código Civil, em seu art. 5º, parágrafo único, incisos I a V, traz as hipóteses em que o menor tem sua incapacidade cessada em razão da emancipação: por concessão dos pais mediante instrumento público, tendo o menor pelo menos dezesseis anos completos; por sentença judicial, também respeitada a idade mínima de dezesseis anos completos; pelo casamento; pelo exercício de emprego público efetivo; pela colação de grau em curso de ensino superior; e pelo estabelecimento civil ou comercial, ou relação de emprego, em função dos quais o menor com dezesseis anos completos tenha economia própria.

  Com a emancipação, extinguem-se o poder familiar e a incapacidade civil, podendo o menor exercer direitos na ordem privada. No entanto, não deixa de ser menor, pois, como consignado no Enunciado nº 530 da VI Jornada de Direito Civil: "A emancipação, por si só, não elide a incidência do Estatuto da Criança e do Adolescente".

- **Endosso**

  Significa literalmente "nas costas", "no dorso" e procede do latim *in* (em) *dorsu* (dorso, costas).

  Usa-se o termo no Direito Comercial: ato pelo qual o proprietário de um título de crédito transfere-o a outrem. A operação se faz no verso do título, nas costas do título. Daí o endosso.

- **Equidade**

  O termo está relacionado a *aequus-a-um* (justo, igual), cujo sentido primitivo é "unido, plano" e, por extensão, "igual, justo". Para Perelman, equidade não é justiça, mas complemento da justiça.

O termo merece atenção. Equidade, com o sentido de justiça, igualdade, deve permear todos os julgamentos. Daí dizer que o magistrado deve julgar sempre com equidade, repelindo, pois, a iniquidade.

Mas decidir *com equidade* é distinto de decidir *por equidade*. Nesse caso, decisão por equidade, trata-se de verdadeira fonte do direito, a qual deve ser utilizada pelo magistrado somente nos casos previstos em lei. É o que dispõe o parágrafo único do art. 140 do Código de Processo Civil: "O juiz só decidirá por equidade nos casos previstos em lei." São exceções, casos em que a lei autoriza o juiz a decidir *secondo la regola che egli adotterebbe come legislatore*[10] (art. 1º do Código Civil suíço).

- **Erário**

  O termo tem origem no latim: erário vem de *aes – aeris* (bronze), metal mais antigo usual nas trocas, o que servia de dinheiro.

  Erário é dinheiro público, tesouro público. O termo já está associado a "público", consistindo pleonasmo a expressão "erário público".

- **Esbulhado**

  Diz-se da pessoa que sofreu esbulho: ato que despoja uma pessoa, sem seu consentimento, da posse de um bem. O esbulhado, em razão de ato violento, clandestino ou precário, já não exerce qualquer ato possessório sobre a coisa, da posse estando totalmente privado.

- **Feito**

  Do latim *factum*, corradical de *facere* (fazer); é um adjetivo substantivado.

  Na linguagem forense, toma-se "feito" como o processo ou os "autos" da demanda (do pleito). Exemplo: "O feito corre na segunda vara de família e sucessões." No mesmo sentido, o Código de Processo Civil emprega a expressão "feito" no art. 279: "É nulo o processo quando o membro do Ministério Público não for intimado a acompanhar o feito em que deva intervir." Como se vê, a expressão pode ser substituída por "processo", "causa", "demanda".

- **Flagrante**

  Flagrante promana do latim *flagrans*, que *remete* à ideia de ardente, abrasador, que queima, flamejante. Encontra-se em flagrante delito o agente

---

[10] Segundo a lei que ele adotaria se fosse legislador.

que está cometendo a infração penal, ou acaba de cometê-la. Por conter, ao menos em tese, a certeza da autoria e da materialidade do crime, a flagrância possibilita a voz de prisão imediata, independentemente de mandado judicial. Daí a disposição do art. 5º da Constituição Federal, em seu inciso LXI, o qual assegura que ninguém será preso *senão em flagrante delito* ou por ordem judicial, além de outras hipóteses do direito militar. Em harmonia com o disposto na Carta Magna, o Código de Processo Penal dispõe:

> CPP, art. 301: "Qualquer do povo poderá e as autoridades policiais e seus agentes deverão prender quem quer que seja encontrado em flagrante delito."

- **Genitor**

O termo procede do latim *gignere* (engendrar, causar, produzir). Genitor é o pai, genitora é a mãe. A distinção entre *pater* (pai) e *genitor* desapareceu já no latim, de acordo com Ernout e Meillet (1951, p. 481).

- **Improbidade**

Do latim *improbitas* (falta, ausência de probidade) e, portanto, desonestidade. Quem é falho de probidade é *improbus*. Em tempos que já bem longe vão, um jornal de São Paulo referia-se sempre a um governante como *improbus administrator* (administrador desonesto), em nítido eufemismo. O termo é usual no Direito Administrativo, para designar administrador público ímprobo, daí a famigerada expressão "improbidade administrativa".

- **Inconcusso**

Do latim *inconcussus* (firme, inabalável) oposto a *concussus* (agitado, abalável). Na terminologia jurídica, usa-se para significar o que é sólido, irrefutável: doutrina inconcussa, por exemplo.

Em português, a forma simples desapareceu, o que ocorreu em vários casos:

>   mundo – imundo
>   solente – insolente
>   nupto – inupto[11]

---

[11] Que não é casado, solteiro.

- **Incurso**

    Prende-se ao verbo latino *incurrere* (incorrer), composto de *currere*. Daí, *incursus* (incurso). Em Direito, "o que é passível, sujeito a determinada penalidade". Diz-se, portanto, que determinada pessoa está incursa no art. 121 do Código Penal, ou seja, incorreu (cometeu, incidiu) na conduta prevista no referido dispositivo legal.

- **Injúria**

    Relaciona-se o termo ao latim *in* (falta de) + *jus* (direito). Implica, em sentido amplo, ausência de direito, oposição ao direito.

    Em sentido estrito, consiste no crime contra a honra previsto no art. 140 do Código Penal, que se consuma pela ofensa à dignidade ou ao decoro de alguém, maculando sua honra subjetiva.

    Diferencia-se da difamação, prevista no art. 139 do Código Penal, consistente em macular a honra objetiva de alguém, atingindo sua imagem, reputação, fama. Assim, por exemplo, o xingamento dirigido diretamente à vítima consiste em ato de injúria; já o relato a terceiros acerca de fatos ofensivos à imagem da vítima consiste em crime de difamação.

    Por fim, diferencia-se de calúnia porque esta, prevista no art. 138 do Código Penal, consiste no ato de imputar a alguém, falsamente, o cometimento de um crime.

- **Inopino**

    Está relacionado com o latim *inopinus* (*inopinatus*) e este ao verbo *opinari* (opinar, pensar). Inopino é forma negativa (não pensado, não esperado).

    Usa-se mais com a preposição *de*. De inopino quer dizer "de súbito", "repentinamente", "sem pensar", "de repente", como no exemplo: "A vítima alega que o acusado apareceu de inopino e lhe subtraiu a bolsa."

- **Intimar**

    Do verbo latino *timere* (recear, ter medo), com a preposição *in*, que no caso tem função reforçativa. Intimar é levar ao conhecimento de alguém alguma ordem ou fato, revelando o lado autoritário da linguagem jurídica.

    Conforme ocorrem aos atos processuais, as partes devem ser intimadas, a fim de que tenham conhecimento do teor do andamento havido. Aliás, os prazos contam-se da intimação das partes, pois não seria razoável que tivessem início antes de os interessados tomarem ciência do ocorrido.

Não há confundir-se "intimação" com "citação". Esta ocorre uma única vez, chamando a pessoa a comparecer em juízo para defender-se, sob pena de revelia. A partir de então, réu e autor recebem intimações, por meio das quais tomam ciência das ordens e manifestações do magistrado. Essa é a razão pela qual o réu é citado, em regra, pessoalmente, mas as intimações das partes se dão nas pessoas de seus advogados.

- **Jacente**

    Do latim *jacere* (jazer, permanecer, descansar) e, na terminologia jurídica, o termo é usado para sinalar a herança sem herdeiros conhecidos ou de herdeiros que a ela renunciaram. Os bens da herança jacente, depois de arrecadados, são postos sob guarda e administração de um curador, até que um sucessor se habilite devidamente ou então seja a herança declarada vacante.

    Não aparecendo herdeiros em cinco anos, contados a partir da abertura da sucessão, os bens arrecadados passarão ao domínio público, nos termos do art. 1.822 do Código Civil.

- **Juntada**

    Expressão que designa o ato de juntar aos autos processuais alguma petição ou documento, como atas, ofícios, certidões, mandados, procurações, avisos de recebimento ou manifestações em geral. Cite-se, a título de exemplo, a petição de juntada de comprovante de pagamento, por meio da qual se requer ao juízo que defira a juntada aos autos do referido documento que comprova o pagamento. O § 2º do art. 228 do CPC determina que, nos processos em autos eletrônicos, a juntada de petições ocorrerá de forma automática, realizada diretamente pelo advogado por meio da internet, independentemente de ato de serventuário da justiça.

- **Jurisprudência**

    Atualmente, dá-se o nome de jurisprudência ao conjunto de decisões judiciais proferidas reiteradamente em um mesmo sentido. No Direito Romano, jurisprudência era a doutrina produzida pelos jurisconsultos e o termo se confundia com a própria ciência do Direito. Na definição de Ulpiano, *juris prudentia est divinarum atque humanarum rerum notitia, justi atque injusti selentia* (a jurisprudência é o conhecimento das coisas divinas e humanas, a ciência do justo e do injusto).

- **Latrocínio**

  O termo é da raiz de *latro*. Latrocínio e ladrão pertencem ao vocabulário militar; ladrão, a princípio, era "soldado mercenário grego"; depois "ladrão de estrada" e, enfim, ampliou-se-lhe o sentido.

  Existe divergência na doutrina quanto ao significado do termo, visto que o Código Penal não o utiliza. Para alguns, latrocínio é roubo à mão armada, com violência. Para outros, não há necessidade da utilização de arma, desde que a violência resulte em lesão corporal de natureza grave ou morte. Entendemos que o latrocínio é roubo com emprego de violência, da qual resulta o efeito morte.

  Conforme explicação de Acquaviva (2010, p. 516), embora o latrocínio atinja "diretamente a integridade da vítima, é crime contra o patrimônio, pois a violência é meio para se alcançar o fim de se apropriar de coisa alheia móvel". Dessa feita, ainda que haja o resultado morte, o crime não é de competência do Tribunal do Júri (Súmula 603 do STF).

- **Legiferar**

  O termo está relacionado com o verbo latino *ferre* com o sentido de levar: *ferre legem* (propor uma lei), *de lege ferenda* (da lei a ser criada).

  Daí deve proceder o sentido atual de legiferar: legislar, elaborar leis.

- **Lide**

  Do latim *lis-litis* que, no sentir de Ernout e Meillet (1951, p. 646), era "débat juridique, dans lequel chacune des deux parties produit ses témoins devant le juge [...], procès" (debate jurídico no qual cada uma das partes produz suas testemunhas diante do juiz [...], processo).

  Lide é conflito de interesses, em razão do qual se propõe ação judicial a fim de que o magistrado possa dirimi-lo. A lide é, por vezes, empregada com o sentido de ação, daí a expressão "lide temerária".

  Proposta a ação judicial, a fim de solucionar a lide, o réu é citado para que apresente resposta em juízo. Uma vez que o réu conteste os pedidos formulados pelo autor, surge o "litígio".

- **Litispendência**

  Presença de genitivo *litis* (de *lis*) e pendência do verbo latino *pendo* (estar em suspenso, estar suspendido); está em relação a um processo não terminado, em curso, à espera ("dans l'attente"), como dizem Ernout e Meillet (1951, p. 876).

O art. 485, V, do Código de Processo Civil determina que o juiz não resolva o mérito quando reconhecer a existência de litispendência, ou seja, quando já houver, no mesmo juízo ou em outro, ação judicial envolvendo as mesmas pessoas, o mesmo fundamento e o mesmo objeto. Assim, havendo litispendência, o processo deve ser extinto sem resolução do mérito.

- **Mediação**

Regulamentada pela Lei nº 13.140/2015, considera-se mediação a atividade técnica exercida por terceiro imparcial sem poder decisório, que, escolhido ou aceito pelas partes, presta auxílio e estímulo a fim de identificar ou desenvolver soluções consensuais para a controvérsia. A mediação deve ser orientada pelos princípios de imparcialidade do mediador, isonomia entre as partes, oralidade, autonomia de vontade das partes, busca do consenso, confidencialidade e boa-fé.

A mediação pode ter por objeto conflito que diga respeito a direitos disponíveis ou indisponíveis que admitam transação. No último caso, o consenso entre as partes deve ser homologado em juízo, ouvido o Ministério Público.

O Código de Processo Civil, em seu art. 3º, § 3º, prevê que os métodos de solução consensual de conflito, como a mediação, devem ser estimulados por juízes, advogados, defensores públicos e membros do Ministério Público.

- **Núbil**

Procede do latim *nubere* (casar); relaciona-se a *nubes* (nuvem), porque, conforme ensinam Bréal e Bailly (s.d., p. 222) as jovens cobriam-se de véus ao se casarem. Atualmente aplica-se ao homem e à mulher, referindo-se à idade a partir da qual podem contrair matrimônio, isto é, idade para casar. O Código Civil estabelece a idade núbil aos dezesseis anos, desde que haja autorização dos pais ou representantes legais:

> "O homem e a mulher com dezesseis anos podem casar, exigindo-se autorização de ambos os pais, ou de seus representantes legais, enquanto não atingida a maioridade civil." (art. 1.517, CC)

O mesmo diploma legal excepcionava, na antiga redação do art. 1.520, duas hipóteses em que o casamento era autorizado mesmo que o indivíduo ainda não tivesse alcançado a idade núbil: eram os casos de casamento para evitar a imposição ou cumprimento de pena criminal decorrente de condenação por crime de cunho sexual entre a vítima e o agressor ou em caso de gravidez. Contudo, a Lei 13.811/2019 alterou a redação do referido artigo, estabelecendo a proibição absoluta de casamento antes dos 16 (dezesseis) anos: "Não será permitido, em qualquer caso, o casamento de quem não atingiu a idade núbil".

Vale citar que o termo "nubente", frequentemente empregado na linguagem jurídica, refere-se ao noivo ou à noiva, ou seja, aquele ou aquela que está comprometido ao casamento.

- **Outorga uxória**

    Outorga uxória é concessão, anuência, autorização dada pela esposa para que sejam praticados certos atos jurídicos pelo marido. Assim, por exemplo, para que a alienação de bem imóvel de propriedade do marido tenha validade, necessário que haja a outorga uxória, salvo no regime de separação total de bens. No sentido inverso, fala-se em outorga marital, ou seja, do marido.

    O termo "uxório" vem do latim *uxoriu*, que concerne à mulher casada. Daí dizermos "uxoricídio", quando o marido assassina a mulher. Atente-se à boa pronúncia: o "x" de uxória se pronuncia com som de /ks/, como em "fluxo", jamais como em "xícara".

- **Parricídio**

    Para Ernout e Meillet (1951, p. 855), o termo aproximava-se de *pater – parens* e tinha sentido amplo: era o assassino do pai, mãe, avô, avó, irmã, padrasto, madrasta.

    Com restrição de sentido, é o homicídio assassínio do pai perpetrado pelo próprio filho. O termo matricídio é utilizado especificamente para o homicídio da mãe cometido pelo próprio filho.

- **Penhor**

    O latim *pignus* é que deu origem a penhor; alguns associam *pignus* a *pugna*, o que não consta em Bréal e Bailly, Ernout e Meillet e Gaffiot. O credor garantido por penhor se denomina "credor pignoratício", e "devedor pignoratício" aquele que prestou a garantia.

    Penhor é um dos direitos reais de garantia, ao lado de hipoteca, anticrese e alienação fiduciária. É utilizado para assegurar o cumprimento de um contrato. No penhor, em regra, atribui-se ao credor a posse de um bem móvel do devedor, que lhe será devolvido após o adimplemento da prestação a que se obrigou. Nesse sentido, explica o art. 1.431 do CC que o penhor se constitui "pela transferência efetiva da posse que, em garantia do débito ao credor ou a quem o represente, faz o devedor, ou alguém por ele, de uma coisa móvel, suscetível de alienação".

O verbo costuma ser empregado equivocadamente: dar em penhor é *empenhar*. Não se confunde com seu parônimo *penhorar*, que significa proceder à penhora. Assim, o correto é dizer que os bens dados em penhor são bens "empenhados", e não "penhorados".

- **Penhora**

De penhorar, temos penhora: apreensão de bens do devedor, por força judicial, a fim de que sejam expropriados e então seja pago o débito em execução, satisfazendo assim o credor. Dessa forma, os bens penhorados podem ser adjudicados pelo credor, podem ser alienados por iniciativa particular ou podem ser alienados em hasta pública. Uma vez alienados os bens penhorados, o produto da alienação é revertido ao credor, no montante de seu crédito. Caso sobeje, o valor excedente é atribuído ao devedor.

A penhora de dinheiro pela via eletrônica, mais conhecida como penhora *on-line*, é ato determinado pelo juiz que consiste na apreensão de dinheiro do devedor que esteja depositado em instituição bancária. Tal modalidade de penhora está prevista no Código de Processo Civil, em seu art. 854, cujo *caput* dispõe: "Para possibilitar a penhora de dinheiro em depósito ou em aplicação financeira, o juiz, a requerimento do exequente, sem dar ciência prévia do ato ao executado, determinará às instituições financeiras, por meio de sistema eletrônico gerido pela autoridade supervisora do sistema financeiro nacional, que torne indisponíveis ativos financeiros existentes em nome do executado, limitando-se a indisponibilidade ao valor indicado na execução."

- **Pessoa jurídica**

Tal se denomina a pessoa que possui existência legal conferida pelo Direito. Nos dizeres de Clóvis Beviláqua (1949, p. 221), a pessoa jurídica "é uma realidade, uma realidade social, uma formação orgânica investida de direitos pela ordem jurídica [...]. Encontra-se na sociedade, e dá-lhe o caráter de que necessita para subsistir e desenvolver-se. Por isso ela vive somente na ordem jurídica; falta-lhe a existência biológica das pessoas naturais". A pessoa jurídica possui personalidade e patrimônio distintos das pessoas naturais que a compõem, ou que a geraram.

As pessoas jurídicas podem ser constituídas pela vontade de uma ou mais pessoas, e então serão de direito privado; ou podem ser constituídas por lei, e então serão de direito público.

São pessoas de direito privado: associações, sociedades, fundações, organizações religiosas e partidos políticos. São pessoas jurídicas de direito público: a União, os Estados, o Distrito Federal, os Territórios, os Municípios, as autarquias e associações públicas, e as demais entidades de caráter público criadas por lei.

Os Estados estrangeiros, bem como todas as pessoas regidas pelo direito internacional público, são considerados pessoas jurídicas de direito público externo.

- **Petição inicial**

    Petição, da raiz de *petere* (reclamar, solicitar), consiste na formulação escrita de um pedido ao juiz. Petição Inicial refere-se à peça por meio da qual o autor exerce o seu direito de ação, formulando a pretensão, submetendo a lide à apreciação do Poder Judiciário. É em razão da Petição Inicial que o magistrado sai de sua inércia, prestando a tutela a quem lha requer, nos termos da lei. É a peça inicial do processo judicial civil: na área trabalhista, temos "Reclamação Trabalhista", na área penal, temos "Denúncia", ou "Queixa-crime", esta última da ação penal privada.

    Por ser a peça inicial do processo, também é designada por Petição Exordial, Peça Vestibular. É comum a utilização de suas formas abreviadas: "A Inicial", "A Exordial", "A Vestibular". Aliás, o uso de expressões abreviadas é corrente na linguagem jurídica: a rogatória (carta rogatória), a precatória (carta precatória), a servidão (servidão predial) etc.

    No âmbito do processo civil, a petição inicial deve indicar o juízo a que é dirigida, a qualificação do autor e do réu, o fato e os fundamentos jurídicos do pedido, o pedido com as suas especificações, o valor da causa, os meios de prova que o autor pretende utilizar para demonstrar a verdade dos fatos alegados e a opção pela realização ou não de audiência de conciliação ou de mediação (art. 319, CPC). A petição inicial deve, também, ser instruída com os documentos indispensáveis à propositura da ação, nos termos do art. 320 do CPC.

- **Prenome**

    Do latim *prae* (antes) e *nomen* (nome). Trata-se da palavra que antecede o nome de família. O Código Civil atual, em seu art. 16, estabelece que o nome é composto pelo prenome e o sobrenome (nome de família, apelido de família):

    > CC, art. 16: "Toda pessoa tem direito ao nome, nele compreendidos o prenome e o sobrenome."

É possível que no nome constem partículas ("de", "do", "da"); e é possível, também, a utilização de agnomes (termos que distinguem pessoas de uma mesma família, por possuírem o mesmo nome: "Neto", "Sobrinho", "Segundo", "Filho").

Vê-se, portanto, que nome é a designação que identifica uma pessoa das demais, individualizando-a na sociedade durante a sua vida e também após a morte.

Vale ressaltar que há a possibilidade de se utilizar prenome duplo, triplo, quádruplo:

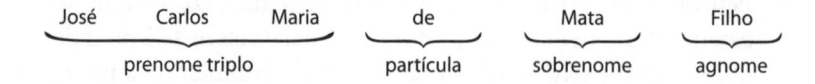

José Carlos Maria	de	Mata	Filho
prenome triplo	partícula	sobrenome	agnome

O art. 55, parágrafo único, da Lei de Registros Públicos (Lei 6.015/73) proíbe a escolha de prenomes que exponham seus portadores ao ridículo. A proibição estende-se às combinações esdrúxulas entre prenomes e sobrenomes. Venosa (2010, p. 191) traz alguns casos reais:

>Antônio Manso Pacífico de Oliveira Sossegado
>Manuelina Terebentina Capitulina de Jesus do Amor Divino
>Neide Navinda Navolta Pereira
>Restos Mortais de Catarina
>Himeneu Casamentício das Dores Conjugais

Corre a fama de que Pedro Nava criava nomes para os adversários como Eutanásio Boa Morte e Sacanagildo Goiaba. Há também a lenda de que Oswald de Andrade teria dois filhos, cujos nomes eram: Lançaperfume Rodometálico de Andrade e Rolando Pela Escada Abaixo de Andrade. Cite-se, por fim, Mário Souto Maior, que em 1974 publicou o livro *Nomes próprios pouco comuns*, no qual consta vasta relação de nomes excêntricos.

Interessante destacar que o art. 56 da mesma lei (Lei 6.015/73) autoriza que o indivíduo altere seu nome no primeiro ano da maioridade civil, desde que não prejudique o sobrenome: "O interessado, no primeiro ano após ter atingido a maioridade civil, poderá, pessoalmente ou por procurador bastante, alterar o nome, desde que não prejudique os apelidos de família".

Por fim, vale destacar a permissibilidade trazida pelo art. 58 de tal lei (Lei 6.015/73), no sentido de que o prenome, embora em regra seja definitivo, poderá ser substituído por apelidos públicos notórios.

- **Prevaricar**

    Estaria conectado com o latim *praevaricari*, termo próprio da área rural – sair da linha ao arar a terra – e daí, afastar-se da linha do dever, do cumprimento do dever.

    No campo penal, prevaricar é crime funcional, consistente em deixar o funcionário público de praticar ato de ofício, ou retardá-lo, ou ainda praticá-lo contra disposição de lei, com o intuito de satisfazer interesse ou sentimento pessoal.

    No âmbito civil, menos utilizado, o termo refere-se à infidelidade conjugal, ao adultério.

- **Pronunciamento judicial**

    Pronunciamento judicial é o nome que se dá à manifestação do juiz no processo, que pode ser classificado em sentenças, decisões interlocutórias e despachos.

    São chamadas de "sentenças" as decisões que põem fim ao processo de conhecimento, bem como as que extinguem à execução.

    Chamam-se "decisões interlocutórias" os pronunciamentos judiciais que possuem conteúdo decisório, mas que, diferentemente das sentenças, não põem fim ao processo (cite-se, a título de exemplo, a decisão que indefere a oitiva de testemunhas).

    Por fim, são "despachos" todos os demais pronunciamentos do juiz praticados no processo, os quais não possuem conteúdo decisório e servem, em regra, para dar andamento ao feito.

    Cite-se, também, os "atos ordinatórios", como, por exemplo, o termo de juntada e a vista obrigatória, que independem de despacho e são praticados de ofício pelo servidor do cartório judicial, devendo ser revistos pelo juiz quando necessário.

- **Póstumo**

    Com relação ao latim *post* (depois) e *humus* (terra), portanto, depois da terra, ou sob a terra, ou seja, depois de morto.

    No Direito fala-se em "herdeiro póstumo", "filho póstumo", "adoção póstuma" etc. Conhecidas são as expressões "obra póstuma", "condecoração póstuma", "homenagem póstuma" e outras.

- **Recurso**

    Etimologicamente, a palavra repousa suas origens no vocábulo latino *recursus*, cujo significado é cursar novamente, retroagir, voltar atrás. É composto pelo prefixo *re* e o substantivo latino *cursus* (TRUBILHANO, 2013, p. 125).

No âmbito jurídico, recurso é o remédio utilizado para que determinada decisão seja reavaliada, normalmente em instância superior. Assim, por meio dos recursos processuais previstos em lei, as partes tem a possibilidade de submeter a decisão desfavorável a reexame, com o intuito de que a nova apreciação modifique a decisão recorrida.

São exemplos de recursos na esfera cível: apelação, agravo de instrumento, agravo interno, embargos de declaração, recurso ordinário, recurso especial, recurso extraordinário, agravo em recurso especial ou extraordinário e embargos de divergência. São exemplos de recursos na esfera penal: recurso em sentido estrito, apelação, embargos de declaração, recurso especial e recurso extraordinário.

- **Reiterar**

Verbo composto de *re* (prefixo: de novo) e *iterare* (caminhar). O sentido é "repetir", "fazer ou dizer de novo", "iterar", conforme exemplificado a seguir: "O advogado interpôs recurso de apelação reiterando os argumentos sustentados em primeira instância."

A divisão silábica mais correta é "rei-te-rar"; e não "re-i-te-rar", como registram alguns dicionários.

- **Responsabilidade civil**

O termo "responsabilidade" vem da raiz latina *respondere* que, por seu turno, liga-se a *spondere* (prometer). Responsabilidade civil é a obrigação jurídica de responder pelos atos praticados na ordem civil. Dessa maneira, ao praticar ato ilícito, intencional ou culposo, que implique dano a alguém, surge a necessidade de responder por tal conduta, ressarcindo a pessoa prejudicada. Daí a expressão "indenizar", tornar indene, isto é, sem dano. Vale ressaltar que o dano pode existir ainda que exclusivamente moral:

> CC, art. 186: "Aquele que, por ação ou omissão voluntária, negligência ou imprudência, violar direito e causar dano a outrem, ainda que exclusivamente moral, comete ato ilícito."
>
> CC, art. 927: "Aquele que, por ato ilícito (arts. 186 e 187), causar dano a outrem, fica obrigado a repará-lo."

Não há confundir-se, portanto, a responsabilidade criminal com a civil. Enquanto esta se refere ao ressarcimento dos danos, aquela se refere à responsabilidade em razão da legislação penal; uma vez praticado o ato delituoso, deve-se responder na forma da lei, arcando com as sanções pertinentes: multa, restrição de direitos, privação de liberdade.

Há de se lembrar que um mesmo fato pode dar ensejo tanto à responsabilidade civil quanto à criminal: se alguém pratica crime de lesão corporal de natureza grave, responderá criminalmente (pena prevista no Código Penal) e também civilmente (reparação de danos patrimoniais e morais). Seriam, inclusive, dois processos distintos: um penal, e outro civil.

- **Réu**

  Reus, em latim, designava o acusado e, mesmo, o culpado.

  Para Noronha (1969, p. 148), o termo deve ser usado após a instauração da ação penal; antes, diz-se "indiciado".

  Usa-se o termo, também, no processo civil: "autor" e "réu", que são, respectivamente, o "requerente" e o "requerido". No processo trabalhista, preferem-se os termos "reclamante" e "reclamada".

  Enfim, réu é a parte contra a qual se move um processo judicial, é a parte que está sendo processada.

  Há de lembrar que, com o advento da reforma ortográfica, o termo "corréu", que é aquele que responde a processo judicial juntamente com outro(s), passou a grafar-se sem hífen. No feminino, deve-se grafar "corré"; no plural, "corréus" e "corrés".

- **Silvícola**

  Silvícola (forma latina de *silva – ae –* selva), que pode grafar-se "selvícola", constava do antigo Código Civil de 1916. A legislação atual preferiu substituir o termo "silvícolas" por "índios", "indígenas", conforme se vê no parágrafo único do art. 4º do Código Civil de 2002 ("A capacidade dos indígenas será regulada por legislação especial") e no art. 20, XI, da Constituição Federal ("São bens da União as terras tradicionalmente ocupadas pelos índios").

- **Súmula**

  Orientação jurisprudencial de tribunal superior acerca de determinado tema, para que sirva de referência em casos análogos. Exemplo: Súmula nº 603 do STF: "A competência para o processo e julgamento de latrocínio é do juiz singular e não do Tribunal do Júri."

  Atualmente, há no sistema jurídico brasileiro as Súmulas Vinculantes, criadas pela Emenda Constitucional nº 45, que adicionou o art. 103-A à Constituição Federal. Essa modalidade de súmula, que deve ser aprovada por pelo menos 2/3 dos membros do STF, possui efeito vinculante em relação aos demais órgãos do Poder Judiciário e da administração pública, que devem obrigatoriamente atuar em conformidade com o que a súmula vinculante dispuser.

- **Tempestivo**

    Em latim *tempestivus*, de *tempestas* que assumiu vários sentidos: (1) "tempo", "estado atmosférico"; (2) "mau tempo"; (3) "oportuno", "em época certa".

    Fixou-se no vocabulário jurídico o sentido de "no prazo", "dentro do prazo". Recurso tempestivo, pois, é aquele interposto dentro do prazo legal; intempestivo é aquele que se interpõe fora do prazo.

- **Tentativa**

    Do verbo latino, *temptare* (ensaiar, diligenciar, esforçar). Na área penal, esforço para fazer um crime sem resultado, com malogro. Supõe intenção do agente e começo de execução do ato.

    Assim sendo, o crime é tido por tentado quando, iniciada a execução, não se consuma em razão de circunstâncias alheias à vontade do agente. O crime tentado, se não houver disposição em contrário, será punido com a mesma pena prevista para o crime consumado, diminuída de um a dois terços.

- **Tipo legal**

    Tipo legal ou tipicidade é o fato descrito pela lei como típico, ao qual se atribui determinada consequência jurídica, sanção. Expressão comumente utilizada na seara penal e tributária.

    Matar alguém, por exemplo, é conduta que encontra previsão na lei penal, portanto constitui conduta típica, para a qual há pena: reclusão. Da mesma maneira, auferir renda é fato típico, pois está descrito na lei tributária, a qual prevê consequência jurídica: incidência de tributação.

- **Usucapião**

    Do latim *usucapio*, do gênero feminino e, por consequência, gênero preferido, embora se use também o masculino. A forma masculina era utilizada no Código Civil antigo; o atual preferiu o gênero feminino: "a usucapião".

    Usucapião é meio de aquisição da propriedade móvel e imóvel, e também de outros direitos reais (servidão predial aparente, enfiteuse, usufruto etc.). Para que exsurja a usucapião, faz-se mister cumprir os requisitos estabelecidos em lei, dos quais o principal é a posse mansa, pacífica e ininterrupta, com ânimo de dono, pelo prazo legalmente determinado.

Usucapiente: aquele que adquire por usucapião, ou que está em vias de adquirir.

Usucapto: o bem que foi usucapido.

- **Vade mecum**

Expressão latina que pode literalmente ser traduzida como "vai comigo". Na seara jurídica, a expressão *vade mecum* faz referência a um livro que reúne os principais textos legislativos. Como se trata de um compilado legislativo extremamente importante ao exercício da atividade jurídica, o nome latino ("vai comigo") sugere a importância de o livro estar sempre próximo para consultas.

O Vocabulário Ortográfico da Língua Portuguesa, da Academia Brasileira de Letras, reconhece a palavra "vade-mécum" como integrante do vernáculo: porém, caso seja escrita em português, deve receber hífen e acento agudo.

- **Venéreo**

Em latim *venerius* de Vênus, deusa do amor, Afrodite para os gregos. Doenças decorrentes de via sexual chamam-se venéreas.

Do latim vêm os versos alusivos a tais doenças.

Si Veneris veneris veneris ante
Ne sedeas, sed eas ne pereas per eas

A tradução poderia ser:

Se vieres ante os prazeres de Vênus
Não pares, mas anda para que não pereças por elas.

O Código Penal, em seu art. 130, prevê o crime de perigo de contágio venéreo: "Expor alguém, por meio de relações sexuais ou qualquer ato libidinoso, a contágio de moléstia venérea, de que sabe ou deve saber que está contaminado."

2.5. O JURIDIQUÊS

Nas multifacetadas formas de comunicação social sobreleva a linguagem escrita e falada. Entre as múltiplas manifestações da linguagem existe o que se convencionou chamar de *jargão* e *gíria*.

O jargão é o vocabulário de profissionais, de caráter técnico e, em consequência, nem sempre compreensível, embora não seja criptológico. Está, assim, aberto aos estudiosos e interessados em conhecê-lo e compreendê-lo. Por ser de timbre técnico, é mais objetivo, racional e, portanto, avesso às figuras de estilo, de modo particular, à metáfora ou a empréstimos estrangeiros.

A gíria é, de origem, linguagem dos malfeitores (*argot*), o que lhe explica sua marca criptológica, excludente, o que também explica sua efemeridade: está em constante mutação. Daí também o recurso constante e acentuado à metáfora e outras figuras.

Mostraremos a diferença entre o jargão e a gíria no quadro abaixo:

Jargão	Gíria
profissional	popular
técnico	lúdico
racional	afetivo
objetivo	subjetivo
aberto	fechado

Em português o jargão é conhecido pela desinência "ês": economês, futebolês, juridiquês etc. O juridiquês, parece-nos que ele nasceu há pouco tempo, por analogia com economês, e ambos portadores, no início, pelo menos, de uma pitada de desvalorização.

Não raro, a mídia encampa a ideia de que os vocábulos técnicos empregados no discurso jurídico afastam a Justiça do povo. Entre tantos outros, cite-se o texto "Campanha ataca os abusos do juridiquês", de Lilian Christofoletti e Uirá Machado, publicado na *Folha de S.Paulo* (23 jan. 2005, p. A8), que também publicou "Jovens advogados tentam modernizar idioma jurídico", de autoria de Eunice Nunes (5 abr. 1999, p. 42). A revista *Língua portuguesa*, por sua vez, publicou artigo com o título "Abaixo o juridiquês" (São Paulo, nº 2, 2005, p. 18).

Uma das críticas que se costuma fazer é que os textos jurídicos trazem citações em excesso. De fato, quando manifestamente excessivas, as citações podem truncar a leitura e afastar o leitor da ideia principal. Entretanto, vale lembrar que citações são uma característica do argumento "de autoridade" (*ex auctoritate*), um dos argumentos quase lógicos de Perelman e Tyteca, de extrema relevância para o discurso jurídico. Já na Idade Média dizia-se *utile est nosse opiniones multorum*.[12]

---

[12] É útil conhecer as opiniões de muitos.

A citação constitui um cruzamento de textos, o que configura a *intertextualidade*, conceito indissociável da polifonia ou dialogismo. Logo, a citação pode e deve ser usada, embora sempre de forma criteriosa e pertinente. Cabe aqui a lição de Mário Antônio Silveira (2007, p. 242): "Os textos de lei são dialógicos, à medida que necessitam de outros textos para interagirem legalmente. Dessa interação nasce o diálogo na acepção estrita do ato de comunicação legal entre regras e uma nova acepção mais ampla de aplicação de várias leis".

Outra crítica frequente consiste em dizer que o idioma forense é por demais conservador, e até mesmo exibicionista e pedante. Cabe lembrar que a linguagem tem por objetivo precípuo alcançar a efetividade da comunicação, de modo que o receptor possa compreender a mensagem transmitida pelo emissor. O que ocorre, na linguagem jurídica, é que as palavras recebem sentido técnico-científico, o que acaba fazendo com que o leigo, muitas vezes, não a compreenda. Assim, para o jurista, mostra-se necessário saber distinguir termos como "agravo de instrumento" e "apelação", "recurso extraordinário" e "recurso especial", "roubo" e "furto", "comodato" e "mútuo", "lei" e "decreto" etc. Não é capricho, é ciência. Não é exibicionismo, é necessidade de atribuir sentidos precisos a cada um dos termos que, juridicamente, traduzem realidades distintas.

Sobre o conservadorismo da linguagem, há de se ponderar que o Direito é construção cultural, histórica, legislativa. Centenas de dispositivos do Código Civil atual tiveram suas sementes no Direito Romano; diversos institutos jurídicos deitam suas raízes em tempos arcaicos; inúmeras expressões jurídicas nasceram em tempos remotos. O conservadorismo da linguagem jurídica não é mero apego; trata-se de tradição da ciência jurídica, razão de orgulho para seus profissionais.

Mas, efetivamente, casos há em que a utilização desnecessária de termos raros, ou mesmo em desuso, propicia ruído à comunicação jurídica, até mesmo entre os profissionais do direito. Isso, pois, não é mérito, mas demérito. São exceções, que não devem servir de paradigma e não devem ter o condão de rotular toda a linguagem jurídica. O artigo de Lilian Christofoletti e Uirá Machado, anteriormente citado, traz um exemplo de "abuso do juridiquês", extraído de um recurso judicial interposto perante o Superior Tribunal Militar, certamente ininteligível até mesmo para muitos juristas bem letrados:

> "O **alcândor** Conselho Especial de Justiça, na sua **apostura** irrepreensível, foi correto e **acendrado** no seu **decisório**. É certo que o Ministério Público tem o seu **lambel** largo no exercício do poder de denunciar. Mas nenhum **lambel** o levaria a pouso **cinéreo** se houvesse **acolitado** o pronunciamento **absolutório** dos nobres **alvazires** de primeira instância."

O mesmo artigo oferece um glossário, a fim de explicar o sentido das palavras destacadas no trecho do recurso acima transcrito, além de trazer a explicação de outros termos jurídicos:

- Absolutório: que absolve
- Acendrado: feito com cuidado
- Acolitado: seguido, acompanhado
- Alcândor: a parte superior de algo elevado
- Alvazires: juízes
- Apostura: postura, elegância

- Caderno indiciário: inquérito policial
- Cártula chéquica: talão de cheque
- Cinério: cinzento
- Colenda: venerável
- Cônjuge sobrevivente: viúvo
- Cônjuge supérstite: viúvo

- Comorientes: pessoas que morreram ao mesmo tempo
- Dar cobro: cobrar um resultado
- *Data venia*: licença para divergir
- Decisório: decisão
- Despiciendo: dispensável, desdenhável
- Diploma legal: lei

- Egrégio: ilustre, nobre
- Excelso Sodalício: Supremo Tribunal Federal
- Exordial acusatório: denúncia
- Fazer o preparo: pagar as custas
- Lambel: tipo de pano, faixa de brasão

- Ínclito ou Preclaro: ilustre
- *Parquet*: Ministério Público
- Peça exordial: petição inicial
- Peça vestibular: petição inicial
- Pretório Excelso: Supremo Tribunal Federal
- Quedar-se silente: ficar quieto

- Remédio heroico: mandado de segurança
- Teratológico: relativo a monstruosidades, absurdo
- Vistor: perito
- *Writ of mandamus*: Mandado de Segurança

Também o artigo de Eunice Nunes oferece aos leitores da *Folha de S.Paulo* (5 abr. 1999, p. 42) um glossário de termos do "juridiquês":

O que se diz	O que se quer dizer
Pretório excelso	Supremo Tribunal Federal
Avençar pacto locatício	Fazer contrato de locação
Tríduo	Prazo de três dias
Quinquídio	Prazo de cinco dias
Conclave assemblear	Assembleia geral de acionistas
Acolher a objurgatória	Receber uma denúncia
Meirinho	Oficial de justiça
Lavrar uma avença	Fazer um contrato
Data venia	Discordo com todo o respeito

O que se diz	O que se quer dizer
Purgar a mora (no contrato de locação)	Impedir o despejo com o pagamento dos aluguéis atrasados
Suplicante/suplicado	Requerente/requerido
Inadimplemento	Não cumprimento da obrigação
Acostar aos autos	Anexar ao processo

Atente-se que os argumentos carreados contra o juridiquês são sempre os mesmos, bem como se repetem as expressões jurídicas tidas por empoladas. Ademais, cumpre lembrar que de nada adianta apenas modificar o léxico jurídico. Necessário é que se compreenda, que se tenha algum conhecimento do conteúdo da mensagem jurídica, complexa e específica que é.

2.6. EXERCÍCIOS

1. Dê o significado dos parônimos abaixo:

    a) Eminente – Iminente

    b) Deferir – Diferir

    c) Prescrever – Proscrever

    d) Elidir – Ilidir

    e) Ratificar – Retificar

    f) Dilação – Delação

    g) Emenda – Ementa

2. Forme sentenças com os termos abaixo:

    a) Delatar

    b) Ratificar

    c) Infligir

    d) Infringir

    e) Mandato

    f) Distratar

    g) Deferimento

3. Identifique e explique os termos jurídicos do samba de Orestes Barbosa e Noel Rosa.

"No tribunal da minha consciência,

O teu crime não tem apelação.

Debalde tu alegas inocência,

E não terás minha absolvição.

Os autos do processo da agonia,

Que me causaste em troca ao bem que eu fiz,

Chegaram lá daquela pretoria

Na qual o coração foi o juiz.

Tu tens as agravantes da surpresa

E também as da premeditação

Mas na minh'alma tu não ficas presa

Porque o teu caso é caso de expulsão.

Tu vais ser deportada do meu peito

Porque teu crime encheu-me de pavor.

Talvez o *habeas corpus* da saudade

Consinta o teu regresso ao meu amor."

4. Explique os sentidos dos termos jurídicos "culpa", "dativo", "diligência", "legiferar" e "tempestivo".

5. Indique algumas acepções do termo "direito".

6. Preencha a frase utilizando corretamente os termos homófonos "cessão", "seção" e "sessão":

"Houve _____ de julgamento na _____ de Direito Privado do TJ-SP sobre um caso de _____ de crédito".

7. Preencha a frase utilizando corretamente os termos homófonos "remissão" e "remição":

"O credor realizou a _____ da dívida em favor do devedor, pois percebeu que o devedor não realizaria a _____ ."

3

ARGUMENTAÇÃO JURÍDICA

3.1. PRELIMINARES

O termo "comunicação" promana do latim *communicare*, cognato de *munus* (função, encargo). No parecer de Ernout e Meillet (1951, p. 749), todos os cognatos de *munus* têm valor jurídico. Segundo Bréal e Bailly (s.d., p. 209), *communis* (comum) significa, literalmente, "qui a même charge" (que tem o mesmo cargo).

A ideia de participação, cooperação está implícita no sentido de comunicação. A alteridade, ou seja, o outro, é pressuposto básico da comunicação, pois esta não se realiza se não houver emissor e receptor. A simples emissão de uma mensagem não encerra o ato comunicativo: é imprescindível que haja ao menos um destinatário a recepcionar a mensagem emitida. O entendimento é, dessarte, a substância (*substare* – estar debaixo) do ato comunicativo, o que torna o ser humano um ser político.

Ser político é estar implicado com a *pólis*, a saber, exercer a cidadania, o que significa ponderar, pesar, julgar, formar juízos de valor. Já diziam os antigos: quem não é cidadão não é homem (*si non est civis, non est homo*).

O objetivo dos seres humanos na construção da sociedade é a harmonização da identidade na diversidade, da unidade na pluralidade. A consecução de tal objetivo demanda um conjunto de normas reguladoras do convívio humano. Temos, então, as sementes germinadoras do Direito: *ubi societas, ibi jus*.

3.2. COMUNICAÇÃO – *MODUS OPERANDI*

Para efetuar a operação comunicacional, que pretende estabelecer influências e convergências entre os componentes da sociedade, concorrem os seguintes elementos essenciais:

- **Emissor** (locutor, falante): aquele que emite a mensagem; é quem estabelece contato com o outro (*ego* e *alter*, ou seja, o *eu* e o *tu*). Ato de partilha, a comunicação é bilateral e se inicia com o emissor. A Retórica usa o termo "orador".

- **Receptor** (destinatário, ouvinte): aquele a quem se destina a mensagem transmitida pelo emissor. A Retórica usa o termo "auditório".
- **Mensagem**: é o assunto, o objeto da comunicação, o conteúdo que o emissor pretende transmitir ao receptor.
- **Canal**: meio pelo qual se procura estabelecer a comunicação. É o suporte físico, virtual ou eletrônico pelo qual se realiza o ato comunicativo. Assim, a comunicação pode ser praticada por diversos canais: telefone, rádio, televisão, papel, fax, *e-mail*, redes sociais virtuais, internet, ondas sonoras, SMS etc.
- **Referente**: é o contexto em que se insere a mensagem transmitida, ou seja, os assuntos e as circunstâncias que envolvem a mensagem.
- **Código**: são sinais, símbolos, gestos, sons, imagens, letras, idiomas, entre outros, cujos significados e sentidos são comungados tanto pelo emissor quanto pelo receptor. O domínio do código pelos interlocutores permite que o emissor codifique sua ideia abstrata e o receptor a decodifique, compreendendo, assim, a ideia contida na mensagem transmitida.

Vale ressaltar que nem sempre a mensagem é transmitida perfeitamente, podendo ocorrer falhas no ato comunicativo, às quais se dá o nome genérico de ruído. Assim, entende-se por ruído todo e qualquer obstáculo que impeça a efetividade da comunicação. Em consequência disso, o ruído pode referir-se a qualquer um dos elementos do ato comunicativo: emissor, receptor, mensagem, canal, referente e código.

Assim, se a vítima de um crime, ao prestar depoimento sob forte emoção, não conseguir relatar os fatos, ou mesmo se o fizer de forma incompreensível, em meio a soluços e gaguejos, haverá ruído quanto ao emissor. Por outro lado, haverá ruído quanto ao receptor quando, por exemplo, o juiz ler a sentença em voz alta para um réu com deficiência auditiva, situação em que a comunicação não será efetivada. Se uma testemunha falar apenas a língua francesa, sendo esse idioma desconhecido do juiz, haverá necessidade de que um intérprete esteja presente no momento de sua oitiva, caso contrário, haverá ruído quanto ao código. Do mesmo modo, poderá haver ruído quanto ao código quando o juiz interpela uma das partes valendo-se de termos latinos e arcaicos, pouco conhecidos do senso comum.

Também sobre o canal pode incidir ruído, quando houver interferências na linha telefônica, ou má sintonia de uma estação de rádio, entre outras hipóteses. Quanto à mensagem em si, pode haver ruído quando o assunto for assaz complexo, de difícil assimilação. Por fim, se o contexto não é conhecido pelos interlocutores, ou por um deles, então pode haver ruído em razão do referente, uma vez que o texto deve ser interpretado conforme o contexto em que está inserido.

3.3. COMUNICAÇÃO E ARGUMENTAÇÃO

Vimos, no início do capítulo em pauta, que o objetivo da comunicação é o entendimento, a partilha de propósitos, a adesão a determinado ponto de vista. Entretanto, tal objetivo não se logra facilmente dadas as múltiplas tensões na convivência dos opostos, razão da presença do Direito a equilibrar diferenças entre os membros da sociedade. Dessarte, podemos dizer que o campo da Comunicação é o campo do Direito e da Retórica.

Perelman e Tyteca retomaram Aristóteles e compuseram o *Tratado da argumentação*: a nova retórica (1996), cujos pontos básicos são: (1) *Orador/falante* (emissor), peça central, cuja função é propor um ponto de vista ao *tu* (destinatário). Para tanto deve adaptar-se ao ouvinte para lhe captar a atenção e conseguir fazê--lo aceitar a proposta oferecida. (2) *Auditório* (receptor), peça fundamental, em função do qual se promove toda e qualquer forma de argumentação. O *auditório* é quem decide da aceitação ou rejeição da proposta do *orador*. (3) *Acordo* que só prospera se o auditório aceitar e aderir, isto é, tornar sua a pretensão apresentada pelo *orador/falante*. Concluída a adesão, a comunicação surte efeito e a argumentação se tornou eficaz. Rejeitada a proposta, a argumentação mostrou-se ineficaz.

Portanto, um discurso persuasivo, ou retórico, necessita de três elementos essenciais: o *orador*, também chamado de emissor ou falante, que é a pessoa que produz o discurso; o *auditório*, também chamado de espectador, destinatário, receptor ou ouvinte, que é a pessoa ou o grupo de pessoas às quais se dirige o discurso e sobre as quais o seu poder persuasivo deve incidir; e, finalmente, o *assunto*, que é aquilo de que trata o discurso.

A força persuasiva de um discurso se manifesta por meio da *argumentação* utilizada pelo orador. A Nova Retórica dá especial atenção ao auditório, e o faz corretamente, já que os argumentos propiciam reações diferentes conforme os valores, experiências pessoais e conhecimentos de cada destinatário. Apregoa o mestre Perelman: "O conhecimento daqueles que se pretende conquistar é, pois, uma condição prévia de qualquer argumentação eficaz."

A argumentação, portanto, deve ser tecida com base no auditório a que o discurso se destina, ou seja, aqueles sobre os quais deve recair a influência argumentativa.

Assim, a título de exemplo, num julgamento criminal, a argumentação fortemente emotiva tende a ser mais eficaz perante o Tribunal do Júri do que perante o juiz togado, já que enquanto aquele decide conforme o foro íntimo, este deve representar única e exclusivamente a vontade da lei, a qual é elaborada e deve ser aplicada independentemente das paixões humanas propiciadas pelo caso concreto, de modo que o julgamento do juiz togado deve ser realizado estritamente conforme enquadramento e ordenamento legais.

Da mesma forma ocorre com os julgamentos da Junta Administrativa de Recursos de Infrações de Trânsito (JARI), visto que a condição dos seus julgadores se assemelha à condição dos jurados do Tribunal do Júri: são, via de regra, leigos em Direito e são autorizados a decidir conforme o íntimo lhes ordene.

O paralelo se faz interessante porque tanto a decisão proferida pelos julgadores da JARI quanto a decisão proferida pelos jurados do Tribunal do Júri não necessitam de respaldo legal, ou seja, a fundamentação de suas decisões não precisa encontrar eco na legislação.

Decidem conforme a livre persuasão, conforme os princípios de justiça que possuem e seus valores intrínsecos. Busca-se o justo no foro íntimo de cada julgador, e não no texto legal.

Conhecendo-se bem o auditório, produz-se um discurso com maior persuasão. Em face do juiz togado que buscará o enquadramento legal do caso que lhe é submetido, cabe ao requerente argumentar no sentido de que o caso concreto e específico se enquadra ou não se enquadra à hipótese geral e abstrata da lei.

Isso porque os valores em questão já estão definidos: o que é justo e o que é injusto, pelo menos em tese, já estão estipulados pela lei. Daí considerar os integrantes do Poder Legislativo, que elaboram as leis, os representantes dos valores da sociedade. Em essência, não é o juiz togado que tratará de valores, pois os valores já lhe são dados pela lei. Basta-lhe buscar enquadrar o caso concreto e específico nas hipóteses legais, de forma que de seu julgamento não se extraem os valores da pessoa do julgador, mas sim os valores da sociedade, traduzidos pelas normas legais.

Em se tratando de julgamentos que não se restringem ao enquadramento legal, como, por exemplo, o julgamento do Tribunal do Júri, nota-se que o julgador imprimirá na decisão os seus próprios valores, seus próprios princípios e conceitos do justo.

São nesses julgamentos em que a democracia se faz mais presente. E são nesses julgamentos, portanto, em que a Retórica se mostra mais franca e essencial. Isso porque os valores não estão estipulados e predefinidos: os valores que pautarão cada decisão estão no foro íntimo de cada julgador, plenamente suscetíveis de mudanças conforme o discurso argumentativo que se lhes apresenta.

Os embates jurídicos, entendidos estes como os conflitos de teses expostos a um julgador ou corpo de julgadores que decidirão sobre determinado assunto conforme as teses que se colocam a seu assentimento, são dos mais férteis campos de discursos retóricos, já que é justamente o convencimento dos julgadores que irá motivar o sentido de suas decisões. A argumentação erigida perante o órgão julgador, portanto, está intimamente relacionada à procedência ou improcedência do pedido.

Para que a argumentação tenha eficácia, indispensável é em primeiro lugar haver o que se chama de "acordo prévio", isto é, deve haver entre o orador|falante e o auditório alguns aspectos, alguns pontos em que eles concordem. O "acordo prévio" é um postulado comum, uma plataforma comum que une orador|falante e auditório. Breton (2003, p. 21) chama a este acordo prévio de *contexto de recepção*.

A adesão de uma proposta depende de algumas condições: (1) *Legitimidade*: quem argumenta deve estar revestido de autoridade ou responsabilidade, predicado mais relacionado com o *lógos*. (2) *Credibilidade*: o orador|falante deve ser levado a sério, o que está mais relacionado com o *éthos*. (3) *Persuasão*: o auditório deve aderir à proposta que lhe é endereçada.

Em se falando de persuasão, parece oportuno lembrar as três fontes de persuasão propostas por Aristóteles: o *lógos* (discurso), o *éthos* (caráter) e o *páthos* (paixão). Estabelece, ademais, os componentes básicos do orador|falante: a *phrónesis* (o parecer ponderado), a *areté* (o parecer sincero) e a *eúnoia* (a imagem agradável). A este conjunto de atributos dá-se o nome de *éthos*.

Esta tríade conceitual lapidada na Antiguidade Clássica é o *lógos, éthos* e *páthos*. O *lógos* diz respeito à razão, isto é, convence-se o auditório por lhe demonstrar uma ilação à qual se chega por meio do raciocínio lógico. O *páthos* se refere às paixões, ao afetivo, ou seja, busca-se a adesão do destinatário por meio de argumentos que atingem o emocional, os desejos, as subjetividades. Já o *éthos* concerne ao caráter que o orador assume ante o auditório, inspirando-lhe confiança e simpatia.

O *éthos*, importante dizer, é esculpido durante o discurso, embora haja, quando se trata de oradores já conhecidos por seu auditório, um *éthos* prévio, ou seja, o auditório possui uma imagem do autor do discurso antes mesmo de o discurso ser proferido.

Aristóteles, em *Arte retórica*, separou coerentemente o discurso retórico em quatro partes, às quais os romanos acrescentaram mais uma. A primeira parte do sistema retórico recebe o nome de *inventio*.[1] Diz respeito ao material de onde se tiram os argumentos, ou seja, é o momento em que se buscam elementos adequados para a prova do que será afirmado.

---

[1] Do latim *invenire*, que significa *achar, encontrar, relacionar*. Vale dizer que é a mesma raiz latina da palavra *inventário*.

Deu-se à segunda parte o nome de *dispositio*, que corresponde ao procedimento de organização do discurso, ou seja, concerne à sua disposição interna. Assim, dispõe-se o que foi encontrado a título de argumento, de uma forma hierarquizada e adequada.

A *dispositio* é subdividida em alguns componentes, dos quais ressaltam o *exórdio*, que é o momento em que o orador suscita a benevolência do auditório; a *narração*, que consiste na exposição dos fatos de forma plausível, clara e concisa; a *argumentação (confirmação e refutação)*, ocasião em que as provas e os argumentos a favor e contra os adversários são expostos; e a *peroratio*, que consiste no resumo, recapitulação do discurso e amplificação, com o intuito de ratificar e realçar a tese sustentada.

Chama-se *elocutio* a terceira parte do sistema retórico, a qual consiste na escolha do estilo que será utilizado no discurso, ou seja, é o momento em que se procede à adequação entre o conteúdo e a forma, ou, ainda, entre o plano conceitual e o linguístico. Acerca da *elocutio*, ensina Aristóteles que "não basta possuir a matéria do discurso, urge necessariamente exprimir-se na forma conveniente, o que é de suma importância para dar ao discurso uma aparência satisfatória".[2]

A quarta parte é a *actio*, a qual se refere aos atos relacionados à execução propriamente dita do discurso, à sua concretização, incluindo elementos como timbre de voz, entonação, ritmo, pausas e gestualidade.

Os romanos, às quatro partes elaboradas pelos gregos, acresceram a *memoria*. Consiste essa parte na retenção mental do discurso oral. Cumpre dizer, entretanto, que a memorização do discurso não se opõe à improvisação, como salienta Mosca (2004, p. 30): "Esta (a *memoria*), longe de ser um entrave à criatividade, permite uma melhor posse do discurso, o que não elimina a improvisação e a capacidade de adaptação às eventuais refutações. A *memoria* permite não somente reter, mas também improvisar."

Importante compreender, conforme já explicou Henriques em sua tese de doutoramento (2003, p. 63), que as partes do discurso retórico "formam um todo harmônico, coerente, integrado num corpo sistematizado de normas e participam da mesma moldura discursiva com uma só e mesma finalidade: persuadir o auditório, embora se admita certa flexibilidade entre elas. Pode-se até admitir certa predominância de uma sobre a outra, mas todas concorrem para a coesão do conjunto. Romper esta unidade, separando as partes do todo, é desfigurar e, mesmo, adulterar a estrutura básica da Retórica".

Cícero, entre os romanos, foi o que mais se destacou nas obras sobre retórica. São de sua autoria as obras *De inventione* e *De oratore*. Cícero afirma que um discurso persuasivo deve *docere, delectare* e *movere*.

---

[2] *Arte retórica e Arte poética*. L. III, c. I, p. 173.

O *docere* diz respeito à instrução, ao conteúdo que o discurso deve transmitir. O *delectare* se refere ao deleitamento proporcionado pelo discurso, que deve constituir-se em algo agradável ao seu interlocutor, para que este adira aos argumentos sustentados. Por fim, o *movere* concerne à comoção que o discurso deve promover, ou seja, as consequências emotivas, as paixões que devem ser despertadas no destinatário. O discurso persuasivo, portanto, deve instruir, agradar e comover seu auditório.

Nas palavras de Reboul (1998, p. XVIII), "*docere* é o lado argumentativo do discurso, *delectare* é o lado agradável, humorístico etc., *movere* é aquilo com que ele abala, impressiona o auditório".

Acreditamos estejam expostos os elementos principais a respeito da comunicação e argumentação.

Desde que o ser humano existe, há a preocupação de um persuadir o outro e a Retórica oferece as estratégias para a consecução deste desiderato. Oportunamente falaremos das estratégias de argumentação.

3.4. ARGUMENTAÇÃO OBJETIVA E SUBJETIVA

3.4.1. Argumentação objetiva

A argumentação objetiva não se confunde com a Lógica Formal. Esta não se preocupa com o conteúdo das proposições, apenas com a retidão do raciocínio lógico aplicado às premissas no intuito de atingir determinada conclusão absolutamente irrefutável, uma vez que para a Lógica Formal o aspecto material não é levado em consideração. Assim, vejamos o seguinte raciocínio formal:

> Todo homem é negro.
> Júlio é homem.
> Logo, Júlio é negro.

O raciocínio acima exposto está em conformidade com a Lógica Formal, visto que não diz respeito à Lógica Formal aferir o conteúdo das proposições: se é verdade, no mundo material, que todo homem é negro, ou se isso é uma inverdade, não importa à Lógica Formal. O que importa é a validade do raciocínio abstrato lógico-formal: dadas as premissas (i) de que todo homem é negro, e (ii) de que Júlio é homem, então, conclui-se que Júlio é negro, sendo tal conclusão formalmente irrefutável. A Lógica Formal se preocupa somente com a validade do raciocínio, e não com a verdade de suas premissas ou de suas conclusões.

O raciocínio da Lógica Formal é o aplicado às equações matemáticas, uma vez que o raciocínio empregado sobre os números são abstratos e não se relacionam ao conteúdo: dois mais dois são quatro, indiferentemente dos objetos a que se referem tais números.

A argumentação objetiva também está focada no raciocínio lógico (*lógos*), sendo este um dos pilares do discurso retórico, ao lado do *éthos* e do *páthos*. Entretanto, no caso da argumentação objetiva, a lógica aplicada é material, ou seja, envolve a verdade dos fatos além da validade do raciocínio empregado.

Assim, para a Lógica Material não basta a validade abstrata do raciocínio, é necessário, também, adentrar na concretude dos fatos, para averiguar se as premissas apresentadas são efetivamente verdadeiras no mundo material. Assim, o raciocínio apresentado (todo homem é negro, Júlio é homem, então Júlio é negro) não é aceito pela Lógica Material, pois nem todo homem é negro.

A argumentação objetiva prende-se à Lógica Material, uma vez que apresenta ao destinatário um raciocínio pautado na lógica (*lógos*), de modo que para atingir a persuasão do auditório será necessário argumentar/provar, além da validade do raciocínio, que os fatos que compõem as premissas são efetivamente verdadeiros, validando, assim, a conclusão sustentada, formal e materialmente.

Portanto, a argumentação objetiva centra suas forças em conceitos, reflexões e associações racionais, no intuito de que o pensamento exposto pelo orador seja válido perante qualquer sujeito, independentemente das subjetividades e emoções de cada um. Ainda assim, a argumentação objetiva pertence ao campo da Retórica, pois o argumento objetivo pode ser refutado ou não aceito pelo destinatário caso este não entenda por verdadeiras as premissas materiais que compõem o raciocínio.

Vejamos o seguinte exemplo: se uma pessoa com vinte anos de idade praticar um crime, deverá ser beneficiada com a atenuante prevista no art. 65, I, do Código Penal. Nesse caso, seu advogado deve argumentar objetivamente, provando a idade do agente (premissa menor) e requerendo a aplicação do referido artigo de lei (premissa maior), de modo que a conclusão, objetivamente, não deve ser outra senão a aplicação da atenuante. Assim, desde que estejam provadas as premissas, por mais grave que seja o crime cometido ou a periculosidade do agente, não há argumentação subjetiva (emotiva) que afaste a aplicabilidade da atenuante em tal caso, pois *contra factum non est argumentum*.[3]

Também será argumentação objetiva se o réu acusado de homicídio argumentar que a vítima está viva, pois uma vez que consiga provar tal fato, será impossível condená-lo por homicídio. O mesmo ocorre quando o advogado do acusado de homicídio argumenta que o corpo não foi encontrado, de modo que não há como ter certeza da morte da vítima. Assim, argumentar que o réu não tem perfil de cri-

---

[3] "Contra fato não há argumento", devendo tal brocardo ser entendido no sentido de que contra fato objetivamente demonstrado não há argumento subjetivo que possa refutá-lo.

minoso é um argumento subjetivo; argumentar que se o corpo da vítima não for encontrado então não há como ter certeza de sua morte é um argumento objetivo.

A argumentação objetiva incide, entre outras várias situações, na contagem de prazos processuais. Uma vez provada a premissa menor (interregno entre o início do prazo e a data do protocolo) e o prazo legal (premissa maior), a conclusão deverá ser lógica e racional: ou é tempestivo, ou é intempestivo, independentemente de subjetivismos.

3.4.2. Argumentação subjetiva

Enquanto a argumentação objetiva se funda no *lógos*, a argumentação subjetiva se alicerça no *éthos* e no *páthos*. *Lógos*, *éthos* e *páthos* formam o tripé de meios de provas estabelecido por Aristóteles em sua *Retórica*.

3.4.2.1. Éthos

Éthos, em Retórica (argumentação), é a imagem de si que o orador (o locutor) projeta no auditório para persuadi-lo a aceitar sua proposta ao lhe passar o ato comunicativo (o discurso). Fala-se, então, em *éthos discursivo*.

Fala-se, outrossim, em *éthos pré-discursivo* ou *éthos prévio*, isto é, a imagem que o locutor carrega (sua reputação, seu *status* social, por exemplo) e que constitui um fator positivo ou negativo para sua imagem.

Com o *éthos* o orador|falante tenta passar ao auditório uma imagem de credibilidade. Para legitimar seu discurso, cabe ao orador oferecer ao auditório não só *o que dizer* (*quid dicere*), mas também o *como dizer* (*quomodo dicere*), ou seja, o que Maingueneau (1989, p. 100) chama de *corporalidade*, da qual fazem parte a voz, o gesto, a indumentária, por exemplo.

3.4.2.2. Páthos

Enquanto o *éthos* diz respeito ao locutor, o *páthos* dirige-se ao auditório, com o objetivo de despertar-lhe as paixões e, dessarte, comovê-lo e persuadi-lo. Assim procede, por exemplo, tanto o promotor, quanto o advogado de defesa no júri criminal. Com os olhos postos no corpo de jurados, ambos buscam excitar--lhes os sentimentos.

Consoante Charaudeau e Maingueneau (2004, p. 371), Lausberg propõe alguns meios básicos para gerar emoções no auditório, a saber, (1) mostrar-se emocionado; (2) mostrar objetos, como faca, camisa ensanguentada; (3) descrever cenas emocionantes.

Todo ser humano é permeável à emoção, mesmo o juiz ao proferir uma sentença. Todo ser humano é constituído de razão e emoção ou, como diz Almeida Prado (2003), de *animus* (razão) e *anima* (emoção) que influem em toda decisão judicial.

Apresentamos um exemplo de Delmanto (2009, p. 135), para a argumentação subjetiva:

> "Ibrahim Nobre foi um dos maiores promotores de justiça paulista da primeira metade do século passado.
>
> Orador primoroso, na Revolução Constitucionalista de 32, ficou conhecido como O Tribuno de São Paulo.
>
> Ao ser condenado, à revelia, a trinta anos de prisão pela ditadura getulista, disse a famosa frase: 'Para tão grande fé, tão curta pena'.
>
> No júri era praticamente imbatível.
>
> Certa feita, acusava um passional que matara a esposa, defendido por um dos principais advogados da época.
>
> Esperava-se, como sempre, um duelo de titãs.
>
> Embora o disparo fatal houvesse atingido a vítima na cabeça, e não no peito, durante a necropsia constatou-se que seu coração tinha uma anomalia muito rara. Por esse motivo, com autorização da família ofendida, o coração foi para o Instituto Oscar Freire, ligado à Universidade de São Paulo, para estudos.
>
> Apesar de o coração nada ter a ver com a *causa mortis*, dias antes do julgamento Ibrahim Nobre solicitou ao juiz presidente do Tribunal do Júri que requisitasse o coração para ser mostrado em Plenário.
>
> Nem a defesa nem o magistrado entenderam o porquê da solicitação, mas dado o prestígio do promotor, o pedido foi deferido.
>
> Instalada a sessão, lá estava o coração sobre uma mesa, coberto por um pano.
>
> Interrogado pelo juiz, o acusado, bem orientado por seu advogado, saiu-se otimamente. Narrou em detalhes a infeliz vida conjugal com a falecida esposa, a infidelidade praticada por esta e o choque que teve ao, repentinamente, descobri-la. Chegou mesmo a comover os jurados, entre os quais não havia nenhuma mulher, todas recusadas pela defesa.
>
> Quando Ibrahim Nobre começou a falar, levantou ele o pano que cobria o nobre órgão, deixando-o exposto em uma caixa de vidro transparente, na frente do Conselho de Sentença.
>
> E aí, em uma inusitada peroração, passou a dirigir-se ao coração da vítima como se fosse a consciência do acusado, sem entretanto, se afastar da prova dos autos:
>
> 'Lembra-te, coração, quando nos conhecemos? Éramos jovens, puros e apaixonados. Lembra-te coração...', e assim por diante.
>
> A emoção foi geral. O próprio acusado, depois de algum tempo, para desespero do advogado, chorava convulsivamente.
>
> Terminou condenado por sete votos a zero."

No âmbito da literatura clássica, cite-se, a título de exemplo de argumentação emotiva, a belíssima passagem da Ilíada,[4] na qual Príamo, rei de Troia, profere um discurso com o intuito de persuadir Aquiles a permitir que Heitor, filho daquele e morto por este, recebesse as honras fúnebres, cerimônia de suma importância na época em questão.

> "Súplice, Príamo, então, começou de falar, e lhe disse:
> 'Lembra-te, Aquiles, igual a um dos deuses, teu pai venerável é
> da mesma idade que a minha e, portanto, como eu, assim velho.
> É bem possível que esteja cercado por fortes vizinhos,
> cheio de angústia, sem ter quem lhe sirva de amparo e defesa;
> mas, só de ouvir que estás vivo, alegria indizível lhe invade
> o coração, dia a dia esperando poder ante os olhos
> ter a figura do filho glorioso, de volta de Troia.
> Muito mais triste é o meu fado, que, após tantos filhos ter tido,
> de comprovado valor, nem um só na velhice me resta.
> Vivos, cinquenta floriam no tempo em que os Dânaos[5] chegaram;
> da mesma mãe, dezenove guerreiros me foram brindados;
> os outros todos diversas mulheres nos paços tiveram.
> De muito dele as forças dos joelhos tirou Ares[6] forte;
> e o único herói que restava, dos muros[7] amparo e de todos,
> a combater pela pátria, não há muito tempo mataste,
> o meu Heitor, cujo corpo aqui venho insistente pedir-te,
> às naus Aquivas[8] trazendo resgate de preço infinito.
> Sê reverente aos eternos,[9] Aquiles; de mim tem piedade;
> pensa em teu pai, também velho; bem mais infeliz sou do que ele,
> pois chego agora a fazer o que nunca mortal fez na terra:
> beijo-te as mãos, estas mãos que a meus filhos a Morte levaram.'"[10]

---

[4] HOMERO. *Ilíada*. Canto XXIV, 480-580.
[5] Gregos.
[6] Ares, para os gregos, ou Marte, para os romanos, é o deus da guerra.
[7] Metáfora da cidade de Troia, protegida por intransponível muro.
[8] Gregas.
[9] Refere-se Príamo aos deuses gregos.
[10] Tradução de Carlos Alberto Nunes.

3.5. COMUNICAÇÃO CONFLITUAL

No universo da comunicação nem tudo são flores. Ao lado da comunicação não conflitual há a comunicação de interesses, o entendimento, razão por que, no campo comunicacional, pouco se fala do aspecto conflitual. Este, porém, existe, e já o percebera Hobbes e a ele se referira em tom hiperbólico: *bellum omnium in omnes* (guerra de todos contra todos). O pensador inglês conhecia a força argumentativa da hipérbole.

Quem discorre de maneira ampla e profunda sobre a comunicação conflitual é Uli Windisch (1987). Diremos apenas alguma coisa sobre esta matéria com base no autor mencionado.

Esta forma de comunicação apresenta-se, ontem e hoje, em todas as camadas sociais e em todas as áreas: política, religiosa, literária e outras. O conflito é uma realidade da sociedade inteira. Basta nos lembrarmos das discussões em Atenas, da Reforma Luterana, das fábulas de Fedro, quase todas elas conflituosas. No mesmo diapasão, as fábulas de La Fontaine. Transparece até mesmo na área jurídica, em alguns célebres bate-bocas.

O discurso conflitual alinha-se ao discurso *polêmico*, ao passo que o discurso não conflitual faz parte do discurso *didático*. As duas modalidades de discurso (comunicação) apresentam conteúdo e forma diferentes.

A comunicação conflitual costuma ser agressiva e desqualificativa tanto do conteúdo quanto da pessoa do orador|falante. Já o discurso didático tem por norma analisar, explicar, levar ao entendimento.

Por consequência, as estratégias do discurso polêmico são diferentes, com o uso preferencial do argumento *ad hominem* (desqualificação do conteúdo) e *ad personam* (desqualificação da pessoa do adversário). Useiro e vezeiro no uso de tais argumentos era Lutero que não só procurava mostrar as contradições dos discursos dos papas, mas os cobria de impropérios. Um exemplo apenas:

> "*O Papa vos estis*
> *Deus est testis*
> *Teterrima pestis.*"[11]

Windish (1987, p. 27) não fala em argumento *ad hominem* e *ad personam*, mas é o que transparece de suas palavras: "Ou ne se contente pas d'opposer un discours à un autre discours [*ad hominem*], pour laisser le choix au public; on

---

[11] Ó Papa vós sois, Deus é testemunha, negríssima peste.

s'attaque à l'identité même de l'adversaire [*ad personam*], puisqu'on lui construit une autre identité, tant personelle que discursive."[12]

3.6. FIGURAS DE LINGUAGEM E ARGUMENTAÇÃO

3.6.1. Preliminares

As figuras de linguagem fazem jus a um capítulo especial, dada a importância de que se revestem para a argumentação e, por tabela, para o discurso jurídico.

Algumas figuras limitam-se à questão de estilo ou ornamentação do texto, ao que Aristóteles chama de *elocutio*. Outras gozam de amplitude maior e repercutem no campo argumentativo como fator de persuasão: concorrem para a aceitação do discurso, por sua capacidade de agradar (*delectare*) e, dessarte, provocar emoção no auditório (*movere*).

O *Tratado da argumentação* (1996), de Perelman e Tyteca, teve o condão de simplificar o estudo das figuras reduzindo-as a três tipos: figuras de *escolha*, figuras de *presença* e figuras de *comunhão*.

3.6.2. Figuras de escolha

O nome lhes advém do fato de o auditório considerá-las ou mero ornamento ou como argumentativas. Dependem da interpretação do ouvinte.

Algumas amostras:

- **Antonomásia**
  É um caso específico de metonímia, figura de linguagem que ocorre quando há o emprego de um termo por outro em razão da semelhança que há entre eles, possibilitando a associação. Antonomásia consiste, pois, na substituição de um nome próprio por um nome comum ou por expressão equivalente ou, ao contrário, de um nome comum ou expressão equivalente por um nome próprio.

  Há antonomásia, por exemplo, quando se usa a expressão "o águia de Haia", para referir-se ao jurista Ruy Barbosa em razão da sua notória atuação como delegado do Brasil na Segunda Conferência de Paz em Haia; "poeta dos escravos", para designar Castro Alves; "dama de ferro",

---

[12] Não se está contente em opor um discurso a outro discurso para deixar o público escolher; ataca-se a própria identidade do adversário pois se lhe constrói outra identidade tanto pessoal quanto discursiva.

para referir-se à primeira-ministra da Inglaterra nos anos de 1979 a 1990, Margaret Thatcher, que governou o país com austeridade, com punhos de ferro; ou então "um romeu", para designar um homem apaixonado; ou ainda "o Salvador", para Jesus Cristo.

O apelo a uma qualidade ou a uma característica notável é o que confere força argumentativa à antonomásia, dando expressividade ao texto e evitando a repetição de palavras. Em geral, os nomes próprios são vazios de significação, e os apelidos lhes trazem um tom significativo, como é praxe entre os criminosos, evocando algum traço distintivo e o tomando por alcunha, por epíteto.

- **Hipérbole**

    Também conhecida como "auxese", a hipérbole é a figura de linguagem em que frases e termos são empregados exageradamente para conferir mais impressão, mais força, por conseguinte, maior argumentatividade ao discurso. O exagero pode ser tanto para mais quanto para menos, mas sempre com a finalidade de impressionar o interlocutor, apresentando-lhe uma ideia exagerada da realidade. Assim, se alguém se refere a um advogado dizendo que "ganha todas as ações", ou que "perde todas as ações", está utilizando a hipérbole, ou seja, um exagero, a fim de enfatizar seu argumento.

    Outro exemplo de hipérbole pode ser encontrado no brocardo jurídico latino *fiat justitia pereat mundus* (faça-se justiça mesmo que pereça o mundo), em que o exagero foi usado para firmar a rigorosidade com que as normas do Direito Romano deveriam ser aplicadas.

    A hipérbole é bastante comum na linguagem cotidiana, principalmente na comunicação oral. Na linguagem jurídica, deve ser tomada com cautela, para que o exagero não prejudique a verossimilhança do discurso.

- **Ironia**

    A ironia, di-lo Morier (1961, p. 217), consiste em exprimir o contrário do que se diz. Já se pode perceber, pela afirmação, a duplicidade de sentido e sua função dialética, o que mostra a força argumentativa da ironia.

    No *Auto da barca do inferno*, o Diabo, que assume função de juiz, dirige-se aos condenados, com ironia, exprimindo o contrário do que quer dizer. Um deles, D. Anrique, é chamado de "vossa doçura", quando na verdade é um "tirano"; o Sapateiro é um "santo, honrado Sapateiro", mas é um "ladrão"; o Frade é "devoto padre e marido" e assim vai.

Conforme Charaudeau e Maingueneau (2004, p. 292), alguns acham que a ironia tem sentido *defensivo*. Ora, defesa supõe ataque; estamos então, em plena dialética, em plena argumentação, com a ironia.

Vale reparar que a ironia, em princípio, não deve ser utilizada em textos produzidos pelo juiz durante o processo. E, com maior razão, jamais deve estar presente em textos legislativos, os quais precisam ser denotativos e precisos, jamais irônicos.

O sentido real da ironia, que é justamente o inverso do sentido literal do enunciado, só pode ser percebido pelo destinatário do discurso se este souber avaliar o contexto em que se insere o enunciado irônico, percebendo que o sentido literal não se harmoniza com a realidade contextual, mas o seu inverso sim. Dessa forma, ao interpretar o enunciado irônico o interlocutor passa a entender que o emissor pretendeu, propositadamente, dizer o inverso do que efetivamente disse.

Vejamos a frase de Monteiro Lobato: "A excelente dona Inácia era mestra na arte de judiar crianças." Ora, se a dona Inácia maltratava crianças, obviamente não era excelente, tampouco sua ação maldosa pode ser considerada artística. Fica evidente, pois, que dona Inácia era pessoa ruim, e não excelente, assim como judiar crianças não é uma arte, e sim perversidade.

A ironia, assim, é figura que comumente gera humor, riso, além de ser usualmente empregada para realizar críticas. Entretanto, quando feita de modo sarcástico, pode despertar profundo descontentamento por parte da pessoa vítima do comentário irônico.

Dá-se o nome de fina ironia ou de "ironia machadiana", em referência a Machado de Assis, quando tal figura de linguagem é utilizada de modo sutil, sub-reptício, sendo que nem todos os receptores conseguem compreendê-la e interpretá-la, apenas os mais atentos.

- **Metáfora**

No ensinamento de Mattoso Camara (1977, p. 166) e outros na sua esteira, a metáfora consiste "na transposição de um termo para o âmbito de significação que não é seu". A metáfora é percebida quando o sentido original, denotativo de uma palavra, aplicado em um determinado contexto, fica impróprio, inadequado.

Por ser de caráter subjetivo, a metáfora se enquadra nas figuras de escolha. Este caráter subjetivo explicar-se-ia, talvez, pela afirmação de que a metáfora estaria ligada ao mito, o que, por seu lado, explicaria ter a metáfora uma carga enigmática. Meyer (1993, p. 36) diz: "Une bonne métaphore est une bonne énigme, et ce sont les énigmes qui alimentent le métaphorique, donc la poétique."[13]

A título de exemplo, lembre-se o notório enigma que a Esfinge lança a Édipo, que se respondido corretamente libertaria Tebas desse monstro que Hera havia colocado nos portões da cidade: "Qual é o animal que pela manhã tem quatro pés, ao meio dia dois e à tarde três?". A resposta, "o homem", só pode ser alcançada se houver a correta interpretação das metáforas, uma vez que as palavras "manhã", "meio dia" e "tarde" se referem ao curso do tempo durante a vida do homem; e a palavra "pé" se refere aos membros ou apoios utilizados pelo ser humano conforme a fase da vida em que se encontra: pela infância engatinha, depois passa a caminhar e, quando idoso, precisa do auxílio de uma bengala.

Dá-se o nome de "metáfora cristalizada" àquela que é empregada pelos falantes usualmente, não constituindo criação inovadora, sendo que em alguns casos tais sentidos metafóricos constam até mesmo nos dicionários, tão comum é o seu uso. Assim, por exemplo, o vocábulo "rei", que denotativamente significa monarca, vem indicado no dicionário Houaiss também em seu sentido metafórico: "o que se destaca entre os que pertencem ao mesmo grupo, profissão, classe etc."

O Direito tem suas metáforas quase sempre desgastadas pelo uso. A título de exemplo, seguem algumas:

Acordo leonino: esta metáfora foi, muito provavelmente, inspirada pela fábula de Fedro *Vacca, capella, ovis et leo*,[14] em que o leão fica com a presa toda:

> "Eu levanto o primeiro,
> é meu
> porque me chamo rei;
> entregar-me-eis o segundo,
> porque sou sócio;
> depois o terceiro
> me seguirá
> porque valho mais;
> se alguém tocar no quarto
> será atingido por um castigo."[15]

---

[13] Uma boa metáfora é um bom enigma e são os enigmas que alimentam o metafórico, portanto, o poético.
[14] Vaca, cabra, ovelha e leão.
[15] Tradução de Sousa da Silveira (1961, p. 37).

Vara criminal: desde os romanos, a vara era o sinal da autoridade e jurisdição dos juízes.

Corpo de delito *(corpus delicti)*: vestígios materiais deixados pelo crime.

- **Perífrase**

    Em consonância com Lausberg (1995, p. 148) e Molinié (1992, p. 267), a perífrase designa um objeto não pelo nome próprio, mas por características. Vê-se que a perífrase é vizinha da antonomásia. Isso porque é utilizada para substituir termos curtos por expressões mais extensas de maior ou menor valor significativo. Mostra-se, assim, como um expediente para (i) nomear algo ou alguma coisa de modo indireto para evitar repetições de palavras e frases; (ii) para valorizar os temas abordados, o que lhe aproximaria da hipérbole; (iii) ou mesmo para causar uma atenuação, avizinhando-se ao eufemismo. Se em excesso, a perífrase pode deixar o discurso enfadonho, empolado e sem objetividade, devendo seu uso ser comedido e adequado ao contexto discursivo.

    Perelman e Tyteca (1996, p. 197) lembram o valor argumentativo da perífrase ao chamar a atenção do auditório pelo fato de qualificar alguém. Nessa esteira, para referir-se ao advogado de uma das partes de um processo pode-se utilizar a expressão "patrono devidamente constituído"; para o promotor, pode-se utilizar a expressão "representante do Ministério Público"; para o presidente de um tribunal, "titular da presidência do tribunal" etc.

3.6.3. Figuras de presença

A finalidade das figuras de *presença*, di-lo o próprio nome, é intensificar o sentimento de presença do objeto do discurso no falante e no ouvinte, por facilitar a atenção e a lembrança.

As principais figuras de presença resumem-se na *repetição*. Observa Guimarães (2001, p. 154) que "Vieira dela se utiliza com prodigalidade, tornando-a uma das marcas de seu discurso, obtendo com elas fórmulas de grande musicalidade evocativa, ao lado de reiterações de inconfundível peso argumentativo."

Ruy Barbosa, nas pegadas de Vieira, de quem se confessa discípulo, também explora as virtudes estilísticas e argumentativas da *repetição*.

Vejamos as principais figuras de *presença*:

- **Acumulação (*congérie*)**

    Consiste no alargamento de ideias de modo enfático, com propósito amplificante. A *congérie* seria, assim, uma forma de amplificação. Damião e Henriques (2009, p. 238) mencionam o exemplo de Garrett, em Santos (1983, p. 81): "Tudo era fogo e fumo, sangue e raiva."

- **Amplificação**

    Desenvolvimento pormenorizado de uma ideia, o que, no fundo, é uma forma de repetição e, em consequência, de argumentação.

    Cícero dela usava e abusava, na opinião de Pichon (1908, p. 196). Em sendo pormenorizado, natural é que venha em companhia de outras figuras. No exemplo de Ruy Barbosa temos *metáfora* (luz) e *anáfora* (O Direito, Senhores):

    > "O Direito, Senhores, é a luz que ilumina a harmonia social. O Direito, Senhores, é a consciência límpida e imaculada que emana deste Conselho de Sentença."

- **Anadiplose**

    Forma de repetição que, na afirmação de Molinié (1992, p. 118), "consiste em utilizar as mesmas palavras ou grupos de palavras no fim e no começo de duas frases ou de dois membros de frase".

    Vejam os exemplos abaixo:

    > "Espera-se deste Tribunal do Júri que se faça *justiça. Justiça* que se fará com a absolvição do réu."
    >
    > "A escadaria, *de bronze; de bronze*, os portais reluzentes." (Eneida,[16] de Virgílio)

- **Anáfora**

    Consiste na repetição da mesma palavra ou expressão no início das orações. Mesmo em se aceitando a opinião de quem considera a anáfora como a forma mais elementar da repetição, não lhe falta, à anáfora, expressividade e *vis argumentativa*.[17] Herança dos latinos, serviram-se dela Vieira e Ruy Barbosa copiosamente, mas sempre com acerto.

    De Ruy Barbosa temos um exemplo em que à *anáfora* se associa a *gradação*: "Era presunção, era temeridade, era inconsciência insistir na insana pretensão da minha fraqueza."

---

[16] Tradução de Carlos Alberto Nunes.
[17] Força argumentativa.

De Vieira a amostra: "Se as prudentes [virgens] ornaram as lâmpadas, também as néscias [virgens] as ornaram; se as prudentes saíram a receber o Esposo, também as néscias saíram; e se as néscias adormeceram, também as virgens não vigiaram: *Dormitaverunt omnes et dormierunt*[18]."
Em Vieira à *anáfora* une-se a *antítese*.

A insistência numa proposta é a característica do uso da anáfora. Toda argumentação comporta certa precariedade e, como diz Perelman (1997, p. 372), insere-se num contexto passível de modificação pelo auditório na hora de tomar decisão.

- **Antítese**

Para Robrieux (1993, p. 82), a antítese funda-se no enunciado de proposições contrárias, uma das quais tem a função de realçar a outra, o que pode explicar sua força argumentativa. Frase que contém antítese costuma gerar impacto no destinatário justamente por conter ideias antagônicas, como, por exemplo: "o réu amava a vítima, e ela o odiava; ele a glorificava, e ela o humilhava". Por conter força argumentativa, tal figura de linguagem mostra-se frequente em títulos de obras literárias e artísticas: "a bela e a fera", "a dama e o vagabundo", "o gordo e o magro", "amor e ódio", "mortos vivos", "anjo mau".

A antítese é corrente, também, nos provérbios: "padecer no paraíso"; "muito riso, pouco siso"; "quem tudo quer, tudo perde"; "quem ama o feio, bonito lhe parece" etc.

Às vezes, a ideia de oposição se encontra imiscuída por todo o texto, conferindo-lhe tonalidade antitética. É o caso do *Auto da alma*, peça do dramaturgo português Gil Vicente, em que a oposição entre o bem e o mal é representada pelo Anjo e pelo Diabo.

Um dos mais célebres exemplos de antítese na literatura em língua portuguesa encontra-se em famoso poema de Camões, em cujos versos se exprime a contrariedade do amor:

> "Amor é fogo que arde sem se ver;
> É ferida que dói, e não se sente;
> É um contentamento descontente;
> É dor que desatina sem doer.
> É um não querer mais que bem querer;

---

[18] Cochilavam todas e dormiram.

> É um andar solitário entre a gente;
> É nunca contentar-se de contente;
> É um cuidar que se ganha em se perder.
> É querer estar preso por vontade;
> É servir a quem vence, o vencedor;
> É ter com quem nos mata, lealdade.
> Mas como causar pode seu favor
> Nos corações humanos amizade,
> Se tão contrário a si é o mesmo Amor?"

- **Clímax (gradação)**

É a figura consistente na apresentação de ideias cuja carga semântica esteja em ordem crescente (clímax ou gradação ascendente) ou decrescente (anticlímax ou gradação decrescente). Vejamos um exemplo de clímax, em que as ideias estão progressivamente expostas:

> "Começou furtando, passou a roubar e agora é homicida."
> "Eu era pobre. Era subalterno. Era nada." (Monteiro Lobato)

- **Polissíndeto**

Uso sistemático de conectivos de ligação com o mesmo objetivo de fixação e encadeamento para assegurar o efeito de transmissão da mensagem. Contribui, dessarte, para a "retórica de manutenção", além de dar brilho e amplitude ao estilo.

No *Auto da alma* a que já aludimos, pode-se observar o esforço pedagógico do Diabo para manter a Alma enredada na trama do jogo persuasório com o uso do polissíndeto:

> "Há tempo de folgar
> e idade de crecer (crescer)
> e outra idade
> de mandar e triunfar
> e apanhar
> e aquirir (adquirir)
> a que puder."

O contrário do *polissíndeto* é o *assíndeto*, ausência de conectivo de ligação. Ruy Barbosa oferece um exemplo:

"Preguei, demonstrei, honrei a verdade eleitoral."

Poder-se-ia dizer que, de certa forma, também a *elipse* se opõe ao *polissíndeto*. A *elipse* torna-se aceitável quando de fácil apreensão. Caso contrário, vai de encontro ao texto jurídico que deve ser claro e compreensível. Vale o mesmo para o *zeugma* (elipse de um termo anunciado antes ou depois) e para o *assíndeto* (elipse de um conectivo).

Um exemplo de assíndeto pode ser encontrado no art. 1.241 do Código Civil: "Poderá o possuidor requerer ao juiz [que] seja declarada adquirida, mediante usucapião, a propriedade imóvel."

- **Pleonasmo**

Quando mera redundância, constitui vício de linguagem e recebe a qualificação de *vicioso*, devendo ser, portanto, evitado. O pleonasmo, porém, pode ser intencionalmente utilizado como recurso estilístico, a fim de provocar relevo, energia ou graça à oração, e, nesses casos, recebe o nome de pleonasmo literário, estilístico, semântico ou de reforço. Alguns deles se tornaram marcantes na poesia brasileira:

"E ali *dançaram* tanta *dança*" (Chico Buarque e Vinicius de Moraes)
"*Chovia* uma triste *chuva* de resignação" (Manuel Bandeira)
"*Morrerás morte* vil na mão de um forte" (Gonçalves Dias)

Não raro, o pleonasmo literário é realizado por meio de objeto direto pleonástico enfático, como na frase "*este acórdão*, eu *o* li interessado", valendo o mesmo para o objeto indireto: "*A mim*, nada *me* disseram".

- **Quiasmo**

Com essa figura, os termos médios e extremos se cruzam com o intuito de chamar a atenção para os termos mediais, combinando antítese e inversão. Reclame comercial televisivo sobre produto natural utiliza a figura em questão: "Acresce vida a seus dias e dias a sua vida." No mesmo sentido, intitulando um trabalho acadêmico, "A beleza da retórica e a retórica da beleza", ou ainda a música "A voz do dono e o dono da voz", de Chico Buarque.

No *Auto da barca do inferno* (um julgamento), há um quiasmo em que se pode sentir a expressão de alegria do Diabo, frisando o poder de sua mão, ao aludir ao grande número de almas que se perdem, de acordo com a teologia medieval que, com base nos Padres da Igreja, ensinava ser de pouca relevância o número dos eleitos, se comparado à imensa massa de réprobos:

> "Vos me veniredes a la mano;
> a la mano me veniredes,
> e vos veredes
> peixes nas redes."

- Interrogação

Trata-se da chamada "interrogação retórica", que não tem apenas efeito estilístico, mas também argumentativo, chamando a atenção do interlocutor para, com eles, estreitar a comunicação, mesmo ausente. É um recurso que incita o destinatário a acompanhar o raciocínio do emissor, ao passo que esse responde às próprias perguntas formuladas, cujas respostas são, mentalmente, acompanhadas pelo auditório. Vejamos o emprego da interrogação estilística, ou retórica, em situações discursivas hipotéticas:

> "E quem é o culpado pela morte dessa jovem mulher? É o réu! E o que ele merece? Cadeia!" (promotor discursando perante o Tribunal do Júri).
> "Vocês têm certeza absoluta de que o réu é o culpado? Não! Vocês dormiriam tranquilos caso condenassem um inocente? Não! Então o que é correto fazer? Absolvê-lo!" (advogado de defesa discursando perante o Tribunal do Júri).
> "Vocês gostam do atual governo? Estão satisfeitos? Não! O que vamos fazer, então? Mudar o voto!" (político discursando em comício).

Vieira também utiliza o recurso, em seu Sermão XXIII, com o intuito de fazer com que o auditório acompanhe o raciocínio proposto, e dele comungue, porquanto propõe o questionamento e já confere a resposta esperada para a reflexão proposta:

> "Suposto, pois, que na nossa experiência, por abuso, seja mais poderosa a mentira que a verdade, e na sentença de Zorobabel, por razão, seja mais poderosa a verdade que todo outro poder, segue-se porventura daqui, que a coisa mais poderosa do mundo, ou bem ou mal governado,

seja qualquer delas? Não. Porque ainda há no mundo outra coisa mais poderosa. *E qual é? A necessidade"* (grifo nosso).

3.6.4. Figuras de comunhão

Dizem Perelman e Tyteca (1996, p. 201) que as figuras de comunhão são aquelas "em que, mediante procedimentos literários, o orador empenha-se em criar ou confirmar a comunhão com o auditório". Frequentemente essa comunhão é obtida por meio de referências à cultura, tradição ou história que sejam comuns entre o orador e o auditório.

Entende-se esta afirmação quando sabemos que a finalidade da argumentação é conquistar a adesão por meio da interação entre os interlocutores.

Vamos a alguns tipos de figuras de comunhão.

- **Alusão**

    Figura que busca interação com o auditório por meio de referências culturais, literais, históricas, mitológicas, pessoais, de tradição ou de personagens conhecidas por ambas as partes: emissor e receptor. Vale dizer que se o receptor não comungar das referências trazidas pela alusão, o recurso se esvazia de função, tornando-se ineficaz em seus objetivos estilístico e retórico. É de se ressaltar, ainda, que essa figura de linguagem consiste em aludir a tais referências de modo sutil, indireto, sugestivo; distinguindo-se, portanto, da citação, que se perfaz por meio de intertextualidade expressa.

    Assim, ocorre alusão ao se dizer que "a morosidade é o calcanhar de Aquiles da Justiça brasileira", em referência à vulnerabilidade de que padecia o semideus Aquiles, na mitologia grega.

    Vejamos outros exemplos hipotéticos desse recurso linguístico:

    > "Os remédios doados foram presentes de grego, já que, em razão da validade vencida, provocaram lesões graves à vítima" (alusão ao cavalo de madeira, recheado de guerreiros gregos, doado aos troianos na Guerra de Troia).
    >
    > "O réu mente tanto, que é curioso não lhe crescer o nariz!" (alusão ao personagem Pinóquio, criado por Carlo Collodi).

- **Apóstrofe**

    A apóstrofe consiste na interrupção do discurso realizada pelo orador, ou escritor, para se dirigir a pessoas reais ou fictas, entidades ou coisas que estão presentes ou ausentes. A apóstrofe funciona sintaticamente como vocativo, isto é, consiste em chamamento ou interpelação ao interlocutor no discurso direto, e pode ocorrer no início ou no meio da oração, ou até mesmo em seu desfecho.

Trata-se de ruptura lógica do ato comunicativo quando o destinatário invocado não está presente para recepcionar os enunciados que lhe são submetidos, ou não reúne condições para estabelecer qualquer ato comunicativo. Entretanto, mesmo nesses casos a apóstrofe se justifica porque serve como meio retórico para chamar a atenção do auditório e, com ele, estreitar a comunicação. Vejamos alguns exemplos hipotéticos:

"Ninguém poderia imaginar que o João mataria a esposa e cometeria suicídio. *Ah, João, por que não pensou nos seus filhos?* Agora não há o que fazer..."

"*Ó, Deusa da Justiça, ilumine este júri para que tenhamos um veredicto justo!* O futuro do réu, *ilustres jurados*, está nas mãos de cada um dos senhores."

"*Como pode, meu Deus, manter um inocente privado de sua liberdade por tanto tempo?* Urge que este Egrégio Tribunal de Justiça reforme a decisão do juízo de primeira instância e determine a imediata soltura do réu."

"A vítima estava no local errado, na hora errada... *Deus, por que ela estava lá, por quê?* O réu não teve a intenção de matá-la, *Excelência*, foi uma fatalidade!"

"*Povo brasileiro*, vamos nos unir!"

Também se dá o nome de apóstrofe à crítica, acusação ou censura feita de modo enérgico, agressivo ou violento, dirigida diretamente à pessoa ou entidade atacada, consistindo em verdadeira catilinária.

3.7. ESTRATÉGIAS ARGUMENTATIVAS

3.7.1. Preliminar

No compasso de Perelman e Tyteca, Henriques (2008, p. 59) fala das estratégias argumentativas. Continuaremos na mesma linha com algumas simplificações.

Já foi observado que Perelman e Tyteca não propõem ruptura com a Lógica. Rompem, sim, com a concepção de razão e raciocínio proposta por Descartes e estabelecem a distinção entre demonstração e argumentação, na esteira aristotélica.

3.7.2. Demonstração

Lalande (1980, p. 215) diz que demonstração é "une déduction destinée à prouver la verité de la conclusion en s'appuyant sur des prémisses reconnues ou admises comme vraies".[19] Nos tratados de Filosofia os autores seguem, em geral, a mesma linha, caso, por exemplo, de Lahr citado por Alvim (1964, p. 55), "operação do espírito que, de uma ou várias relações conhecidas, conclui, logicamente, uma ou outra relação". Maritain (1980, p. 173) diz o mesmo: "ato pelo qual o espírito, por meio do que já conhece, adquire um conhecimento novo".

Assim, percebemos a sucessão de dois elementos: (1) o conhecido (antecedente); (2) o desconhecido (consequente). Há, pois, como diz Maritain (passo citado) um movimento de "antes" e de "depois". Em outras palavras, há um movimento de *progressão* e de *regressão*. Este movimento de "antes" e "depois" é contínuo, não há interrupção porque um (consequente) provém do outro (antecedente). O antecedente é a causa (*a quo*); o consequente é o causado (*ad quem*).

Há, portanto, entre o antecedente e o consequente um nexo lógico, um núcleo duro de relação em que não há meio-termo, não há possibilidade de um *tertius*.[20] Dessarte, a base da demonstração é o argumento *apodítico*, cuja característica é o tom de verdade absoluta que não dá margem ao diálogo e à contestação. Este tipo de argumento é o que predominou longo tempo na área jurídica com a Escola da Exegese, do Positivismo Lógico e outras.

O raciocínio demonstrativo não comporta dúvidas, o que implica conclusões certas e inequívocas, tal qual uma expressão matemática. Daí entender-se, portanto, que o raciocínio demonstrativo possui auditório universal, ou seja, é válido qualquer que seja seu público, seja no critério espacial, seja no critério temporal. O raciocínio demonstrativo, pois, não depende dos valores do seu interlocutor: a axiologia não se funde ao processo de convencimento quando se trata de raciocínio demonstrativo, afinal, nesta modalidade de raciocínio não se convence através de valores ou de paixões, basta a evidência.

3.7.3. Argumentação

Em oposição frontal à demonstração, a argumentação propõe um conceito mais alargado de razão com a "lógica do preferível", cujas premissas são prováveis, fundamentadas em opiniões aceitas pelo consenso comum, pois, em geral, no campo das questões controvertidas, chegamos apenas a possibilidades. É o que já

---

[19] É uma dedução destinada a provar a verdade de sua conclusão apoiando-se em premissas reconhecidas ou admitidas como verdadeiras.
[20] Terceiro.

se pensava na Idade Média. João de Salisbury, segundo Gilson (1922, p. 65), dizia "dans presque toutes les questions, dont on dispute il faut se contenter d'aboutir à des probabilités".[21] O próprio Santo Tomás de Aquino, na citação de Barilli (1979, p. 67), diz "*in negotiis humanis non potest haberi probatio demonstrativa et infallibilis, sed sufficit aliqua coniecturalis probabilitas secundum quam rector persuadet*".[22]

Blanché, com citação de Oléron (1996, p. 34), apresenta três diferenças (embora haja outras) entre demonstração e argumentação:

- A demonstração é constringente, fechada; a argumentação é aberta.
- A demonstração refere-se ao verdadeiro e ao falso; a argumentação refere-se à opinião.
- A demonstração é calculista; a argumentação opera com a invenção e o julgamento.

O raciocínio argumentativo está pautado em argumentos que são possibilidades de verdade. Suas premissas são verossímeis, portanto suas conclusões não terão a certeza e a indiscutibilidade próprias da conclusão do raciocínio demonstrativo. Daí entender-se que o auditório no raciocínio argumentativo é particular, ou seja, um mesmo raciocínio argumentativo pode encontrar eco em determinado público e pode ser contestado por outro público que tenha valores diferentes do primeiro.

Descartes, em seu *Discurso do método*, privilegiou em demasia o raciocínio demonstrativo, considerando-o o único válido na busca da verdade. Cunhou, portanto, o raciocínio analítico-demonstrativo, em que as conclusões são submetidas a um rigoroso método, afastando qualquer premissa verossímil na construção do raciocínio. Seguindo os passos de Descartes, o pensamento ocidental passou a dar maior importância ao raciocínio demonstrativo, relegando a segundo plano o raciocínio argumentativo. É Perelman que, em meados do século XX, recupera a validade e importância do raciocínio argumentativo, inaugurando a Nova Retórica.

A Nova Retórica representa, pois, uma ruptura com o raciocínio cartesiano. Importante salientar que a Nova Retórica não relega a segundo plano o raciocínio analítico-demonstrativo, como o fez Descartes com o raciocínio argumentativo. Ocorre que Perelman retoma a validade e importância da argumentação como forma de pensamento, assim como fez milênios atrás Aristóteles, equiparando as duas formas de pensar. Explicam Perelman e Tyteca (1996, p. 1) que "a própria natureza da deliberação e da argumentação se opõe à necessidade e à evidência,

---

[21] Em quase todas as questões disputadas deve-se contentar em chegar a probabilidades.
[22] Nas questões humanas, não pode haver prova demonstrativa e infalível, mas basta uma conjectural probabilidade segundo a qual o rétor persuade.

pois não se delibera quando a solução é necessária e não se argumenta contra a evidência. O campo da argumentação é o do verossímil, do plausível, do provável, na medida em que este último escapa às certezas do cálculo".

De fato, problemas há que requerem o modo analítico-demonstrativo de pensar, e problemas há em que o modo analítico-demonstrativo não logra sucesso, devendo para tais situações aplicar o raciocínio argumentativo-dialético. Quando as premissas são verossímeis, aplicar-se-á o raciocínio dialético-argumentativo, pois haverá embate de ideias.

A dúvida, na Teoria da Argumentação, deve ser afastada por meio do discurso persuasivo, por meio de argumentos, sejam de natureza lógica, sejam de natureza emocional. A retórica, portanto, não busca a verdade, tampouco busca, como o faz a lógica formal, esclarecer a validade ou não de um raciocínio. Num julgamento, por exemplo, a retórica é utilizada por ambas as partes, não importando de que lado a verdade se encontra. A Retórica, a bem dizer, é um instrumento cuja finalidade é persuadir.

Os valores e morais contidos nos argumentos dizem respeito à ética, com a qual a retórica deveria sempre andar de braços dados, a fim de que as técnicas de persuasão fossem sempre utilizadas para o bem e para o justo. Sabe-se bem, pelo estudo da história, o quão prejudicial pode ser dissociar a retórica da ética.

3.7.4. Argumentos quase lógicos

Denominamos *quase lógicos* aqueles argumentos que, embora sólidos e coerentes, acham-se despidos da inquestionabilidade que caracteriza os argumentos lógicos. Não são lógicos *stricto sensu*, mas *lato sensu*, como se lógicos fossem.

O advérbio latino *quasi* carrega uma atenuação, como o fazem notar Gaffiot (1934, p. 1295), com a tradução "pour ainsi dire",[23] e Ernout e Meillet (1951, p. 975), que traduzem o *quasi* por "à peu près".[24] Este é o sentido da expressão medieval *rex illiteratus quasi asinus coronatus*.[25]

3.7.5. Tipos de argumentos

Passemos a enumerar e comentar alguns tipos de argumentos, os quais são utilizados para aumentar a efetividade do discurso persuasório, sendo, portanto, frequentemente empregados na linguagem jurídica.

---

[23] Modo de dizer.
[24] Aproximação grosseira, definição imperfeita.
[25] Rei iletrado quase asno coroado.

- **Argumento *a pari***

    O adjetivo latino *par-paris* indica igualdade, paridade, reciprocidade. Entende-se, então, que argumento *a pari* é aquele que pretende estabelecer tratamento igual ao indivíduo pertencente a uma mesma categoria, de acordo com a regra de justiça, com o fito de se evitarem privilégios. Tal argumento gira na esfera da analogia.

    No Evangelho, o irmão do filho pródigo reclama que o pai lhe dispensa tratamento desigual: usa dois pesos e duas medidas e não usa o argumento *a pari*.

    Citem-se, também, os precedentes judiciais e o princípio constitucional da isonomia, quando aduzidos pelas partes com o propósito de persuadir os julgadores da tese sustentada, lastreando-a no tratamento igualitário a que todos fazem jus.

    Importante frisar que os precedentes judiciais não se confundem com a analogia, que está prevista no art. 4º da Lei de Introdução às Normas do Direito Brasileiro, consistindo em fonte de direito subsidiária, podendo o julgador a ela recorrer sempre que não houver norma legal aplicável ao caso. Neste caso, portanto, o julgador buscará norma legal que regulamente caso análogo ao que lhe está sendo submetido, aplicando-lha. Vê-se, assim, que na analogia não há comparação entre o teor dos julgados, mas sim a aplicabilidade de norma análoga em razão de lacuna legislativa.

- **Incompatibilidade**

    O argumento da incompatibilidade consiste em apontar uma incoerência de proposições em um sistema. Há, assim, uma contradição no sistema exposto, de forma que uma ou mais proposições não se harmonizam.

    Ocorre, assim, quando há afirmação e negação de uma assertiva dentro de um mesmo sistema, ou então quando a conclusão não decorre logicamente das proposições.

    Há incompatibilidade, por exemplo, quando um condutor é multado por atravessar semáforo vermelho em cruzamento que, na verdade, não possui e nunca possuiu semáforo. Uma vez provada a premissa de que o semáforo não existe, a conclusão de que o condutor seja culpado é insustentável, visto que incompatível.

- **Retorsão**

    Vincula-se ao termo latino *retorqueo*, composto do verbo *torquere* (torcer). A ideia de "torcer", de certa forma, está presente no sentido do argumento de *retorsão* que consiste em retomar o argumento adversário para contestá-lo com suas próprias palavras ou atos. Em palavras corriqueiras, retorsão seria "virar o argumento de alguém", ou "inverter os argumentos do adversário".

As alegações finais que abordam as contradições existentes no depoimento pessoal da parte contrária exploram justamente o argumento da retorsão, já que retomam os argumentos do depoente com o intuito de expor suas incoerências. Cabe dizer que, muito embora o depoimento pessoal não seja o momento processual adequado e específico para a parte depoente expor seus argumentos, é de se esperar que o depoente tente produzir argumentos em seu favor, daí a adequação da técnica argumentativa da retorsão nestes casos.

- **Sacrifício**

O nome do argumento (sacrifício) lhe advém do fato de o argumento implicar uma escolha entre duas coisas. Como consequência, uma coisa é preferida e outra é sacrificada. Há uma pesagem, o prato da balança pende para um lado em detrimento do outro. Assim, por exemplo, sacrifica-se a possibilidade de fazer justiça com as próprias mãos em troca do benefício da segurança jurídica proporcionada por um Estado Democrático de Direito.

A afinidade do argumento do *sacrifício* com o da *comparação* salta aos olhos a ponto de Perelman e Tyteca (1996, p. 281) afirmarem que este argumento é um tipo de argumento de comparação.

A Igreja católica propõe o sacrifício dos bens terrenos em favor dos bens eternos, conforme se vê em Mateus, capítulo 6, versículo 24: "Não podeis servir a Deus e às riquezas."

- **Definição**

Definir é explicar com precisão alguma coisa, determinando seu sentido. A definição pode ser utilizada como argumento, pois normalmente o objeto da definição possui diversos aspectos, os quais podem ser mais ou menos ressaltados, conforme o interesse de quem define ou cita a definição.

Os institutos jurídicos, por exemplo, por vezes são equívocos, *i.e.*, prestam-se a mais de uma interpretação. A definição destes institutos, portanto, será realizada conforme o posicionamento de cada doutrinador. Em juízo, ao realizar ou citar uma definição, deve o orador buscar a definição que melhor se harmonize com a tese sustentada, colaborando assim com a construção retórica do discurso.

- **Comparação**

    O argumento da comparação tem como finalidade precípua o cotejamento entre duas entidades, fatos ou acontecimentos, os quais se encontram congregados numa mesma classe, para demonstrar determinada homogeneidade entre ambos. Assim, ao criar um vínculo entre realidades diferentes, o propósito é que haja entre elas a transferência de qualidades de uma para outra, seja para inferiorizá-la, seja para elevá-la (TRUBILHANO, 2013, p. 62).

    Tão importante é este tipo de argumento para o discurso retórico que Perelman e Tyteca (1996, p. 274) asseveram que "a argumentação não poderia ir muito longe sem recorrer a comparações, nas quais se cotejam vários objetos para avaliá-los um em relação ao outro".

    É necessária certa cautela no uso desse argumento, porque, ao comparar determinados objetos ou fatos, há certa propensão para que características únicas de cada um deles sejam reduzidas ou majoradas a fim de ressaltar, pela comparação, as suas semelhanças, podendo, com isso, acarretar na desvalorização ou menosprezo de um ou de ambos os objetos ou fatos de cotejados. É em referência a essa realidade que foi cunhado o adágio latino *omnis comparatio claudicat* (toda comparação claudica, manca).

- ***Ex auctoritate* (De autoridade)**

    Julgamos não haja no campo jurídico argumento mais em uso, embora seja de índole mais reforçativa do que comprobatória. A invocação deste argumento pode sofrer contestação, pois a uma autoridade pode sobrepor-se outra e, até a mesma autoridade pode, em princípio, embasar propostas diferentes. No uso de tal argumento pesa mais a qualidade da autoridade citada do que a quantidade. De outra forma, vale mais o prestígio da autoridade citada do que o argumento propriamente dito.

    Dada a fragilidade deste argumento, já na Idade Média dizia-se que a "autoridade deve ser reforçada com a razão (*auctoritas rationibus roboranda est*)". Frágil ou não, o que importa ressaltar é que o argumento *ex auctoritate* configura a intertextualidade, ou seja, a presença do outro, a voz do outro explícita ou implícita (caso, por exemplo, dos provérbios). Sabemos que o *intertexto* supõe a voz do outro, o que supõe a *polifonia* ou o dialogismo.

    Assiste razão a Koch (1987, p. 157) em dizer que o argumento de autoridade "consiste em fazer uma asserção, por conta própria, à qual se dá por fundamento a asserção de outro".

    Presente em todas as áreas do discurso, o argumento *ex auctoritate* viaja sobremodo no discurso jurídico. Perelman (1996), por exemplo, cita

Dupléel (p. 7, 12, 49); Tourtoulon (p. 15, 16, 17); Tisset (p. 17); Hempel (p. 21); Appenheim (p. 21); Proudhon (p. 55) etc.

- **A fortiori**

  O termo *fortiori* é forma do ablativo *fortis*, cujo comparativo é *fortior* (mais forte). Por isso é que *a fortiori* se traduz por "com mais forte razão", "com maior força", "com mais razão".

  O argumento de maior razão, portanto, gira em torno do brocardo "quem pode o mais, pode o menos". Se já há razões para que o juiz conceda determinado direito, com maior razão haverá de concedê-lo se ainda houver outros fundamentos que justifiquem o pedido.

  No mesmo sentido, se não é permitido que cachorros ferozes passeiem em determinada via pública, com maior razão não será permitido que passeiem ursos. Outro exemplo, menos colorido: se em 15 anos a propriedade pode ser adquirida por usucapião mesmo tendo agido o usucapiente de má-fé, com maior razão pode adquiri-la se houver agido de boa-fé.

  O argumento *a fortiori* baseia-se numa escala de valores, na hierarquia de qualidade e quantidade. "Aplica-se a tudo que é suscetível de grau", segundo Lalande (1980, p. 32) e seria de origem jurídica. O mesmo Lalande (passo citado) traz um exemplo de Cícero, em discurso em favor de Milão (*Pro Milone*): "Se alguém tem o direito de matar um ladrão, com mais forte razão, o assassino" (tradução nossa).

  Relaciona-se o argumento *a fortiori* ao argumento *a minori ad majus* (o que é vedado para o menos, é necessariamente vedado para o mais, por exemplo: se é ilícito praticar lesão corporal leve, deve ser ilícito praticar lesão corporal grave) e ao argumento *a maiori ad minus* (o que é válido para o mais, é necessariamente válido para o menos, por exemplo: se é lícita a cobrança de juros de 1% ao mês, deve ser lícita a cobrança de juros de 0,5% ao mês).

- **Desperdício**

  Na opinião de Perelman e Tyteca (1996, p. 318), o argumento do *desperdício* é aquele que "alega uma oportunidade que não se deve perder, um meio que existe e do qual é preciso servir-se". Há, no argumento, uma relação de meio/fim.

  Desse modo, o argumento do desperdício consiste em sustentar uma tese com base no que já foi realizado até o momento, a fim de que não se desperdicem os esforços empenhados.

O princípio da instrumentalidade das formas, por exemplo, sustenta-se pelo argumento do desperdício: para que não se desperdice o trabalho realizado nos atos processuais, bem como o tempo despendido, aproveita-se tanto quanto se faz possível, mesmo que a forma não seja a adequada; nesse sentido, o art. 188 do Código de Processo Civil: "Os atos e os termos processuais independem de forma determinada, salvo quando a lei expressamente a exigir, *considerando-se válidos os que, realizados de outro modo, lhe preencham a finalidade essencial*" (grifo nosso).

- **Ad hominem**

Perelman e Tyteca (1996, p. 126) dizem que tal argumento consiste "em pôr o interlocutor em contradição com suas próprias afirmações com os ensinamentos de um partido que ele aprova ou com seus próprios atos".

Vê-se que há certa afinidade deste argumento com a *retorsão*. Também há uma desqualificação dos argumentos de alguém, embora não haja desqualificação da pessoa do adversário.

Quando ocorre desqualificação da *pessoa* do adversário, fala-se em argumento *ad personam*. Muitos confundem os dois argumentos, o que ocorre, por exemplo, em Lalande (1980, p. 26). O argumento *ad personam*, na seara jurídica, é comum em ações, por exemplo, de anulação de casamento por erro essencial quanto à pessoa do outro cônjuge no que tange à sua honra e à sua boa fama, nos termos dos arts. 1.556 e 1.557, I, do Código Civil.

- **Ridículo**

Quando a incompatibilidade de um argumento com o senso comum é patente, a parte contrária para defender-se pode utilizar a técnica argumentativa do ridículo, que consiste em explorar o aspecto estapafúrdio do argumento original, expondo-o ao ridículo, ao escárnio, à zombaria.

Esta técnica argumentativa deve ser utilizada cautelosamente, pois seu efeito pode ser o de desqualificar a pessoa que produziu o argumento original, e não o argumento em si, o que provocaria conflitos éticos, senão crime contra a honra. O intuito que deve prevalecer é o de desabonar o argumento construído pela parte contrária, e não de agredir a pessoa que teceu o argumento ridicularizado.

- **Pragmático (*ad consequentiam*)**

Mais uma vez, a palavra de Perelman e Tyteca (1996, p. 303): "Denominamos *argumento pragmático* aquele que permite apreciar um ato ou acontecimento consoante suas consequências favoráveis ou desfavoráveis."

Na opinião de Joaquim Falcão (*Folha de S.Paulo*, 24 maio 2009, p. A3), o mundo judicial se divide entre consequencialistas e formalistas. Para os primeiros, a decisão judicial tem de levar em conta as consequências práticas para o povo. Para os segundos, o importante é a ocorrência formal com o texto da lei e nada mais.

O argumento pragmático se baseia nas consequências futuras de determinado fato. Sustenta-se uma tese, portanto, argumentando sobre os desdobramentos favoráveis ou desfavoráveis de determinado fato presente, conforme se acate ou não a tese sustentada.

Assim, utiliza-se o argumento pragmático quando o orador aduz as consequências favoráveis ou desfavoráveis de determinado ato que deve ser praticado ou evitado no presente, conforme as consequências positivas ou negativas que dele decorram.

Há presença deste argumento quando, por exemplo, o réu afirma que realizou o furto com o intuito de alimentar seus filhos, pois, se não o fizesse, ingressariam em sério quadro de subnutrição.

Há, por exemplo, a utilização do argumento pragmático quando o autor de uma ação revisional de aluguel pede a procedência da ação e argumenta, entre outras razões, que se o aluguel não for reduzido será obrigado a fechar a empresa situada no imóvel e, por consequência, dispensar todos os funcionários.

- **Exemplo**

Enquanto a dedução parte do geral para o particular, a indução faz o caminho inverso: parte do particular para o geral. O argumento *pelo exemplo* é um caso de indução, uma vez que tende a generalizar o que se aceita e levar à formulação de uma lei. Busca criar uma regra geral a partir de casos particulares naquilo que eles têm de comum.

- **Ilustração**

Tem afinidades com o *exemplo*, embora não tenha função de provar, mas de excitar a emoção. Está, pois, mais relacionada com a argumentação subjetiva. Tem por função exercitar o imaginário e a emoção, por vezes fugindo ao âmbito do real e avançando o mundo das fábulas e do maravilhoso.

Diferentemente do argumento pelo exemplo, a função essencial do argumento pela ilustração não é a de confirmar uma regra, conforme explicam Perelman e Tyteca (1996, p. 407): "enquanto o exemplo deve ser incontestável, a ilustração, da qual não depende a adesão à regra, pode ser duvidosa, mas deve impressionar vivamente a imaginação para impor-se à atenção".

- **Modelo**

  Está mais aparentado ao argumento *de autoridade* na busca de identificação. Tem mais força que o *exemplo*, pois estabelece normas *agendi*, isto é, propõe condutas de vida, que levam à ação e, assim, é mais apropriado ao discurso deliberativo.

  O argumento pelo modelo ocorre quando se utiliza de um exemplo que represente um modelo para determinado auditório.

  O modelo estimula a imitação, por conter em si elementos valorativos que são apreciados por determinado conjunto de pessoas.

  Assim como existem os modelos, que são exemplos que motivam a imitação por conterem valores positivos, há os antimodelos, que são aqueles exemplos que carregam em si uma carga negativa, de modo que determinado conjunto de pessoas se mostra arredio às características do antimodelo.

  Os modelos podem consistir em personagens ou pessoas, bem como podem consistir em instituições, como, por exemplo, o Supremo Tribunal Federal.

  Modelos, enfim, são pessoas ou entidades que possuem características que propiciam a imitação e a admiração por um conjunto de pessoas, de modo que se pode dizer que modelo é um exemplo qualificado pela notoriedade de suas qualidades.

- **Por exclusão (*per exclusionem*)**

  O argumento por exclusão consiste na apresentação de várias hipóteses que, conforme sejam analisadas minuciosamente, vão-se excluindo até que reste apenas uma, que é justamente a tese sustentada pelo emissor.

3.8. FALÁCIAS DA ARGUMENTAÇÃO

Sobre a definição de falácia, cabe dizer que o termo liga-se ao verbo latino *fallere* (enganar). De acordo com Ernout e Meillet (1951, p. 386), o verbo *fallere* tem dois sentidos: "tromper" (enganar) e "échapper à" (livrar-se de) que se reduziam a "cacher, être caché" (esconder, estar escondido). Falácia é, portanto, engano, equívoco, falha, erro.

Diz-se que há falácia na argumentação quando o raciocínio exposto aparenta ser válido e verdadeiro, mas em realidade é falso e incorreto em razão dos vícios e incoerências de que padece o sistema lógico falacioso. Isso faz com que a falácia argumentativa, por vezes, gere no interlocutor a ilusão de estar diante de um raciocínio argumentativo válido, verdadeiro e coerente, quando de fato não passa de mera impressão, aparência.

Lalande (1980, p. 339) considera falácia sinônimo de *sofisma*, argumento de conclusão inaceitável, ainda que proveniente de premissas verdadeiras.

Fala-se em falácia *formal* quando há rompimento com as regras do silogismo, tornando a conclusão inválida. Já a falácia *material* ocorre quando, ainda que haja respeito à estrutura formal do silogismo, a verdade da conclusão não pode ser assegurada porque há vícios no conteúdo material das premissas.

Vejamos alguns exemplos de falácias, sendo os três primeiros extraídos de Maritain (1980, p. 207):

a) "O touro muge;

ora, o touro é uma constelação;

logo, uma constelação muge."

A palavra "touro" se toma em dois sentidos, o que cria quatro termos, quando no silogismo deve haver apenas três termos, o que fere uma das regras do silogismo: *terminus esto triplex: major mediusque minorque* (três termos somente: maior, médio, menor). Daí falar-se em falácia *semântica*.

b) "Os pássaros voam;

ora, os pássaros são animais;

logo, todo animal voa."

A falha no silogismo está na conclusão, visto que esta é maior que as premissas e agride outra regra do silogismo: *latius hos quam praemissae conclusio non vult* (a conclusão não pode ser mais extensa do que as premissas).

c) "Alguns cogumelos são venenosos;

ora, alguns vegetais são cogumelos;

logo, alguns vegetais são venenosos".

O silogismo atinge a regra: *aut semel aut iterum medius generaliter esto* (o médio deve ser ao menos uma vez universal). No silogismo, o termo médio é particular, de modo que as duas premissas expostas não asseguram a conclusão sustentada (o fato de alguns vegetais serem cogumelos não garante que tais cogumelos são os venenosos, portanto não é válido afirmar que alguns vegetais são venenosos).

d) Generalização precipitada

No dizer de Lalande (1980, p. 381), generalização é "opération par laquelle on étend à toute une classe (généralement indefinie en extension), ce qui a été observé sur un nombre limité d'individus ou de cas singuliers appartenant à cette classe".[26] A generalização precipitada consiste no emprego de um raciocínio indutivo que parte de uma premissa restrita para afirmar uma conclusão ampla, cuja abrangência não se sustenta apenas pela premissa exposta.

Não raro, esse tipo de raciocínio falacioso motiva preconceitos e estigmas, já que as conclusões gerais são obtidas precipitadamente, baseadas em assertivas que se referem a poucos eventos, ou mesmo a um único evento. Vejamos exemplos de conclusões falaciosas, em razão de generalização: "João contratou um advogado e o advogado agiu com má-fé, razão pela qual João concluiu que os advogados são desonestos."; "Existem muitas notícias de corrupção no país, o que leva à conclusão de que todos os políticos são corruptos."

e) *Ignorantia elenchi* (ignorância do assunto)

Para Lalande (1980, p. 275), o sofisma em questão consiste em demonstrar ou refutar algo que não está em discussão. Em outras palavras, é fugir do assunto, esquivar-se da questão em pauta. Trata-se de falácia argumentativa material porque a conclusão é irrelevante, impertinente ao tema. Haverá esse tipo de argumento falacioso, por exemplo, se um advogado de defesa passa a expor para o Tribunal do Júri sobre as mazelas e crueldades do sistema carcerário, com o objetivo de comover os jurados e obter a absolvição do réu. Ora, o que se está em pauta é a materialidade do crime e a culpabilidade do agente, e não as condições em que eventualmente cumprirá a pena. A *ignorantia elenchi* mostra-se um mecanismo retórico falacioso porque o orador ludibria o auditório, distanciando-se do tema e tentando obter adesão a conclusões que na verdade não dizem respeito ao assunto.

f) Argumento *ad ignorantiam*

Esse argumento falacioso consiste em concluir por verdadeiro aquilo que ninguém provou ser falso. É, por exemplo, concluir que "Deus exis-

---

[26] Operação pela qual se estende a toda uma classe (geralmente indefinida em extensão) o que se observou em número limitado de indivíduos ou casos singulares relacionados a essa classe.

te porque ninguém provou que não existe"; ou "existe vida inteligente fora do planeta Terra porque não há provas de que não exista". Ora, o mero fato de não haver prova da falsidade de determinada assertiva não a torna necessariamente verdadeira. O mesmo ocorre com o inverso: o fato de não haver prova da veracidade de uma assertiva não a torna necessariamente falsa.

g) Petição de princípio (*petitio principii*)

A petição de princípio, também denominada *argumentum in circulo*, é aquela falácia conhecida e usada até o abuso, com a qual se dá como provado o que deve ser provado (*id quod probandum est*). É um modo falacioso de expor a conclusão porque esta já está contida na própria premissa, de modo que a conclusão é mera repetição do exposto anteriormente e não decorrência de raciocínio silogístico, como no exemplo: "A testemunha não sabe nada, portanto não conhece os fatos." Ora, a conclusão de que a testemunha não conhece os fatos não se alicerça na assertiva de que não sabe nada, pois esta não justifica aquela, tampouco uma decorre da outra, pois em verdade se confundem, tanto conclusão como premissa são iguais.

O argumento falacioso consistente na petição de princípio, como se viu acima, sai de um ponto e retorna ao mesmo ponto constituindo um raciocínio circulatório. Vejamos outro exemplo: "O réu praticou o homicídio, visto que matou a vítima." Ora, a assertiva de que o réu matou a vítima não serve de alicerce argumentativo para a conclusão de que praticou o homicídio, pois entre premissa e conclusão há mera repetição, incidindo na falácia *argumentum in circulo*.

h) Falsa analogia

A falácia pautada na falsa analogia se realiza por meio do cotejo de duas premissas que supostamente possuem alguma característica em comum, decorrendo, de tal raciocínio comparativo, a conclusão. Ocorre que a conclusão não se sustenta porque os objetos não são análogos, isto é, não possuem propriedades comuns e, portanto, não podem servir de base para uma conclusão válida e verdadeira.

Vejamos um exemplo: "O crime organizado é como uma família: assim como esta é a base da sociedade, aquele é a base da criminalidade." Ora, as comparações recaem sobre objetos completamente distintos, de modo que não há, entre eles, propriedades comuns que possam assegurar a veracidade da conclusão. A retórica falaciosa que se pauta em analogia falsa, como se pode ver, propicia conclusão sem qualquer fundamento que lhe dê amparo.

i) Falso dilema

Nesse raciocínio falacioso, apresentam-se ao destinatário duas possibilidades como se fossem as únicas, quando na verdade há outras, o que torna falha a conclusão. Por exemplo: "A pessoa pode ser católica ou evangélica. João não é evangélico. Logo, João é católico." Embora seja formalmente válido, tal silogismo não é verdadeiro porque a primeira premissa contém um falso dilema, já que há muitas outras religiões além das duas expostas. Vejamos outro exemplo: "Quem estuda Direito ou exercerá a magistratura, ou a advocacia. Já que José não tem interesse em ser magistrado, conclui-se que exercerá a advocacia." Ora, existem outras profissões que podem ser exercidas por bacharéis em Direito, e não apenas a magistratura e a advocacia.

j) Omissão de dados

Ocorre tal argumento falacioso quando o orador omite fatos que, caso fossem expostos, alterariam a conclusão. É o caso, por exemplo, do advogado que argumenta ser um excelente profissional porque jamais houve um cliente seu condenado em juízo. Entretanto, omite o fato de que nunca trabalhou em uma causa judicial. Ora, o argumento é falacioso em razão da omissão de dados, visto que a premissa de que "jamais houve um cliente seu condenado em juízo" não levaria à conclusão sustentada (a de "ser um excelente profissional") se houvesse a menção do fato de que o advogado nunca trabalhou em uma causa judicial.

k) Costuma-se arrolar como falácias materiais os argumentos *ad hominem* e *ad personam*, já estudados neste capítulo, por serem mecanismos discursivos que servem para desviar a atenção do auditório. Considera-se falácia, também, o apelo à força (*argumentum ad baculum*), cuja estratégia se baseia em ameaçar o destinatário, incutindo-lhe receio, medo. Trata-se de falácia argumentativa porque as conclusões sustentadas por coação não visam a obter o livre assentimento do receptor; ao contrário, são coercitivamente impostas, fugindo ao campo democrático da retórica. É, por exemplo, o empregador que "convence" seus empregados de que sua tese é a melhor, sob o argumento de que, se não concordarem, perderão os empregos.

3.9. LÍNGUA E ARGUMENTAÇÃO

Coube a Ducrot, de modo especial, assinalar a presença de elementos dotados de orientação argumentativa na maioria das frases construídas durante o ato comunicativo. Para Ducrot e seguidores, estão plantadas na própria língua as sementes da argumentação, cujo desabrochar está na manifestação da linguagem, como foi dito na abertura deste trabalho.

Dessarte, como diz Koch (1987, p. 104), há na própria gramática um valor retórico (argumentativo) explicitado pela presença dos assim chamados *operadores argumentativos*, de modo particular, os *conectivos*, cuja função era apenas relacional. O grande mérito de Ducrot foi afirmar que a argumentação está implícita na língua, é inerente à língua. Este mérito ninguém lhe nega, embora alguns autores, como Oléron e Breton, façam-lhe restrições.

Entre as marcas linguísticas podemos citar os já mencionados operadores argumentativos, entre os quais podemos destacar:

- *conectivos* (**conectores**):
  mas, porém, pois, pois que, ou etc.

- *advérbios:*
  ainda, quase, até etc.

- *denotadores de inclusão:*
  ademais, mesmo, também, outrossim etc.

- *denotadores de exclusão:*
  só, somente, apenas, senão etc.

- *denotadores de retificação:*
  aliás, ou melhor, a saber etc.

Observações sobre dois operadores argumentativos:

a) *Ou* (ou ... ou)

Este operador pode articular a argumentação para uma mesma direção (inclusão) e pode, também, conduzir a argumentação para uma oposição entre as partes (exclusão), como se pode observar nos exemplos abaixo.

"Quem não gosta de Erasmo
Ou é frade ou é asno."

"Quem parte e reparte
E não fica com a melhor parte
Ou é bobo ou não tem arte."

Já no exemplo seguinte o *ou* tem sentido inclusivo correspondendo a um *e/ou*.

"Os beneditinos oram ou laboram."

b) *Mas*

O *mas* pode comportar uma "refutação" ou uma "argumentação", conforme a lição de Maingueneau (1989, p. 165). Nos dois casos, não há propriamente uma oposição do locutor. É o que parece verificar-se no texto a seguir, em que o *mas* se faz acompanhar de *não só* e *também*:

> "[...] o réu, ora recte [recorrente], espancou brutalmente a esposa, produzindo-lhe traumatismo craniano, que conjugado com complicações posteriores [...] determinou o êxito letal; segunda, veementemente sustentada pela d. defesa, segundo a qual a morte decorrera, única e exclusivamente, de traumatismo crânio-encefálico e consequentes alterações no decurso do tratamento, resultantes de acidente *ou* quase-acidente de automóvel; terceira e última combinando as duas primeiras, ocorrência não só da agressão violenta *mas também* da brusca frenada do veículo, [...]".

Nos dois textos seguintes, o *mas* parece assumir conotação de refutação:

> "A versão da denúncia aparentemente mostra-se a mais lógica, a mais aceitável, muito provavelmente, será talvez, a única verdadeira, *mas* não se pode, em face da prova, arredar-se como absurda, insensata e de impossível ocorrência, qualquer das outras duas".
>
> "O exame, acurado e minucioso dos autos, poderá levar a quase certeza da culpa do apte;[27] e da justiça de sua condenação *mas* não a certeza, plena e inarredável, absolutamente necessária para condenar-se quem quer que seja".

3.10. EXERCÍCIOS

1. Oferecemos aos prezados leitores os versos (Tercetos) de Olavo Brás Martins dos Guimarães Bilac, nome que constitui um perfeito verso alexandrino.

   A marca da retórica é o "fazer persuasivo"; é a arte de *persuadir* pelo dizer e dizer para *persuadir*. O poeta em seus versos outra coisa não faz senão persuadir a namorada a deixá-lo ficar nos regaços dela. Para tanto usa uma perfeita técnica

---

[27] Abreviatura de "apelante", *i. e.*, aquele que move recurso de apelação.

de persuasão, ao socorrer-se da argumentação subjetiva com palavras e lágrimas ensinando-nos nova *ars amandi*.

Bilac, por certo, não conhecia o *Tratado da argumentação* de Perelman e Tyteca. Contudo, argumenta com eficácia. É que, ao lado da retórica formal, há outra retórica informal, ou, melhor, a retórica natural, inserida na linguagem do ser humano. Todos comunicam-se mesmo sem estudar comunicação e todo ser humano argumenta mesmo sem haver estudado retórica.

O texto de Bilac comporta todos os pontos básicos da doutrina perelmaniana: há o *falante* (orador, emissor: o poeta); há o *auditório* (receptor: a namorada); há o *acordo prévio* (o namoro); há *persuasão* e, finalmente, a *adesão*: "E ela abria-me os braços. E eu ficava."

Entre as figuras de *presença*, podemos encontrar a *exclamatio* e a *interrogatio*, frequentes na tradição medieval, quase sempre acompanhadas pelos verbos *ver* e *ouvir* de caráter oral e, dessarte, revestem-se de intimidade e convidam à aproximação com o destinatário. As duas figuras estão presentes em Bilac:

"Ouves? É o vento! É um temporal desfeito!"
"Não pode ser! Não vês que o dia nasce?"

Chama-nos a atenção a escolha de termos polissilábicos por Bilac e outros parnasianos. O volume da palavra plurissilábica carreia, em geral, ideia de grandeza para frisar a carga emocional, como "escandalosamente".

Examine as figuras da poesia, identifique-as e diga se elas têm força argumentativa. Justifique sua resposta.

Tercetos

"Noite ainda, quando ela me pedia
Entre dois beijos que me fosse embora
Eu, com os olhos em lágrimas, dizia:
Espera ao menos que desponte a aurora!
Tua alcova é cheirosa como um ninho...
E olha que escuridão há lá por fora!
Como queres que eu vá, triste e sozinho,
Casando a treva e o frio de meu peito
Ao frio e à treva que há pelo caminho?!
Ouves? é o vento! é um temporal desfeito!
Não me arrojes à chuva e à tempestade!

Não me exiles do vale do teu leito!
Morrerei de aflição e de saudade...
Espera! até que o dia resplandeça,
Aquece-me com a tua mocidade!
Sobre o teu colo deixa-me a cabeça
Repousar, como há pouco repousava...
Espera um pouco! deixa que amanheça!
– E ela abria-me os braços. E eu ficava.

II

E, já manhã, quando ela me pedia
Que de seu claro corpo me afastasse,
Eu, com os olhos em lágrimas, dizia:
Não pode ser! não vês que o dia nasce?
A aurora, em fogo e sangue, as nuvens corta...
Que diria de ti quem me encontrasse?
Ah! nem me digas que isso pouco importa!...
Que pensariam, vendo-me apressado,
Tão cedo assim, saindo à tua porta,
Vendo-me exausto, pálido, cansado,
E todo pelo aroma de teu beijo
Escandalosamente perfumado?
O amor, querida, não exclui o pejo...
Espera! até que o sol desapareça,
Beija-me a boca! mata-me o desejo!
Sobre o teu colo deixa-me a cabeça
Repousar, como há pouco repousava!
Espera um pouco! deixa que anoiteça!
– E ela abria-me os braços. E eu ficava."

2. Dado o texto abaixo, de autoria de Juca Kfouri, identifique as seguintes figuras de linguagem: antítese, quiasmo, metáfora, anáfora e gradação.

"Ricos meninos pobres (*Folha de S.Paulo*, 1º jan. 2009, p. D3)
Robinho, Adriano, Ronaldos.

Tantos.

Indiscutivelmente talentosos com a bola nos pés, mas desastrados longe dela.

Ricos nas contas bancárias, mas pobres de espírito.

Suas vidas se resumem ao futebol e às baladas, às baladas e ao futebol.

Estrelas populares cujos brilhos diminuem à medida que o tempo passa e cujo desgaste afasta da atividade principal, mãe de todas as outras, o jogar futebol bem, maravilhosamente bem.

Mas que importa?

O futuro sem preocupações materiais já está garantido!

Mal sabem, ou alguns até já sabem, que, de repente, bate uma nostalgia, uma vontade louca de voltar a ser, de olhar para as arquibancadas lotadas em uníssono saudando o nome do ídolo.

Ídolo, que ídolo?

Ex-ídolo.

Ex-ídolo do Santos, do Real Madrid, do Flamengo, da Inter, do Barcelona, do Milan.

De tantos.

E com saudade de estufar a rede, de correr para o abraço, de eventualmente correr para o alambrado e comemorar com os pobres, mas ricos em emoção.

Emoção que vicia e que eles vão buscar na noite e em suas atrações.

Sejam as que alucinam, sejam as que excitam, sejam quais forem, mas incompatíveis com o correr 90 minutos, com o bater forte, com o apanhar doído, com o jogar de cabeça erguida.

Cabeça, que cabeça?

Sim, as cabeças precisam ser tratadas até para conviver com tanta facilidade – Diego Maradona e Walter Casagrande Júnior que o digam. E quem gasta tanto para tê-las, por quem gasta uma ínfima parcela para tratá-las?

Futebol, sexo, drogas e *rock and roll*. Bela mistura. Doutor Sócrates não vai gostar, Xico Sá vai ridicularizar, mas o fato é que a vida exige opções. Ou bem se faz uma coisa ou bem se fazem outras.

Algumas, ao mesmo tempo, são simplesmente incompatíveis.

Salvo raras exceções, rigorosamente extraordinárias como Romário, baladas diárias e futebol duas vezes por semana não ornam, não casam, repelem-se.

E é o que mais temos visto por aí, a ponto de até Pelé reclamar, ele que sempre cuidou do físico para poder reinar mais tempo, sem nunca ter sido santo, ao contrário.

Quero fulano para jogar no meu time, não para casar com a minha filha, eis aí, de novo, a frase emblemática que até fazia sentido para os tempos românticos. Mas não faz mais, quando talento e saúde são exigidos quase em igual proporção.

E não se trata de moralismo, conservadorismo, reacionarismo, nada disso. São meras constatações, basta olhar para o momento vivido, hoje, pelos acima citados.

Não é preciso ser bom moço carola feito Kaká, mas também não precisa exagerar.

Porque o exagero torna até a curtição mais curta.

E a exposição desnecessária deles e o mole que dão beiram tanto às raias do absurdo que se confundem até com burrice, embora, de fato, sejam, apenas (?!), frutos de má, de péssima orientação.

É preciso cuidar deles."

3. Explique e exemplifique os procedimentos argumentativos abaixo indicados:

    a) Argumento de autoridade.
    b) Argumento pelo exemplo.
    c) Argumento por exclusão.

4. Elabore um exemplo para cada modalidade de falácia argumentativa exposta abaixo:

    a) Petição de princípio.
    b) Generalização precipitada.
    c) *Ad ignorantiam.*

5. Explique quais são as funções de cada uma das partes do sistema retórico clássico (*inventio, dispositio, elocutio, actio* e *memoria*).

4

O LATIM NA LINGUAGEM JURÍDICA

4.1. PRELÚDIO

Não raro o latim é associado ao Direito. Isso se dá em razão de o ordenamento jurídico brasileiro, assim como tantos outros, deitar suas raízes no Direito Romano, em que o latim era a língua corrente. Atualmente, o latim é língua morta, visto que, embora seja constante objeto de estudos históricos e linguísticos, não há sociedade moderna que se comunique pela língua latina. Restringiu-se seu uso ao meio eclesiástico e, sobremaneira, ao âmbito jurídico.

Entretanto, o latim utilizado na linguagem jurídica não vai além de palavras específicas, locuções e brocardos jurídicos. Não há novas construções sintáticas: aproveita-se, como se fosse uma herança, certas frases e expressões deixadas pelos antigos, algumas das quais já aportuguesadas.

O texto de lei, em regra, não emprega palavras em latim, e o faz acertadamente, já que a legislação deve traduzir os valores de uma sociedade por meio do vernáculo. Entretanto, na linguagem forense e doutrinária é frequente o emprego de latinismos, os quais são facilmente encontrados em petições, decisões judiciais e livros jurídicos, e mesmo em diálogos e sustentações orais.

Não raro, certos termos em latim adquirem acepção jurídica técnica e são empregados com muito rigor semântico, como é o caso de "juízo *ad quem*", "juízo *a quo*", "*ex nunc*" e "*ex tunc*". Nesse contexto, desconhecer as expressões e brocardos latinos mais comuns pode consistir em um entrave para a compreensão de textos jurídicos. Ademais, o manejo desses latinismos se enlaça ao próprio estilo do discurso do jurista.

Antes de iniciar o estudo sobre expressões e brocardos latinos, cabe fazer alguns apontamentos acerca da grafia de palavras em latim. Vejamos os aspectos mais relevantes:

a) As palavras latinas não pertencem à língua portuguesa e, portanto, devem sempre vir entre aspas, em itálico ou sublinhadas.

b) O latim não conheceu hífen, de modo que nenhuma locução latina deve ser hifenizada.

c) O latim não conheceu acentos gráficos, de modo que as palavras latinas não recebem til nem trema, tampouco recebem acento agudo, grave ou circunflexo.

d) Em latim não há cedilha.

Outra questão frequente que se levanta sobre as palavras latinas se refere ao uso do "j" ou do "i", como nos vocábulos *ius* e *jus*. Ambas as formas gráficas estão corretas, e há uma explicação para isso: o alfabeto usado pelos romanos não continha as letras "J"/"j", as quais foram incorporadas apenas no período do Renascimento (assim como a letra maiúscula "U"), o que causou certas implicações em relação à escrita e tradução dos textos latinos.

No período clássico, o alfabeto usado pelos romanos se constituía de 21 letras, sendo elas: A a, B b, C c, D d, E e, F f, G g, H h, I i, K k, L l, M m, N n, O o, P p, Q q, R r, S s, T t, V u, X x. Por influência da cultura helênica, a esse alfabeto duas outras letras lhe foram acrescentadas (Y y e Z z), para serem utilizadas em palavras de origem grega.

A letra "u", no latim clássico, ora se portava como a vogal "u", como em *bonus* (bom), ora como consoante, como em *uita* (vida). Note-se que o "u" maiúsculo era grafado na forma "V", razão pela qual, até hoje, é possível encontrar inscrições como "FACVLDADE DE DIREITO", ou "TEATRO MVNICIPAL". Assim, por vezes o mesmo vocábulo é encontrado com grafias distintas, todas corretas: *IVS* (latim clássico, em letras maiúsculas), *ius* (latim clássico), *jus*.

4.2. EXPRESSÕES LATINAS

- *Ab initio*

  Desde o início, desde o começo, desde o princípio. Equivale-se à expressão *ab ovo*, a qual, literalmente, traduz-se por "desde o ovo".

- *Ad cautelam*

  Por cautela, por precaução, por prudência.

  > "Determinado o exame, nomeará o Juiz curador ao acusado, nomeação *ad cautelam*, pois há, por ora, suspeita [...]" (M. Noronha).

- *Ad eternum*

  Para sempre, eternamente.

- **Ad hoc**

    Para caso específico. Tem, pois, caráter temporário. Fala-se em escrivão *ad hoc*, designado para preencher uma lacuna. Em todas as ocasiões em que o réu apresentar-se em juízo sem advogado, o magistrado nomear-lhe-á um para defendê-lo, motivo pelo qual este profissional é denominado de defensor dativo ou procurador *ad hoc*.

    > "É indeclinável, entretanto, que, se o defensor do acusado não comparecer, o Juiz deprecado nomeie um *ad hoc*" (M. Noronha).

- **Ad infinitum**

    Utiliza-se para qualificar algo que não possui fim, que é infinito, que não tem limite.

- **Ad libitum**

    Significa "à vontade", "livremente". Assim, o ato jurídico pode ser praticado; é uma faculdade e não uma obrigação. Relaciona-se ao latim *libet, libens* que Ernout e Meillet (1951, p. 653) traduzem por *qui agit de son plein gré* (quem age a seu talante).

- **Ad nutum**

    Usa-se a expressão para indicar que algo pode ser desfeito pela simples vontade de alguém. Todos os cargos de confiança são de demissão *ad nutum*, isto é, pela vontade do chefe.

    Ernout e Meillet (1951, p. 802) relacionam o termo ao verbo *nuere* (fazer sinal com a cabeça). *Nutus* é, pois, sinal de cabeça como manifestação de ordem ou vontade, segundo os mesmos autores, no mesmo lanço.

- **Ad perpetuam**

    Para sempre, perpetuamente, podendo ser grafada, também, *ad perpetuum*. A expressão está presente na frase latina *ad perpetuam rei memoriam*, que pode ser traduzida por "para perpétua memória do fato, da coisa".

- **Ad referendum**

    Ato ou medida que deve ser submetido à aprovação, ou seja, que depende de ratificação. O termo está relacionado ao verbo latino *referre*. que, na lição de Ernout e Meillet (1951, p. 407), é termo da linguagem jurídica.

- **Ad rem**

    Literalmente, "à coisa". No vocabulário jurídico tal expressão remete a direito relacionado à coisa.

    No âmbito discursivo, utiliza-se a expressão "argumento *ad rem*", o qual tem força categórica, irretorquível, pois recai sobre perspectivas indiscutíveis do assunto em foco.

- **Ad solemnitatem**

    Latinismo que pode ser traduzido por "para a solenidade", "para fins de solenidade". Trata-se de expressão empregada para designar determinada formalidade que, por força de lei, é essencial à validade de um ato ou negócio jurídico. Vê-se que, nesses casos, a formalidade praticada não serve apenas para provar a prática do ato ou do negócio jurídico, mas sim para conferir-lhe validade jurídica.

    Difere da expressão latina *ad probationem* ("para a prova"), em que determinada formalidade é praticada apenas para provar a existência do ato ou negócio jurídico, o qual teria validade jurídica ainda que fosse praticado sem a referida formalidade.

    O art. 108 do Código Civil, por exemplo, determina que, em regra, a escritura pública é essencial à validade dos negócios jurídicos que visem à transferência de propriedade imóvel. Assim, no caso de compra e venda de bem imóvel, a escritura pública é lavrada *ad solemnitatem*, pois é formalidade essencial à validade do negócio.

- **Amicus curiae**

    Expressão latina que significa "amigo da corte", "amigo do tribunal". O plural se escreve *amici curiae*.

    Emprega-se tal expressão latina para referir-se à pessoa natural ou jurídica, órgão ou entidade especializada, que é intimada pelo juízo a participar de determinado processo, a fim de que exponha o seu posicionamento sobre a demanda. A intervenção do *amicus curiae* está prevista no art. 138 do Código de Processo Civil:

    > "O juiz ou o relator, considerando a relevância da matéria, a especificidade do tema objeto da demanda ou a repercussão da controvérsia, poderá, por decisão irrecorrível, de ofício ou a requerimento das partes ou de quem pretenda manifestar-se, solicitar ou admitir a participação de pessoa natural ou jurídica, órgão ou entidade especializada, com representatividade adequada, no prazo de 15 (quinze) dias de sua intimação".

- **Animus**

    Os antigos faziam distinção entre *animus* e *anima*. Mesmo em relação ao sentido, estabelecia-se distinção: *animus* (espírito pensante, disposição do espírito) e *anima* (sopro, ar, emoção). Há, no direito, grande quantidade de expressões latinas iniciadas com o termo *animus*, denotando intenção, vontade, ânimo, desejo. Vejamos as mais recorrentes:

    Animus abutendi: intenção de abusar.
    Animus adjuvandi: intenção de ajudar.
    Animus calumniandi: intenção de caluniar.
    Animus confitendi: intenção de confessar.
    Animus contrahendi: intenção de contratar.
    Animus custodiendi: intenção de custodiar, de guardar, de proteger.
    Animus delinquendi: intenção de delinquir, de praticar crime.
    Animus diffamandi: intenção de difamar.
    Animus dolendi: intenção de agir de modo doloso, de trapacear.
    Animus domini: intenção de ser dono, ânimo de dono.
    Animus donandi: intenção de doar.
    Animus falsandi: intenção de mentir.
    Animus falsificandi: intenção de falsificar.
    Animus furandi: intenção de furtar.
    Animus injuriandi: intenção de injuriar.
    Animus jocandi: intenção de gracejar, de brincar, de jogar.
    Animus laedendi: intenção de ferir.
    Animus lucrandi: intenção de lucrar.
    Animus manendi: intenção de permanecer.
    Animus necandi: intenção de matar.
    Animus occidendi: intenção de matar.
    Animus possidendi: intenção de possuir.
    Animus simulandi: intenção de simular.
    Animus solvendi: intenção de pagar.
    Animus violandi: intenção de violar.

- **A priori/a posteriori**

    Tratam-se de locuções adverbiais latinas, sendo *a priori* usualmente aplicada quando há intenção de indicar uma conclusão fundada em hipóteses, sem que haja uma verificação anterior de seus efeitos ou finalidades. *A posteriori*, ao contrário, designa conclusões baseadas em fatos que já foram demonstrados anteriormente. Portanto, *a priori* pode ser entendido como "a princípio, antes"; e *a posteriori*, como "após, depois, posteriormente".

- **Apud acta**

  A locução latina *apud acta* é formada pela preposição *apud*, cujo significado é "junto a", "perto", "diante", "entre", mais a palavra *acta*, com significado de "ações", "obras".

  Na linguagem jurídica, tal locução latina pode ser compreendida como "junto aos autos do processo", "nos autos", e é empregada para qualificar a procuração judicial lavrada em ata de audiência pelo escrivão da causa, perante o juiz, a requerimento verbal do advogado e com anuência da parte representada. Assim, por exemplo, se o advogado do autor renunciar ao mandato judicial às vésperas de uma audiência, o autor poderá constituir, na própria audiência, por meio de procuração *apud acta*, outro advogado para representá-lo.

- **A quo/ad quem**

  A nosso ver, estas expressões promanam da filosofia (*terminus a quo* e *terminus ad quem*, usadas também na Semiótica). O latim nos ensina que o *ad* indica movimento e o *quo*, proveniência, ponto de partida.

  No Direito aplicam-se a:

  1. Juízo *a quo*: é a instância judicial inferior onde tramitava processo ou pleito que foi remetido à instância superior, em razão de interposição de recurso.

  Juízo *ad quem*: é a instância judicial superior para onde se remete o processo ou pleito que tramitava em instância inferior, em razão de interposição de recurso.

  Assim, importante entender que juízo *a quo* é a instância da qual se recorre; e juízo *ad quem* é a instância para a qual se recorre. João Ribeiro (1960, p. 252) cita Cândido de Figueiredo:

  > "*A quo* é locução jurídica, ainda hoje empregada no Foro, por oposição a *ad quem*. *A quo* designa a primeira instância judicial de onde parte um processo ou pleito, para seguir os seus trâmites; e *ad quem* designa uma instância superior, a que sobe o processo. O juiz *a quo* julga em primeira instância; o juiz *ad quem* em segunda ou última. Juiz *a quo* ou tribunal *a quo* é o ponto de partida. Ficar *a quo* é não ir além, é ficar alguém num ponto, de onde queria sair e não pôde."

  2. *Dies a quo*: dia, termo inicial de contagem de um prazo.

  Dies ad quem: dia, termo final de contagem de um prazo.

- *Bis in idem*

    O mesmo de novo, em duplicidade. A expressão é utilizada para referir-se à aplicação de duas sanções para um mesmo fato. O aforismo *non bis in idem* pauta-se no preceito de direito penal de que ninguém deve ser processado, julgado e apenado por um mesmo fato mais de uma vez. Assim, o agente que praticou um crime deve ser julgado e receber a pena correspondente uma única vez.

- *Campus*

    Usualmente empregado para referir-se a local em que esteja instalada universidade ou faculdade. O plural de *campus* é *campi*. Exemplo: "Os alunos de Direito do *campus* de São Paulo visitaram todos os *campi* da universidade."

- *Capitis deminutio*

    Capitis é o genitivo de *caput* (grafia antiga *kaput*, conservada no alemão). *Caput* é cabeça, parte principal do corpo. *Deminutio* é cognato de *minuere* (diminuir).

    A expressão é comumente usada no sentido conotativo de diminuição de capacidade, e tem origem no Direito Romano, conforme elucida José Carlos Moreira Alves (2008, p. 127):

    > "No direito [romano] clássico, há *capitis deminutio* quando se verifica, relativamente a uma pessoa física, a perda da liberdade (*status libertatis*), da cidadania (*status ciuitatis*) ou da posição dentro de uma família (*status familiae*). Daí as três espécies respectivas de *capitis deminutiones: capitis deminutio maxima, capitis deminutio media* e *capitis deminutio minima*."

- *Caput*

    O termo significa cabeça e, na linguagem jurídica, assume sentido conotativo. Desse modo, utiliza-se a expressão *caput* para referir-se à primeira e principal parte de um artigo de lei, ou seja, o que não é inciso, parágrafo ou alínea. Exemplo: "O *caput* do art. 5º da Constituição Federal determina que todos são iguais perante a lei."

- *Causa mortis*

    O termo é amplamente utilizado no Direito das Sucessões, para referir-se à transmissão de bens e direitos "em razão da morte". O ITCMD (Imposto sobre Transmissão "Causa Mortis" e Doação de Quaisquer Bens ou

Direitos), por exemplo, é um tributo estadual incidente sobre os bens ou direitos que são transmitidos em razão da morte aos herdeiros legítimos ou testamentários.

A expressão *causa mortis* também é empregada na Medicina Legal para indicar a causa, razão, explicação da morte: "A *causa mortis* da vítima foi traumatismo craniano, conforme laudo pericial do médico legista."

- ***Communis opinio***

   Opinião comum, isto é, posicionamento uníssono, sem divergência doutrinária.

- ***Conditio sine qua non***

   Traduz-se, literalmente, por "condição sem a qual não". Tal expressão latina é utilizada quando se pretende afirmar que determinada condição é indispensável, imprescindível. Exemplo: "Para exercer a advocacia, é *conditio sine qua non* que o bacharel esteja devidamente inscrito nos quadros da Ordem dos Advogados do Brasil." A expressão, às vezes, aparece sem a palavra *conditio, ou seja,* apenas *sine qua non*.

- ***Contra legem***

   Emprega-se o termo latino *contra legem* para referir-se àquilo que é contrário à lei, e *secundum legem* para o que está de acordo com a lei. Há a expressão, também, *praeter legem* (o que está fora da lei), empregada para referir-se a costumes utilizados pelo juiz para decidir questão não tratada pela lei. Os costumes *praeter legem* servem de fonte de direito, nos termos do art. 4º da Lei de Introdução às Normas do Direito Brasileiro: "Quando a lei for omissa, o juiz decidirá o caso de acordo com a analogia, os costumes e os princípios gerais de direito."

- ***Cum grano salis***

   Literalmente significa "com um grão de sal", mas tal expressão latina é utilizada em seu sentido metafórico. Carrega a ideia de que determinado enunciado deve ser interpretado com ponderação, haja vista ter sido temperado com um grão de sal, não podendo ser, portanto, entendido a rigor.

- ***Curriculum vitae***

   Literalmente, a locução latina significa carreira de vida; é utilizada para expressar um conjunto de informações pessoais, acadêmicas e profissionais de quem se candidata a um emprego, cargo ou função.

- **Custus legis**

  Corresponde ao guardião, ao fiscal da lei, função essa desempenhada pelos membros do Ministério Público: promotores de justiça (primeira instância) e procuradores de justiça (segunda instância). Nesse sentido, dispõe a Constituição Federal em seu art. 127:

  > "O Ministério Público é instituição permanente, essencial à função jurisdicional do Estado, incumbindo-lhe a defesa da ordem jurídica, do regime democrático e dos interesses sociais e individuais indisponíveis."

- **Data venia**

  Trata-se do ablativo absoluto, construção gramatical frequente em latim. A expressão tem o sentido de "com a devida licença (para dizer algo)", "dada a vênia", "dada a permissão", "com o devido respeito". Corresponde a *concessa venia* (sendo concedida permissão). Há, também, as formas *data maxima venia e concessa maxima venia*. Todas elas são expressões latinas utilizadas para demonstrar respeito ao expor argumentação que é contrária à opinião de outrem. Exemplo, em recurso de apelação:

  > "Ínclitos desembargadores, o juízo de primeira instância, *data venia*, equivocou-se na apreciação das provas juntadas aos autos, razão pela qual se mostra necessária a reforma de sua decisão."

  > "A tese jurídica sustentada pelo autor em sua petição inicial é, *concessa venia*, inviável de ser admitida, visto que está em desacordo com a legislação brasileira."

  > "*Data maxima venia*, discordo do voto proferido pelo Exmo. Desembargador Relator, pois a meu ver há nos autos provas documentais que demonstram a prática de sonegação tributária."

- **De cujus**

  Em tradução literal, *de cujus* significa "de cujo", "do qual". Constituem termos latinos da expressão *is de cujus sucessione agitur*, ou seja, "aquele de cuja sucessão se trata".

  Na linguagem jurídica, especificamente no direito das sucessões, a expressão latina *de cujus* é utilizada como substantivo a fim de indicar o autor da herança, ou seja, o próprio falecido, como no exemplo a seguir: "O *de cujus* deixou três imóveis e dois herdeiros."

- **Deficit**

    Forma verbal latina substantivada com o significado, na área contábil e empresarial, de falta, carência de valores para equilibrar uma posição financeira, ou seja, há *deficit* quando as despesas são maiores do que receitas. Opõe-se a *superavit*, situação em que as receitas excedem às despesas.

    Quando escrita em latim, a palavra, como sempre, não leva acentuação gráfica. Hoje, é comum encontrar o termo aportuguesado "déficit", presente em muitos dicionários, valendo o mesmo para "superávit".

- **Erga omnes/inter partes**

    Erga omnes: em relação a todos, relativamente a todos, com respeito a todos. Não tem, necessariamente, ideia de oposição, não é sinônimo de *adversus* e, em consequência, não significa forçosamente, "contra todos". É mais bem entendido como "perante todos".

    De acordo com Ernout e Meillet (1951, p. 358), os gramáticos latinos ensinavam que *erga* continha ideia benfazeja.

    > "Asseguravam alguns que o nome é um direito da personalidade exercitável *erga omnes* e cujo objeto é inestimável" (W. de Barros Monteiro).

    Inter partes: designa ideia contrária à expressão *erga omnes*, uma vez que *inter partes* corresponde ao que diz respeito apenas às partes. O contrato, por exemplo, tem eficácia *inter partes*, uma vez que os efeitos dele decorrentes obrigam somente as partes, e não terceiros.

- **Exempli gratia**

    Expressão usualmente empregada de modo abreviado, *e. g.*, significa "por exemplo".

- **Ex nunc/ex tunc**

    Ex nunc tem sentido temporal e marca o tempo presente em oposição a *ex tunc*, cuja marcação é de tempo passado. Na linguagem jurídica, o primeiro refere-se a decisão, lei ou contrato cujos efeitos não retroagem. Já a expressão *ex tunc* indica que os efeitos são retroativos. Vejamos alguns exemplos:

    > "A revogação, no caso do art. 648, opera, portanto, *ex nunc*, isto é, desde agora" (W. de Barros Monteiro).

    > "A nulidade [...] deve ser pronunciada de ofício pelo juiz (CC, art. 168, parágrafo único) e seu efeito é *ex tunc*, pois retroage à data do negócio, para lhe negar efeitos" (Carlos Roberto Gonçalves).

- **Ex officio**
De ofício, em razão do ofício, por força da função, por dever do ofício. É o ato praticado independentemente de requerimento das partes interessadas. O juiz deve, por exemplo, declarar *ex officio* a nulidade de negócio celebrado por pessoa absolutamente incapaz (CC, art. 168, parágrafo único). Assim sendo, nesses casos, mesmo que as partes interessadas não requeiram ao juiz, esse deve, de ofício, praticar os atos judiciais necessários, pois assim determina a lei. Vejamos outras hipóteses em que o juiz pode ou deve agir *ex officio*:

> Código de Processo Civil, art. 78: "É vedado [...] a qualquer pessoa que participe do processo empregar expressões ofensivas nos escritos apresentados. [...] § 2º De ofício ou a requerimento do ofendido, o juiz determinará que as expressões ofensivas sejam riscadas [...]".
>
> Código de Processo Civil, art. 363: "Havendo antecipação ou adiamento da audiência, o juiz, de ofício ou a requerimento da parte, determinará a intimação dos advogados ou da sociedade de advogados para ciência da nova designação."
>
> Código de Processo Civil, art. 370: "Caberá ao juiz, de ofício ou a requerimento da parte, determinar as provas necessárias ao julgamento do mérito."
>
> Código de Processo Civil, art. 481: "O juiz, de ofício ou a requerimento da parte, pode, em qualquer fase do processo, inspecionar pessoas ou coisas, a fim de se esclarecer sobre fato que interesse à decisão da causa."
>
> Código Civil, art. 210: "Deve o juiz, de ofício, conhecer da decadência, quando estabelecida por lei."

- **Ex positis**
Emprega-se com o sentido de "conforme o exposto", "posto isso", "tendo em vista o que foi exposto". A expressão é comumente utilizada como elemento de coesão para iniciar uma conclusão que se encontra amparada em argumentos anteriormente expostos.

- **Ex vi**
Ablativo do latim *vis* (força e, em particular, força exercida contra alguém; daí, o derivado violência). A expressão é utilizada, também, na forma *ex vi legis*, significando "por força de lei, por efeito de lei".

> "Por fim, considera-se que a hipoteca, como também as medidas assecuratórias dos arts. 136 e 137, pode ser requerida no Juízo Civil, *ex vi* do art. 144" (M. Noronha).

- *Facultas agendi/norma agendi*

    Facultas agendi e *norma agendi* podem ser traduzidos, respectivamente, por "faculdade de agir" e "norma de agir". Ainda no Direito Romano tornaram-se termos especializados da linguagem jurídica, referindo-se *facultas agendi* ao direito subjetivo e *norma agendi* ao direito objetivo ou positivo, como ensina Trubilhano (2010, p. 374):

    > "O direito subjetivo, cunhado seu conceito nos tempos romanos, daí a terminologia latina, recebe o epíteto de *facultas agendi*, que nada mais é do que a faculdade de agir. Ao direito subjetivo opõe-se o direito objetivo, que no Direito Romano recebeu a nomenclatura de *norma agendi*, ou seja, a norma de agir, norma posta preconizando as condutas."

    Facultas agendi, portanto, é a faculdade de agir, de exigir o que a ordem jurídica garante, de exigir determinado comportamento, determinada conduta. É a liberdade de exigir ou não determinado direito, a faculdade de fazer valer ou não o direito assegurado pelo ordenamento jurídico.

    Norma agendi, por seu turno, são os direitos e princípios previstos no direito positivo, são as normas legais de cunho obrigatório estabelecidas pelo Estado e que determinam a conduta humana, impondo sanção em caso de transgressão. O brocardo jurídico latino *jus est norma agendi* (o direito é a norma de agir) clarifica o alcance dessa expressão.

    Assim, por exemplo, caso um credor não receba o pagamento devido, a lei lhe confere mecanismos para que possa recebê-lo coercitivamente, atingindo o patrimônio do devedor, pois a norma de conduta (*norma agendi*) determinada pelo ordenamento jurídico é a de que o devedor deve efetuar o pagamento ao credor. Entretanto, o direito de o credor buscar o seu crédito é uma faculdade que lhe assiste (*facultas agendi*), podendo, se preferir, permanecer inerte e não fazer valer o seu direito.

- *Grosso modo*

    Expressão latina que se traduz, literalmente, por "modo grosseiro". É utilizada quando se pretende demonstrar que determinado enunciado está sendo exposto de modo genérico, resumidamente, sem entrar em pormenores. Deve ser grafada em itálico ou entre aspas, visto tratar-se de expressão em latim, em que pese a semelhança com o português. Vale ressaltar que a expressão não leva a partícula *a*, sendo equivocada a forma "*a grosso modo*".

- *Habeas corpus*

    Expressão latina que, assim como as demais, grafa-se sem hífen e sem acento. Literalmente, significa "haja o corpo", "tenha o corpo".

Trata-se de instituto previsto no art. 5º, LXVIII, da Constituição Federal, que visa garantir o direito fundamental à liberdade de ir e vir. Assim, será concedido *habeas corpus* sempre que alguém sofrer ou se achar ameaçado de sofrer violência ou coação em sua liberdade de locomoção, por ilegalidade ou abuso de poder.

Por ser remédio constitucional a serviço de quem tem sua liberdade injustamente ameaçada ou privada, dá-se o nome de "paciente" àquele em favor de quem se requer a concessão de *habeas corpus*. Vale dizer que o *habeas corpus* poderá ser impetrado por qualquer pessoa, em seu favor ou de outrem, bem como pelo Ministério Público (Código de Processo Penal, art. 654).

- *Habeas data*

Expressão latina sem hífen. Literalmente, "tome os dados, tenha os dados".

O *habeas data* deve ser concedido para assegurar o conhecimento de informações sobre a pessoa do impetrante, constantes de registros ou bancos de dados de entidades do governo, ou de caráter público, bem como para proceder à retificação desses dados (CF, art. 5º, LXXII).

O termo designa tanto a própria ordem judicial, como também o remédio constitucional em que se requer a referida ordem, igual ao que ocorre com a palavra *habeas corpus*.

- *Id est*

Expressão usualmente empregada de modo abreviado, *i. e.*, significa "isto é". Possui função explicativa, normalmente apresentando-se entre vírgulas, como no exemplo a seguir: "Os devedores solidários são responsáveis pelo pagamento de toda a dívida, *i. e.*, o credor tem direito a exigir e receber de qualquer um dos devedores solidários a integralidade da dívida comum."

- *In actu*

No ato, para designar aquilo que se realiza num mesmo instante ou durante um ato.

- *In albis*

Literalmente, traduz-se por "em branco". Costuma-se empregar a expressão na linguagem jurídica para referir-se a um prazo que transcorreu sem que tenha havido manifestação da parte interessada. Exemplo: "O prazo para interposição de apelação transcorreu *in albis*."

- *In casu*

    Nesse caso específico, no presente caso. É o caso concreto, sob análise ou julgamento; opõe-se a um caso abstrato, geral. Há, também, a expressão latina *in casu consimili*, que significa "em caso semelhante".

- *In fine*

    No final, no fim. É comum utilizar tal expressão quando se pretende remeter ao conteúdo que se encontra no final de um artigo de lei.

- *In limine*

    O termo latino *limen* significa, conforme ensina Ernout e Meillet (1951, p. 639), "degrau da porta de entrada". Na linguagem jurídica, o termo *in limine* é empregado para indicar o que se faz no começo, de início, imediatamente.

    Assim, por exemplo, rejeição *in limine* é rejeitar de imediato, sem discussão, sem análise do conteúdo.

    Utiliza-se, também, a expressão latina *in limini lites*, para referir-se a algo que ocorre no início da lide, ou seja, no início do processo.

- *In loco*

    No lugar; corresponde a *in situ* (no sítio, no local). Exemplo: "A área do terreno foi descrita conforme inspeção *in loco*."

- *In memoriam*

    Em memória, em lembrança. Emprega-se tal expressão para referir-se à memória de alguém falecido. É comum seu uso em dedicatórias de obras artísticas e literárias, homenagens póstumas, obituários e epitáfios. Exemplo: "Dedico esta obra a Ulysses Guimarães, *in memoriam*." É comum, também, que a expressão latina venha após o nome da pessoa falecida, entre parênteses: "A Ulysses Guimarães (*in memoriam*)."

- *Intentio legis*

    Emprega-se *intentio legis* para referir-se à intenção da lei. É equivalente à expressão *mens legis*, que pode ser traduzida por espírito da lei. Há, também, o termo latino *intentio legislatoris*, que se refere à intenção daquele que elaborou a lei, o legislador.

- *Inter vivos/mortis causa*

    Expressão latina cujo significado na terminologia jurídica diz respeito a atos ou contratos cujos efeitos surgem, em princípio, enquanto as partes estão ainda vivas. Já a expressão *mortis causa* relaciona-se a negócios jurídicos cujos efeitos surtem após a morte, por causa da morte.

"Os negócios celebrados *inter vivos* destinam-se a produzir efeitos desde logo, isto é, estando as partes ainda vivas, como a promessa de venda e compra, a locação, a permuta, o mandato, o casamento etc. *Mortis causa* são os negócios destinados a produzir efeitos após a morte do agente, como ocorre com o testamento, o codicilo e a doação estipulada em pacto antenupcial para depois da morte do testador" (Carlos Roberto Gonçalves).

- *In totum*

  No todo, na totalidade. Utiliza-se tal expressão latina quando a intenção é referir-se à integralidade de determinado objeto ou conceito. Assim, diz-se: "O pedido do autor foi acolhido *in totum*."

- *In verbis*

  Significa, literalmente, "nestas palavras". É utilizado quando se pretende reproduzir as palavras de alguém, ou mesmo para realizar transcrição de artigo de lei.

- *In vitro*

  Literalmente, traduz-se por "em vidro", "dentro do vidro". Costuma-se usar a expressão "fertilização *in vitro*" para se referir à técnica de reprodução assistida em que a fertilização ocorre fora do corpo humano, popularmente conhecida como "bebê de proveta".

- *Ipsis litteris*

  Igual ao texto, com as mesmas letras, com as mesmas palavras, literalmente. Ao realizar citação de algum outro texto, é possível mencionar a expressão latina *ipsis litteris* caso haja interesse em deixar claro que a citação obedece de modo fiel ao que consta no original. Também é possível utilizar, com o mesmo sentido, a palavra latina *verbatim*.

- *Ipso facto*

  Por consequência do fato, em razão do fato, por isso mesmo, consequentemente. Exemplo: "O réu confessa que pagou a dívida após o vencimento e, *ipso facto*, deve ser condenado ao pagamento de multa contratual, juros e correção monetária."

- *Iter criminis*

  É o caminho, percurso do crime. Trata-se dos atos sucessivos praticados pelo agente ao cometer um crime. O *iter criminis*, em regra, é constituído pelas etapas de cogitação, atos preparatórios, execução e consumação.

- **Jus**

    Também grafado *ius*, refere-se a direito (objetivo ou subjetivo), daí as expressões latinas *ius utendi* (direito de usar), *ius fruendi* (direito de fruir), *ius disponendi* (direito de dispor), *ius hereditatis* (direito de herança), *ius libertatis* (direito de liberdade), *ius non scriptum* (direito não escrito) e tantas outras. Em português, a palavra "jus" é usualmente empregada antecedida do verbo "fazer", no sentido de "ter direito a algo", por exemplo: "O réu faz jus a um julgamento imparcial."

- **Jus persequendi**

    Literalmente, "direito de perseguir", equivalente à locução latina *jus persecutiones*. Para que as sanções previstas em lei possam ser efetivadas, cabe ao Estado o direito de perseguir os infratores da lei.

- **Jus puniendi**

    É o direito de punir atribuído ao Estado, na forma da lei, em detrimento daqueles que a transgridem.

- **Lana caprina**

    Essa expressão latina, literalmente, significa "lã de cabra". É utilizada quando se pretende dizer que determinada questão é insignificante, de somenos importância, sem valor, mera filigrana. Isso porque a lã de cabra é de qualidade inferior à lã de ovelha, o que ensejou a utilização metafórica da expressão.

- **Mea culpa**

    Pode ser traduzida como "minha culpa". A expressão latina *mea culpa* é empregada por quem quer assumir a culpa de algo, reconhecendo o erro praticado, normalmente com o intuito de desculpar-se pelo ocorrido.

- **Modus operandi**

    Modo de operar, de proceder.

    São várias as expressões formadas com a palavra *modus*:

    > *Modus agendi* (modo de agir).
    > *Modus faciendi* (modo de fazer).
    > *Modus interpretandi* (modo de interpretar).
    > *Modus adquirendi* (modo de adquirir).

- **Munus publicum**

    O termo latino *munus* refere-se a função, encargo, ofício, tarefa; e *publicum* pode ser traduzido literalmente por público. Assim, exerce *munus publicum* aquele cujo trabalho não se restringe apenas aos interesses particulares, mas alcança, também, os interesses de toda coletividade. A expressão já está vernaculizada, podendo, portanto, ser grafada em português: múnus público.

    A advocacia, entre outras profissões, exerce um *munus publicum*, já que a efetividade da justiça é de interesse social. O Estatuto da Ordem dos Advogados do Brasil (Lei nº 8.906/94) menciona em seu art. 2º que: "O advogado é indispensável à administração da justiça. § 1º No seu ministério privado, o advogado presta serviço público e exerce função social. § 2º No processo judicial, o advogado contribui, na postulação de decisão favorável ao seu constituinte, ao convencimento do julgador, e seus atos constituem múnus público."

- **Mutatis mutandis**

    O significado da expressão é "mudadas as coisas que devem ser mudadas", "promovidas as mudanças necessárias". Corresponde, de certa forma, ao *exceptis excipiendis*, cujo sentido é "excetuado o que deve ser excetuado", "feitas as devidas exceções".

- **Nemine dissentiente**

    Pode ser traduzido por "ninguém discordando", "sem dissensão". Corresponde a *nemine discrepante*: "ninguém discrepante", "sem que ninguém discrepe".

    > "As duas correntes rivais, *nemine dissentiente*, admitem a existência dos dois elementos, o espiritual e o material [...]" (W. de Barros Monteiro).

- **Notitia criminis**

    A *notitia criminis* é o conhecimento, pela autoridade policial, de um fato criminoso. Entre as várias possibilidades de cognição presentes na lei, o § 3º do art. 5º do CPP estabelece que "qualquer pessoa do povo que tiver conhecimento da existência de infração penal em que caiba ação pública poderá, verbalmente ou por escrito, comunicá-la à autoridade policial, e esta, verificada a procedência das informações, mandará instaurar inquérito".

    É, portanto, com o conhecimento do crime que se instaura o inquérito policial. O inquérito, entretanto, só poderá ser iniciado se o crime for de ação penal pública incondicionada, ou, sendo de ação penal pública condicionada, houver representação da vítima, ou, ainda, sendo de ação penal privada, houver requerimento da vítima.

- *Pari passu*

Esta locução não corresponde a "passo e passo", mas "a passo igual", "par e passo", "em passos parelhos". Refere-se, portanto, a fatos simultâneos, concomitantes.

> "É por tais razões que as vicissitudes da palavra 'Direito' acompanham *pari passu* a história [...]" (M. Reale).

- *Per capita*

Literalmente, significa "por cabeça", ou seja, método de divisão de coisa ou direito por pessoa. Nesse sentido, o art. 1.835 do Código Civil estabelece que os filhos sucedem por cabeça (*per capita*), ou seja, a herança que lhes cabe em razão do falecimento da mãe ou do pai é dividida igualmente pelo número de filhos existentes.

Também é usual o emprego de tal expressão latina na área da estatística, a fim de se obter a média por pessoa de determinada informação ou valor: para obter a renda *per capita* em determinado universo, por exemplo, divide-se a totalidade da renda auferida pelo número de pessoas existentes.

- *Persona non grata*

Diz-se *persona non grata* para referir-se a alguém indesejado, que não é bem-vindo, que não é benquisto, ou seja, alguém cuja presença não agrada. No plural, escreve-se *personae non gratae*.

- *Post mortem*

Forma latina que equivale a "depois da morte", "póstumo". A título de exemplo, mencione-se a "ação de investigação de paternidade *post mortem*", que é manejada quando se pretende obter do juiz a declaração de que determinada pessoa, já falecida, era o pai do autor da ação.

- *Post scriptum*

Comumente utilizada em sua forma abreviada (*P.S.*), trata-se de latinismo que significa "após o escrito", "escrito depois". Mostra-se útil quando se pretende realizar acréscimos ao texto já escrito e encerrado, a fim de se evitar rasuras ou interpolações. Desse modo, em vez de se introduzir uma intercalação de frases ou palavras em um texto já finalizado, faz-se o acréscimo pretendido após o encerramento do texto escrito, antecedido da expressão *P.S.* ou *post scriptum*. Por vezes, tal expressão latina é substituída pela expressão em português "em tempo" ou mesmo pela abreviação de observação ("obs.").

- *Prima facie*

  Tal expressão latina significa "à primeira vista", "numa primeira análise", ou seja, é utilizada quando se pretende exteriorizar a primeira impressão que se tem de determinado fato, normalmente sem ter procedido a uma análise detalhada. Exemplo:

  > "O cotejo do pedido com o direito material só pode levar a uma solução de mérito, ou seja, à sua improcedência, caso conflite com o ordenamento jurídico, ainda que a pretensão, *prima facie*, se revele temerária ou absurda" (Humberto Theodoro Júnior).

- *Pro bono*

  Literalmente, "para o bem". A expressão latina *pro bono* é empregada para designar modalidade de trabalho voluntário realizado por profissionais habilitados na área, tais como médicos, advogados e professores, sem percepção de remuneração.

- *Pro forma*

  Por mera formalidade, apenas por questão de forma. Costuma-se utilizar a expressão para se referir a procedimentos, documentos e instrumentos contratuais que são realizados, elaborados ou firmados por mera formalidade, aparência. Exemplo:

  > "A questão já está decidida pelo diretor, a reunião com seus assessores será *pro forma*."

- *Pro labore*

  Dá-se o nome de *pro labore* à remuneração paga pela sociedade, a um ou mais sócios, em razão do trabalho desempenhado. Não se confunde com a distribuição de lucros, que se refere ao resultado da sociedade em determinado exercício, de modo que os sócios percebem os lucros conforme as quotas sociais que possuem, independentemente de haverem desempenhado trabalho na sociedade.

- **Pro rata**

Significa "em proporção", "proporcionalmente", "rateio". Vincula-se ao latim *reri* (contar, calcular). A expressão completa é *pro rata parte* (de acordo com a parte contada para cada um). Vejamos um exemplo:

> "Sendo dois ou mais réus, a satisfação das custas se fará mediante rateio ou *pro rata*" (M. Noronha).

A expressão *pro rata die* significa "em proporção aos dias". Dessa maneira, se houver juros mensais de 1% ao mês, a cada dia será contabilizado o juro proporcional.

Já a expressão *pro rata tempore* remete à proporcionalidade que leva em consideração o tempo, e não os números absolutos. Assim, o pagamento de honorários advocatícios *pro rata tempore*, contemplando dois advogados, supõe divisão conforme o tempo de trabalho exercido por cada um.

- **Pro tempore**

Por um tempo, temporariamente, interino, provisório. Emprega-se usualmente para referir-se a cargos ou funções exercidas em caráter temporário, circunstancial. Exemplos:

> "Em razão da licença médica apresentada pelo professor titular, as aulas serão ministradas por um professor *pro tempore*."

> "Advogado renomado assume reitoria *pro tempore* da Universidade."

- **Quantum**

Quantia, quantidade, valor. Utiliza-se a expressão a fim de indicar o montante de algo. Exemplo: "O juiz deve fixar o *quantum* indenizatório, ou seja, a quantia a ser paga a título de indenização."

- **Quorum**

Palavra latina empregada como substantivo, também grafada em português (quórum). Dizer que há *quorum* significa afirmar que há o número mínimo de pessoas necessário para a prática de determinado ato, normalmente assembleia ou reunião. Vejamos o exemplo extraído do Código Civil, ao versar sobre a administração do condomínio edilício no art. 1.352: "Salvo quando exigido *quorum* especial, as deliberações da assembleia serão tomadas, em primeira convocação, por maioria de votos dos condôminos presentes que representem pelo menos metade das frações ideais".

- **Res iudicata**

    Expressão que significa coisa julgada. Quando não há mais possibilidade de se recorrer da decisão proferida, por se tratar de última instância ou por ter se escoado o prazo recursal, diz-se que a decisão fez coisa julgada. Pode-se dizer, também, que a decisão transitou em julgado.

- **Sic**

    Advérbio da língua latina que pode ser traduzido por "assim", "assim mesmo". Usa-se tal termo, entre colchetes ou parênteses, para demonstrar ao leitor que determinada citação direta está transcrita exatamente como no original, de modo que erros gramaticais ou estranhezas do texto citado "assim" se encontram no texto original e, portanto, foram "assim" mantidos na transcrição. O mais apropriado é que a expressão *sic*, entre colchetes ou parênteses, seja colocada logo após o vício gramatical ou estranheza que se pretende evidenciar. Funciona como um alerta realizado pelo autor, que pretende deixar claro ao leitor que os supostos vícios formais ou de conteúdo existentes na citação direta são realmente oriundos do texto original, e não de erros de transcrição.

- **Sine die**

    Locução latina formada pela preposição *sine* (sem) e *die* (dia), para designar ato a ser praticado sem dia certo. Se uma audiência, por exemplo, for adiada *sine die*, isso significa que sua realização foi postergada para data futura, ainda sem dia determinado.

- **Sponte propria**

    Também se diz *sponte sua*. A palavra *sponte* é derivada do verbo *spondere* (prometer, engajar-se). Tal verbo guardava, no início, um caráter solene, assim como a forma de ablativo *sponte*. Hoje, a expressão acima significa apenas "de sua própria vontade", "de vontade própria", "de sua vontade", sem interferência alheia.

    Cognatos do verbo *spondere* são, por exemplo, esposo, esposa, esponsais, espontâneo, responder etc.

- **Status quo**

    Estado atual das coisas, situação atual. É comum encontrar tal expressão latina acompanhada de verbos que tragam o sentido de manutenção ou alteração, como nos exemplos a seguir expostos: "manter o *status quo*", "defender o *status quo*", "alterar o *status quo*", "reverter o *status quo*".

- *Status quo ante*

  A expressão latina *status quo ante* é usualmente empregada no meio jurídico para significar o estado em que se encontravam as coisas antes de determinado evento. Assim, caso alguém tenha propiciado prejuízo a outrem em razão de prática de ato ilícito, deve indenizá-lo, a fim de restabelecer o *status quo ante*. Em verdade, tal expressão é forma reduzida da expressão original *status quo ante bellum*, que significa "o estado em que as coisas estavam antes da guerra".

- *Sub judice*

  Sob julgamento, sob apreciação judicial, em juízo. Equivale à expressão latina *sub examine*. Antes de ser decidida ou julgada, a questão deve ser examinada pelo magistrado, encontrando-se, portanto, pendente de julgamento, ainda sem decisão definitiva a respeito.

  Segundo De Plácido e Silva (2009, p. 1318), essa locução foi extraída de um verbo de Horácio: *ad hoc sub judice lis est*, que se traduz por "a questão está ainda para ser julgada".

- *Sui generis*

  Locução adjetiva que pode ser traduzida por "de seu próprio gênero", "único em seu gênero". Emprega-se tal expressão latina para qualificar algo que seja diferente dos demais, único, singular, de gênero próprio, sem igual. "Caso *sui generis*", por exemplo, é aquele que não se parece com outros, que é peculiar, único, ímpar, não semelhante a nenhum outro. O mesmo se aplica para expressões como "situação *sui generis*", "fato *sui generis*" e "natureza jurídica *sui generis*".

- *Tollitur quaestio*

  Expressão latina empregada para se referir a determinada questão ou assunto que esteja resolvido, sobre o qual não se tem mais o que discutir. Por exemplo: "Sobre a alegação do Autor de que o Réu não teria realizado o pagamento, isso é *tollitur quaestio*, tendo em vista que o Réu juntou aos autos o comprovante de depósito bancário em favor do Autor".

- *Usque*

  Palavra latina utilizada como preposição com o sentido de "até", "a", "para", usualmente empregada na linguagem jurídica para referir-se a intervalo entre artigos, como no exemplo a seguir: "O Código Penal trata dos crimes contra a vida nos artigos 121 *usque* 128".

- **Ut infra**

  A locução latina *ut infra* significa "conforme abaixo", "como pode ser visto abaixo". É possível utilizar somente o termo latino *infra*, que funciona como advérbio com o sentido de "abaixo".

  Vale citar que, como prefixo, *infra* aparece na formação de várias palavras da língua portuguesa, como "infraconstitucional", termo que indica as leis hierarquicamente abaixo da Constituição Federal. Está presente, também, nos vocábulos "infracitado" e "infra-assinado".

- **Ut retro**

  Literalmente "como antes", "como anteriormente", "como atrás". O latim *retro* é um advérbio formado de *re*. Aparece, por exemplo, em "retroceder", "retroagir".

- **Ut supra**

  Supra relaciona-se a *super* (sobre). A locução latina *ut supra* significa "como acima". No texto, é utilizada para referir-se a algo escrito antes. É possível utilizar somente o termo latino *supra*, que funciona como advérbio com o sentido de "acima". Como prefixo, *supra* forma diversas palavras da língua portuguesa: "supracitado", "supradito", "supramencionado".

- **Vacatio legis**

  Período compreendido entre a publicação da lei e o início de sua vigência. Nos termos do Decreto-Lei 4.657/42 (Lei de Introdução às normas do Direito Brasileiro), salvo disposição em sentido contrário, a lei começa a vigorar em todo o país quarenta e cinco dias depois de oficialmente publicada. Quando se trata de lei complexa e extensa, é comum que ela mesma estabeleça período de *vacatio legis* maior do que o previsto na LINDB. O atual Código Civil (Lei 10.406, de 10 de janeiro de 2002), por exemplo, foi publicado no ano de 2002 e passou a vigorar apenas 1 (um) ano depois, em 11 de janeiro de 2003, conforme previu seu art. 2.044: "Este Código entrará em vigor 1 (um) ano após a sua publicação".

- **Vade mecum**

  Expressão latina, cujo sentido é "vai comigo". Trata-se de um livro de uso frequente. O *vade mecum* tem larga utilização na seara jurídica, oferecendo ao leitor, num só livro, a reunião dos principais textos legislativos.

Atenção para a grafia:

1. O ideal é empregar a palavra em latim: *vade mecum*, sem acento e sem hífen.
2. Vade-mécum, com acento e com hífen, é a forma vernaculizada, cujo plural se escreve "vade-mécuns".

- ***Verbi gratia***

Locução latina usualmente empregada de modo abreviado, *v. g.*, significa "por exemplo", e é equivalente à expressão *exempli gratia* (*e. g.*). Vejamos:

"Em relação à posse, sabemos que só o direito real lhe é suscetível, por ser a posse a exterioridade do domínio; embora haja direitos reais que não comportam posse, como os que recaem sobre o valor da coisa, *v. g.*, a hipoteca" (Maria Helena Diniz).

- ***Versus***

Palavra latina utilizada entre o nome de duas partes para indicar que são contrárias entre si, adversárias, ou seja, dizer "João *versus* José" equivale a "João contra José". Tal expressão latina é frequentemente encontrada na forma abreviada "*vs*". Quando empregada para se referir a processos judiciais, indica as partes que estão em polos opostos do processo: autor *versus* réu.

- ***Vide***

Expressão latina empregada a título de sugestão de consulta a determinada informação complementar. Pode ser compreendida como "veja", "verifique", "confira". Não raramente é utilizada em sua forma abreviada ("*v.*", "*vd.*").

4.3. BROCARDOS JURÍDICOS E ARGUMENTAÇÃO

4.3.1. Preâmbulo

Os dicionários etimológicos vinculam o termo "brocardo" ao nome do bispo de Worans (século XI), cujo nome alatinado teria sido *Burchardus* ou *Brocardus* que, no sentir de Machado (1967, p. 466), é autor de uma compilação de direito canônico.

Em sentido amplo, brocardo seria o mesmo que "axioma, aforismo, máxima, anexim". Em sentido restrito, seria "regra de direito em forma concisa".

Silveira (1957, p. 38) distingue *adagium* (adágio) de brocardo. O primeiro seria "enunciação, numa fórmula breve e objetiva, de uma regra de direito, costumeira e legal". O segundo (brocardo) "fixa fatos da experiência decorrentes da vida jurídica".

Por ser um provérbio e ser usado também fora da área jurídica, é recomendável usar-se o termo com o adjetivo "jurídico" quando o brocardo diz respeito ao Direito. Largamente explorado em tempos passados, os brocardos sofreram desvalorização ao correr dos tempos e, hoje, são utilizados com menor frequência no âmbito jurídico, por razões apontadas por Carlos Maximiliano e transcritas por Limongi França (1984, p. 29). Ei-las, em resumo: (1) são generalizações, sem ligação sistemática e direta com o Direito. (2) Em decorrência do seu caráter geral, há conceituação muito vasta, vai além do que pretende. (3) Há brocardos que agasalham pensamentos opostos. (4) Os brocardos foram redigidos em latim e, hoje, infelizmente, poucos estudam o latim.

Em que pese não haver brocardos latinos na legislação, a doutrina e a jurisprudência ainda fazem uso dessas expressões, e delas deve-se ter orgulho, pois são testemunhas de que a ciência jurídica é resultado de centenas e centenas de anos de conhecimentos agregados. Dessarte, ao deparar-se com um brocardo jurídico latino, mostra-se importante perceber que tal brocardo representa um valor abstrato, uma norma de conduta, um princípio que há muitos e muitos anos já havia sido traduzido para uma língua.

4.3.2. Principais brocardos jurídicos em latim

Limongi-França (1984, p. 19-23) cita vários autores que declinam a importância dos brocardos jurídicos como princípios gerais do Direito, capazes de fornecer, em casos particulares, os elementos básicos do Direito.

Provérbios que são, os brocardos se encaixam no chamado argumento "de autoridade" (*ex auctoritate*), um dos argumentos quase lógicos. Como todo argumento *ex auctoritate*, os brocardos têm um caráter mais confirmatório que comprobatório, em que a qualidade pesa mais que a quantidade. Comprobatório ou apenas confirmatório, o fato é que o argumento "de autoridade" é uma das estratégias frequentemente empregadas no discurso jurídico para levar o auditório à persuasão e ao convencimento.

Entre os inúmeros brocardos jurídicos em latim existentes, destacam-se os abaixo expostos:

- ***Absolvere debet judex potius in dubio, quam condemnare* (na dúvida, o juiz deve absolver, e não condenar)**
  Equivale ao *in dubio pro reo*: na dúvida, decide-se em favor do réu. Não se pode aplicar pena se houver qualquer dúvida razoável.

- **Accessorium sequitur principale** (o acessório segue o principal)

  Os que conhecemos o *Tratado da argumentação* (1996) de Perelman e Tyteca sabemos que eles dão atenção especial aos *tópoi*, premissas de ordem geral que servem de fundamento para as hierarquias e valores; entre os *tópoi* (lugares) enumerados por Perelman e Tyteca, encontramos os de *qualidade*, que se opõem aos lugares de *quantidade* privilegiando o importante, o raro, o único.

  O brocardo acima destaca o principal que leva a reboque o acessório. Por exemplo, se determinada obrigação de pagar é declarada nula, incontinênti a multa de mora também o é, visto que se a sorte do principal for a nulidade, sê-lo-á também a do acessório. Premissa de uma argumentação, o brocardo colabora para a persuasão.

- **Actori incumbit onus probandi** (incumbe ao autor o ônus de provar)

  Variante: *onus probandi incumbit ei qui agit.*

  Refere-se este brocardo à regra de direito processual de que o ônus da prova cabe ao autor, quanto ao fato constitutivo de seu direito (CPC, art. 373, I). Desse modo, quem move processo judicial necessita provar os fatos jurídicos alegados, podendo prová-los por meio de documento, confissão, testemunha, perícia ou outros meios de prova admitidos em direito. Caso o autor não se desincumba do ônus probatório, seus pedidos devem ser julgados improcedentes. Cabe esclarecer, também, que ao réu incumbe o ônus da prova quanto à existência de fato impeditivo, modificativo ou extintivo do direito do autor (CPC, art. 373, II).

  Em caráter de exceção à regra geral, é possível o juiz determinar a inversão do ônus da prova, atribuindo-o ao réu, em casos, por exemplo, de relação de consumo, nos termos do art. 6º, VIII, do Código de Defesa do Consumidor (Lei nº 8.078/90). Nessas hipóteses específicas de inversão do ônus da prova por determinação judicial, basta ao autor alegar os fatos constitutivos de seu direito, sem que haja necessidade de prová-los, e ao réu caberá produzir a prova de que os fatos sustentados pelo autor não procedem.

  O Código de Processo Civil, em seu art. 373, § 1º, também faz previsão acerca da possibilidade de modificação excepcional da regra geral de que incumbe ao autor o ônus da prova do fato constitutivo de seu direito e de que incumbe ao réu o ônus da prova dos fatos impeditivos, modificativos ou extintivos do direito do autor. Assim, excepcionalmente e diante de peculiaridades do caso concreto, o juiz, mediante decisão fundamentada, poderá atribuir às partes o ônus da prova de modo diverso, situação em que deverá dar à parte a oportunidade de se desincumbir do ônus probatório que lhe foi atribuído.

- *Allegare nihil, et allegatum non probare, paria sunt* (nada alegar e não provar o alegado se equivalem)

    No mesmo sentido, embora menos extremado, o brocardo *Allegatio et non probatio quasi non allegatio* (Alegar e não provar é quase não alegar). Pautam-se tais brocardos na regra processual geral prevista no art. 373 do CPC, o qual determina que o ônus da prova incumbe ao autor, quanto ao fato constitutivo de seu direito; e ao réu, quanto à existência de fato impeditivo, modificativo ou extintivo do direito do autor. Desse modo, de nada adianta o autor alegar fato que constitui seu direito se não prová-lo, assim como não haverá eficácia caso o réu alegue fato impeditivo, modificativo ou extintivo sem prová-lo.

- *Audiatur et altera pars* (seja ouvida também a outra parte)

    Este brocardo sintetiza o princípio processual do contraditório pelo qual é assegurado às partes tratamento igualitário no curso do processo. A Constituição Federal de 1988, em seu art. 5º, LV, trouxe-o, o contraditório, como um dos direitos e garantias fundamentais do indivíduo.

    Cada parte tem, então, o direito à contradita, isto é, direito de refutar, ilidir, defender-se dos argumentos sustentados pela parte contrária. Oposto a esse axioma temos *inaudita altera pars*.

- *Bona fides semper praesumitur, nisi mala adesse probetur* (presume-se a boa-fé enquanto não provada a má-fé)

    Diferentemente da boa-fé, consistente na lealdade e franqueza que todos esperam na prática de quaisquer atos jurídicos, portanto, presumível, a má-fé deve ser provada, jamais presumida.

    Logo, quem em juízo alega má-fé precisa, necessariamente, provar a intenção desleal da outra parte. Se não prová-la, o negócio deve ser considerado como se celebrado de boa-fé, nos termos do art. 113 do Código Civil: "Os negócios jurídicos devem ser interpretados conforme a boa-fé e os usos do lugar de sua celebração."

    É o princípio da boa-fé objetiva, sob o qual estão submetidos os negócios jurídicos, visto que maldade e deslealdade não se presumem.

- *Cogitationis poenam nemo patitur* (ninguém deve ser punido pelo que pensa)

    O pensamento é livre e não encontra sanção na ordem jurídica. Embora a manifestação do pensamento possa eventualmente ferir direitos alheios e então fazer emergir a responsabilidade civil e até mesmo a penal, o mero pensar não encontra qualquer restrição na lei, sendo absolutamente livre.

Entretanto, frise-se, determinados pensamentos e opiniões, caso sejam exteriorizados, podem ferir direitos e fazer com que haja dever de indenização, ou mesmo imputação de pena, caso a manifestação do pensamento constitua, por exemplo, crime de injúria.

- **Confessio est regina probationum (a confissão é a rainha das provas)**

    Estamos, de novo, diante do *tópos* (lugar) de qualidade, elemento da argumentação. A confissão, na palavra de De Plácido e Silva (1978, p. 396), tem valor inestimável nos domínios jurídicos.

    Outros brocardos realçam o valor do aforismo acima: *confessio est probatio omnibus melior* (a confissão é a melhor de todas as provas); *confessus pro judicato habetur* (o confesso é tido como julgado).

    Cumpre esclarecer o fato de que embora a confissão seja a rainha das provas, casos há em que o convencimento do juiz pode afastar-se dela. É a hipótese do pai que falsamente confessa a prática de crime cuja autoria, em realidade, é de seu filho. Vale explicar, ainda, que acusar-se de crime inexistente ou praticado por outrem, perante autoridade, constitui crime de autoacusação falsa, previsto no art. 314 do Código Penal.

- **Consuetudo parem vim habet cum lege (o costume tem a mesma força de lei)**

    O Direito consuetudinário assenta-se no consentimento tácito da sociedade: daí ter força de lei. O costume, no nosso ordenamento jurídico, é fonte de direito subsidiária, consoante disposição do art. 4º da Lei de Introdução às Normas do Direito Brasileiro.

- **Da mihi factum, dabo tibi ius (dá-me o fato, dar-te-ei o direito)**

    Ao ingressar em juízo, o autor da ação deve narrar os fatos e expor os fundamentos jurídicos do pedido, além de atender aos demais requisitos dos arts. 319 e 320 do Código de Processo Civil. Embora seja recomendável, não é indispensável às partes a indicação dos fundamentos legais, ou seja, dos artigos de lei pertinentes ao caso. Isso porque o juiz conhece o direito (*jura novit curia*), cabendo-lhe a devida aplicação da lei ao caso concreto ainda que as partes não tenham indicado os dispositivos legais adequados.

- **Dolus ubi non adest, non est delictum poena dignum (onde não há dolo, não há delito digno de pena)**

    Há dolo quando o agente quis o resultado do crime praticado, ou assumiu o risco de produzi-lo (CP, art. 18, I). Entretanto, é necessário interpretar o brocardo jurídico acima mencionado com restrições, pois a legislação também prevê penas para crimes culposos (CP, art. 18, II), os quais são caracterizados não pela intenção do agente em obter o resultado criminoso, mas pelo fato de o agente dar causa ao resultado por imprudência, negligência ou imperícia.

Importante ressaltar, ainda, que só haverá punição para a prática culposa de fatos tipificados como crime quando a lei trouxer previsão expressa (CP, art. 18, parágrafo único: "Salvo os casos expressos em lei, ninguém pode ser punido por fato previsto como crime, senão quando o pratica dolosamente").

- ***Dormientibus jus non succurrit*** **(o direito não socorre os que dormem)**

    A questão do prazo (do horário) preocupava os romanos que diziam: *sero venientibus ossa* (aos que chegam tarde, os ossos) ou *mus tarda non est* (rato atrasado não come). Entre nós corre o ditado: "Aos que dormem, dorme-lhe a fazenda." De fato, no direito, há grande rigor acerca do cumprimento dos prazos legais, processuais e convencionais.

    Inúmeros são os exemplos, na área jurídica, de consequências graves oriundas do não atendimento aos prazos: incidência de multa contratual; preclusão de faculdade processual (por exemplo, perda do direito de indicar as provas a serem produzidas no processo); revelia (se o réu não contestar a ação no prazo, serão reputados verdadeiros os fatos alegados pelo autor); perda de propriedade por usucapião (quando o dono não reouver a coisa antes do prazo de usucapião, perdê-la-á em favor do possuidor); prescrição (por exemplo, perda do direito de propor ação judicial para cobrar o devedor); decadência de direito (por exemplo, perda do direito de anular negócio jurídico realizado por coação) etc.

- ***Dura lex, sed lex*** **(a lei é dura, mas é a lei)**

    Emprega-se esse brocardo para referir-se à ideia de que a lei, uma vez estabelecida, deve ser cumprida, ainda que suas consequências sejam severas. Tão argumentativo é este aforismo jurídico que ensejou uma contra-argumentação com a expressão *dura lex, sed latex* (a lei é dura, mas estica), elaborada pelo escritor Fernando Sabino, consistente em uma crítica no sentido de que a lei seria dura para a classe menos privilegiada, mas elástica para os ricos e poderosos.

- ***Error communis facit jus*** **(o erro comum faz o direito)**

    Trata-se de erro admitido por todos como verdade que se transforma em praxe e em lei, como acontece também na área linguística. A opinião geral, o princípio aceito por todos, de perspectiva pluralista, é um dos princípios básicos da Nova Retórica.

- *Exceptio non adimpleti contractus* (exceção do contrato não cumprido)

    O descumprimento do contrato por uma das partes pode gerar o descumprimento da outra parte. O verbo latino *adimplere* (encher até as bordas) nos deu o verbo jurídico *adimplir*. O *ad* explica o "até as bordas". Cognatos de adimplir são, por exemplo, adimplemento, adimplência, adimplente, inadimplente etc.

    Exceptio, no âmbito processual, tem acepção de "defesa indireta", daí os termos exceção de incompetência, exceção de suspeição e outros.

- *Ex facto oritur jus* (o direito nasce do fato)

    A proposta do brocardo é que o Direito não se pauta por questões abstratas, mas por questões da vida prática. Daí o seu caráter pragmático.

- *Fiat justitia pereat mundus* (faça-se justiça mesmo que pereça o mundo)

    Públio teria sido o autor do brocardo em que se espelharia a severidade do Direito romano que não atentaria para as consequências do ato jurídico e estaria em desacordo com o pragmatismo atribuído ao raciocínio jurídico romano.

    Hoje este entendimento se mostra mitigado. Ao aplicar a norma jurídica, no caso concreto, o magistrado deve atentar-se aos fins sociais e ao bem comum (LINDB, art. 5º).

- *Fumus boni juris* (fumaça de bom direito; aparência de bom direito)

    Literalmente, significa "fumaça de bom direito", expressão latina a qual, metaforicamente, refere-se à existência de indícios de determinado direito. Trata-se, pois, de alegação verossímil que consiste, pelo menos aparentemente, em um direito. Ao lado do *periculum in mora (perigo na demora da prestação jurisdicional)*, o *fumus boni juris* é requisito a ser verificado pelo juiz para conceder liminar, tendo em vista trazer a ideia de que o direito pleiteado pela parte tem aparência, caráter de juridicidade.

- *Hereditas viventis non datur* (não há herança de pessoa viva)

    O Código Civil determina, em seu art. 426, que a herança de pessoa viva não pode ser objeto de contrato. Assim sendo, é juridicamente impossível negociar herança de pessoa ainda não falecida. Filho que seja único herdeiro não pode, por exemplo, ceder onerosamente seus direitos hereditários a terceiro, enquanto seus pais estiverem vivos. Obviamente, a própria pessoa que é titular dos direitos e bens, em vida, pode elaborar testamento, de modo que sua herança, após sua morte, seja atribuída aos contemplados na disposição de última vontade, dentro dos limites da lei.

A ideia trazida pelo brocardo jurídico *hereditas viventis non datur* também está contida no brocardo *viventis nulla est hereditas*, que pode ser traduzido por "a herança de quem está vivo é nula".

- **Honeste vivere, alterum non laedere, suum cuique tribuere (viver honestamente, não lesar o outro, atribuir a cada um o que é seu)**

    Variante: *honeste vivere, neminem laedere, suum cuique tribuere*

    Este brocardo, cunhado pelo jurista Ulpiano, nascido no século II d.C., refere-se a preceitos essenciais de direito: viver com honestidade, não praticar atos que prejudiquem os outros, atribuir a cada qual o que lhe pertence. Tal aforismo, posteriormente, foi incluso no Digesto, famosa e ampla seleção de trechos de obras dos jurisconsultos clássicos. O Digesto, o *Codex*, as Institutas e as *Novellae* constituem compilações de Direito Romano realizadas por ordem de Justiniano I na primeira metade do século VI. As quatro obras, juntas, compõem o *Corpus Juris Civilis*, designação dada por Dionísio Godofredo no século XVI e amplamente aceita e divulgada até os dias atuais.

- **Ignorantia legis neminem excusat (a ignorância da lei não escusa ninguém)**

    Variante: *ignorantia juris non excusat*.

    Tal brocardo jurídico traz a ideia de que a ignorância da lei não exime ninguém de seu cumprimento. Nesse sentido, a Lei de Introdução às Normas do Direito Brasileiro (Decreto-lei nº 4.657/42), em seu art. 3º, estipula que "ninguém se escusa de cumprir a lei, alegando que não a conhece".

- **Inaudita altera pars (sem ouvir a parte contrária)**

    Utiliza-se esse brocardo, frequentemente, em peças nas quais se requer ao juiz decisão liminar, sem que se ouça anteriormente a outra parte.

    Há de se explicar que a outra parte sempre terá oportunidade de ser ouvida, em atendimento ao princípio constitucional do contraditório e da ampla defesa, ainda que seja após a decisão liminar.

- **In claris cessat interpretatio (o que é claro dispensa interpretação)**

    Interpretar consiste em compreender com exatidão o sentido real de um enunciado, conforme o contexto em que está inserido. Assim, tal brocardo jurídico em latim traduz a ideia de que quando o enunciado está claro e preciso, não há necessidade de divagações, bastando a simples leitura para a sua compreensão. Não há necessidade, pois, de aclarar o que claro já está.

- *In dubio pro reo* (em caso de dúvida, favoreça-se o réu)

    A condenação de alguém, na esfera penal, supõe certeza plena e inarredável de que o acusado cometeu um crime. Qualquer dúvida razoável deve levar à absolvição do réu com base no princípio contido no brocardo acima. Relaciona-se diretamente com a expressão latina *in dubio pro libertate*, visto que *libertas omnibus rebus favorabilior est*.[1] Afinal, pior do que um criminoso solto, é um inocente preso.

    O brocardo *in dubio pro reo* tem conotação subjetiva e forte apego argumentativo, uma vez que se traduz na orientação de que a condenação deve advir apenas quando o julgador estiver plenamente convicto da materialidade do crime e culpabilidade do agente.

    Com base nesse brocardo cunhou-se a expressão *in dubio pro operario*, que remete à orientação de que o Juiz do Trabalho, na dúvida, deve decidir em prol do trabalhador e em detrimento do empregador. Também nesse diapasão o brocardo *in dubio contra fiscum*, em referência aos litígios entre o Fisco e o contribuinte.

- *Jura novit curia* (os juízes conhecem o direito)

    É obrigação do magistrado conhecer o direito, razão pela qual não se impõe às partes o dever de demonstrar a norma jurídica federal sobre a qual se assenta a sua tese. Entretanto, em se tratando de norma municipal, estadual, estrangeira ou consuetudinária, poderá o juiz determinar que a parte prove o teor do direito e a sua vigência (CPC, art. 376).

- *Lex non est textus sed contextus* (a lei não é apenas texto, mas também contexto)

    Os preceitos normativos se encontram em harmonia uns com os outros, formando um sistema regrado também por princípios, ao qual se dá o nome de ordenamento jurídico. Por esse motivo, ao se interpretar uma norma deve-se levar em consideração o contexto no qual ela está inserida, não só o contexto normativo, mas também histórico, além de se levar em conta os fatos que envolvem o caso concreto ao qual determinada lei é aplicável. Isso porque uma palavra ou expressão, mesmo que jurídica, pode assumir diferentes significados a depender do contexto.

---

[1] Na dúvida, pela liberdade. Em todas as coisas, a liberdade é a que merece mais favor (ser mais favorecida).

- *Mors omnia solvit* (a morte dissolve todas as coisas)

    O brocardo se harmoniza com o disposto no art. 6º do Código Civil, segundo o qual a personalidade civil da pessoa encerra-se com a morte, extinguindo, por conseguinte, todas as suas relações jurídicas.

- *Non probandum factum notorium* (o fato notório não deve ser provado)

    Quando os fatos são de conhecimento geral, conhecidos por todos, públicos ou manifestos, enfim, notórios, a produção de prova para comprová-los é prescindível, dispensável. Esse preceito encontra guarida no art. 374, I, do Código de Processo Civil.

- *Nullum crimen, nulla poena sine lege* (não há crime, não há pena sem lei – anterior que o defina).

    Trata-se do princípio da anterioridade da lei penal ou da reserva legal, segundo o qual não haverá crime se não existir lei anterior que defina a conduta como infração penal e lhe culmine uma pena. Tanto a Constituição Federal, art. 5º, XXXIX, quanto o art. 1º, do Código Penal, prestigiaram o princípio contido nesse brocardo.

- *Pacta sunt servanda* (os acordos são para serem cumpridos)

    Os contratos, uma vez celebrados, devem ser cumpridos, desde que dentro dos limites da lei. Em relação às partes, esses instrumentos possuem força vinculante, sendo verdadeira fonte de obrigação. Assim sendo, o cumprimento das prestações previstas nos contratos pode ser exigido em juízo no caso de inadimplemento.

- *Pecunia non olet* (o dinheiro não tem cheiro)

    Trata-se de princípio tributário segundo o qual o fato gerador de tributo não se prende à origem lícita ou ilícita praticada pelo contribuinte (CTN, art. 118), que estará obrigado a pagar o tributo ainda que tenha auferido valores mediante prática de atos ilegais, daí a metáfora de que o dinheiro "não tem cheiro" (*non olet*). Assim, por exemplo, se algum contraventor auferiu renda em razão do jogo do bicho, por mais que o ato seja ilícito, o Fisco poderá lhe cobrar o tributo devido em razão da renda auferida, sem prejuízo das demais cominações legais.

    Reza a lenda que a expressão latina *pecunia non olet* surgiu na Antiguidade Clássica, em uma conversa em que Tito teria questionado seu pai, o imperador Vespasiano, sobre a imoralidade que era a criação da taxa de utilização dos banheiros públicos, pois, imagina-se, tal taxa privava os cidadãos menos abastados do uso de banheiros e causava mau odor na cidade. O imperador, em resposta, teria pegado uma moeda de ouro advinda da taxa imoral e, após cheirá-la, disse a Tito: *"pecunia non olet"*.

- ***Periculum in mora*** **(perigo na demora)**

    Vezes há em que a demora da prestação jurisdicional pode ocasionar dano irreparável ou de difícil reparação, razão pela qual o juiz poderá, a requerimento da parte, antecipar total ou parcialmente os efeitos da tutela pretendida no pedido inicial. Essa tutela de urgência, entretanto, só será concedida quando houver elementos que evidenciem a probabilidade do direito (*fumus boni iuris*) e o perigo de dano ou o risco ao resultado útil do processo (*periculum in mora*) (CPC, art. 300, *caput*).

- ***Poena maior absorvit minorem*** **(pena maior absorve a menor)**

    Trata-se do princípio da consunção, também designado princípio da absorção, em que o crime fim absorve o crime meio. Ocorre quando há sucessão de condutas criminosas, de modo que o crime antecedente é praticado como meio para atingir o crime pretendido. É, por exemplo, o caso da prática do crime de falsificação de documento para consumar crime de estelionato, situação em que a conduta delituosa de falsificar documento é absorvida pelo estelionato, devendo o agente responder apenas por este crime (Súmula nº 17 do STJ).

- ***Quod non est in actis non est in mundo*** **(o que não está nos autos não está no mundo)**

    Este brocardo refere-se ao fato de que o juiz deve proferir seu julgamento conforme o que consta nos autos do processo, isto é, deve decidir conforme os fatos alegados pelas partes e as provas produzidas durante o processo judicial. Nesse sentido, dispõe o art. 141 do CPC que "o juiz decidirá o mérito nos limites propostos pelas partes, sendo-lhe vedado conhecer de questões não suscitadas a cujo respeito a lei exige iniciativa da parte".

    Desse modo, não deve o juiz pautar-se, para proferir suas decisões, em fatos não alegados e provas não produzidas na instrução processual. O que está fora dos autos, ou seja, o que não foi alegado ou provado no processo, não deve influenciar no julgamento. Assim, se nos autos do processo não houver alegação e prova de determinado fato, considera-se que tal fato não ocorreu no mundo, ainda que, verdadeiramente, tenha ocorrido.

    A título de exemplo, cite-se a hipótese de um réu de ação de cobrança que tenha, verdadeiramente, pago metade do que lhe está sendo cobrado em juízo: se o réu não alegar e provar que já pagou metade do valor cobrado, então o juiz deverá condená-lo a pagar todo o valor demandado, pois, para fins de julgamento do processo, o que não está alegado e provado nos autos, considera-se não ocorrido no mundo.

- **Rebus sic stantibus (permanecendo assim as coisas)**

    Trata-se da forma reduzida do brocardo *contractus qui habent tractu successivum et dependendum futurus rebus sic stantibus intelligentur* (os contratos que tratam de prestações sucessivas e condicionais devem ser interpretados conforme as circunstâncias em que se encontram na atualidade).

    Este brocardo encerra o princípio contratual de que havendo na ocasião do cumprimento da obrigação contratual uma situação que não podia ser prevista no momento em que foi avençada, o contrato deverá ser ajustado à nova realidade. Não é por outra razão que essa teoria é conhecida como Teoria da Imprevisão, prevista no art. 317 do Código Civil, que assim dispõe: "Quando, por motivos imprevisíveis, sobrevier desproporção manifesta entre o valor da prestação devida e o do momento de sua execução, poderá o juiz corrigi-lo, a pedido da parte, de modo que assegure, quanto possível, o valor real da prestação."

- **Reformatio in pejus (reforma para pior)**

    Não se admite a *reformatio in pejus*, isto é, aquele que interpõe recurso não pode obter do tribunal ao qual recorreu decisão que lhe seja ainda mais prejudicial do que a decisão recorrida, salvo se a outra parte também houver recorrido, requerendo decisão mais gravosa (Código de Processo Penal, art. 617).

    Assim sendo, caso o réu tenha sido condenado em primeira instância, havendo recurso apenas por parte dele, não poderá o tribunal agravar-lhe a pena imposta, pois não se pode reformar a decisão recorrida em prejuízo do recorrente, cabendo ao tribunal manter a decisão recorrida ou reformá-la em benefício do recorrente.

- **Res perit domino (a coisa perece por conta do dono)**

    Em caso de perda da coisa, quem sofre os prejuízos, em regra, é o proprietário e não quem por algum motivo a possuía, salvo se a perda se der por culpa deste.

- **Salus populi suprema lex esto (a salvação do povo deve ser a lei suprema)**

    Os *tópoi* (lugares) são princípios gerais que servem de premissas para a argumentação. Nesse brocardo, está presente o *tópos* de qualidade.

Refere-se tal princípio ao fato de que a lei é o instrumento de pacificação da sociedade, garantindo a seus integrantes o resguardo de seus direitos e rechaçando a barbárie.

- *Summum jus, summa injuria* (sumo direito, suma injúria)

   Em outras palavras: tanto maior a injustiça quanto maior for a rigidez da justiça. Esse brocardo, pois, apregoa que o direito extremo é a extrema injustiça, ou, ainda, que a justiça rígida é suprema injustiça.

- *Ubi homo, ibi societas; ubi societas, ibi jus* (onde está o homem, aí está a sociedade; onde está a sociedade, aí está o direito)

   Famoso aforismo atribuído a Ulpiano, nascido no século II d.C., ancorado no fato de que as pessoas não vivem isoladamente, e sim em constantes relações com os seus demais, portanto, onde houver homens, haverá sociedade constituída. E, onde houver sociedade, haverá regras regulamentando as condutas e interações humanas, ou seja, haverá o direito.

4.3.3. Outros brocardos jurídicos em latim

Conforme acima exposto, os brocardos jurídicos em latim existem em grande quantidade, alguns utilizados com mais frequência, outros com menos. Da vasta relação realizada por Silveira (1957, p. 106), passamos a transcrever alguns, com as respectivas traduções:

- *Ad impossibilia nemo tenetur.*
   Variante: *Ad impossibile nemo tenetur.*
   Ninguém pode ser obrigado a (fazer) coisas impossíveis.

- *Aliud pro alio invito creditore solvi non potest.*
   Não se pode pagar uma coisa por outra, contra a vontade do credor.

- *Approbatione totius quaelibet eius pars approbatur censetur.*
   A aprovação do todo importa na de cada uma das partes.

- *Beneficium non confertur in invitum.*
   Não se concede benefício contra a vontade.

- *Bis de eadem re ne sit actio.*
   Não haja ação duas vezes sobre a mesma coisa. Corresponde ao conhecido *bis in idem*, ou sua variante *non bis in idem*.
   Uma ação não pode ser proposta duas vezes para a mesma coisa.

- *Bonae fidei possessor fructus consumptos suos facit.*
  Aos frutos consumidos tem direito o possuidor de boa-fé.

- *Citatio cum plena causae expressione ut adversarius instrui possit super quo et qua de causa citetur.*
  Faça-se a citação com plena expressão da causa, para que o adversário seja instruído sobre o que e por que causa é citado.

- *Confessus pro judicato habetur.*
  A confissão é tida como coisa julgada.

- *Culpa ubi non est, nec poena esse debet.*
  Onde não há culpa não deve haver pena.

- *Damnum rei suae facere non potest.*
  Não se pode causar dano em coisa própria.

- *Dare nemo potest quod non habet.*
  Variante: *nemo dat quod non habet.*
  Ninguém pode dar o que não tem.

- *Debitor debitoris mei non est debitor meus.*
  O devedor de meu devedor não é meu devedor.

- *Delictum non praesumitur in dubium.*
  Não se presume o delito em caso de dúvida.
  Outro brocardo correspondente ao *in dubio pro reo,* o que lhe confere força argumentativa.

- *Dolus non praesumitur.*
  O dolo não se presume.

- *Domicilium est ubi degit rerumque suarum summam constituit eo consilio ubi ibi maneat.*
  Referência ao *animus permanendi.*
  Domicílio é o lugar onde alguém vive e estabeleceu intencionalmente o conjunto das suas coisas, com ânimo de ali permanecer.

- *Dominium est ius utendi fruendi et abutendi re sua quatenus iuris ratio patitur.*
  Domínio é o direito de usar, fruir e dispor do que é seu, até o ponto em que o permite a razão do direito.

- *Ei incumbit probatio qui dicit, non qui negat.*
  O ônus da prova incumbe a quem alega (o fato), não a quem o nega.

- *Exceptio declarat regulam.*
  A exceção confirma a regra.

- *Expedit rei publicae ne quis re sua male utatur.*
  Convém à coisa pública que ninguém use mal de seus bens.

- *Fidejussor, antequam reus debeat, conveniri non potest.*
  O fiador não pode ser chamado a juízo antes que o réu.

- *Fortuitus casus est qui nullo humano consilio praevideri potest.*
  Caso fortuito é aquele que não se pode prever por nenhum meio humano.

- *Honesta non sunt omnia quae licet.*
  Nem tudo que é lícito é moral.
  O brocardo estabelece a divisão entre Direito e moral.

- *Ibi sit poena, ubi et noxia sint.*
  Esteja a pena onde estiverem os danos.

- *Impensae necessariae sunt, quasi si factae non sint, res aut peritura aut deterior future sit.*
  Benfeitorias necessárias são aquelas que, se não forem feitas, a coisa ou perecerá ou se deteriorará.

- *In pari casu melior est conditio possidentis.*
  Em igualdade de situação, é melhor a condição do possuidor.

- *Interest inter bona mobilia et immobilia quod illa sequuntur suum territorium, haec vero personam domini.*
  O importante entre os bens móveis e imóveis é que estes seguem o seu território, enquanto aqueles seguem a pessoa do dono.

- *Interitu rei certae, liberatur debitor.*
  Com o perecimento da coisa certa desobriga-se o devedor.

- *Invitus agere nemo cogatur.*
  Ninguém deve ser coagido a agir (judicialmente).

- *Irritum est quidquid, lege prohibente, fit.*
  Tudo o que se faz é írrito, se a lei o proíbe.

- *Iudex ultra petitum condemnare non potest.*
  O juiz não pode condenar além do pedido.

- *Iuris praecepta sunt haec: honeste vivere, alterum non laedere, suum cuique tribuere.*
  Os preceitos do direito são estes: viver honestamente, não prejudicar ninguém, dar a cada um o que é seu.

- *Ius publicum privatorum pactis mutari non potest (ou nequit).*
  O direito público não pode ser modificado pelos pactos dos particulares.

- *Jus et obligatio sunt correlata.*
  A todo direito corresponde uma obrigação.

- *Leges non valent ultra territorium.*
  As leis não têm eficácia fora do território.

- *Lex neminem cogit ad vana seu inutilia.*
  A lei não obriga ninguém a atos vãos ou inúteis.

- *Lex posterior derogat priori.*
  A lei posterior derroga a anterior.

- *Lex prospicit, non respicit.*
  A lei progride, não regride.

- *Lex specialis derogat generali.*
  A lei especial derroga a geral.

- *Locus regit actum.*
  O lugar rege o ato.

- *Minus est actionem habere, quam rem.*
  Ter a ação é menos que ter a coisa.

- *Mores sunt tacitus consensus populi, longa consuetudine inveteratus.*
  Os costumes são o consentimento tácito do povo, envelhecido por longo hábito.

- *Nec possessio et proprietas misceri debent.*
  A posse e a propriedade não se devem misturar.

- *Nemo ad alium plus ius transferre potest quam ipse possideat.*
  Ninguém pode transferir a outrem mais direito do que possui.

- *Nemo auditur propriam turpitudinem allegans.*
  Ninguém pode se beneficiar da própria torpeza.

- *Nemo damnatus nisi auditus.*
  Ninguém pode ser condenado sem, antes, ser ouvido.

- *Nemo ex industria protrahat iurgium.*
  Ninguém, com artifícios, prolongue o pleito.

- *Nocentem absolvere satius est quam innocentem damnare.*
  É preferível absolver um culpado a condenar um inocente.

- *Onus probandi incumbit ei qui allegat.*
  O ônus de provar incumbe a quem alega.

- *Plus cautionis in re est, quam in persona.*
  Há mais garantia na coisa do que na pessoa.

- *Poenalia sunt restringenda.*
  As disposições cominadoras de pena devem ser interpretadas restritamente.

- *Praescriptio est humani generis patrona.*
  A prescrição é a protetora do gênero humano.

- *Privatum instrumentum cum publica fide destitutum sit.*
  O instrumento particular é destituído de fé pública.

- *Quilibet praesumitur bonus donec contrarium probetur.*
  Qualquer um se presume bom, até ser provado o contrário.

- *Res inter alios iudicatae alios non praeiudicant.*
  As coisas julgadas entre outros não prejudicam terceiros.

- *Res ubicumque sit, pro domino suo clamat.*
  Onde quer que esteja, a coisa clama pelo seu dono.

- *Servitutes non utendo pereunt.*
  Se não usadas, as servidões perecem.

- *Sic lex, sic iudex.*
  Tal a lei, tal o juiz.

- *Socii mei socius meus socius non est.*
  O sócio do meu sócio não é meu sócio.

- *Tempus regit actum.*
  O tempo rege o ato.

- *Traditio est datio possessionis.*
  Tradição é a entrega da posse.

- *Ubi eadem ratio ibi idem jus.*
  Onde houver o mesmo fundamento haverá o mesmo direito.

- *Ubi lex voluit, dixit; ubi noluit tacuit.*
  Onde a lei quis, disse-o; onde não, calou-se.

- *Ultra posse nemo tenetur* (ou *obligatur*).
  Ninguém é obrigado além do que pode.

- *Victus victori expensas condemnatur.*
  Que o vencido seja condenado a pagar ao vencedor.

- *Viventis nulla est hereditas.*
  A herança de quem está vivo é nula.

4.4. EXERCÍCIOS

1. Pela leitura do art. 481 do Código de Processo Civil, percebe-se que o juiz pode, *ex officio*, inspecionar pessoas ou coisas, a fim de se esclarecer sobre fato que interesse à decisão da causa. Explique o sentido da expressão *ex officio*.

2. O art. 6º do Código Civil estipula que a existência da pessoa natural termina com a morte. Assinale a alternativa cujo brocardo jurídico se relaciona com tal preceito legal.

   a) *Cogitationis poenam nemo patitur.*

   b) *Res perit domino.*

   c) *Mors omnia solvit.*

   d) *Periculum in mora.*

   e) *Fiat justitia pereat mundus.*

3. As palavras escritas em latim podem conter hífen e receber acentuação gráfica? Explique.

4. Elabore frases empregando as seguintes expressões latinas: *pro rata die, animus necandi, quorum, sine die, ex vi, de cujus.*

5. Explique a frase, deixando claro o sentido dos termos latinos: "A decisão do juízo *ad quem* retificou a decisão do juízo *a quo*."

5

A GRAMÁTICA NO PORTUGUÊS JURÍDICO

5.1. PREÂMBULO

Sabido é e consabido que o português jurídico não difere do português tradicional, embora tenha suas particularidades já que se trata de um jargão. Parece oportuno relembrar alguns aspectos gramaticais especialmente para os que vão ensaiar os primeiros passos na carreira jurídica. Merece relevar alguns verbos mais afinados com o Direito, cuja regência pode causar alguns embaraços.

5.2. OBSERVAÇÕES GRAMATICAIS

5.2.1. Onde – Aonde – Donde

- **Onde**
Do advérbio de lugar latino *ubi* que Ernout e Meillet (1951, p. 1265) traduzem por "à la place où, sans mouvement" (no lugar onde, sem movimento), refletindo, pois, fixação, quietação, situação, repouso. (Casa-se com os verbos *ser, estar, fixar, permanecer, continuar* e outros do mesmo tipo.)

    Exemplo: O réu quer saber onde se localiza a sala de audiências.

- **Aonde**
Corresponde ao *quo* latino, advérbio de lugar designando movimento para um fim em contraste com o *ubi* (onde), contraste esse nem sempre observado pelos clássicos, embora seja um fato da língua e, portanto, deve ser aceito.

    Exemplo: O réu quer saber aonde deve ir.

- **Donde**

  Contração da preposição "de" com o pronome "onde", indica a procedência, a origem, o local. Comumente empregado com os verbos que denotam origem, como, por exemplo, *vir, provir, proceder* e outros de mesmo viés.

  Exemplo: Os jurados ignoravam donde vinham as testemunhas.

5.2.2. Senão – Se não

- **Senão**

  Principais acepções:

  1. *Mancha, defeito*
  Não havia senão em seu discurso.

  2. *Mas*
  "Mas justiça atrasada não é justiça, senão injustiça qualificada e manifesta" (Ruy Barbosa).

  3. *Pois*
  Está comprovada a condenação do réu. Senão vejamos.

  4. *Do contrário, caso contrário*
  Tenham calma senão pode atirar.

  5. *Exceto, a não ser*
  "No ato da execução, cada credor não pode exigir *senão* sua quota e cada devedor não responde *senão* pela parte respectiva" (W. de Barros Monteiro) (grifo nosso).

  > Art. 107, Código Civil: "A validade da declaração de vontade não dependerá de forma especial, *senão* quando a lei expressamente exigir" (grifo nosso).
  >
  > O art. 795 do Código de Processo Civil também utiliza a expressão: "Os bens particulares dos sócios não respondem pelas dívidas da sociedade, *senão* nos casos previstos em lei" (grifo nosso).

- **Se não**

  Conjunção condicional *se* + advérbio de negação

Um exemplo de Washington de Barros Monteiro reúne as duas formas:

> "Por conseguinte, num contrato de compra e venda, por exemplo, se a coisa vendida experimenta deterioração da metade de seu valor, o adquirente não se acha obrigado *senão* pela metade do preço, *se não* optar pela resolução" (grifo nosso).

Outro exemplo há no art. 181 do Código Civil: "Ninguém pode reclamar o que, por uma obrigação anulada, pagou a um incapaz, *se não* provar que reverteu em proveito dele a importância paga."

5.2.3. Porque e variantes

- **Porque**

  Usa-se com sentido de causa, como conjunção causal, correspondente ao *quia* latino, que não sobreviveu nas línguas românicas.

  > "[...] ao passo que o contratante que vem a pagar a cláusula penal a ela se submete *porque* violou o ajuste" (W. de Barros Monteiro) (grifo nosso).

- **Por que**

  1. Nas interrogações (perguntas)

  Por que o Direito é tão importante para a sociedade?

  2. Como pronome relativo (corresponde a *pelo qual, pela qual, pelos quais, pelas quais*).

  O art. 45 do Código Civil oferece excelente exemplo: "Começa a existência legal das pessoas jurídicas de direito privado com a inscrição do ato constitutivo no respectivo registro, precedida, quando necessário, de autorização ou aprovação do Poder Executivo, averbando-se no registro todas as alterações *por que* passar o ato constitutivo" (grifo nosso).

  3. Correspondendo à conjunção final "para que".

  O exemplo de Noronha é frisante: "Se não aditá-la, sua função é de *custos legis*, zelando *por que* a lei seja aplicada com exatidão, não ocorram nulidades, diligenciando, enfim, para que o processo atinja sua finalidade" (grifo nosso).

- **Por quê**

    1. No final de frase
       Alguns atacam o juridiquês. Por quê?

    2. Isolados por pausas
       Sem saber por quê, saiu à rua.

- **Porquê**

    Quando substantivado (com o artigo masculino no singular e plural), significando "motivo", "razão".

    Todos vivemos preocupados com o porquê da vida.

5.2.4. Salvado – Salvo

- **Salvado**

    1. Particípio passado do verbo *salvar* (com os verbos *ter* e *haver*).

    2. Substantivo (geralmente no plural, indicando o que se salvou, as sobras de catástrofes, como incêndios, naufrágios).

        O Título IX do Código Comercial tratava do assunto: Do Naufrágio e Salvados (arts. 731 e 734).

- **Salvo**

    1. Adjetivo (livre, liberto, salvaguardado, resguardado)

        Código Civil (antigo), art. 869: "Se a obrigação for de restituir coisa certa, e esta, sem culpa do devedor se perder antes da tradição, sofrerá o credor a perda, e a obrigação se resolverá, *salvos*, porém a ele os seus direitos até o dia da perda" (grifo nosso).

    2. Advérbio (exceto, com exceção)

    Neste sentido, aparece reiteradas vezes no Código Civil: arts. 13, 20, 117, 132, 134, 136, 137 e outros.

        Exemplo (art. 134, CC): "Os negócios jurídicos entre vivos, sem prazo, são exequíveis desde logo, *salvo* se a execução tiver de ser feita em lugar diverso ou depender de tempo" (grifo nosso).

5.2.5. Pagado – Pago

O verbo pagar é abundante e admite dois particípios: a forma regular "pagado" e a forma irregular "pago", ambas com o mesmo sentido, qual seja, o de ter efetuado o pagamento.

A norma culta mais tradicional prefere a forma regular ("pagado") quando estiver acompanhado dos verbos auxiliares "ter" e "haver", como no exemplo a seguir: "O Réu já havia pagado o débito".

Porém, a maioria dos gramáticos vem aceitando a utilização da forma irregular "pago" para quaisquer situações, mesmo quando acompanhado pelos verbos auxiliares "ter" e "haver". É nessa linha, inclusive, que o legislador do Código Civil de 2002 se pautou, utilizando apenas a forma irregular "pago", tanto nos casos em que o verbo auxiliar é "ser"/"estar", como nos casos em que o verbo auxiliar é "ter"/"haver":

> Código Civil, art. 160. "Se o adquirente dos bens do devedor insolvente ainda não tiver *pago* o preço e este for, aproximadamente, o corrente, desobrigar-se-á depositando-o em juízo [...]".
>
> Código Civil, art. 1.828. "O herdeiro aparente, que de boa-fé houver *pago* um legado, não está obrigado a prestar o equivalente ao verdadeiro sucessor [...]".
>
> Código Civil, art. 1.987, parágrafo único. "O prêmio arbitrado será *pago* à conta da parte disponível, quando houver herdeiro necessário".

5.2.6. Sob – Sobre

- **Sob**

Debaixo de (sentido real e moral). Aparece em várias expressões jurídicas na forma latina *sub*, como *sub examine*, ou *sub judice*.

- **Sobre**

Acima de, por cima de. É o oposto de *sob*. Exemplo: "Os autos estão sobre a mesa do juiz."

5.2.7. Só

1. Como adjetivo (sozinho) varia em número.

> Sós, os criminosos renderam-se.

2. Como advérbio (somente) permanece invariável.

   Só eles não colaboraram na investigação.

Atente-se às locuções:

$$\begin{cases} \text{a só (sozinho)} \\ \text{a sós (sozinhos)} \\ \text{só por só: um por um} \end{cases}$$

$$\begin{cases} \text{sós a sós} \\ \text{sós por sós} \end{cases} \longrightarrow \text{sem companhia}$$

5.2.8. Junto – Junto a(de) – Juntada

1. Junto

Funciona como:
- Adjetivo (variável)

  Encontrei as juízas juntas.
- Advérbio (invariável)

  Junto (juntamente) vão as cartas.

2. Junto a(de)

Locução prepositiva (invariável)

   O réu estava junto ao advogado (perto de).

Nota: Com relação a pedidos, solicitações ou providências, não se deve usar *junto a*.

É bom fazer o pedido *no* cartório (e não junto ao cartório).

3. Juntada

Na linguagem jurídica, é o ato pelo qual se junta ao processo petição ou documento que lhe era estranho. Uma vez realizada a juntada, procede-se ao chamado *termo de juntada*, rubricado pelo escrivão.

5.3. VÍCIOS DE LINGUAGEM

Vícios de linguagem constituem desvios da norma culta e, portanto, devem ser evitados, ainda mais quando se trata de ato comunicativo jurídico, já que a correção de linguagem é uma das principais características da língua portuguesa aplicada ao discurso jurídico.

Vejamos os principais vícios, uma vez que, conhecendo-os, torna-se mais fácil evitá-los:

- **Barbarismo**

    Do latim *barbarismus*, derivado do grego *barbarismós*, para indicar estado ou condição de bárbaro, ou seja, daqueles que, entre gregos e romanos, eram estrangeiros, considerados pelos primeiros como selvagens, grosseiros e incultos. No contexto linguístico é usualmente empregado para denotar erro de grafia, pronúncia, forma gramatical ou de sentido.

    Uma forma de barbarismo é a *cacografia*, constituída pelo prefixo grego *kako*, usado para designar algo mau, feio, defeituoso; ao ligar-se ao radical grafia indica erro de ortografia, vício que deve ser evitado nas páginas jurídicas.

    Outra forma é o *estrangeirismo* (uso de palavras estranhas à índole de nossa língua). São também raríssimos os estrangeirismos no vocabulário jurídico. Aliás, cumpre esclarecer que em todos os atos e termos do processo é obrigatório o uso do vernáculo, conforme dispõe o art. 192 do Código de Processo Civil: "Em todos os atos e termos do processo é obrigatório o uso da língua portuguesa." Para juntar ao processo documento redigido em língua estrangeira, faz-se necessário o acompanhamento de versão em vernáculo, firmada por tradutor juramentado.

- **Solecismo**

    Trata-se de erros sintáticos de concordância ou regência, alheios aos textos legais. "*Haviam* muitos processos no fórum", ou "*aluga-se* casas amplas", constituem graves solecismos, os quais precisam ser evitados nos discursos jurídicos.

    Ao dizer "a testemunha assistiu o crime", a rigor, estamos afirmando que a testemunha forneceu assistência para o cometimento do crime, pois esta é a semântica de "assistir" quando utilizado como verbo transitivo direto. Para que tenha sentido de "ver", é necessária a preposição: "a testemunha assistiu ao crime". Desrespeitar essa regra é incidir em solecismo.

- **Anfibologia (ambiguidade)**

    Uso de frases de sentido duplo ou duvidoso que dão azo a mais de uma interpretação, o que pode gerar obscuridade, como nos exemplos a seguir expostos:

    > "Trouxe de Teresópolis uma caixa de pêssegos para seu pai que está na geladeira" (quem está na geladeira?).

> "Os alunos que estudam frequentemente são aprovados em concursos públicos" (os alunos que estudam com frequência são aprovados ou os que estudam são aprovados frequentemente?).
>
> "O pai encontrou o filho em sua casa" (na casa de quem?).
>
> "Encostado na cela, o policial avistou o preso" (quem estava encostado na cela?).

A ambiguidade, nos exemplos acima e em muitos casos, desfaz-se pela correta colocação das palavras na frase.

Em que pese no mais das vezes constituir vício de linguagem, pode ocorrer de a ambiguidade ser utilizada propositadamente, como acontece no livro de Werneck (1992, p. 152), no qual consta passagem de um jornalista em que aparece o seguinte título: "A mãe e o filho da mãe". Belíssima ambiguidade proposital consta na famosa letra da música "Cálice", de Chico Buarque e Gilberto Gil, aludindo à expressão "cale-se", em crítica velada aos tempos idos da ditadura militar.

- **Obscuridade**

Consiste na falta de clareza pela disposição intricada da frase, caso do texto citado por Tôrres (1959, p. 153) em que Ruy Barbosa, ao impugnar a redação do parágrafo único do art. 262 do Código Civil da época, propunha o seguinte:

> "Não tendo bens particulares, que bastem, o cônjuge responsável pelo ato anulado, aos terceiros de boa-fé se comporá o dano pelos bens comuns, na razão do proveito que lucrar o casal."

Esta redação de Rui Barbosa foi substituída por outra bem mais clara que assim rezava:

> "Quando o cônjuge responsável pelo ato anulado não tiver bens particulares, que bastem, o dano aos terceiros de boa-fé se comporá pelos bens comuns, na razão do proveito que lucrar o casal."

- **Cacofonia (cacófato)**

Consiste na junção de duas palavras ou sílabas formando uma terceira de sentido obscuro ou ridículo.

Felizmente, bem longe vai o tempo dos gramáticos caçadores de cacófatos. Há encontros inevitáveis de sílabas que já não despertam atenção. Se o cacófato é ridículo, mais ridículo é caçar o cacófato. Nessa questão, é bom lembrar Júlio Nogueira (1960, p. 75): "O julgamento do cacófato deve ter em vista a linguagem de cada época e de cada meio."

Cumpre evitá-los e, dessarte, mereciam reparo o art. 1.270 do Código Civil antigo e o revogado art. 43 do Código Comercial.

> CCom, art. 43: "A fiança será conservada efetivamente por inteiro, e por ela [...] as indenizações a que for obrigado, se *as não* satisfizer..." (melhor: se não as satisfizer...). (grifo nosso)
>
> CC16, art. 1.270: "Ao depositário será facultado, outrossim, requerer depósito judicial da coisa, quando por motivo plausível *a não* possa guardar..." (melhor: quando não a possa guardar...). (grifo nosso)

São cochilos que acometem até os maiores expoentes da boa linguagem.

Embora não deva ser preocupação primordial do falante, a ocorrência de cacófatos é prejudicial, pois faz soar desagradáveis combinações, muitas delas de baixo calão, desvirtuando por vezes o foco do discurso. Alguns clássicos: "a boca dela" (cadela); "por cada cem habitantes" (porcada); "eu amo ela" (moela; ressaltando-se que a referida construção verbal viola a norma culta); "uma mão" (mamão).

- **Hiato**

Encontro de vogais idênticas, causando concorrência de vozes acentuadas. Ocorre exemplo de hiato no atual Código Civil, art. 28: "... proceder-se-*á à a*bertura do testamento...". No mesmo artigo, em seu parágrafo segundo, a sequência de sons consistente em vício de hiato se repete: "...proceder--se-*á à a*rrecadação...".

- **Eco**

Sequência desagradável de palavras com a mesma desinência. A sequência *ão* é a mais preocupante, embora, por vezes, inevitável até nas páginas de excelentes escritores e dos mais severos gramáticos. A título de exemplo, cite-se a redação do art. 20 do Código Civil, a qual padece de eco: "Salvo se autorizadas, ou se necessárias à administra*ção* da justiça ou à manuten*ção* da ordem pública, a divulga*ção* de escritos, a transmiss*ão* da palavra, ou a publica*ção*, a exposi*ção* ou a utiliza*ção* da imagem de uma pessoa poder*ão* ser proibidas, a seu requerimento e sem prejuízo da indeniza*ção* que couber, se lhe atingirem a honra, a boa fama ou a respeitabilidade, ou se se destinarem a fins comerciais." (Grifo nosso).

- **Colisão**

    Provocar-se-á colisão pelo encontro desagradável de consoantes idênticas ou semelhantes. Pereira (1951, p. 278) dá como exemplo de colisão a forma *posto isto*, encontrada em alguns livros de Direito ao lado de *isto posto*, forma preferida e cristalizada nas peças jurídicas, como informam Damião e Henriques (2009, p. 119-120).

    Outro exemplo: "cessou-se a sessão de julgamento sobre o assassinato". Quando feita intencionalmente, a título de aliteração que enobrece e dá ritmo e rima à poesia, a colisão pode mostrar-se vantajosa, como podemos ver no verso de Chico Buarque: "Pedro pedreiro penseiro esperando o trem."

- **Pleonasmo**

    Pleonasmo vicioso consiste na redundância de ideias, caso de "peroração final", "boato falso", "preferir mais", "repetir de novo", "elo de ligação", "hemorragia de sangue", "antecipar antes", "subir para cima" e outros do mesmo jaez.

    É em razão do vício de linguagem do pleonasmo que Mário Barreto (1954, p. 178) critica Herculano ao usar a locução adverbial *de antemão* precedida do verbo *prever*, uma vez que a ideia trazida pelo advérbio *antemão* já se acha embutida no prefixo verbal *pre*.

    Casos há, porém, em que o pleonasmo se veste de elementos que o tornam um recurso estilístico ou de realce, situações em que seu emprego não consiste em vício de linguagem, como nos casos a seguir expostos:

    – *Acusativo pleonástico* ou *objeto direto pleonástico* quando acompanhado de elementos que o põem em relevo:

    > "Chorava lágrimas de vergonha."
    > "Logo um canto cantou dentro de mim."

    – *Antecipação do objeto direto* e *sua repetição sob forma pronominal*. É o caso do art. 220 do Código Civil antigo:

    > "A *anulação do casamento*, nos casos do artigo antecedente, só *a* poderá demandar o cônjuge enganado". (grifos nossos)

5.4. EVITANDO ERROS FREQUENTES

- **Ambos – Ambas**

    Forma latina de numeral dual (dois). Entende-se, então, por que a forma "ambos os dois" e "ambas as duas" são consideradas pleonasmo: dois e duas já se acham em ambos e ambas.

Laudelino Freire (1957, p. 126) considera "ambos os dois" e "ambas as duas" de cunho clássico. Em Camões encontram-se "ambos os dois" e "ambos de dois".

A ênfase ou a eufonia podem perfeitamente justificar "ambos os dois" ou "ambas as duas". Veja-se o exemplo de Ruy Barbosa: "Ambas as formas são gramaticais? São-no ambas as duas."

- **A miúdo – Amiúde – Amiúdo**

    1. A miúdo (locução adverbial): com frequência, frequentemente, repetidamente.

    2. Amiúde: corresponde a *a miúdo*. Pode-se apreciar o uso adequado do termo na famosa música "Geni e o Zepelin", de Chico Buarque:

    > "[...] É a rainha dos detentos
    > Das loucas, dos lazarentos
    > Dos moleques do internato
    > E também vai *amiúde*
    > Com os velhinhos sem saúde
    > E as viúvas sem porvir [...]"
    > (grifo nosso)

    3. Amiúdo: forma considerada viciosa, embora aceita por Almeida (1981, p. 21). O VOLP (2009) não registra o termo. Então, é melhor bani-lo.

- **Anexado – Anexo – Em anexo**

    1. Anexado: particípio passado de anexar.

    2. Anexo: outra forma de particípio passado de anexar, cristalizado como substantivo e adjetivo. Na qualidade de adjetivo, concorda com o substantivo a que se refere (bilhete anexo, carta anexa). Como substantivo adquiriu o sentido de "prédio, estabelecimento". Como substantivo masculino entrou na linguagem jurídica com o sentido de "documentos que se juntam a um processo".

    3. Em anexo: o uso tem consagrado tal forma, com sentido adverbial, ainda que repelida por alguns.

- **Ao encontro de – De encontro a**

    1. Ao encontro de: com ideia de união, concordância.

    > "Transcrevendo-as, vem o jornal ao encontro desse *desideratum*, contribuindo assim para [...]" (W. de Barros Monteiro).

2. De encontro a: com ideia de discordância, oposição.

> "As provas da defesa foram de encontro à tese de acusação [...]" (Perelman).

- **Ao invés de – Em vez de**
1. Ao invés de: oposição, ao contrário de.

> A Justiça costuma liberar os poderosos, ao invés de condená-los.

2. Em vez de: troca, escolha (em troca de).

> O prédio custou dois milhões em vez de cinco.

- **Ao par – A par de**
1. Ao par: indica paridade, igualdade na área comercial. É utilizado para referir-se à equivalência de valor entre moedas:

> A libra esterlina está ao par do euro.

2. A par de: indica "ao lado de", "lado a lado", "estar ciente de", "estar informado de".

> "[...] a par de outras reivindicações, investe contra a natureza dos processos e as iniquidades da justiça" (M. Noronha).

- **Ao revés – A revés – De revés – Revés**
1. Ao revés: "às avessas", "ao avesso", "ao contrário", "em oposição".

> "Muito ao revés, já entre eles as ações de direito privado subdividiam-se em dois grandes grupos [...]" (W. de Barros Monteiro).

2. A revés: equivale ao anterior. Na opinião de Machado (1967, p. 2008) a expressão teria circulado no século XIV.

3. De revés: aparece na expressão "olhar de revés", equivalente a "olhar oblíquo", "de esguelha", "olhar de viés", "olhar de galinha".

4. Revés: do latim *revertere* (*re* + *vertere*: voltar para trás), usa-se como sinônimo de "reverso".

> "[...] precisava de invocar o revés da medalha [...]" (Ruy Barbosa).

- **Apenso – Apensado – Em apenso**

1. Apenso: particípio passado de "apensar", petrificado como adjetivo:

   Processo apenso – processos apensos.

2. Apensado: forma corrente de "apensar" (ajuntar, anexar).
3. em apenso: locução adverbial, usual na linguagem jurídica, mesmo criticada por alguns.

   Código de Processo Civil, art. 553: "As contas do inventariante, do tutor, do curador, do depositário e de qualquer outro administrador serão prestadas em apenso aos autos do processo em que tiver sido nomeado".

- **A princípio – Em princípio**

1. A princípio: com ideia relacionada a tempo (no início, no começo, inicialmente).

   A princípio, o réu não se defendeu, mas depois da sentença resolveu interpor apelação.

2. Em princípio: ideia de concessão, aceitação atenuada. Utiliza-se a expressão para referir-se a algo de maneira geral, sem entrar em particularidades ou casos concretos.

   "Em princípio, o juiz procede como toda pessoa que se esforça para estabelecer uma verdade histórica, o que distingue do historiador [...]" (Perelman).

- **Assassínio – Assassinato**

A despeito de Almeida (1981, p. 31) rejeitar a forma *assassinato*, todos os dicionários agasalham-na, como é o caso do VOLP (2009). No ensinamento de Machado (1967, p. 333), o termo assassinato, procedente do francês, já corre no século XVII. Ambos os termos referem-se ao ato voluntário e intencional de retirar a vida de ser humano.

São, pois, termos sinônimos, correspondentes à conduta tipificada pelo art. 121 do Código Penal. Entretanto, a legislação não alberga nenhum dos dois termos, preferindo a nomenclatura "homicídio", seja na forma dolosa, seja na forma culposa.

- **À toa – Atoa**
    1. O *Vocabulário Ortográfico da Língua Portuguesa* (VOLP, 2009) consigna apenas a forma *à toa*, sem hífen; assim desaparece a distinção entre *à toa* (a esmo, ao leu, sem rumo – forma adverbial) e à-toa (ruim, mau – adjetivo).
    2. Atoa: forma verbal (atoar), de pouco uso. Significa rebocar, puxar veículo.

- **A uma – À uma**
    1. A uma: quando indefinido não se usa a crase.

        "Dá-se chance a uma secretária que dê chance" (L. Eliachar).

    2. À uma: quando numeral, haverá crase.

        "O Ofício termina no meio-dia e meia hora ou à uma" (P. Chagas).

    Quando se tratar de locução adverbial, deve haver crase.

    Todos falaram à uma (simultaneamente).

- **Bastante**

    Pode funcionar como:
    1. Adjetivo: caso em que concorda com o substantivo a que se refere.

        "Todavia, se no decurso do prazo – edital, for o réu preso, ou por qualquer modo, encontrado, ou seu defensor com poderes *bastantes*, far-se-á a intimação a um deles, como se disse, ficando prejudicado o edital" (M. Noronha) (grifo nosso).

    2. Advérbio: caso em que não varia. Como advérbio, pode referir-se a verbo, a adjetivo ou a outro advérbio, como se pode ver, respectivamente, nas expressões "bradou bastante", "bastante belo", "bastante bem".

    Numa procuração há duas alternativas:

    - Nomeia e constitui bastante (advérbio) seus procuradores.
    - Nomeia e constitui seus bastantes (adjetivo) procuradores.

    Outro exemplo:

    "Bastantes (adjetivo) empregados trabalham bastante (advérbio) à noite".

- **Cota – Quota**

  Ambas as formas existem e são corretas.

  > "O capital social divide-se em quotas, iguais ou desiguais, cabendo uma ou diversas a cada sócio" (CC, art. 1.055).

  O Código Civil parece dar preferência a *quota*.

- **Curial**

  Em sentido próprio, curial refere-se à *cúria, foro*; em sentido conotativo pode significar "próprio", "adequado", "conveniente". O termo é frequente em Washington de Barros Monteiro de que tiramos o exemplo.

  > "No caso de doador, porque, tendo praticado uma liberalidade, não seria curial sujeitá-lo à prestação de garantia."

- **Dia-a-dia – Dia a dia**

  Com a reforma ortográfica eliminou-se o hífen e, dessarte, só existe "dia a dia", seja como substantivo (transcurso de dias), seja como advérbio (diariamente).

  > "O dia a dia do ascensorista é uma sucessão de altos e baixos" (Josué Machado).

  Dia a dia cresce o desemprego.

- **Do – Da**

  A presença da preposição *de* na abertura dos capítulos em códigos, leis e tratados é um latinismo sintático: preposição *de* + ablativo. Tem o sentido de "sobre", "acerca de", "a respeito de".

  Veja-se o índice do Código Civil e lá está:

  > Parte Geral
  >   Livro I – Das Pessoas
  >   Título I – Das Pessoas Naturais
  >   Capítulo I – Da Personalidade e da Capacidade
  >   Capítulo II – Dos Direitos da Personalidade
  >   [...]

- **Errata**

  Plural neutro latino (as coisas erradas). Usa-se o termo para sinalar erros tipográficos, erros de impressão ou outras falhas quaisquer. Existe o singular latino *erratum* quando se trata de um erro.

  O termo "errata", que já está vernaculizado, consiste numa corrigenda, isto é, relação de equívocos que só são percebidos após a publicação da obra, razão pela qual a acompanham em folha anexa. Comum nas defesas de dissertações e teses, quando se percebem erros no trabalho científico após o seu depósito.

- **Estada**

  Permanência de pessoas e animais.

  > "Não sabiam da conspiração, mas sabiam que José Dias andava resmungando contra a *estada* em Sumidouro" (Viriato Correa) (grifo nosso).

- **Estadia**

  Permanência de veículos e navios.

  > "Sendo o navio fretado por inteiro, o afretador pode obrigar o fretador a que faça sair o navio logo que tiver metido a bordo carga suficiente para pagamento de frete e primagem, *estadias* e *sobreestadias* [...]" (art. 595 do Código Comercial) (grifo nosso).

  Desde 1961, segundo Sousa da Silveira (1961, p. 110), usa-se *estadia* por *estada*. Almeida (1981, p. 166) acha que tal diferença de sentido não vigora.

- **Gratuito**

  Registramos o termo porque é comum o erro em sua divisão silábica. A forma correta é "gra-tui-to" e não "gra-tu-i-to". Vale o mesmo para fortuito.

- **Mal – Mau**

  Reina confusão no uso das duas palavras, razão por que é necessário distingui-las.

  1. Mal funciona como:
     a) Advérbio: de modo errado, erradamente.
     "Andam mal os versos de pé quebrado" (BRAGA, p. 231).

Mal modifica o verbo.

b) Substantivo: doença, moléstia, dano, prejuízo.
Devemos evitar o mal e praticar o bem.

2. Mau: adjetivo.
"O crédito morreu, matou-o o mau pagador" (provérbio).

Assim, temos que o antônimo de *mal* é *bem*, e o de *mau* é *bom*:
O meliante mau agiu mal, e o policial bom agiu bem.

- **Malgrado – mau grado**
  1. Malgrado – pode ser:
  a) Substantivo: desagrado, desprazer.
  Tudo aconteceu a nosso malgrado.

  b) Preposição: apesar de, não obstante.
  "Malgrado essa defesa, prima o instituto pela sua completa inutilidade [...]" (W. de Barros Monteiro).

  2. Mau grado – Pode ser:
  a) Advérbio: contra a vontade, constrangidamente.
  Agiu de mau grado.

  b) Preposição: apesar de, a despeito de.
  Saiu da sala, mau grado a proibição.

- **Meritíssimo**
  O termo procede do latim *meritissimus*, que pode ser traduzido por "de muito mérito". Vê-se, pois, que o vocábulo está atrelado à ideia de "mérito", daí grafar-se com *i* e não com *e*. Portanto, não se deve escrever *meretíssimo*, já que tal forma não encontra regaço na norma culta, tampouco justificativa etimológica.

  Emprega-se a palavra "meritíssimo(a)" como forma de tratamento dispensada aos magistrados, comumente acompanhada por "juiz" ou "senhor" ("Meritíssimo Juiz", "Meritíssimo Senhor"), podendo receber a abreviatura "MM." ou "MMª". É possível, também, empregar o termo "meritíssimo" como substantivo, hipótese em que designará o próprio magistrado, como no exemplo a seguir: "Os meritíssimos se reuniram no fórum."

Cabe dizer que não se deve, jamais, juntar o termo "Vossa" com "Meritíssimo(a)". Isso porque "Vossa" se junta a "Excelência", formando o pronome de tratamento "Vossa Excelência", utilizado para dirigir-se diretamente à autoridade, como nos exemplos a seguir, em que o substantivo"Meritíssimo" funciona como vocativo, e "Vossa Excelência" como pronome de tratamento:

> "Meritíssimo, Vossa Excelência está com os autos do processo?"
> "Meritíssimo Juiz, preciso despachar com Vossa Excelência."
> "Este caso é muito complexo, Meritíssimo! Vossa Excelência já leu todo o processo?"

Importante notar que a palavra "Excelência", isoladamente, também pode servir como vocativo:

> "Excelência, vou chamar a testemunha para Vossa Excelência inquiri-la".

Igualmente, é correto empregar, como vocativo, a expressão "Excelentíssimo Senhor", acrescida do cargo ocupado pela autoridade, conforme se vê no exemplo a seguir:

> "Excelentíssimo Senhor Doutor Juiz de Direito, o réu, por meio das provas testemunhais, convencerá Vossa Excelência de que não é culpado."

- **Mister: ocupação, ofício, encargo.**

Trata-se de uma forma oxítona e não leva acento: mis*t*er. O correto é pronunciar a última sílaba com a vogal aberta: /é/.

Tal palavra deita suas raízes no termo latino *ministerium*.

Utiliza-se o termo, também, associado aos verbos "ser" ou "fazer", assumindo o sentido de "ser necessário, indispensável":

> Faz-se mister ouvir a testemunha de defesa.
> É mister realizar a citação do réu.

- **Pasmo – Pasmado**

1. Pasmo: usado, vezes muitas, como particípio passado do verbo "pasmar", embora seja substantivo.

> Pasmo, li a notícia.

Mais correto:

Tomado de pasmo, li a notícia.

2. Pasmado: este, sim, particípio passado.

Ficou pasmado com a notícia.

- **Pegado – Pego(ê) – Pego (é)**
  1. Pegado: particípio passado do verbo pegar.
  2. Pego: som fechado. Forma de particípio passado de uso generalizado, embora condenado por Nogueira (1960, p. 305). Com a reforma ortográfica, perdeu o acento.
  3. Pego: som aberto. Forma equivalente a pélago (mar alto), pouco usual.

- **Pervertido – Perverso**
  1. Pervertido: forma de particípio passado, de caráter passivo: adquiriu perversidade.
  2. Perverso: forma de adjetivo: mau de índole.

- **Projetil – Projétil**
  1. Projetil: do francês *projetile*, com o plural projetis.
  2. Projétil: do latim *projectilis*, com o plural projéteis.

  O VOLP (2009) e os principais dicionários registram as duas formas gráficas, ambas com o mesmo sentido: projetil, ou projétil, consiste no corpo sólido impulsionado por arma de fogo ou por qualquer outra força impulsionadora. Vale dizer que balística é a área do conhecimento que tem por objeto de estudo o movimento de projéteis, especialmente aqueles disparados por arma de fogo.

- **Rubrica**

  Do latim *ruber* (vermelho, rubro). O termo, hoje, usa-se para indicar assinatura abreviada para autenticação de documentos. Importa dizer que rubrica é palavra paroxítona (rubr*i*ca).

  Diferentemente das assinaturas, que são postas somente ao final, as rubricas devem ser alocadas nas margens de todas as folhas do documento.

Utilizamo-la, também, posposta a rasura, a fim de identificar a retificação como não fraudulenta, desde que o documento comporte rasuras.

- **Tão pouco – Tampouco**
  1. Tão pouco: advérbio "pouco" reforçado por "tão".

     "Nunca fiz tanto por tão pouco" (Almeida).

  2. Tampouco: expressão negativa (nem mesmo, nem sequer, nem ao menos).

     "O professor estável, concursado, apenas tem obrigação de ministrar aulas de sua disciplina, e não de matérias afins; tampouco está obrigado a serviços burocráticos do estabelecimento de ensino" (VALLER, 1976, p. 470).

- **Temerato – Timorato**
  1. Temerato: esta forma desapareceu e deixou o composto *intemerato* (puro, sem mancha).
  2. Timorato: adjetivo, cujo sentido é "medroso".

  Intimorato: sem medo.

- **Ter de – Ter que**

  Quando há ideia de *obrigação*, de *necessidade*, o correto é usar *ter de*: tenho de trabalhar; tenho de acordar cedo.

- **Ter lugar**

  Cabem duas notas:

  1. Na acepção de "realizar", trata-se de galicismo que muitos recomendam evitar.

  2. Na acepção "ter cabimento", "ter colocação", a expressão é correta e acontece nas páginas dos bons manejadores da linguagem jurídica.

     "O benefício terá lugar, na forma do art. 596 nos crimes cuja pena máxima [...]" (M. Noronha).

- **Todo o – Todo**

  Estabelecida já é a distinção entre as duas formas, não obstante a crítica de vários autores.

1. Todo o: equivale a "inteiro", "total".

> "Deus quer ser amado não só com todo o coração e toda a alma, senão também com todo o entendimento e com todas as forças" (Vieira).

2. Todo: cada, qualquer, com ideia generalizante.

O provérbio "cada terra com seu uso, cada roca com seu fuso" é equivalente a "toda terra com seu uso, toda roca com seu fuso".

- **Torpe**

Do latim *turpis* (feio, sujo), usado em sentido físico (oposto a *formosus*) e em sentido moral (oposto a *honestus*).

O som de torpe é fechado (ô) e não aberto (ó).

> "Figure-se que o réu cometeu o crime por motivo torpe" (M. Noronha).

Cognato: torpeza

- **Trama**

Do latim *trama* cujo sentido mais afinado com o Direito é "intriga, conluio, tramoia". Discute-se sobre o gênero da palavra. Alguns consideram-no feminino (a trama). Outros atribuem-lhe os dois gêneros, mas com sentido diferente:

1. A trama: tecido, fio.
2. O trama: conspiração, intriga.

- **Vista (haja)**

Haja vista, usa-se no sentido "de se ter em vista, de servir de modelo, de paradigma, de atenção, de exame". Há duas formas tidas como corretas:

1. Haja vista: forma invariável, mais usual e menos complicada.

> A indenização foi de pequena monta, haja vista todo o prejuízo experimentado pelo réu.

2. Haja vista a: forma considerada erudita.

> "É mister se haja vista aos arts. 220 a 226 do Regimento Interno do Supremo que trata do [...]" (M. Noronha).

Haja visto só é admitido quando o verbo "haver" for auxiliar, e o verbo "ver" estiver no particípio, assumindo, assim, o sentido de "tenha olhado", "tenha visto", "tenha assistido":

> "A promotoria espera que a testemunha de acusação haja visto o réu cometer o crime."

Nessa hipótese, o verbo "haver" sempre concordará com o sujeito, pois não se reveste da impessoalidade que lhe é própria quando se refere a ter existência, a transcurso de tempo, conforme se depreende do exemplo abaixo:

> *Havia* cinco dias que as testemunhas *haviam* visto o réu cometer o crime.

- **Vultoso – Vultuoso**

Os jornais costumam confundir as duas formas.

1. Vultoso: de vulto, de grande quantidade:

> Soma vultosa de dinheiro.

2. Vultuosa: espécie de doença (inchaço).

5.5. NUMERAÇÃO E ESTRUTURA DOS ARTIGOS DE LEI

O artigo de lei é identificado por números arábicos sequenciais, mantendo-se a contagem do início ao fim do mesmo corpo legislativo, ainda que a lei contenha várias partes. A divisão em artigos visa à organização do texto de lei, cabendo a cada artigo a explanação de um tópico específico sobre a matéria positivada.

A parte principal do artigo é denominada *caput* (cabeça), mas é possível que a matéria abordada seja complexa, demandando desdobramento do artigo em incisos, parágrafos, alíneas e itens.

A título de exemplo, apresentamos a seguir um excerto do art. 206 do Código Civil:

Art. 206. Prescreve: ⟶ (*caput*)

§ 1º Em um ano: ⟶ (parágrafo)

I – a pretensão dos hospedeiros ou fornecedores de víveres
destinados a consumo no próprio estabelecimento, para o
pagamento da hospedagem ou dos alimentos;   ⟶   (incisos)

II – a pretensão do segurado contra o segurador, ou a deste
contra aquele, contado o prazo:

a) para o segurado, no caso de seguro de responsabilidade
civil, da data em que é citado para responder à ação de
indenização proposta pelo terceiro prejudicado, ou da data
que a este indeniza, com a anuência do segurador;   ⟶   (alíneas)

b) quanto aos demais seguros, da ciência do fato gerador
da pretensão;

A finalidade dos incisos é a de enumeração, seja em rol taxativo, seja em rol exemplificativo.[2] Dessa maneira, é possível que haja incisos referindo-se a enumerações estabelecidas por parágrafos, embora mais comumente se refiram ao próprio *caput* do artigo.

Os parágrafos têm por finalidade detalhar, especificar, restringir ou ampliar as ideias contidas no *caput*. Conforme exposto acima, caso haja necessidade de enumerar, usar-se-ão os incisos.

Mais raras, as alíneas são utilizadas quando se faz necessário desdobrar o que está exposto nos incisos; e ainda mais infrequente, os itens, que constituem desdobramentos das alíneas.

Conforme se explicou no início, os artigos são identificados por numerais. Eles devem ser ordinais do artigo primeiro (art. 1º) ao artigo nono (art. 9º), e daí em diante são cardinais (art. 10, art. 11, art. 12...).

O mesmo ocorre com os parágrafos, como pode ser visto no art. 37 da CF, em que são enumerados 16 parágrafos: os nove primeiros redigidos em numerais ordinais e os seguintes em numerais cardinais. Não é demais reiterar que quando há apenas um parágrafo, escreve-se por extenso "parágrafo único", e não "§ único", nem "§ 1º".

Os códigos também possuem repartições metodológicas, nas quais se inserem os artigos e seus eventuais desdobramentos. Em que pese os artigos serem identificados por numerais arábicos (ex.: art. 81), as divisões abaixo são organizadas por números romanos (ex.: Título III), exceção feita à Parte, que se divide em Geral e Especial. Seguem, abaixo, as repartições existentes, da maior para a menor:

Parte > Livro > Título > Subtítulo > Capítulo > Seção > Subseção

---

[2] Rol taxativo é aquele cuja relação não admite novas hipóteses, sendo, portanto, rol fechado, exaustivo; rol exemplificativo é aquele cuja relação constitui meros exemplos, sendo, portanto, um rol aberto.

5.6. REGÊNCIA DE ALGUNS VERBOS JURÍDICOS

5.6.1. Arguir

No que tange a este verbo, importa reter que o corradical *arguente* é considerado forma correta; *arguinte* é forma consagrada pelo uso e respaldada pelo *Vocabulário Ortográfico da Língua Portuguesa* (VOLP, 2009), embora não esteja registrada em diversos dicionários.

A acepção do verbo *arguir* varia conforme o contexto em que esteja inserido, como pode se ver abaixo:

> "O delegado arguiu o acusado de assassinato" (O delegado inquiriu, interrogou o acusado de assassinato).
>
> "O delegado arguiu o acusado de assassino" (O delegado tachou, considerou o acusado assassino).
>
> "A defesa arguiu a incompetência do juiz" (A defesa sustentou, argumentou que não compete ao magistrado julgar o processo – seria outro o juiz competente, segundo argumenta a defesa).

É de se atentar que, conforme a variação de significado deste verbo, muda-se sua regência:

(a) inquirir, interrogar → transitivo direto (VTD).

"O advogado arguiu, com rigor, o acusado [obj. dir.]".

(b) acusar, tachar → transitivo direto e indireto (VTDI + preposição de).

"O caluniador que me [obj. dir.] argui de fazer e legitimar [obj. ind.] citações incompletas [...]" (Ruy Barbosa).

(c) alegar, propor escusa, defesa → transitivo direto, ou transitivo direto e indireto (VTD; VTDI).

"Antes de iniciado o depoimento, as partes poderão contraditar a testemunha ou arguir circunstâncias ou defeitos [obj. dir.] que a tornem suspeita de parcialidade ou indigna de fé [...]" (CPP, art. 214).

"A contestação arguiu a incompetência [obj. dir.] do juiz para conhecer do pedido. [obj. ind.]" (Damião e Henriques).

5.6.2. Arrazoar

O verbo, cujo sentido é alegar (argumentos, razões), constrói-se sem complemento; é intransitivo → (VI).

> "Se o apelante declarar, na petição ou no termo, ao interpor, que deseja arrazoar na Superior Instância, serão os autos remetidos ao Tribunal *ad quem*."

5.6.3. Carecer

Do latim *carere* (não ter, faltar). O verbo é transitivo indireto → (VTI) + preposição *de*.

> "Sentença condenatória, que careça de prévia liquidação [obj. ind.], não constitui título executório" (W. de Barros Monteiro).

O verbo, em questão, ensejou e enseja até hoje controvérsias, por ser usado com o sentido de "precisar, necessitar", como o fez Carneiro Ribeiro no art. 18 do Projeto do Código Civil (antigo): "[...] carecem de aprovação do Governo Federal os estatutos ou compromissos das sociedades [...]". Ruy Barbosa propôs substituir o verbo, de caráter equívoco, inadequado à linguagem jurídica, como raciocina Tôrres (1959, p. 46).

Hoje, usa-se o verbo com os dois sentidos; a regência, porém, é a mesma.

5.6.4. Herdar

O mesmo verbo tem o sentido de dar e receber herança e se constrói com objeto direto → (VTD) e com objeto direto e indireto → (VTDI).

> "Concorrendo à herança do falecido irmãos bilaterais com irmãos unilaterais, cada um destes herdará metade do que cada um daqueles herdar" (Código Civil, art. 1.841).

Herdou aos filhos um nome honrado.

5.6.5. Implicar

O verbo remonta ao latim *implicare* que, em consonância com Ernout e Meillet (1951, p. 916), tem sentido intensivo, cujo significado é "entrelaçar". Daí o sentido de "acarretar", "provocar". Há outros sentidos do mesmo verbo, relacionados com o sentido etimológico.

a) entrelaçar, acarretar → transitivo direto (VTD):

> "A emenda de uma frase, de uma oração, de seu fraseado não implica necessariamente erro [obj. dir.] nesta palavra, nesta oração ou fraseado [...]" (Carneiro Ribeiro).

Neste sentido, há de se evitar o uso da preposição *em* (implicar em), vício que se está alastrando. Na tradução de um pequeno livro de Philippe Breton – *A argumentação na comunicação* (2003) – encontramos a preposição, pelo menos, nas páginas 12, 25, 26, 33, 83, 94, 95, 100, 102, 110. Kaspary (1990, p. 170) observa que em 30 exemplos pesquisados, em textos legais, apenas três usam a preposição *em*. Vê-se, pois, que a linguagem jurídica é correta.

Utilizando o verbo adequadamente, a Constituição Federal (art. 84, VI, a) dispõe:

> "Compete privativamente ao Presidente da República dispor, mediante decreto, sobre a organização e funcionamento da administração federal, quando não *implicar* aumento de despesa nem criação ou extinção de órgãos públicos" (grifo nosso).

b) ter implicância → transitivo indireto (VTI) + preposição *com*.

> "Os colegas implicam com o diretor", ou então "o juiz implicou com a testemunha de defesa".

c) envolver-se em → verbo pronominal.

> "O réu implicava-se com o tráfico", ou ainda "o político implicou-se no esquema de corrupção".

5.6.6. Obedecer

A regência clássica do verbo é transitivo indireto → (VTI) + preposição "a". Na linguagem falada, aparece frequentemente com objeto direto, o que consiste em desvio da norma culta. Tendo em vista que a linguagem jurídica pauta-se pela linguagem clássica e escorreita, há de se evitar a construção com objeto direto. Entre os vários exemplos presentes na legislação, apresentamos o § 2º do art. 960 do Código de Processo Civil, que trata sobre a homologação de sentença proferida por tribunal estrangeiro:

> "A homologação obedecerá ao que dispuserem os tratados em vigor no Brasil e o Regimento Interno do Superior Tribunal de Justiça."

O mesmo se aplica ao verbo desobedecer, conforme se vê no art. 301 do Código Penal Militar: "Desobedecer a ordem legal de autoridade militar: Pena – detenção, até seis meses" (verbo "desobedecer" + preposição "a"). Note-se que, neste exemplo, não incide crase em razão da inexistência do artigo definido "a", pois trata-se de qualquer ordem legal de autoridade militar, e não de alguma em específico.

5.6.7. Obstar

O verbo significa "impedir", "estorvar", "embaraçar" e apresenta mais de uma regência:

a) Com objeto direto → (VTD).

> "Nada obsta, outrossim, que essa disparidade seja objeto de convenção em separado" (W. de Barros Monteiro).

b) Com objeto direto e indireto → (VTDI) + preposição *a*.

> "A despedida que se verificar com o fim de obstar ao empregado a aquisição de estabilidade sujeitará o empregador a pagamento em dobro de indenização prescrita nos arts. 477 e 478" (CLT, art. 499, § 3º).

c) Com objeto indireto → (VTI) + preposição *a*.

> Nada obsta a que a pena seja comentada.

5.6.8. Preferir

O verbo conta com mais de um sentido e mais de uma regência.

a) Com o sentido de ter prioridade, ter primazia, vir primeiro, o verbo preferir apresenta três regências:

→ intransitivo (VI)
→ transitivo indireto (VTI) + preposição *a*
→ transitivo indireto (VTI) + preposição *em*

Respectivamente, os exemplos abaixo, todos com grifos nossos:

> "Concorrendo à remição vários pretendentes, *preferirá* o que oferecer maior preço [...]" (art. 789, revogado pela Lei 11.382/06, do CPC de 1973).

"O crédito real *prefere ao* pessoal de qualquer espécie; o crédito pessoal privilegiado, *ao* simples; e o privilégio especial, *ao* geral" (CC, art. 961).

"Todos os compartes têm direito de *preferir no* fretamento a qualquer terceiro [...]" (Código Comercial, art. 490).

b) Com o sentido de optar, querer antes, gostar mais, o verbo preferir apresenta duas regências:

→ transitivo direto (VTD)
→ transitivo direto e indireto (VTDI) + preposição *a*

Respectivamente, os exemplos abaixo:

"Nos casos de exclusiva ação privada, o querelante poderá preferir o foro do domicílio ou da residência do réu [...]" (CPP, art. 73).
"O réu preferiu aceitar a sentença a recorrer".

Atenção: A forma "preferir *mais* isto *do que* (*que*) aquilo" implica redundância (em razão da palavra "mais") e também não apresenta a regência verbal adequada (em vez de "do que", deve-se usar a preposição "a"), portanto, não é aceita pela norma culta. Assim, o correto é dizer que "o estudante prefere Direito Civil a Direito Penal", e não "o estudante prefere mais Direito Civil do que Direito Penal".

5.6.9. Responder

Comporta mais de um sentido:

a) Dar, apresentar, oferecer resposta → transitivo indireto (VTI + preposição *a*).

"Respondo a [preposição] tua prezada carta" (Euclides da Cunha).
"Terminarão respondendo aos quesitos do juiz e das partes" (M. Noronha).

b) Ser chamado a juízo, ser submetido a processo → transitivo indireto (VTI + preposição *a*).

"[...] respondendo a processo por fato análogo, sobre cujo caráter criminoso haja controvérsia [...]" (CPP, art. 254, II).

c) Assumir, tomar responsabilidade → transitivo indireto (VTI + preposição *por*).

> "Se um litigante sucumbir em parte mínima do pedido, o outro responderá, por inteiro, pelas despesas e pelos honorários" (CPC, art. 86, parágrafo único).
>
> "Responde por perdas e danos aquele que litigar de má-fé como autor, réu ou interveniente" (CPC, art. 79).

5.6.10. Retrotrair

Compõe-se de *retro* (atrás) e *trahere* (puxar, fazer retroceder, recuar) → transitivo direto e indireto + preposição *a* (VTDI).

> "O assento assim lavrado retrotrairá os efeitos do casamento, quanto ao estado dos cônjuges, à data da celebração" (CC, art. 1.541, § 4º).

Vale citar, a título de curiosidade, a observação de Tôrres (1959, p. 54) a respeito de retrotrair:

> "[...] não podemos deixar de estranhar o evidente mau gosto no emprego do verbo *retrotrair*, verbo de difícil pronunciação, quando outros mais interessantes poderiam ser usados, com indiscutível vantagem para o fraseado singelo das leis".

Apesar das críticas, o verbo, que estava presente no Código Civil de 1916 (art. 200, § 4º), persistiu no Código Civil de 2002, conforme se pode ver do exemplo anterior.

5.6.11. Viger

O verbo viger significa vigorar, estar em vigor, em uso. É verbo intransitivo (VI). São seus cognatos o substantivo feminino "vigência" e o adjetivo de dois gêneros "vigente". Cumpre ressalvar que o verbo "viger" se escreve com *e*, não é *vigir*.

Embora alguns gramáticos ainda o classifiquem como verbo defectivo e, portanto, não passível de conjugação em algumas flexões verbais, fato é que a maioria dos dicionários atualmente registra o verbo "viger" como regular, ou então o considera defectivo apenas na 1ª pessoa do singular do presente do indicativo (não admitiria a flexão "eu vijo"). O Dicionário Houaiss, por exemplo, traz observação de que o verbo "viger", geralmente defectivo, vem apresentando conjugação completa.

Nesse sentido, ao conjugá-lo, a letra *g* é substituída por *j* somente quando lhe seguirem as vogais *a* ou *o* (essa substituição não ocorre quando lhe seguirem as vogais *e* ou *i*), como se pode ver nos exemplos comparativos:

> "A Constituição Federal de 1967 *vigeu* até 1988. Antes dela, *vigia* a Constituição de 1946. Atualmente ainda *vige* a Constituição de 1988."
>
> "Se o Código Civil de 2002 não *vigesse* atualmente, ainda *vigeria* o de 1916."
>
> "Não é possível saber por quanto tempo *vigerá* o Código Civil de 2002, mas a expectativa é que *vija* por muitos anos. Se *viger* por mais de 86 anos, terá *vigido* mais do que o código antecessor."

5.6.12. Prover

O verbo tem o sentido de "dar provimento", "deferir", "aprovar", "atender ao pedido". É usualmente empregado na linguagem jurídica para se referir ao ato de acolher, ou não, pedido em sede de recurso judicial, como nos exemplos a seguir:

> "O juiz de primeira instância indeferiu o pedido, mas o Tribunal de Justiça proverá a apelação."
>
> "O juiz não havia deferido a tutela antecipada, mas o desembargador proveu o recurso de agravo de instrumento."
>
> "Os ministros não proveram o recurso especial."

Vê-se, pois, que no sentido acima exposto o verbo é transitivo direto (VTD). Entretanto, o verbo "prover" pode carregar outros sentidos e figurar, por exemplo, como transitivo direito e indireto (VTDI), tal qual na frase "o advogado proveu a petição inicial de robusta prova documental", cujo sentido é de que o advogado guarneceu, abasteceu, muniu a petição com as referidas provas.

Vale destacar que "prover" é verbo irregular e se conjuga como "ver", exceção feita ao pretérito perfeito (provi, proveste, proveu, provemos, provestes, proveram), ao pretérito-mais-que-perfeito (provera, proveras, provera, provêramos, provêreis, proveram), ao pretérito imperfeito do subjuntivo (provesse, provesses, provesse, provêssemos, provêsseis, provessem), ao futuro do subjuntivo (prover, proveres, prover, provermos, proverdes, proverem) e ao particípio (provido), situações nas quais o verbo se conjuga como se regular fosse.

Assim, temos:

"Se o desembargador prover o recurso, significa que viu as provas."
"Se o desembargador vir as provas, proverá o recurso."
"Se o desembargador visse as provas, proveria o recurso."
"Se o desembargador provesse o recurso, o réu veria a justiça sendo feita."
"O desembargador proveu o recurso porque viu as provas."
"O recurso está visto e provido."

5.6.13. Proceder

Pode ser utilizado em vários sentidos. Vejamos algumas possibilidades:

a) Provir, originar-se → transitivo indireto (VTI + preposição *de*).

"O conhecimento do jurista procede de sua graduação em Direito."

b) Realizar, efetuar, fazer → transitivo indireto → (VTI + preposição *a*).

"O devedor procedeu ao pagamento, extinguindo a obrigação."
"A cópia de documento particular tem o mesmo valor probante que o original, cabendo ao escrivão, intimadas as partes, proceder à conferência e certificar a conformidade entre a cópia e o original" (CPC, art. 424).

c) Fazer sentido, ter razão → intransitivo.

"Os argumentos do réu procedem."

d) Agir conforme determinada conduta → intransitivo.

"O promotor procedeu bem."

5.6.14. Conhecer

"Conhecer" é usualmente empregado como verbo transitivo direto (VTD), assim como na frase "o juiz conhece o direito", ou então "a vítima conhecia o réu".

Entretanto, e em especial na linguagem jurídica, o verbo conhecer é utilizado como transitivo indireto (VTI + preposição *de*). Nessa hipótese, assume a acepção de tomar conhecimento de fato ou de algum pleito, via de regra em razão de preencher requisitos de admissibilidade ou de competência jurisdicional para a apreciação da causa. Assim, temos: "o tribunal conheceu do recurso, mas não o proveu" (ou seja, o recurso foi tempestiva e corretamente interposto, mas o tribunal entendeu que não assistia razão ao recorrente). Vejamos outros exemplos extraídos do Código de Processo Civil:

> Art. 23, I. Compete à autoridade judiciária brasileira, com exclusão de qualquer outra, conhecer de ações relativas a imóveis situados no Brasil.
>
> Art. 141. O juiz decidirá o mérito nos limites propostos pelas partes, sendo-lhe vedado conhecer de questões não suscitadas a cujo respeito a lei exige iniciativa da parte.
>
> Art. 147. Quando 2 (dois) ou mais juízes forem parentes, consanguíneos ou afins, em linha reta ou colateral, até o terceiro grau, inclusive, o primeiro que conhecer do processo impede que o outro nele atue, caso em que o segundo se escusará, remetendo os autos ao seu substituto legal.

5.6.15. Residir

Com o sentido de "estar estabelecido" em algum lugar, é verbo transitivo indireto que exige a preposição "em". Desse modo, o correto é dizer "O advogado reside na rua da Glória", e não "à rua", pois a preposição exigida é "em" e não "a". O Código Civil, em seu art. 1.611, contém outro exemplo: "O filho havido fora do casamento, reconhecido por um dos cônjuges, não poderá residir no lar conjugal sem o consentimento do outro".

O mesmo se aplica à palavra "domiciliado", que exige a preposição "em" (formando, caso haja artigo definido após a preposição, as expressões "na" ou "no"). Assim, o correto gramaticalmente é dizer "O réu é domiciliado na rua Maria Antônia", e não "à rua Maria Antônia".

Vale ressaltar que, se a palavra "onde" for utilizada para compor enunciado com o verbo "residir", ela não poderá receber preposição. Assim, mostra-se correto o emprego da construção "A rua onde o réu reside", mas gramaticalmente incorreta a construção "A rua aonde o réu reside". Mesmo raciocínio vale para domiciliado: a frase correta é "A ação deve ser proposta onde o réu é domiciliado", sendo equivocado, nesse caso, o uso de "aonde", que só é aplicável para situações em que a regência verbal ou nominal demande a preposição "a".

5.7. USO DO HÍFEN

A reforma ortográfica ainda vem causando dúvidas especialmente no que diz respeito ao uso do hífen, razão por que nos pareceu conveniente tratar do assunto.

5.7.1. O hífen e o latim

Vale repetir: em latim não existe hífen, assim como também não existem acentos gráficos. Logo, não se pode usar o hífen com palavras latinas, a menos que sejam vernaculizadas. Causa espécie observar que autores de renome não levem em conta esta afirmação.

Assim como todas as demais, são grafadas sem hífen as expressões latinas *habeas corpus, ex vi, ex officio, ad cautelam, ex delicto, ex diametro, ex re.*

5.7.2. Hífen e prefixos

- **AB, OB, SOB, SUB**

Como era	Como é
Hífen diante de H, R	Hífen diante de B, H, R
Exemplo:	Exemplo:
ab-rogar	ab-rogar
ob-reptício	ob-reptício
sob-roda	sob-roda
sub-humano	sub-humano
	sub-base

- **AD**

Como era	Como é	
Hífen antes de R	Hífen antes de D, H, R	O Vocabulário Ortográfico da Língua Portuguesa não registra exemplo com H.
Exemplo:	Exemplo:	
ad-renal	ad-digital	
	ad-rectal	

- **Além, aquém, recém, sem, ex, vice**

Como era	Como é	
Hífen sempre	Hífen sempre	EX separa-se sempre por hífen indicando "cessamento de estado": Ex-diretor, ex-marido, ex-amigo.

- **Ante, anti, arqui, sobre**

Como era	Como é
Hífen diante de H, R, S	Hífen diante de VOGAL igual e H
Exemplo:	Exemplo:
ante-sala	ante-estreia
anti-higiênico	anti-higiênico
arqui-rabino	arqui-imagem
sobre-humano	sobre-humano

- **Auto, contra, extra, infra, intra, neo, proto, pseudo, semi, ultra, retro, supra**

Como era	Como é
Hífen diante de VOGAL, H, R, S	Hífen diante de VOGAL igual, H
Exemplos:	Exemplos:
auto-retrato	auto-oxidável
contra-regra	contra-habitual
extra-uterino	extra-humano
infra-assinado	infra-auxiliar
intra-hepático	intra-histórico
neo-realismo	neo-ortodoxo
proto-revolução	proto-história
pseudo-revelação	pseudo-hemofilia
semi-reta	semi-internato
ultra-som	supra-auxiliar
supra-sumo	ultra-atômico

Nota: Atente-se para o fato de que com tais prefixos terminados em vogal + palavra que inicia com R ou S, não há hífen e dobra-se o R ou S. Exemplos: "contrarrazões" "contrarrazoar" "contrassenso" "extrarregular" "antissemita"

- **Bem**

Como era	Como é
Hífen diante de palavra autônoma ou quando a pronúncia o exigir	Hífen diante de VOGAL, H
Exemplos:	Exemplos:
bem-vindo	bem-amado
bem-aventurado	bem-humorado

Nota: Há várias exceções: "bem-falante", "bem-nascido", "bem-sucedido", "bem-vindo".

- **Circum, pan**

Como era	Como é
Hífen antes de VOGAL e H	Hífen antes de VOGAL, H, M, N
Exemplos: circum-ambiente pan-helênico	Exemplos: circum-escolar circum-mediterrâneo circum-navegar pan-iônico pan-harmônico

- **Mal**

Como era	Como é	
Hífen diante de VOGAL, H, L	Hífen diante de VOGAL, H, L	Nota: *Mal* no sentido de "doença" separa-se sempre por hífen
	Exemplo: mal-arrumado mal-humorado mal-secreto mal-limpo	Ex.: mal-estar, mal-polaco

- **Pós, pré, pró**

Como era	Como é
Hífen: quando tônicos	Hífen: quando tônicos
	Exemplo: pós-graduação pré-julgamento pró-província

- **CO**

Como era	Como é	
Hífen com palavra de vida autônoma ou quando a pronúncia o exigir	Hífen diante de H	Nota: O VOLP (2009) não registra nenhuma palavra com prefixo *co* separada por hífen
Exemplos: co-autor co-edição	Exemplos: co-herdeiro co-herdar	

Observação: a respeito de *CO*: (1) a regra acima consta no *Escrevendo pela nova ortografia* (Instituto Antônio Houaiss, 2008, p. 61). (2) Entretanto, o *Vocabulário Ortográfico da Língua Portuguesa* (VOLP, 2009, p. LVI) é taxativo ao eliminar o hífen, no caso acima. (3) Conclusão: sustentamos que não se pode usar o hífen com o prefixo *CO*.

O *CO* é recorrente em termos, de uso no vocabulário jurídico, que hoje devem grafar-se sem hífen.

co-autor → coautor
co-réu → corréu (corré)
co-herdeiro → coerdeiro
co-devedor → codevedor
co-responsável → corresponsável
co-legatário → colegatário
co-obrigação → coobrigação

- **Sócio**

O prefixo "sócio" deve ser hifenizado apenas quando estiver diante de "o" ou de "h": sócio-habitacional, sócio-ocupacional. Nos demais casos, há a justaposição sem hífen: socioafetividade, socioeconômico, sociocultural, sociopolítico.

Há de se atentar, entretanto, para palavras compostas em que "sócio" funciona como substantivo, e não como prefixo. Em tais ocasiões, permanece o hífen: sócio-fundador, sócio-gerente, sócio-administrador, sócia-diretora, sócios-fundadores, sócios-gerentes, sócios-adminstradores, sócias-diretoras.

Por fim, vale lembrar que nenhuma palavra da língua portuguesa pode receber acento em sílaba anterior à antepenúltima, de tal sorte que o prefixo "sócio" perde o acento nas situações em que forma palavras compostas grafadas sem hífen.

5.8. REFORMA ORTOGRÁFICA: ALGUNS CASOS DE ACENTUAÇÃO

- **Advir**

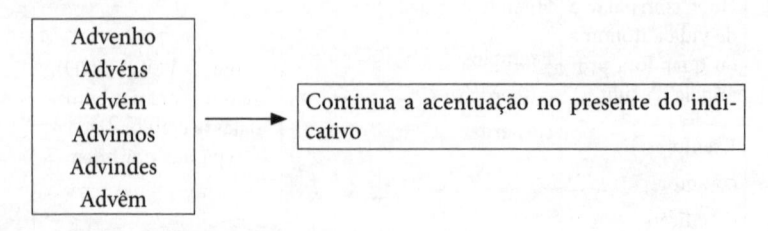

Advenho
Advéns
Advém   → Continua a acentuação no presente do indicativo
Advimos
Advindes
Advêm

- **Arguir**
  Presente do indicativo

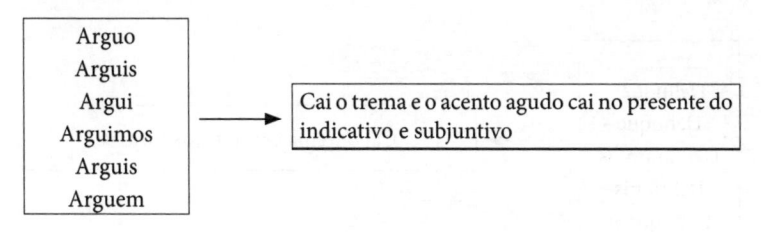

Arguo Arguis Argui Arguimos Arguis Arguem	Cai o trema e o acento agudo cai no presente do indicativo e subjuntivo

- **Arrazoar**

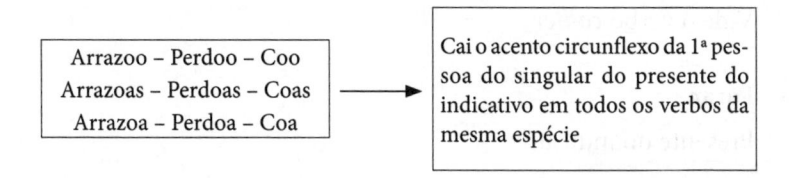

Arrazoo – Perdoo – Coo Arrazoas – Perdoas – Coas Arrazoa – Perdoa – Coa	Cai o acento circunflexo da 1ª pessoa do singular do presente do indicativo em todos os verbos da mesma espécie

- **Averiguar**
  Presente do subjuntivo

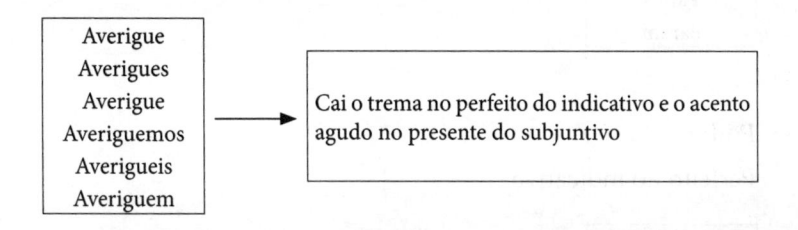

Averigue Averigues Averigue Averiguemos Averigueis Averiguem	Cai o trema no perfeito do indicativo e o acento agudo no presente do subjuntivo

- **Conter**
  Segue o verbo *ter*
  Presente do indicativo

Tenho Tens Tem Temos Tendes Têm	Contenho Conténs Contém Contemos Contendes Contêm	Permanece a acentuação

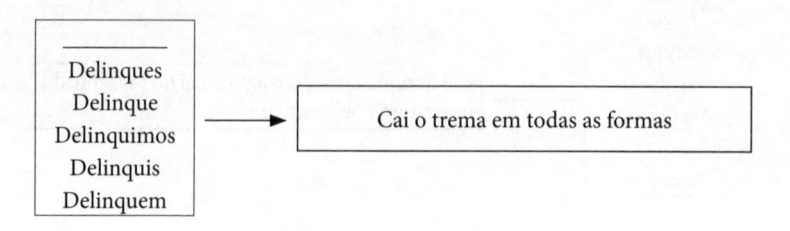

- **Delinquir**
  Presente do indicativo

  | Delinques |
  | Delinque |
  | Delinquimos |
  | Delinquis |
  | Delinquem |

  → Cai o trema em todas as formas

- **Deter**
  Vide o verbo *conter*

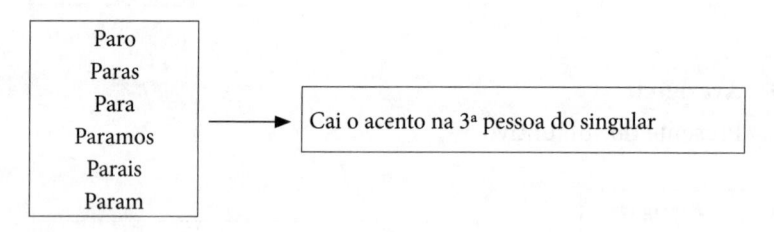

- **Parar**
  Presente do indicativo

  | Paro |
  | Paras |
  | Para |
  | Paramos |
  | Parais |
  | Param |

  → Cai o acento na 3ª pessoa do singular

- **Poder**
  Perfeito do indicativo

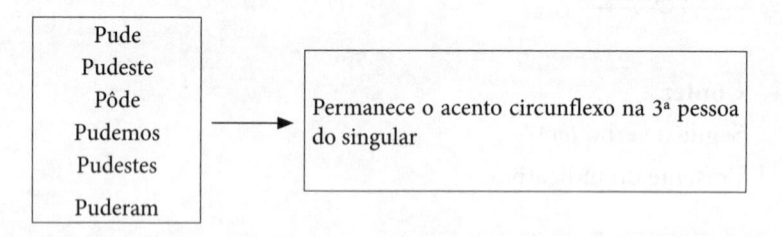

  | Pude |
  | Pudeste |
  | Pôde |
  | Pudemos |
  | Pudestes |
  | Puderam |

  → Permanece o acento circunflexo na 3ª pessoa do singular

- **Prever**
  Segue o verbo *ver*
  Presente do indicativo

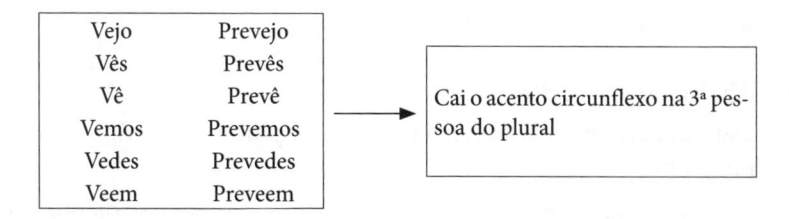

Vejo	Prevejo
Vês	Prevês
Vê	Prevê
Vemos	Prevemos
Vedes	Prevedes
Veem	Preveem

→ Cai o acento circunflexo na 3ª pessoa do plural

- **Ter**

Presente do indicativo

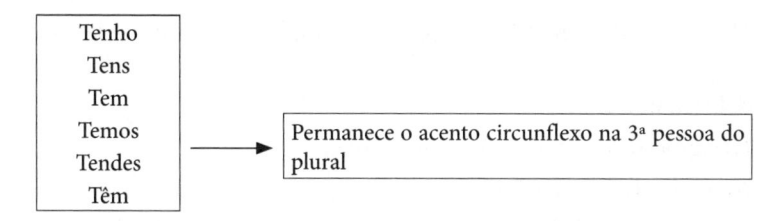

Tenho
Tens
Tem
Temos
Tendes
Têm

→ Permanece o acento circunflexo na 3ª pessoa do plural

5.9. PREFIXAÇÃO E SUFIXAÇÃO

5.9.1. Preliminar

Costuma-se dizer que o acervo lexical de todas as línguas em uso sofre constante renovação. Verdade que mereceu a atenção do mestre Horácio, já em tempos remotos, na *Ars poetica* (v. 70 e segs.):

Multa renascentur quae iam cecidere, cadentque
Quae nunc in honore vocabula si volet usus,
Quem penes arbitrium est et ius et norma loquendi.[3]

Estão entre as formas de renovação do acervo lexical a prefixação e a sufixação, as quais, em determinados radicais, podem ocorrer simultaneamente. Nesse sentido, daremos atenção aos prefixos e sufixos latinos e gregos, explicando-os em suas perspectivas semânticas, o que facilita a compreensão morfológica e etimológica de vocábulos atuais, os jurídicos inclusive.

---

[3] Muitos vocábulos que já morreram terão um segundo nascimento e cairão muitos daqueles que gozam agora das honras se assim o quiser o uso em cujas mãos está o arbítrio, o direito e a lei da fala (apud Ulman, s.d., p. 10).

5.9.2. Prefixos latinos

- *Ab* (variantes: *a, abs*)

  Denota afastamento, ausência, privação, ponto de partida no espaço e no tempo.

  De acordo com a reforma ortográfica, separa-se o prefixo diante de termo iniciado por *b, h, r*.

  ab-rogar, ab-rogatório

  Nota: o VOLP (2009) não registra exemplo de *ab* diante de *h* e *b*.

- *Ad* (variante: *a*)

  Designa movimento para, aproximação.

  Na lição de Bréal e Bailly (s.d., p. 3), *ad*, com frequência, substituía-se no latim arcaico por *ar*, como em *arvocatus*. O prefixo *ar* desapareceu e deixou vestígios, por exemplo, em *arbiter*.

  Com a reforma ortográfica, usa-se com hífen diante de *d, h, r*: ad-digital, ad-renal, ad-rogação.

  Nota: o VOLP não registra caso de hífen diante de *h*.

- *Circum* (em torno de)

  Está relacionado entre prefixos de origem latina e, quanto ao hífen, este é usado diante de palavra iniciada por *vogal, h, m, n*.

  Circum-*e*scolar; circum-*h*ospitalar; circum-*m*eridiano; circum-*n*avegação.

- *Contra*

  Usa-se para indicar *oposição*. Usa-se com hífen, agora, com a reforma ortográfica, quando o segundo elemento se inicia com vogal igual à vogal final do primeiro elemento e quando o segundo elemento se inicia por *h*.

  Contra-*a*pelação; contr*a*-*a*ssinatura; contr*a*-*h*abitual.

  Sem hífen: contrarrazões, contramandado, contraminuta.

- *Cum* (variantes: *con, com, co*)

  Indicador de reunião, companhia, associação, igualdade. A forma latina *cum* permanece em, por exemplo, cúmplice, cumplicidade, cumprimento.

A variante *con* aparece, por exemplo, em conjura, concubina, consorte, condomínio.

A variante *com* aparece antes de *p* ou *b*, como nas palavras companheira, compadecer, combater.

A variante *co* aparece, por exemplo, em corréu, cooperação, coautoria, copropriedade, coabitação. Também aparece em palavras cujo radical começa com *m* ou *n*: conúbio (do latim *connubium*) e comarca (com +marca).[4]

- **De**

  Indica origem, afastamento, movimento de cima para baixo, separação.

  > Demente, decapitar, depor.

- **Dis**

  Marca separação, direção em sentido oposto, negação.

  > Discriminar, discordar, distender.

  Diante de algumas consoantes o *dis* se reduz a *di*:

  > Divagar, dilacerar, diminuir.

- **Ex**

  Denota movimento para fora.
  > Exumação, exonerar, expulsar, exportar.

  Ex no sentido de cessação de estado anterior sempre separa-se por hífen, mesmo com a reforma ortográfica, caso de ex-procurador, ex-deputado, ex-goleiro, ex-marido.

  Ex pode assumir sentido intensivo: extorquir, exacerbar, extorsão.

- **Extra**

  Em latim, o termo é preposição ou advérbio. Em português, Almeida (1981, p. 113) e outros consideram-no também prefixo, cujo sentido é "fora de".

---

[4] "Marca" no sentido de limite, fronteira.

De acordo com a reforma ortográfica, *extra* separa-se por hífen diante de um termo iniciado por *vogal igual* e diante de *h*.

Extr*a*-articular, extra-*h*ispânico.

- *In*

Prefixo de sentido negativo e privativo (infiel, incrédulo). Assume, por vezes, sentido intensivo (incursão, invasão). *In* e *des* são negativos, mas, às vezes, a negação entre os dois prefixos é diferente, como já assinalaram Damião e Henriques (2009, p. 288).

In	Des
aspecto erudito	aspecto popular
negação total	negação parcial
incógnito	desconhecido
incolor	descorado
impronunciar	despronunciar

- *Infra* (embaixo, oposto a *supra*)

Preposição e advérbio latino, usado em português como prefixo com hífen diante de vogal igual e diante de *h*.

Infr*a*-*a*ssinado; infr*a*-*h*umano.

- *Intra* (posição interior)

Preposição latina; está relacionada entre os prefixos por Cunha (1975, p. 105). Quanto ao uso do hífen, vale o que foi dito sobre *infra* (acima).

Intr*a*-articular; intr*a*-*h*istórico.

- *Ob* (variante *obs, o*) com ideia de oposição, resistência: **objurgatória, obstruir, obstar.**

A reforma ortográfica ensina que há hífen quando *ob* é usado diante de *b, h, r*. O *Vocabulário Ortográfico da Língua Portuguesa* (2009, p. 589) oferece só exemplos com *r*.

Ob-rogar, ob-rogatório, ob-rogação

- *Per*

    Na lição de Bréal e Bailly (s.d., p. 258), em latim, *per* é um prefixo pejorativo como perverso, perverter, pérfido, perjuro. Em geral, em português, *per* indica movimento através de (exemplos: percorrer, perfurar, perpassar).

- *Pos* (variante *pós*)

    Do latim *post*; indica posterioridade (depois, em seguida). A variante *pós* conserva o hífen.

    > Pospor, postônico, pós-julgamento.

- *Pre* (variante *pré*)

    Indica anterioridade. *Pré* conserva o hífen.

    > Precoce, prefácio, pretônico, prejulgar, prejuízo, pré-julgamento, pré--escola.

- *Pro* (variante *pró*)

    A variante conserva o hífen. O prefixo indica movimento para frente.

    > Processo, prosperar, progresso, prosseguir, pró-reitor.

- *Re* (variante *red*)

    Indica movimento para trás, repetição: repristinar, recorrer, reconvir.

    > *Red* é forma arcaica de *re*: conserva-se por exemplo, em redibir, redundante, redibição.

- *Retro*

    Advérbio latino derivado de *re*; como prefixo em português implica movimento para trás.

    > Retrocesso, retrotrair, retroceder, retroagir.

- *Semi* (meio, metade)
Com respeito ao hífen, vale o que se disse a respeito de *infra* e *intra*.

> Sem*i*-*i*nconsciência, sem*i*-*h*eresia.

- *Sub* (variantes *sus, su, sob, so*)
O sentido próprio de *sub* é "movimento de baixo para cima". Quanto ao hífen, a reforma ortográfica diz que *sub* (sob) se usa com hífen diante de *b, h, r*.

> Sub-*b*ibliotecário, Sub-*h*umanidade, sub-reitor.

- *Super* (variante *supra*)
Posição superior, em cima de.

> *Super* grafa-se com hífen diante de *h, r*; quanto a *supra*, vide *infra* e *intra*.
> Super-*h*abilidade, super-rogação.
> Supr*a*-*a*uricular, supr*a*-*h*umano.

- *Trans* (variantes *tras, tra, tres*)
Indicador de posição além de, movimento para.

> Transpor, trasladar, traduzir, tresloucado.

- *Ultra*
Posição além do limite.
Com relação ao uso do hífen, vale o mesmo que *infra* e *intra*.

> Ultrapassar, ultr*a*-*a*utônomo, ultr*a*-*h*onesto.

5.9.3. Prefixos gregos

- *An* (variante *a*)
Ideia de privação, negação.

A variante *a* é redução de *an*.

    Anarquia, acéfalo, anônimo.

- ***Ana***
Sentido: ação repetida, movimento anverso.

    Anagrama, anáfora.

- ***Anfi***
Ação contrária, em torno.

    Anfiteatro, anfíbio.

- ***Anti***
Carrega o sentido de oposição, posição contrária.
Com a reforma ortográfica, usa-se com hífen diante de *vogal igual* e diante de *h*.

    Ant*i-i*sraelense; ant*i-h*erói.

- ***Apo***
Afastamento, separação.

    Apóstolo, apogeu.

- ***Arqui*** (variantes: *arce, arci*)
Ideia de posição superior; quanto ao hífen veja o anterior *anti*.

    Arqu*i-i*nimigo; arqu*i-h*ipérbole.

- ***Cata***
Movimento de cima para baixo, oposição.

    Catadupa, catarata, catapulta.

- *Dia* (variante *di*)
  Movimento em torno de, afastamento.

  Diagnóstico, diocese.

- *Dis*
  Dificuldade, privação.

  Disenteria, dispneia.

- *Endo*
  Posição superior; movimento para.

  Endotérmico, endosmose.

- *Epi*
  Posição superior, movimento para.

  Epicentro, epílogo, epitáfio.

- *Eu* (variante *ev*)
  Bom, suave, agradável.

  Evangelho, eucaristia, eugenia.

- *Hiper*
  Posição superior, excesso, demasia.

  Hiperacidez, hipertensão.

- *Hipo*
  Embaixo de, escassez.

  Hipossuficiente, hipotensão, hipotálamo, hipocalórico.

- ***Meta*** (variante: ***mét***)
  Mudança, posterioridade.

  Metáfora, metalinguagem.

- ***Para*** (variante: ***par***)
  Ao lado de, proximidade.

  Paramilitar, parasita.

- ***Peri***
  Movimento em torno, posição em torno de.

  Perímetro, perífrase.

- ***Pró***
  Anterioridade, posição em frente.

  Prólogo, prótese.

- ***Sin*** (variantes: ***sim, si***)
  Simultaneidade, reunião, companhia.

  Simpatia, sílaba, sinfonia, sincronia.

5.9.4. Sufixos latinos

Os sufixos assim ditos latinos, na verdade, são de origem latina, na maioria dos casos. Citaremos apenas alguns deles.

- ***Agem***
  Liga-se diretamente ao francês *age*:

  le voyage > a viagem   l'hommage > a homenagem
  le garage > a garagem   le courage > a coragem.

O leitor deve ter percebido que, em francês, as palavras são masculinas e, em português, são femininas.

Pode significar:
- ato ou estado: malandragem, ladroagem.
- coleção: roupagem, folhagem.

Pode-se observar, outrossim, que este sufixo adquire, por vezes, sentido pejorativo, caso de gatunagem, vadiagem, malandragem etc.

- **Eza**

    Do sufixo latino *itia* que evolui para *eza* (forma popular), abreviou-se em *ez* e deu *iça*.

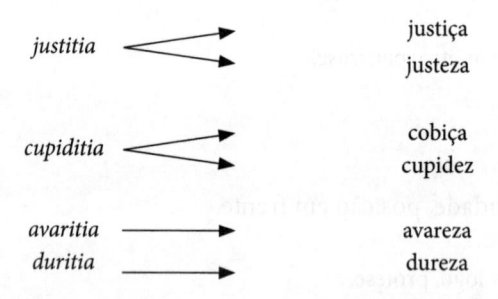

    justitia → justiça / justeza

    cupiditia → cobiça / cupidez

    avaritia → avareza

    duritia → dureza

- **Mente**

    Trata-se do ablativo singular latino de *mens-mentis* usado como sufixo dos advérbios de modo (lucidamente, calmamente, loucamente).

- **Oso**

    Indicador de abundância (judicioso, laborioso); pode assumir duplo sentido:

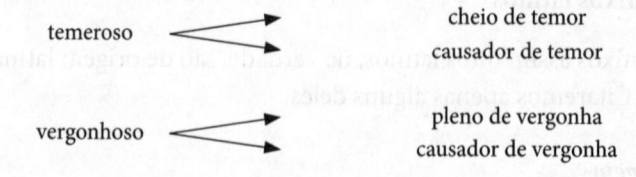

    temeroso → cheio de temor / causador de temor

    vergonhoso → pleno de vergonha / causador de vergonha

- **Vel**

    O *bil* latino evoluiu, naturalmente, para *vel*: terrível, agradável, imputável, prorrogável. Entretanto, o sufixo *bil* permaneceu em alguns casos:

1. em formas de superlativos: terribilíssimo, agradabilíssimo, debilíssimo;
2. em adjetivos: núbil, flébil, contábil, débil;
3. em substantivos abstratos: contabilidade, imputabilidade, prorrogabilidade, debilidade.

- **Udo**

    Sufixo indicador de abundância (ossudo, carnudo, bigodudo). Às vezes, adquire sentido pejorativo (barrigudo, beiçudo, narigudo).

5.9.5. Sufixos gregos

- **Ismo**

    Normalmente, tal sufixo é indicador de sistemas (político, religioso etc.).

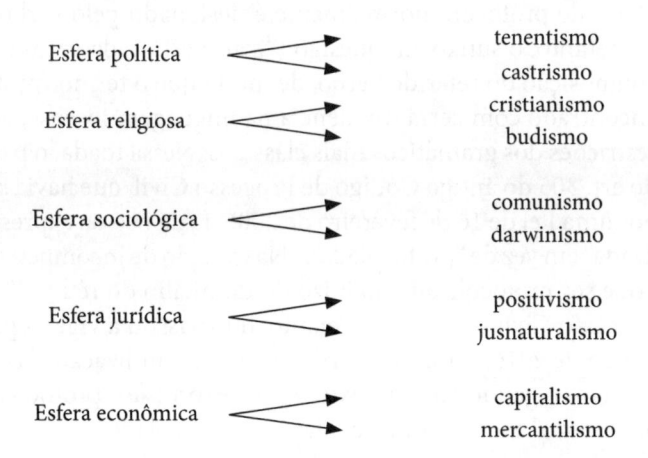

Esfera política	tenentismo, castrismo
Esfera religiosa	cristianismo, budismo
Esfera sociológica	comunismo, darwinismo
Esfera jurídica	positivismo, jusnaturalismo
Esfera econômica	capitalismo, mercantilismo

Tal sufixo pode indicar exagero e depreciação, a depender do contexto.

- **Ista**

    Indica o partidário, o seguidor, quem professa uma doutrina.

    Jusnaturalista, tridimensionalista, socialista, positivista, castrista.

    Damião e Henriques (2009, p. 292) lembram que *ismo* e *ista* normalmente andam juntos, embora possam existir separados.

- **Ite**

    O sufixo *ite* circula mais na órbita da medicina e significa inflamação (amigdalite, colite, otite). Fora do contexto médico, adquire, por vezes, sentido pejorativo: *pacotite* (excesso de pacotes).

De forma jocosa e pejorativa, há quem use a expressão "juizite", a significar eventual comportamento arrogante, empertigado de membro da magistratura, sobretudo no início da carreira.

- **Ose**

    Indicador de estado patológico ou mórbido e, em consequência, relaciona-se mais à área médica:

    > Neurose, psicose, tuberculose.

- **Izar**

    Sufixo verbal que exprime prática de ação:

    > Avalizar, inutilizar, colonizar, responsabilizar.

    O ato de protocolo normalmente é designado pelo verbo "protocolar". Entretanto, o sufixo em questão ("izar") está cada vez mais presente na composição do referido verbo, de modo que o termo "protocolizar" já é encontrado com certa frequência na linguagem forense, ainda que haja restrições dos gramáticos mais clássicos. Nessa toada, o parágrafo único do art. 305 do antigo Código de Processo Civil, que havia sido acrescido por uma Lei de 16 de fevereiro de 2006, fazia uso da expressão "protocolizada" em vez de "protocolada": "Na exceção de incompetência, a petição pode ser protocolizada no juízo do domicílio do réu [...]". O Código de Processo Civil de 2015, entretanto, que passou a viger a partir de 18 de março de 2016, retomou a preferência pela utilização clássica do verbo, não empregando em seu texto legal a expressão "protocolizar" ou "protocolizado", mas sim "protocolar" e "protocolado".

5.10. EXPRESSÕES VERNÁCULAS

- **Dentro de**

    Pode-se usar a forma "dentro de" (esta a forma mais usual e de maior sabor clássico) ou "dentro em", forma abonada por Ruy Barbosa.

    > "Dentro em trinta dias, deve o senhorio direto, por escrito datado e assinado, declarar se pretende [...]" (W. de Barros Monteiro).

- **De per si**

    Significa cada um por sua vez, por si mesmo. O Código Civil usa a expressão em itálico, desnecessariamente, visto que se trata de expressão vernácula.

Código Civil, art. 56, parágrafo único: "[...] a transferência daquela não importará, *de per si*, na atribuição da qualidade de associado ao adquirente ou herdeiro, salvo disposição diversa do estatuto."

Código Civil, art. 89: "São singulares os bens que, embora reunidos, se considerem *de per si*, independentemente dos demais."

Curioso é notar a sobrevivência da preposição *per* na expressão acima. A mesma preposição *per* permanece em "percentagem", "percentual" e "perante".

- **De plano**

O adjetivo latino *planus* significa "plano, claro, evidente". Na linguagem jurídica usa-se com o sentido de "imediato", "sem detença", "imediatamente".

"Recebendo o pedido de homologação, pode o juiz deferi-lo de plano, se devidamente instruído" (W. de Barros Monteiro).

- **Não obstante**

Elemento negativo de coesão encontradiço na linguagem jurídica. Liga-se ao verbo *obstare* (manter-se diante de, pôr obstáculo). Pode ser compreendido por "apesar de", "apesar disso".

"Se omitir tais cautelas e, não obstante, efetuar a tapagem, presumir-se-á que a fez a sua custa" (W. de Barros Monteiro).

A forma *inobstante* não é dicionarizada, não consta no *Vocabulário Ortográfico da Língua Portuguesa* (VOLP, 2009) e, em geral, é rejeitada pelos gramáticos. Entretanto, parece estar recebendo a chancela do uso, sobretudo no meio jurídico.

- **Prestação vincenda**

A forma verbal *vincendas* lembra o particípio futuro passivo latino que não passou para a língua portuguesa. A expressão significa: prestação a vencer, a ser vencida, que deve vencer, isto é, a ser paga.

Fala-se também em "juros vincendos".

- **Prova peremptória**

Peremptória relaciona-se ao verbo jurídico *peremir*, cujo sentido é terminar, extinguir, pôr termo a ação ou instância. Prova peremptória é, por conseguinte, aquela que fecha a questão, isto é, torna-se definitiva, indiscutível. Refere-se ao verbo latino *perimere* (destruir).

Fala-se, também, em *prazo peremptório* (prazo definitivo).

O vocábulo "perempção", do latim *peremptione*, significa extinção, perda, destruição. Na linguagem jurídica, há duas utilizações; a primeira delas ocorre no processo civil, quando há perda do direito de ação em razão de o autor ocasionar por três vezes a extinção do processo por abandono da causa, nos termos do art. 486, § 3º, do Código de Processo Civil; a segunda ocorre no âmbito do processo penal, em ação privada, quando o querelante deixa de promover o andamento do processo durante 30 dias seguidos ou quando há alguma das situações previstas no art. 60 do Código de Processo Penal.

- **Sem embargo de**

A expressão refere-se ao verbo "embargar" (impedir, embaraçar, colocar embargos (obstáculo)).

A forma acima significa "não obstante", "a despeito de".

Ao lado de *sem embargo*, existe a locução *não embargante* que Epiphanio Dias (1954, p. 244) considera particípio invariável, ligado a um sujeito da 3ª pessoa.

> "Sem embargo disso acompanho o Sr. Ministro Relator [...]" (VALLER, 1976, p. 42).

- **Nu-proprietário**

Chama-se de *nu-proprietário* (*nudus dominus, dominus proprietatis*) aquele que está despojado, despido (*nudus*) do gozo da propriedade.

Tanto Silva (1978, p. 1073) como Nunes (1965, p. 228) grafam a expressão sem hífen; o hífen, porém consta no VOLP 2009. Por analogia, grafar-se-á *nua-proprietária*. Já *nua propriedade* grafa-se sem hífen.

> "Por exemplo, no usufruto, repartem-se os elementos entre o nu-proprietário e o usufrutuário" (W. de Barros Monteiro).

Cite-se, ainda, o gracejo realizado com o teor do art. 1.400 do Código Civil: "o nu-proprietário tem direito a caução".

5.11. REPERTÓRIO VOCABULAR ERUDITO

Como já exposto, a linguagem jurídica se pauta pela linguagem clássica. Também foi explicado que o idioma presente na comunicação jurídica não é outro senão a própria língua portuguesa utilizada numa seara específica, a qual lhe imprime caracteres próprios, como arcaísmos, latinismos, formalismos e vocábulos peculiares.

Essa é a razão pela qual se diz que o vernáculo é o instrumento do jurista. É, portanto, por meio da língua portuguesa, em sua variante padrão, formal e escorreita, que os direitos são positivados, as demandas são formuladas e a tutela jurisdicional é prestada.

Conhecer bem a língua portuguesa é, pois, pressuposto para a formação do jurista. É *conditio sine qua non*. Em razão disso, colocamos abaixo um repertório de palavras que não são propriamente jurídicas, mas que amiúde se encontram em discursos jurídicos, embora sejam mais raras na linguagem popular. Há, também, boa seleção de palavras cultas na obra de Guimarães e Thebich (2006).

Abissal: abismo enorme, profundo.

Abjeto: desprezível.

Absorto: concentrado, pensativo.

Achincalhar: ofender, ridicularizar, tripudiar.

Adstrito: restrito, limitado.

Admoestar: aconselhar, exortar.

Aduzir: expor, alegar.

Adágio: ditado, máxima, dito, provérbio.

Aleivosia: fraude, deslealdade.

Aliciar: seduzir, atrair.

Alijar: preterir, pôr de lado.

Amealhar: reunir, juntar pouco e pouco.

Amiúde: frequentemente.

Alvitrar: propor, aconselhar.

Azo: motivo, ensejo.

Alhures: outro lugar.

Antanho: passado.

Bálsamo: alívio, consolo.

Beligerante: que está em guerra, que faz guerra, bélico.

Beneplácito: aprovação, consentimento.

Cálido: ardente, quente.

Catarse: limpeza, purificação.

Cerne: centro.

Claudicar: errar, falhar, manquejar.

Coadunar: harmonizar, reunir em um.

Condão: capacidade especial.
Conluio: trama entre duas ou mais pessoas.
Cordato: que tem bom-senso, sensato, prudente.
Contumaz: persistente, teimoso.
Cotejar: comparar.
Corroborar: confirmar, roborar, ratificar.
Corolário: dedução, consequência, dedução.
Debalde: em vão, inutilmente.
Decrépito: muito velho.
Deletério (adjetivo): que destrói, prejudicial.
Desatino: falta de tino, de juízo.
Desiderato: o que se deseja.
Dirimir: resolver.
Efêmero: de pouca duração.
Égide: amparo, escudo.
Elidir: suprimir, eliminar.
Étimo: origem de uma palavra, etimologia.
Excelso: maravilhoso, sublime, muito alto.
Exíguo: diminuto.
Exumar: extrair cadáver de uma sepultura, desenterrá-lo; oposto de inumar.
Fausto: feliz, próspero.
Fenecer: extinguir, morrer.
Filigrana: coisa vã, sem importância, frívola, fútil.
Fustigar: maltratar, castigar.
Grilhão: corrente de metal, algema.
Hermético: completamente vedado.
Idiossincrasia: característica pessoal, maneira própria de ver ou sentir as coisas.
Ilação: conclusão, o que se deduz dos fatos, inferência.
Ilibado: sem manchas, purificado, depurado, imaculado, impoluto.
Ilidir: refutar, contestar.
Imbróglio: confusão, mixórdia.
Imbuir: infundir, incutir.
Imiscuir-se: intrometer-se, envolver.
Impávido: que não tem pavor, destemido, intrépido.
Interregno: período, tempo que medeia dois fatos, intervalo, ínterim.
Incauto: sem cautela.
Ínclito: ilustre, insigne, egrégio.

Incólume: ileso, intacto.
Indelével: que não se pode delir.
Indulgente: aquele que perdoa facilmente, clemente, tolerante.
Inerente: peculiar, próprio, ínsito.
Inócuo: que não prejudica, que não causa dano, inofensivo.
Insólito: incomum, anormal.
Intrépido: corajoso, que não trepida, não treme.
Írrito: sem efeito, nulo.
Jactância: garbo, orgulho, arrogância.
Jocoso: engraçado, alegre.
Ledo: alegre, exultante.
Lenir: abrandar, mitigar, suavizar.
Longevo: que dura muito tempo.
Mormente: principalmente, sobretudo.
Néscio: que não sabe, ignorante.
Notívago: que gosta de ficar acordado à noite.
Ojeriza: aversão, repugnância.
Paladino: homem corajoso, intrépido, de grande bravura.
Panaceia: planta imaginária, que remedia todos os males.
Parco: econômico, moderado, simples, frugal.
Parvo: tolo, idiota.
Perfídia: deslealdade, falsidade, traição.
Presságio: agouro, vaticínio, prognóstico, previsão.
Preterir: pôr de lado, rejeitar.
Procrastinar: adiar, delongar, postergar.
Pujante: que tem muita força, vigoroso.
Reacionário: contrário às inovações políticas e sociais.
Renitente: contumaz, persistente.
Sectário: não admite opinião contrária, intransigente, intolerante.
Sepulcral: relativo a sepulcro, fúnebre, lúgubre, triste, sombrio.
Silente: silencioso, que é calado.
Simulacro: falsificação, imitação.
Soberba: arrogância, orgulho, empáfia.
Tácito: não expresso por palavras, subentendido, implícito.
Taciturno: de poucas palavras, carrancudo, calado, lacônico.
Talante: vontade, desejo, arbítrio.
Tolher: pôr obstáculo, dificultar, paralisar.

Ufania: orgulho, jactância, soberba.
Vernáculo: idioma próprio de uma nação, país ou região.
Verossímil: que parece verdadeiro, provável, plausível, coerente.
Vertigem: tontura.
Vicissitude: instabilidade das coisas, inconstância dos fatos.
Zurzir: criticar com severidade, repreender asperamente.

5.12. ABREVIATURAS E SIGLAS NO DIREITO

Muito comum é a utilização de abreviaturas e siglas na linguagem jurídica. Algumas são tão correntes e usuais que por vezes os falantes esquecem ou mesmo desconhecem as expressões que lhes deram origem. É o caso do seguro DPVAT, ou do tributo COFINS. Muitas abreviaturas são de utilização restrita da prática forense, como, por exemplo, "j. cls.".

As abreviaturas têm por finalidade imprimir agilidade à comunicação, mesmo a verbal, reduzindo as letras/sons que são necessários para expressar determinado fato, entidade, ato ou objeto. O excesso de abreviações pode dificultar a compreensão, prejudicando assim a clareza e fluidez do texto. Algumas, de fato, são desnecessárias e mais atrapalham do que ajudam o exercício do ato comunicativo.

As siglas são compostas por letras grafadas em maiúsculas, podendo haver ponto após cada letra. Compõem-se normalmente pelas primeiras letras da denominação da entidade a que se referem (Exemplos: BACEN ou B.A.C.E.N. para Banco Central; TJSP ou T.J.S.P. para Tribunal de Justiça do Estado de São Paulo).

O texto legislativo é avesso a abreviaturas, mas elas abundam nos discursos judiciais, tanto os elaborados pelas partes como as exaradas pelos tribunais. Por serem muitas vezes técnicas, acabam por afastar o entendimento dos leitores leigos.

Abaixo, em ordem alfabética, citaremos as abreviaturas e siglas mais comuns na linguagem jurídica.

A

A.	–	autuada; autor (plural AA. – autores)
a/a ou a.a.	–	ao ano
ABNT	–	Associação Brasileira de Normas Técnicas
ac.	–	acórdão
AC	–	Apelação Cível
ACP	–	Ação Civil Pública
ACr	–	Apelação Criminal
ADC	–	Ação Direta de Constitucionalidade

ADcl	–	Ação Declaratória
ADCT	–	Ato das Disposições Constitucionais Transitórias
ADECON	–	Ação Declaratória de Constitucionalidade
ADIn	–	Ação Direta de Inconstitucionalidade
ADPF	–	Arguição de Descumprimento de Preceito Fundamental
Adv.	–	Advocacia, Advogado
Ag.	–	Agravo
agdo.	–	agravado
AgI	–	Agravo de Instrumento
AgRg	–	Agravo Regimental
agte.	–	agravante
AGU	–	Advocacia Geral da União; advogado geral da União
AI	–	Agravo de Instrumento; Ato Institucional
AJud	–	Assistência Judiciária Gratuita
al.	–	alínea
alv.	–	alvará
a/m ou a.m.	–	ao mês
ANA	–	Agência Nacional de Águas
ANAC	–	Agência Nacional de Aviação Civil
ANATEL	–	Agência Nacional de Telecomunicações
ANEEL	–	Agência Nacional de Energia Elétrica
ANS	–	Agência Nacional de Saúde Suplementar
ANVISA	–	Agência Nacional de Vigilância Sanitária
Ap.	–	apelação, apenso
ApCv	–	Apelação Cível
apdo.	–	apelado
apte.	–	apelante
AR	–	Aviso de Recebimento
A.R.	–	Autuado(a) e Registrado(a)
AResc	–	Ação Rescisória.
art.	–	artigo (plural – arts.)

B

BACEN ou BC	–	Banco Central do Brasil
Bel.	–	bacharel (plural – Bels.)
BNDES	–	Banco Nacional do Desenvolvimento Econômico e Social
BOVESPA	–	Bolsa de Valores de São Paulo

C

C.	–	Câmara
CADE	–	Conselho Administrativo de Defesa Econômica
CAMEX	–	Câmara de Comércio Exterior
cap.	–	capítulo (plural – caps.)
CARF	–	Conselho Administrativo de Recursos Fiscais

CAT	–	Comunicação de Acidente do Trabalho
CBA	–	Código Brasileiro de Aeronáutica
CC	–	Código Civil
CC16	–	Código Civil de 1916
CC02	–	Código Civil de 2002
c/c ou c.c.	–	combinado com (citação de artigos de lei); com cópia; conta corrente
CCom	–	Código Comercial
CComp ou CCpt	–	Conflito de Competência
CCv	–	Câmara Cível
CDC	–	Código de Defesa do Consumidor
CDCAN	–	Código de Direito Canônico
CDPr	–	Câmara de Direito Privado
CE	–	Constituição Estadual; Código Eleitoral
CEDA	–	Código de Ética e Disciplina do Advogado
Cel.	–	Coronel
CF	–	Constituição Federal
cf.	–	confronte, confira
CGC	–	Cadastro Geral de Contribuintes
CGJ	–	Corregedoria Geral da Justiça
CGJT	–	Corregedoria Geral da Justiça do Trabalho
Cia.	–	Companhia
CID	–	Código Internacional de Doenças
CIE	–	Cédula de Identidade para Estrangeiros
CIJ	–	Corte Internacional de Justiça (ou Tribunal Internacional de Justiça)
CInom.	–	Cautelar Inominada
CIPA	–	Comissão Interna de Prevenção de Acidentes
cit.	–	citado
CJF	–	Conselho da Justiça Federal
CJur	–	Conflito de Jurisdição
cls.	–	conclusos (autos)
CLT	–	Consolidação das Leis do Trabalho
CNH	–	Carteira Nacional de Habilitação
CNIS	–	Cadastro Nacional de Informações Sociais
CNJ	–	Conselho Nacional de Justiça
CNPJ-MF	–	Cadastro Nacional de Pessoa Jurídica do Ministério da Fazenda (em razão do rearranjo ministerial, conforme Lei 13.844/2019, o órgão competente para expedição do CNPJ passou a ser designado Ministério da Economia, de modo que a abreviatura mais correta passou a ser CNPJ-ME).
CNPq	–	Conselho Nacional de Desenvolvimento Científico e Tecnológico
Cód.	–	Código
COFINS	–	Contribuição para o Financiamento da Seguridade Social
Conasp	–	Conselho Nacional de Segurança Pública
conf.	–	conforme

CONTRAN	–	Conselho Nacional de Trânsito
COPOM	–	Comitê de Política Monetária
CORP. JUR. CIVIL (C.J.C.)	–	*Corpus Juris Civilis*
CP	–	Código Penal
CParc	–	Correição Parcial
CPC	–	Código de Processo Civil
CPF-MF	–	Cadastro de Pessoas Físicas do Ministério da Fazenda (em razão do rearranjo ministerial, conforme Lei 13.844/2019, o órgão competente para expedição do CPF passou a ser designado Ministério da Economia, de modo que a abreviatura mais correta passou a ser CPF-ME).
CPI	–	Comissão Parlamentar de Inquérito
CPM	–	Código Penal Militar
CPMI	–	Comissão Parlamentar Mista de Inquérito
CPP	–	Código de Processo Penal
CPPM	–	Código de Processo Penal Militar
CPrec	–	Carta Precatória
CSM	–	Conselho Superior da Magistratura
CSMP	–	Conselho Superior do Ministério Público
CTB	–	Código de Trânsito Brasileiro
CTest	–	Carta Testemunhável
CTN	–	Código Tributário Nacional
CTPS	–	Carteira de Trabalho e Previdência Social
CVM	–	Comissão de Valores Mobiliários

D

d.	–	douto
D.	–	Digno(a); Dom; Dona; Decreto
DARE	–	Documento de Arrecadação de Receitas Estaduais
DARF	–	Documento de Arrecadação de Receitas Federais
DD.	–	Digníssimo (a)
Dec.	–	Decreto
dep.	–	departamento
Des.	–	Desembargador; Desembargadores
Desa.	–	Desembargadora (plural – Desas.)
DJe	–	Diário da Justiça Eletrônico
DJU	–	Diário da Justiça da União
DL	–	Decreto-lei
doc.	–	Documento (plural – docs.)
DOE	–	Diário Oficial do Estado
DOU	–	Diário Oficial da União
DP	–	Distrito Policial (para Delegacia de Polícia, usa-se Del. Pol.)
DPVAT	–	[Seguro obrigatório para] Danos Pessoais causados por Veículos Automotores de Via Terrestre

Dr. – Doutor (plural – Drs.)
Dra. – Doutora (plural – Dras.)
DRT – Delegacias Regionais do Trabalho

E

EAOAB ou EOAB – Estatuto da Advocacia e a Ordem dos Advogados do Brasil
EC – Emenda Constitucional
ECA – Estatuto da Criança e do Adolescente
Ed. – Editora
ed. – edição
EDcl – Embargos de Declaração
EDclRE. – Embargos Declaratórios no Recurso Extraordinário
EExec. – Embargos à Execução
e. g. – *exempli gratia* (por exemplo)
EI – Embargos Infringentes
EIRELI – Empresa Individual de Responsabilidade Limitada
E/M ou E. M. – Em mão(s)
embdo. – embargado
embte. – embargante
ENul. – Embargos de Nulidade
EPP – Empresa de Pequeno Porte
ER – Emenda Regimental
ERM – Espera receber mercê
E/T ou E. T. – em tempo
et alii, et al. – e outros
etc. – *et caetera* (e as demais coisas)
E. TJ ou Egr. TJ – Egrégio Tribunal de Justiça
Exec. – Execução
execdo. – executado
exeqte. – exequente
Exmo(a). – Excelentíssimo(a)
ExSusp. – Exceção de Suspeição

F

FAT – Fundo de Amparo ao Trabalhador
FGTS – Fundo de Garantia por Tempo de Serviço
fl. – folha (plural – fls.)
For. – forense
fs. – *fac simile*
FUNAI – Fundação Nacional do Índio

G

GARE – Guia de Arrecadação Estadual
GNRE – Guia Nacional de Recolhimento de Tributos Estaduais

gr. – grátis; grego
GRU – Guia de Recolhimento da União

H

HC – *Habeas Corpus*
HD – *Habeas Data*
herd. – herdeiro

I

ib. – ibidem (no mesmo lugar)
IBAMA – Instituto Brasileiro do Meio Ambiente e dos Recursos Naturais Renováveis
IBGE – Instituto Brasileiro de Geografia e Estatística
ICMS – Imposto sobre Circulação de Mercadorias e Prestação de Serviços
id. – idem (o mesmo)
i. e. – *id est* (isto é)
IGP-M – Índice Geral de Preços do Mercado
Ilmo. – Ilustríssimo
IN – Instrução Normativa
inc. – inciso (plural – incs.)
INCOTERMS – Condições Internacionais de Comércio (*International Commercial Terms*)
INPI – Instituto Nacional da Propriedade Industrial
INSS – Instituto Nacional do Seguro Social
invdo. – inventariado
invte. – inventariante
IOF – Imposto sobre Operações Financeiras
IP – Inquérito Policial
IPI – Imposto sobre Produtos Industrializados
IPM – Inquérito Policial-Militar
IPTU – Imposto Predial e Territorial Urbano
IPVA – Imposto sobre Propriedade de Veículos Automotores
ISS – Imposto sobre Serviços de Qualquer Natureza
ITBI – Imposto sobre a Transmissão de Bens Imóveis
ITCMD – Imposto sobre Transmissão "Causa Mortis" e Doação de quaisquer Bens ou Direitos
ITR – Imposto sobre a Propriedade Territorial Rural

J

j. – julgado(a); junte-se (ex.: j. cls. – Junte-se. Conclusos.)
JARI – Junta Administrativa de Recursos de Infrações
JEC – Juizado Especial Cível
JECrim. – Juizado Especial Criminal
JTACrim-SP – Julgados do Tribunal de Alçada Criminal de São Paulo
JTACSP – Julgados dos Tribunais de Alçada Civil de São Paulo
Jud. – Judiciário

L

L.	–	Lei
LC	–	Lei Complementar
LCP	–	Lei das Contravenções Penais
LDA	–	Lei dos Direitos Autorais
LEF	–	Lei das Execuções Fiscais
Legisl.	–	Legislação; Legislativo
LEP	–	Lei de Execução Penal
LF	–	Lei de Falências
LIC	–	Licença Internacional de Condução
LINDB	–	Lei de Introdução às Normas do Direito Brasileiro (anteriormente denominada LICC – Lei de Introdução ao Código Civil)
Loc. Cit.	–	*loco citado* (no lugar citado)
LOM	–	Lei Orgânica do Município (seguido do nome do município e sigla do estado a que pertence)
LOMAN	–	Lei Orgânica da Magistratura Nacional
LRF	–	Lei de Responsabilidade Fiscal
LRP	–	Lei de Registros Públicos
Ltda.	–	Limitada

M

Mag.	–	Magistrado
MC	–	Medida Cautelar
M. D.	–	Mui(to) Digno(a)
ME	–	Microempresa
MERCOSUL	–	Mercado Comum do Sul
MI	–	Mandado de Injunção
Min.; Minª	–	Ministro; Ministra
MJSP	–	Ministério da Justiça e Segurança Pública
MM.; MMª	–	Meritíssimo; Meritíssima
MP	–	Ministério Público; Medida Provisória
MPV	–	Medida Provisória
MS	–	Mandado de Segurança
MSC	–	Mandado de Segurança Coletivo

N

n. ou nº	–	número
NR	–	Norma Regulamentadora

O

OAB	–	Ordem dos Advogados do Brasil
obs.	–	observação, observações
OEA	–	Organização dos Estados Americanos

of.	–	ofício
OIT	–	Organização Internacional do Trabalho
OJ(s)	–	Orientação Jurisprudencial, Orientações Jurisprudenciais
OMS	–	Organização Mundial da Saúde
ONU	–	Organização das Nações Unidas
op. cit.	–	*opere citato* (na obra citada); *opus citatum* (a obra citada)
OTAN	–	Organização do Tratado do Atlântico Norte

P

P.	–	Publique-se (sentença)
PAD	–	Processo Administrativo Disciplinar
p.; pág.	–	página (a tendência, hoje, é usar simplesmente p.; plural – pp)
par. ou §	–	parágrafo (plural – pars. ou §§)
par. ún.	–	parágrafo único
PASEP	–	Programa de Formação do Patrimônio do Servidor Público
Pass.	–	*passim*: advérbio latino (aqui e acolá, em diversos lugares), do verbo *pando* (estender)
PCr.	–	Processo-Crime
P. D.	–	pede deferimento (não aconselhamos a utilização desta abreviação)
PEC	–	Proposta de Emenda Constitucional
PExec.	–	Processo de Execução
PF	–	Polícia Federal
pg.	–	pago
ph.D.	–	*Philosophiae Doctor*
PIS	–	Programa de Integração Social
Port.	–	Portaria
PJe	–	Processo Judicial Eletrônico
p. p.	–	por procuração; passado próximo
P. R. e C. J.	–	Pede Recebimento e Cumprimento de Justiça (não aconselhamos a utilização desta abreviação)
P. R. e J.	–	Pede Recebimento e Justiça (não aconselhamos a utilização desta abreviação)
P. R.I.	–	Publique-se, registre-se, intime(m)-se
P. R.I.C.	–	Publique-se, registre-se, intime(m)-se, cumpra-se
Proc.	–	processo; procuração
Prot.	–	protocolo
P. S.	–	*post scriptum* (pós-escrito)

Q

QCr.	–	Queixa-Crime

R

r.	–	respeitável (sentença)
R.	–	Réu

RE	–	Recurso Extraordinário (STF) (plural – REs)
recdo.	–	recorrido
recte.	–	recorrente
ref.	–	reformado; referente; referido
REFIS	–	Programa de Recuperação Fiscal
reg.	–	regimento; regular
Rel.	–	Relator (feminino – Rela.)
reqdo.	–	requerido
reqte.	–	requerente
Res.	–	Resolução
RES.	–	Recurso em Sentido Estrito
Res. Adm.	–	Resolução Administrativa
Res. Norm.	–	Resolução Normativa
REsp	–	Recurso Especial (STJ) (plural – REsps)
RG	–	Registro Geral (Cédula de Identidade)
RISTF	–	Regimento Interno do Supremo Tribunal Federal
RISTJ	–	Regimento Interno do Superior Tribunal de Justiça
RNE	–	Registro Nacional de Estrangeiros
RO	–	Recurso Ordinário
ROf.	–	Recurso de Ofício
ROMS.	–	Recurso Ordinário em Mandado de Segurança
ROSE.	–	Recurso de Ofício em Sentido Estrito
RvCr.	–	Revisão Criminal

S

s.; ss.	–	seguinte; seguintes
S. A.	–	Sociedade Anônima
sal.-min. ou SM	–	salário-mínimo
sc.	–	*scilicet* (advérbio latino, cujo sentido é "a saber")
s. d.	–	sem data; sem dia
SDC	–	Seção de Dissídios Coletivos
SDI	–	Seção de Dissídios Individuais
SELIC	–	Sistema Especial de Liquidação e de Custódia (taxa financeira)
S. M. J. ou s. m. j.	–	salvo melhor juízo (não recomendamos a utilização dessa abreviatura)
s. n.	–	sem nome
SPC	–	Serviço de Proteção ao Crédito
SSP	–	Secretaria de Segurança Pública
STF	–	Supremo Tribunal Federal
STJ	–	Superior Tribunal de Justiça
STM	–	Superior Tribunal Militar
SUDAM	–	Superintendência do Desenvolvimento da Amazônia
Súm.	–	Súmula
S.V.	–	*sub voce* (na palavra, com referência à palavra); *sub verbo*

T

TACivSP	–	Tribunal de Alçada Civil de São Paulo
TACrimSP	–	Tribunal de Alçada Criminal de São Paulo
TARF	–	Tribunal Administrativo de Recursos Fiscais
TC	–	Termo Circunstanciado
TCE	–	Tribunal de Contas do Estado
TCM	–	Tribunal de Contas do Município
TCU	–	Tribunal de Contas da União
TDA	–	Títulos da Dívida Agrária
test.	–	testemunha
TFR	–	Tribunal Federal de Recursos
TIT	–	Tribunal de Impostos e Taxas
TJ	–	Tribunal de Justiça
TNU	–	Turma Nacional de Uniformização
TRE	–	Tribunal Regional Eleitoral
TRF	–	Tribunal Regional Federal (seguido da região, por exemplo: TRF 2ª)
TRT	–	Tribunal Regional do Trabalho (seguido da região, por exemplo: TRT 2ª)
TSE	–	Tribunal Superior Eleitoral
TST	–	Tribunal Superior do Trabalho

U

u.	–	unânime
UE	–	União Europeia
UFIR	–	Unidade Fiscal de Referência
UJur.	–	Uniformização de Jurisprudência
UNESCO	–	Organização das Nações Unidas para a Educação, a Ciência e a Cultura
URC	–	Unidade de Referência de Custas
URE	–	Unidade de Referência de Emolumentos

V

v.	–	vide
ven. ou v.	–	venerando (acórdão)
V. Exa. ou V. Ex.ª	–	Vossa Excelência (plural – V. Exas)
v. g.	–	*verbi gratia* (por exemplo)
V. Maga. ou V. Mag.ª	–	Vossa Magnificência (Reitor de Universidade)
vol.	–	volume (plural – vols.)
vs.	–	*versus*
V. S.ª ou V. Sa.	–	Vossa Senhoria (plural – V. Sas.)
v. u.	–	votação unânime; voto unânime

Z

ZFM	–	Zona Franca de Manaus
ZPE	–	Zonas de Processamento de Exportação

5.13. ARCAÍSMOS, NEOLOGISMOS E ESTRANGEIRISMOS

O arcaísmo, vimo-lo bem: trata-se de termos que já decaíram no tempo, são antiquados, arcaicos, não mais utilizados na norma atual de uma língua, embora possam persistir em determinadas linguagens – que é, exatamente, o que ocorre com a linguagem jurídica, na qual arcaísmos soem sobreviver, com muito prestígio, inclusive. Fora do âmbito forense, a utilização de verbetes arcaicos pode soar pedante, porquanto se afasta da comunicação hodierna e corriqueira, fazendo com que alguns considerem inclusive vício de linguagem quando excessivos e despropositados.

Natural que os arcaísmos repousem suas letras no latim, afinal a língua latina é o berço da língua portuguesa, bem como das demais línguas neolatinas. Assim sendo, os termos arcaicos costumam possuir traços mais próximos e evidentes com o latim, até mesmo por questão cronológica.

O arcaísmo, entretanto, não pode ser confundido com expressão ou palavra em língua latina. Arcaísmo é verbete do vernáculo, sofrido pelo tempo, que fez com que deixasse o rol das palavras do uso comum.

Em oposição ao arcaico, temos o novo. O neologismo, pois, é a criação de novos termos, pelos usuários da língua. Normalmente os neologismos são postos à prova antes de serem aceitos pela norma culta. Conforme surjam, vão sendo utilizados e, caso persistam, ganham foros de legitimidade e acabam por incorporar o vocabulário da variante padrão.

Prestigiado é Guimarães Rosa, na elaboração de neologismos. Sua fama é tanta que surgiu a anedota: "conheço várias línguas, inclusive a de Guimarães Rosa". São deles os neologismos, elaborados por fusão, "velhouco" (velho louco), "descreviver" (descrever a vida) e "enxadachim" (camponês que luta para sobreviver). Mas não se servia o grande literato apenas de fusão: "velvo" (planta de folhas aveludadas) tem origem no inglês ("velvet"), "taurophtongo" (mugido do touro) tem origem no grego, "palavrizar" (pôr em palavras) se forma pelo substantivo acrescido do sufixo "izar".

Na prática forense, após o neologismo "protocolizar", que parece já mostrar-se aceito, surge o "printar", de fraquíssimo gosto, que significa exatamente o mesmo de imprimir. Ainda pior é o uso da palavra "print" como substantivo, com o sentido de cópia, impressão.

Os estrangeirismos ou barbarismos são termos que ingressam na língua portuguesa, mas que nela não surgiram. Têm origem em língua estrangeira, mas passam a ser utilizados entre os falantes da língua portuguesa em razão de influência social, econômica, política, cultural ou midiática. Principalmente no âmbito comercial, e no da informática, persistem os estrangeirismos com pujante força, em que pese a força contrária de alguns gramáticos que os consideram vícios. Nesse sentido, temos *day-trade* (negociação de ações realizada no mesmo dia), *e-learning* (ensino a distância), *e-mail* (endereço eletrônico), *leasing* (arrendamento mercantil), *factoring* (faturização), *franchising* (franquia), *delivery* (entrega), *parquet* (promotor de justiça).

Por vezes o termo estrangeiro é vernaculizado. É o caso de futebol (inglês *football*), acordeão (francês *acordéon*), dossiê (francês *dossier*), piquenique (inglês *picnic*), vendeta (italiano *vendetta*), caudilho (espanhol *caudillo*).

Não se desconhece o fato, pois, de que por vezes o neologismo e o estrangeirismo andam juntos. Cite-se o exemplo do verbo inglês "to delete", cuja correspondência em português é "delir", "apagar", "suprimir", mas que suscitou o neologismo "deletar" e todas suas conjugações verbais: "deleto", "deletei", "deletava", "deletarei"... Note-se que o neologismo se distancia de sua fonte estrangeira em demasia no aspecto fonético, bem como apresenta formas não havidas no original em inglês, razão pela qual sustentamos tratar-se de neologismo, e não mero barbarismo.

Há, sobre esse tema, magnífico excerto do livro *Emília no país da gramática*, de Monteiro Lobato, excerto este denominado "Portugália", o que já constitui de per si inteligente neologismo. Lobato, sabe-se, com a mesma pena escrevia para adultos e crianças, razão pela qual sugerimos a leitura atenta do texto a seguir, o qual guarda em suas entrelinhas valorosas reflexões sobre a língua. A mais, comente-se que o livro foi escrito em 1934, de modo que por meio de leitura minuciosa podemos notar quão volátil é a língua, pois o que àquela época era neologismo, hoje não o é; o que àquela época era gíria, hoje não o é.

"Era uma cidade como todas as outras. A gente importante morava no centro e a gente de baixa condição, ou decrépita, morava nos subúrbios. Os meninos entraram por um desses bairros pobres, chamado o bairro do Refugo, e viram grande número de palavras muito velhas, bem corocas, que ficavam tomando sol à porta de seus casebres. Umas permaneciam imóveis, de cócoras, como os índios das fitas americanas; outras coçavam-se.

– Essas coitadas são bananeiras que já deram cacho – explicou Quindim. – Ninguém as usa mais, salvo por fantasia e de longe em longe. Estão morrendo. Os gramáticos classificam essas palavras de ARCAÍSMOS. Arcaico quer dizer coisa velha, caduca. [...] As coitadas que ficam arcaicas são expulsas do centro da cidade e passam a morar aqui, até que morrem e sejam enterradas naquele cemitério, lá no alto do morro. Porque as palavras também nascem, crescem e morrem, como tudo mais.

Narizinho parou diante duma palavra muito velha, bem coroca, que estava catando pulgas históricas à porta dum casebre. Era a palavra BOFÉ.

– Então, como vai a senhora? – perguntou a menina, mirando-a de alto a baixo.

– Mal, muito mal – respondeu a velha. – No tempo de dantes fui moça das mais faceiras e fiz o papel de ADVÉRBIO. Os homens gostavam de empregar-me sempre que queriam dizer EM VERDADE, FRANCAMENTE. Mas começaram a aparecer uns Advérbios novos, que caíram no gosto das gentes e tomaram o meu lugar. Fui sendo esquecida. Por fim, tocaram-me lá do centro. 'Já que está velha e inútil, que fica fazendo aqui?', disseram-me. 'Mude-se para os subúrbios dos Arcaísmos', e eu tive de mudar-me para cá.

– Por que não morre duma vez para ir descansar no cemitério? – perguntou Emília com todo o estabanamento.

– É que, de quando em quando, ainda sirvo aos homens. Existem certos sujeitos que, por esporte, gostam de escrever à moda antiga; e quando um deles se mete a fazer romance histórico, ou conto em estilo do século XV, ainda me chama para figurar nos diálogos, em vez do tal FRANCAMENTE que tomou o meu lugar.

[...] Narizinho ia conversar com outra palavra ainda mais coroca.

– E a senhora, quem é? – perguntou-lhe.

– Sou a palavra OGANO.

– OGANO? O que quer dizer isso?

– Nem queira saber, menina! Sou uma palavra que já perdeu até a memória da vida passada. Apenas me lembro que vim do latim HOC ANNO, que significa Este Ano. Entrei nesta cidade quando só havia uns começos de rua; os homens desse tempo usavam-me para dizer Este Ano. Depois fui sendo esquecida, e hoje ninguém se lembra de mim. A Senhora Bofé é mais feliz; os escrevedores de romances históricos ainda a chamam de longe em longe. Mas a mim ninguém, absolutamente ninguém, me chama. Já sou mais que Arcaísmo; sou simplesmente uma palavra morta...

Narizinho ia dizer-lhe uma frase de consolação quando foi interrompida por um bando de palavras jovens, que vinham fazendo grande barulho.

– Essas que aí vêm são o oposto dos Arcaísmos – disse Quindim. – São os NEOLOGISMOS, isto é, palavras novíssimas, recém-saídas da fôrma.

– E moram também nestes subúrbios de velhas?

– Em matéria de palavras a muita mocidade é tão defeito como a muita velhice. O Neologismo tem de envelhecer um bocado antes que receba autorização para residir no centro da cidade. Estes cá andam em prova. Se resistirem, se não morrerem de sarampo ou coqueluche e se os homens virem que eles prestam bons serviços, então igualam-se a todas as outras palavras da língua e podem morar nos bairros decentes. Enquanto isso ficam soltos pela cidade, como vagabundos, ora aqui, ora ali.

Estavam naquele grupo de Neologismos diversos que os meninos já conheciam, como CHUTAR, que é dar um pontapé; BILONTRA, que quer dizer um malandro elegante; ENCRENCA, que significa embrulhada, mixórdia, coisa difícil de resolver.

[...] Depois que os Neologismos acabaram de passar, os meninos dirigiram-se a uma praça muito maltratada, cheia de capim, sem calçamento nem polícia, onde brincavam bandos de peraltas endiabrados.

– Que molecada é esta? – perguntou a menina.

– São palavras da GÍRIA, criadas e empregadas por malandros ou gatunos, ou então por homens dum mesmo ofício. A especialidade delas é que só os malandros ou tais homens dum mesmo ofício as entendem. Para o resto do povo nada significam.

Narizinho chamou uma que parecia bastante pernóstica.

– Conte-me a sua história, menina.

A moleca pôs as mãos na cintura e, com ar malandríssimo, foi dizendo:

– Sou a palavra CUERA, nascida não sei onde e filha de pais incógnitos, como dizem os jornais. Só a gente baixa, a molecada e a malandragem das cidades é que se lembra de mim. Gente fina, a tal que anda de automóvel e vai ao teatro, essa tem vergonha de utilizar-se dos meus serviços.

– E que serviço presta você, palavrinha? – perguntou Emília.

– Ajudo os homens a exprimirem suas ideias, exatamente como fazem todas as palavras desta cidade. Sem nós, palavras, os homens seriam mudos como peixes, e incapazes de dizer o que pensam. Eu sirvo para exprimir valentia. Quando um malandro de bairro dá uma surra num polícia, todos os moleques da zona utilizam-se de mim para definir o valentão. 'Fulano é um cuera!', dizem. Mas como a gente educada não me emprega, tenho que viver nestes subúrbios, sem me atrever a pôr o pé lá em cima.

– Onde é lá em cima?

– Nós chamamos 'lá em cima' à parte boa da cidade; este 'lixo' por aqui é chamado 'cá embaixo'.

– Vejo que você tem muitas companhias – observou Narizinho, correndo os olhos pela molecada que formigava em redor.

– Tenho, sim. Toda esta rapaziada é gentinha da Gíria, como eu. Preste atenção naquela de olho arregalado. É a palavra OTÁRIO, que os gatunos usam para significar um 'trouxa', ou pessoa que se deixa lograr pelos espertalhões. Com a palavra OTÁRIO está conversando outra do mesmo tipo, BOBO.

– Bobo sei o que significa – disse Pedrinho. – Nunca foi gíria.

– Lá em cima – explicou CUERA – BOBO significa uma coisa; aqui em baixo significa outra. Em língua de gíria BOBO quer dizer relógio de bolso. Quando um gatuno diz a outro: 'Fiz um bobo', quer significar que 'abafou' um relógio de bolso.

– E por que deram o nome de bobo aos relógios de bolso?

– Porque eles trabalham de graça – respondeu CUERA dando uma risadinha cínica.

Os meninos ficaram por ali ainda algum tempo, conversando com outras palavras da Gíria – e por precaução Pedrinho abotoou o paletó, embora seu paletó nem bolso de dentro tivesse. A gíria dos gatunos metia-lhe medo...

– Por estes subúrbios também vagabundeiam palavras de outro tipo, malvistas lá em cima – disse o rinoceronte apontando para uma palavra loura, visivelmente estrangeira, que naquele momento ia passando. – São palavras exóticas, isto é, de fora – imigrantes a que os gramáticos puseram o nome geral de BARBARISMOS. [...] Este modo de classificá-las veio dos romanos, que consideravam bárbaros a todos os estrangeiros. Barbarismo quer dizer coisa de estrangeiro. Se o Barbarismo vem da França tem o nome especial de GALICISMO; se vem da Inglaterra, chama-se ANGLICISMO; se vem da Itália, ITALIANISMO – e assim por diante. Os Galicismos são muito maltratados nesta cidade. As palavras nascidas aqui torcem-lhes o focinho e os 'grilos' da língua (os gramáticos), implicam muito com eles. Certos críticos chegam a considerar crime de cadeia a entrada dum Galicismo numa frase. Tratam os coitados como se fossem leprosos. Aí vem um.

O Galicismo DESOLADO vinha vindo, muito triste, de bico pendurado. Quindim apontou-o com o chifre, dizendo:

– Se você algum dia virar poeta, Pedrinho, e cair na asneira de botar num soneto este pobre Galicismo, os críticos xingarão você de mil nomes feios. Desolado é o que eles consideram um Galicismo imperdoável. Já aquele outro que lá vem goza de maior consideração. É a palavra francesa ELITE, que quer dizer a nata, a fina flor da sociedade. Veja como é petulantezinha, com o seu monóculo no olho.

– ELITE tem licença de morar no centro da cidade? – perguntou o menino.

– Não tinha, mas hoje tem. Já está praticamente naturalizada. Durante muito tempo, entretanto, só podia aparecer por lá metida entre ASPAS, ou em GRIFO.

– Que é isso?

– Aspas e Grifo são os sinais que elas têm de trazer sempre que se metem no meio das palavras nativas. Na cidade das palavras inglesas não é assim – as palavras de fora gozam lá de livre trânsito, podendo apresentar-se sem aspas e sem grifo. Mas aqui nesta nossa Portugália há muito rigor nesse ponto. Palavra estrangeira, ou de gíria, só entra no centro da cidade se estiver aspada ou grifada.

– Olhem! – gritou Emília. – Aquela palavrinha acolá acaba de tirar do bolso um par de aspas, com as quais está se enfeitando, como se fossem asinhas...

– É que recebeu chamado para figurar nalguma frase lá no centro e está vestindo o passaporte. Trata-se da palavra francesa SOIRÉE. Reparem que perto dela está outra a botar-se em grifo. É a palavra BOUQUET... [...] Mesmo assim – explicou o rinoceronte – muitas palavras estrangeiras vão entrando e com o correr do tempo acabam 'naturalizando-se'. Para isso basta que mudem a roupa com que vieram de fora e sigam os figurinos desta cidade. BOUQUET, por exemplo, se trocar essa sua roupinha francesa e vestir um terno feito aqui, pode andar livremente pela cidade. Basta que vire BUQUÊ... [...]"

5.14. EXERCÍCIOS

1. Substitua a locução adjetiva pelo adjetivo correspondente.

    a) Processo *de falência* – Processo falimentar

    b) Acordo *de leão* –

    c) Área *de processo* –

    d) Valor *em moeda* –

    e) Outorga *de mulher* –

    f) Outorga *de marido* –

    g) Vício *de redibição* –

    h) Lei *de Draco* –

2. Dê os substantivos abstratos correspondentes aos verbos abaixo:

    a) Querelar

    b) Deprecar

    c) Ceder

    d) Cessar

    e) Agravar

    f) Caucionar

3. Reescreva as frases, corrigindo-as.

    a) Me deram o livro.

    b) Temos certeza que ele virá.

    c) Esta é a carreira que aspiro.

    d) Lembro de que esqueci o livro.

    e) A anos atrás, não chovia tanto.

4. Procure desfazer a ambiguidade nas frases abaixo:

    a) Trouxe o documento para o meu pai que está no escritório.

b) Realizou-se um transplante de fígado inútil.
c) João entregou a Carlos o seu livro.

5. Identifique os possíveis vícios de linguagem:
    a) "A terra dos algarves e já nela [...]"
    b) "Sofrer aqui não pôde o Gama mais [...]"
    c) Mandaram os documentos para mim assinar.

6. Grife a forma correta nos casos abaixo:

    rubrica   rúbrica
    fideijussória   fidejussória
    dignatário   dignitário
    meritíssimo   meretíssimo
    excelentíssimo   exelentíssimo
    requero   requeiro
    vijer   viger

7. Escreva por extenso o nome dos seguintes tribunais: STF, STJ, STM, TST e TSE.

8. Escreva por extenso o nome dos seguintes códigos: CC, CPC, CP, CPP, CTN, CTB, CDC, CCom, CBA, CPM e CPPM.

6

ESTRUTURAÇÃO FRASAL

6.1. TEXTO

O termo "texto" reporta-se, via etimológica, ao verbo latino *texere*, cujo sentido, no ensino de Bréal e Bailly (s.d., p. 394), é "tisser" (tecer), "tramer" (tramar). Texto é, então, tecido, trama, enlace, entrelaçamento. Objetivo de quem compõe um texto é entrelaçar as palavras, compô-las de tal sorte que resulte num todo organizado. A urdidura das palavras tem por resultado uma tessitura de palavras.

A unidade na pluralidade era a grande preocupação de gregos e romanos. O espírito organizador de Aristóteles levou-o a estruturar a Retórica em quatro partes dentro de uma perspectiva sintagmática, para a formação de um todo harmonioso.

Quintiliano usa o termo *textu*, segundo Charaudeau e Maingueneau (2004, p. 466), numa perspectiva de *composição*. Horácio na *Ars poetica* fala em *junctura* que, na opinião de Vinaver, citado por Charaudeau e Maingueneau (passo acima), seria "aquilo que reúne, junta ou organiza elementos dissociados, [...] aquilo que os transforma em um todo organizado". À *junctura*, cabe-lhe, pois, subordinar as partes ao todo e o todo às partes, como já nos dizia Gregório de Matos Guerra nos dois primeiros versos do primeiro quarteto de um soneto, como nos recorda Silva Ramos (1964, p. 35):

"o todo sem a parte não é todo;
a parte sem o todo não é parte."

Podemos dizer, assim, que texto é a mensagem, a informação, em suma, o próprio discurso, não só escrito, mas também contido numa imagem ou charge; ou ainda nas palavras-frases ("fogo", "silêncio", "perigo", "homens trabalhando" etc.).

O termo "texto", pois, sob uma perspectiva abrangente, é toda e qualquer manifestação da língua que constitui uma unidade de comunicação. Sob perspectiva restrita, entende-se por "texto" a unidade linguística escrita ou falada capaz de promover entre os usuários da língua certa significação, ou seja, só há texto quando seu destinatário reconhece uma unidade de sentido. Um amontoado de palavras às quais faltem ordem e lógica não forma um texto, já que este só é formado quando as palavras são postas em função de uma mensagem a ser transmitida.

O texto, portanto, é um instrumento da comunicação, já que só existirá se for reconhecível pelos usuários da língua. Não há que se falar em texto se for impossível ao destinatário extrair um conteúdo significativo da unidade linguística utilizada. O conteúdo do texto deve ser passível de compreensão por parte do leitor ou do ouvinte.

6.2. CONTEXTO

Para se entender o que é contexto, temos, mais uma vez, de nos socorrer do latim: *cum* + *textu*; a preposição *cum* (com) indica "reunião", "companhia", "vizinhança". *Con* é variação de *cum*. Eis a razão por que se costuma dizer que contexto é "o que cerca o texto", "o entorno", "o que está junto ao texto". Tudo, portanto, que acompanha, antes ou depois, o texto, constitui o contexto, cuja finalidade é colaborar com a compreensão da mensagem.

A praxe costuma falar em contexto (1) *imediato* ou *linguístico*, conforme Charaudeau e Maingueneau (2004, p. 127), que se refere aos elementos inseridos no texto, dentro do texto, tais como o título da obra, a autoria (que nos fornece dados sobre o estilo), o conteúdo do livro, o pensamento político do autor, por exemplo. (2) *Situacional* ou *não linguístico* referente a elementos não inseridos no texto, fora do texto, na periferia do texto, com o mesmo objetivo de ampliar o leque de esclarecimentos sobre o texto. São contribuições de ordem social, histórica, literária, psíquica e outras, numa partilha de conhecimentos, o que confere ao contexto uma feição dialógica, a reafirmar que o texto só tem sentido com o contexto.

6.3. INTERTEXTO

Já o latim *inter*, cujo sentido é, propriamente, "no interior de dois", pode oferecer algum esclarecimento.

Poder-se-ia dizer que intertexto é relação entre textos, cruzamento, releitura, enfim, é a presença de um texto em outro texto. Esta retomada de texto de um autor por outro pode acontecer de várias maneiras.

Foi o filósofo russo Mikhail Bakhtin quem desenvolveu estudos discursivos sob a perspectiva das interações havidas entre as obras literárias, fenômeno ao qual deu o nome de "dialogismo". Em suas pesquisas, demonstrou que nos textos de Dostoievski havia polifonia, isto é, dentro do próprio discurso há diálogos internos e há, também, diálogo com outras obras.

Embasada nos estudos de Bakhtin, Julia Kristeva esculpiu, e batizou, a "teoria da intertextualidade", sustentando que todo texto é construído como um mosaico de citações. Dessa maneira, cada texto é resultado de absorção e transformação de outros textos.

Nesse diapasão, Leyla Perrone-Moisés (1990) explica que "o objetivo dos estudos de intertextualidade é examinar de que modo ocorre essa produção do novo texto, os processos de rapto, absorção e integração de elementos alheios na criação da obra nova. [...] As 'influências' não se reduzem a um fenômeno simples de recepção passiva, mas são um confronto produtivo com o outro, sem que se estabeleçam hierarquias valorativas em termos de anterioridade-posteridade, originalidade-imitação".

As influências que textos antecedentes promovem nos textos posteriores, sejam sutis ou expressas, sejam contextuais ou filosóficas, dão azo aos estudos do que se convencionou chamar Literatura Comparada, a qual tem por base a intertextualidade.

Pode haver, então, várias formas de intertexto, como segue.

6.3.1. Paráfrase

O termo indica um cruzamento de texto em que há um desvio mínimo entre um texto e outro, o que implica equivalência ou conformação semântica. É o que ocorre nas citações indiretas. E, por falar em citações, vem, a propósito, lembrar que elas se amoldam bem à linguagem jurídica, que, como vimos, caracteriza-se pelo tom ritualizado.

Há paráfrase quando alguém reproduz, com suas próprias palavras, a ideia de outrem, posta noutro texto.

Muitas vezes, também, a paráfrase é utilizada para explicar o texto matriz, preservando sua semântica e conferindo-lhe forma mais clara ou didática. Nesse caso, é comum que se apresente ao interlocutor o texto matriz e, então, expressões como "ou seja", "com outras palavras", "melhor explicando", as quais servem de conectivo para a paráfrase (adaptação livre).

A título de exemplo, abaixo, colocamos um texto original (artigo do Código Civil) e sua paráfrase, elaborada por Diniz (2006):

> "Art. 181. Ninguém pode reclamar o que, por uma obrigação anulada, pagou a um incapaz, se não provar que reverteu em proveito dele a importância paga."
>
> Paráfrase: "O absoluta ou relativamente incapaz não terá o dever de restituir o que recebeu em razão do ato negocial contraído e declarado inválido, a não ser que o outro contratante prove que o pagamento feito reverteu em proveito do incapaz. A parte contrária, para obter a devolução do *quantum* pago ao menor, deverá demonstrar que o incapaz veio a enriquecer com o pagamento que lhe foi feito em virtude do ato negocial invalidado."

Importante ressaltar que a citação indireta, realizada em trabalhos acadêmicos e científicos, bem como na seara jurídica, não desobriga a citação da fonte. Embora a forma, a roupagem seja outra, a ideia que subjaz ao texto não é de quem o escreve, razão pela qual deve-se indicar a fonte.

Não há confundir-se o termo "paráfrase", que é a explicação das ideias contidas num texto por meio de novas palavras, com o seu parônimo "perífrase", figura de linguagem que consiste num circunlóquio, expressão de algo por meio de número de palavras maior do que o necessário (ex.: "*Última flor do Lácio*, inculta e bela", primeiro verso de famoso poema de Olavo Bilac, referindo-se à Língua Portuguesa; ou então, em música de Chico Buarque, precedida de harmoniosa aliteração, referindo-se por primeira vez à gravidez da personagem: "esperando, parada, pregada na pedra do porto com seu único velho vestido, *cada dia mais curto*").

6.3.2. Estilização

Consiste na retomada de um texto com o intuito de enriquecê-lo artisticamente. Enquanto a paráfrase implica desvio mínimo de um texto, a estilização implica desvio mais acentuado propondo um *arranjo*, uma *invenção*, como se o texto fosse elaborado a quatro mãos.

A estilização opera num horizonte mais amplo: literatura (prosa e verso), teologia e até no campo da ciência, além de também manifestar-se na tradução.

Oferecemos a primeira estrofe de sete traduções de *O corvo*, de Edgar Allan Poe. O sentido continua o mesmo aos olhos dos tradutores. Estes, porém, todos eles, imprimem no texto seu toque pessoal, seja no jogo das palavras, dos sons, seja no timbre e no ritmo, seja na escolha lexical.

THE RAVEN – EDGAR ALLAN POE

> "Once upon a midnight dreary, while I pondered, weak and weary,
> Over many a quaint and curious volume of forgotten lore,
> While I nodded, nearly napping, suddenly there came a tapping,
> As of some one gently rapping, rapping at my chamber door.
> 'Tis some visitor', I muttered 'tapping at my chamber door –
> – Only this and nothing more.'"

MACHADO DE ASSIS

> "Em certo dia, à hora, à hora
> Da meia-noite que apavora,
> Eu caindo de sono e exausto de fadiga,

Ao pé de muita lauda antiga,
De uma velha doutrina, agora morta,
Ia pensando, quando ouvi à porta
Do meu quarto um soar devagarinho
E disse estas palavras tais:
'É alguém que me bate à porta de mansinho;
Há de ser isso e nada mais.'"

Emílio de Menezes

"Desta amarga existência em certo amargo dia,
À hora da meia-noite, augural e profana,
Eu, de velha doutrina, as páginas relia
Curvo ao peso do sono e da fadiga insana.
Mal do meu pensamento a direção seguia
Por essa hora de horror em que da treva emana
Toda em funda hediondez, desoladora e fria,
Da atra recordação, a atra saudade humana.
Foi assim que senti, do meu triste aposento,
Como um leve sussurro a passar, lento e lento,
E uma leve pancada a bater nos umbrais.
Disse comigo: é alguém que pela noite fora,
Vem, retarda visita, e retarda-se agora...
A bater mansamente à porta, nada mais!..."

Fernando Pessoa

"Numa meia-noite agreste, quando eu lia, lento e triste,
Vagos curiosos tomos de ciências ancestrais,
E já quase adormecia, ouvi o que parecia
O som de alguém que batia levemente a meus umbrais.
'Uma visita', eu me disse, 'está batendo a meus umbrais.
É só isto, e nada mais.'"

Godin da Fonseca

"Certa vez, quando, à meia-noite eu lia, débil, extenuado,
um livro antigo e singular, sobre doutrinas do passado,
meio dormindo – cabeceando –, ouvi uns sons, trêmulos, tais
como se leve, bem de leve, alguém batesse à minha porta.
'É um visitante', murmurei, 'que bate, leve, à minha porta.
Apenas isso, e nada mais.'"

MILTON AMADO

"Foi uma vez: eu refletia, à meia-noite erma e sombria,
a ler doutrinas de outro tempo em curiosíssimos manuais,
e, exausto, quase adormecido, ouvi de súbito um ruído,
tal qual se houvesse alguém batido à minha porta.
'É alguém – fiquei a murmurar – que bate à porta, devagar,
sim, é só isso e nada mais.'"

BENEDITO LOPES

"Em certa noite, na hora que apavora,
Pensando em minha vida, tão sozinho,
Eu escutei do meu quarto, nessa hora,
Bater a porta bem devagarinho.

E da saudade que não tem melhora,
Sempre ferido pelo agudo espinho.
Eu quis saber depressa, sem demora,
Quem batia afinal, tão de mansinho.

Mesmo com sono e cheio de fadiga,
Absorto eu lia uma doutrina antiga,
Talvez irmã dos meus pungentes ais;

E nesse instante ouço de novo, aflito,
Bater a porta e, outra vez acredito,
Ter sido o vento, só e ... nada mais."

ALEXEI BUENO

"Numa meia-noite cava, quando, exausto, eu meditava
Nuns estranhos, velhos livros de doutrinas ancestrais
E já quase adormecia, percebi que alguém batia
Num soar que mal se ouvia, leve e lento, em meus portais.
Disse a mim: 'É um visitante que ora bate em meus portais –
É só isto, e nada mais.'"

Vê-se, assim, que a estilização pode produzir alterações no próprio canal pelo qual se manifesta o texto originário. Comum, nesse sentido, livros se tornarem filmes, ou como é o caso de *Memórias póstumas de Brás Cubas*, de Machado de Assis, ou então de *O crime do Padre Amaro*, de Eça de Queirós.

6.3.3. Paródia

Já sabemos que na *paráfrase* o desvio é mínimo, na *estilização* há desvio acentuado. Na *paródia*, porém, o desvio é total, implicando deformação do texto, a sua caricatura. A *paráfrase* e a *estilização* são processos de reconstrução, ao passo que a *paródia* é processo de desconstrução.

Sant'Anna (1988, p. 23-24) apresenta uma paráfrase e uma estilização de um texto de Gonçalves Dias:

> "Minha terra tem palmeiras
> Onde canta o sabiá,
> As aves que aqui gorgeiam
> Não gorgeiam como lá"

Paráfrase

> "Meus olhos brasileiros se fecham saudosos
> Minha boca procura a 'Canção do Exílio'.
> Como era mesmo a 'Canção do Exílio'?
> Eu tão esquecido de minha terra...
> Ai terra que tem palmeiras
> onde canta o sabiá" (Carlos Drummond de Andrade)

Estilização

> "Esta saudade que fere
> mais do que as outras quiçá
> sem exílio nem palmeira
> onde cante um sabiá" (Cassiano Ricardo)

Como exemplo de *paródia* poder-se-ia mencionar o texto de Sabino de Campos, citado por Arlindo de Souza (1960, p. 247), no qual se perverte a oração "Creio em Deus Padre".

> "Creio na fertilidade do solo todo produtor, criador da cana e da caninha; creio na aguardente, nosso alimento, a qual foi concebida por obra e graça do alambique; nasceu da puríssima cana, padeceu sob o poder da moenda, foi derramada e sepultada no copo, desceu ao fundo da caldeira, ao terceiro dia, ressurgiu da garrafa, subiu ao céu da boca, está no tonel, bem arrolhada, de onde há de vir alegrar os grandes e pequenos. Creio no espírito de 40°, na santa safra anual, na comunicação dos sifões, na remissão dos chinfrins, na ressurreição dos pileques e na ressaca eterna, amém."

Vale citar, também, o humorista Maurício Ricardo, que realizou paródia da letra "A Taça do Mundo é Nossa", de Maugeri, Muller, Sobrino e Dagô, a qual foi tema da Copa do Mundo de 1958. Na paródia em questão, a música é supostamente cantada pelo Presidente Lula, em cujo mandato o Brasil foi eleito pela FIFA como sede para a Copa do Mundo de 2014.

"A Taça do Mundo é Nossa" (Maugeri, Muller, Sobrino e Dagô)	Lula canta: "A Taça do Mundo é Nossa" (Maurício Ricardo)
A taça do mundo é nossa	A Copa do Mundo é nossa
Com brasileiro não há quem possa	Não vai ser fácil, a grana é grossa!
Êh eta esquadrão de ouro	Eta! Será um estouro!
É bom no samba, é bom no couro	No orçamento, lá no Tesouro!
A taça do mundo é nossa	A Copa do Mundo é nossa
Com brasileiro não há quem possa	Só uma coisa me põe na fossa!
Êh eta esquadrão de ouro	Pra eu ser presidente nela
É bom no samba, é bom no couro	Só aqui virando a Venezuela!
O brasileiro lá no estrangeiro	No Pan provamos para os estrangeiros
Mostrou o futebol como é que é	Que eles não têm com que se preocupar! É!
Ganhou a taça do mundo	A segurança funciona
Sambando com a bola no pé	Até o evento acabar!
Goool!"	Depois é bom voltar para casa companheiro!"

Vê-se, assim, que a paródia é, por muitas vezes, utilizada como instrumento de crítica. Isto porque promove desconstrução do texto originário, conhecido pelo interlocutor, e constrói novo texto que perverte a semântica antecedente. Essa ruptura de sentido, amiúde brusca, faz com que a crítica se torne mais aguçada, ou até mesmo jocosa.

6.3.4. Transcrição

Ocorre, não raro, a interação explícita entre um texto e outro. Nesses casos, o texto subsequente cita expressamente o texto antecedente, guardando todas as peculiaridades deste texto: a escolha lexical, a construção sintática, a semântica, a ortografia, a pontuação. É o que se chama de citação direta, verdadeira transcrição fiel do texto originário, sem qualquer desvio.

Assim, ao realizar a apropriação literária de excerto de texto, o autor traz à baila as ideias de outrem, inclusive guardando a forma originária, para que possam servir de argumento de autoridade (corroborando a tese do autor do texto que realizou a citação), ou mesmo servir de base para que sejam contestadas pelo novo texto.

Importante salientar que o contexto é imprescindível ao texto. Dessa maneira, quando se faz citação direta, corre-se o risco de extrair o texto originário de seu contexto, o que por vezes pode torná-lo relativamente incompreensível, ou até mesmo perverter sua semântica.

Cumpre dizer, também, que as transcrições devem estar sempre indicadas no texto, para que não se confunda a autoria. As aspas são o sinal gráfico utilizado para demonstrar que determinada passagem de um texto constitui-se de citação direta.

Entretanto, não bastam as aspas, faz-se necessário que após a transcrição haja a menção expressa do autor e da obra da qual foi retirada a citação, seja por meio do sistema de nota de rodapé, seja pelo sistema autor-data. A finalidade, obviamente, é permitir que o leitor tenha amplo acesso à obra citada.

Há a possibilidade, também, de realizar a citação direta omitindo parte do texto transcrito, e para isso utiliza-se o emprego das reticências entre colchetes; ou, ainda, é possível realizar acréscimos ao texto original, dentro da citação, colocando novas palavras entre colchetes, com a finalidade de elucidar o sentido do trecho citado, como no exemplo "o raciocínio que constitui o trabalho [científico] é uma sequência de juízos e de proposições" (SEVERINO, 2002, p. 191).

Também entre colchetes se utiliza a expressão latina *sic*, que significa "assim", demonstrando que eventual erro no texto transcrito, seja conceitual, seja gramatical, foi produzido pelo autor do texto citado, e não por quem cita. É como dizer: "é assim que estava no original". A expressão latina deve ser posta logo após a incorreção ou incoerência que se pretende indicar, dentro da citação realizada.

Aliás, importante explicar, os colchetes são sinais gráficos que servem para demonstrar a intervenção do autor na citação direta de que fez uso. O que está entre colchetes, pois, não está no texto originário.

Sempre que houver transcrição, faz-se necessário indicar sua fonte. Caso determinada citação seja realizada, mas não seja indicada como tal, incide o autor em evidente plágio, pois apropria-se de palavras e de ideias que não são de sua autoria.

Por fim, ressaltemos algumas restrições para a citação de citação, que ocorre quando há citação de um autor que está sendo citado por outro autor. Nesses casos, utiliza-se a expressão latina *apud* (citado por, em). Nessa modalidade de intertextualidade, portanto, ao escrever um texto (autor "A"), consulta-se obra (autor "B") na qual existe uma citação de outra obra (autor "C"). Assim, o autor "A" cita o autor "C", embora não tenha efetivamente consultado sua obra, já que teve acesso a suas ideias por meio da citação elaborada na obra de "B". Essa modalidade, como se pode imaginar, propicia certa insegurança, sobretudo quando a citação contida no autor "B" é indireta (paráfrase). A fidedignidade, pois, fica abalada. Essa é a razão pela qual nossa orientação é a de se evitar a citação de citação, devendo o autor consultar diretamente a obra que pretende citar, exceção feita a obras raras ou de difícil acesso.

Finalizamos o assunto com um esquema:

Ausência de desvio	→ Reprodução literal	→ Transcrição
Desvio, deslocamento mínimo	→ Conformação	→ Paráfrase
Desvio, deslocamento acentuado	→ Reforma	→ Estilização
Desvio, deslocamento total	→ Deformação	→ Paródia

6.4. COESÃO

Preliminarmente, convém assinalar que coesão e coerência textuais são conceitos distintos, embora, por vezes, encontrem-se intimamente imbricados. Autores há, porém, que usam apenas a expressão *coerência local* ou *microestrutural* (coesão) e *coerência macroestrutural* (coerência).

Para bem compreender o conceito de coesão, faz-se necessário entender que texto é um tecido de palavras organizadas para compor um todo, o que repele um amontoado de palavras destituídas de nexo, desprovidas de relação entre elas. A costura dos diversos enunciados que compõem o texto, no plano da língua, faz-se por meio de elementos de coesão. Tais elementos são conectivos linguísticos que podem se manifestar por meio de conjunções, advérbios, pronomes, locuções adverbiais e outras palavras conectoras.

Por meio de tais elementos, é possível coser o tecido textual atribuindo-lhe clareza, coerência e unidade. A ideia de "todo", de "nexo" e de "relação" aparece em todos os autores que procuram definir a coesão. Eis algumas definições apresentadas por Koch e Travaglia (1989, p. 15-21):

- Halliday e Hasan: "Coesão é a *relação* semântica entre dois elementos do texto, de modo que um deles tem de ser interpretado por *referência* ao outro, pressupondo-o. Cria-se entre os elementos um *vínculo (tie)*" (grifos nossos).

- Beaugrande e Dressler: "[...] a coesão é a maneira como os constituintes da superfície textual se encontram *relacionados* entre si, numa sequência, através de marcas linguísticas; é a *ligação* entre os elementos superficiais do texto" (grifos nossos).

- Widdowson: "coesão é o modo pelo qual as frases ou partes delas se *combinam* para assegurar seu desenvolvimento proposicional [...]" (grifo nosso).
- Marcuschi: "a coesão refere-se à estruturação da sequência superficial do texto e à sua *organização* linear sob o aspecto estritamente linguístico" (grifo nosso).
- Tanner: "coesão é o *conjunto* de nexos da superfície textual que indicam as *relações* entre os elementos de um texto" (grifos nossos).

Do que se acaba de expor, podemos dizer que (1) a coesão é um elo linguístico que estabelece conexão entre elementos de uma ou mais frases; (2) a coesão age na superfície do texto; (3) a coesão se manifesta por meio de elementos da língua.

A coesão, embora não seja imprescindível à compreensão do texto como o é a coerência, mostra-se importante porque proporciona clareza no encadeamento das ideias a serem transmitidas. A coesão se faz através de recursos linguísticos que "costuram" o texto, harmonizando e unindo as sentenças de que é composto.

Explica Koch (2004, p. 16) que "a coesão, por estabelecer relações de sentido, diz respeito ao conjunto de recursos semânticos por meio dos quais uma sentença se liga com a que veio antes". Como bem elucidam Damião e Henriques (2000, p. 112), a coesão proporciona ao texto "um nexo sequencial de ideias entrelaçadas".

A importância da coesão para a construção textual, portanto, é indiscutível. Entretanto, pode haver texto sem coesão, pois o conceito de texto está diretamente relacionado à sua inteligibilidade, ainda que esteja desprovido de coesão. Desse modo, se o texto for passível de compreensão pelo destinatário, será considerado texto mesmo que não contenha elementos de coesão.

Os despachos judiciais manuscritos lançados na própria peça, por exemplo, em prol da agilidade, frequentemente são constituídos de frases curtas e objetivas, muitas vezes sem conectivos linguísticos. Despachos como "defiro", "j. sim", "j. conclusos" e "indef." são perfeitamente compreensíveis ao destinatário porque se inserem num contexto específico, que é a prática forense, o que lhes permite, embora desprovidos de coesão, mostrarem-se coerentes a seus destinatários.

Vê-se, pois, que é possível construir enunciados coerentes, ainda que não coesos. Vejamos um exemplo: "O juiz saiu do fórum. O juiz não voltou. O juiz não julgou o processo." Vejamos, agora, o mesmo texto com elementos de coesão: "O juiz saiu do fórum e ele não voltou, razão pela qual não julgou o processo." Percebe-se que a construção com conectores linguísticos torna o texto claro, facilita a compreensão, evita repetição e evidencia o nexo semântico existente entre os enunciados.

Por tais razões, textos bem elaborados demandam apropriado manejo dos elementos de coesão, os quais se revelam de extrema importância em discursos extensos e complexos, pois auxiliam o emissor a concatenar a exposição de suas ideais e o auditório a compreender as relações entre os enunciados que são apresentados.

6.4.1. Elementos de coesão

Os elementos de coesão concatenam as ideias no plano textual, funcionando como verdadeiros elos entre as unidades linguísticas. Também constituem rico manancial para o orador forjar seu estilo, já que a língua portuguesa oferece copiosas maneiras de estabelecer as relações entre as sentenças de um texto.

Há de se ressaltar que muitos dos elementos de coesão costumeiramente empregados na linguagem jurídica raramente são encontrados em textos não jurídicos, como "malgrado", "conquanto", "por conseguinte", "em que pese", "não obstante" e tantos outros. Desta forma, conhecer tais conectivos mostra-se importante não só para apropriar-se do estilo jurídico ao escrever, mas também para possibilitar a leitura e compreensão dos textos que deles se utilizam. Assim sendo, passamos a apresentar alguns elementos de coesão agrupados conforme o sentido que carregam, observando-se que, às vezes, um mesmo elemento de coesão pode estar em mais de um grupo semântico.

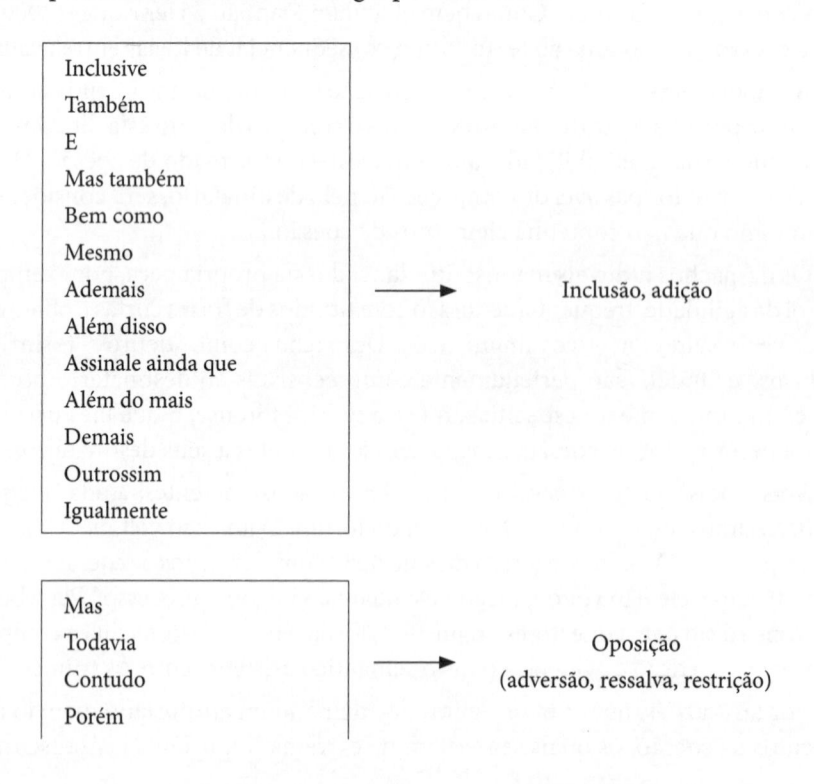

| Inclusive / Também / E / Mas também / Bem como / Mesmo / Ademais / Além disso / Assinale ainda que / Além do mais / Demais / Outrossim / Igualmente | ⟶ | Inclusão, adição |

| Mas / Todavia / Contudo / Porém | ⟶ | Oposição (adversão, ressalva, restrição) |

Entretanto
No entanto
Não obstante
Nada obstante
Em compensação
Caso contrário
Senão
Se bem que
A menos que
Pensando bem
Do contrário
Em contrapartida
De outro modo

⟶ Oposição
(adversão, ressalva, restrição)

Embora
Em que pese
Apesar de
Conquanto
Não obstante
Nada obstante
Ainda que
Posto que
Malgrado
A despeito de
Mesmo que

⟶ Oposição
(concessão)

Por seu turno
Por outro lado
Em dissonância
Diferentemente de
Em desacordo com
Em contraste com
De forma antagônica
Por outro enfoque
Sob outra ótica

⟶ Oposição
(discordância, contraste)

| Posto isso
Logo
Então
Com efeito
Por isso
Por causa de
Em virtude de
Já que
Dado que
Uma vez que
Visto que
Porquanto
Haja vista
Em face de
Enfim
Porque
Como
Pois que
Em decorrência
Por conseguinte
Consequentemente
Portanto
Pois
Dessarte
Destarte
De tal sorte que
Assim
Assim sendo
Dessa maneira
Dessa forma
Desse modo
Em razão do exposto
Por tais razões
Por todo o exposto
Em razão disso | ⟶ | Causa e consequência, conclusão, explicação |

| Em suma
Em resumo
Resumindo
Em síntese
Em epítome | ⟶ | Resumo, condensação |

| Salvo
| Só
| Exceção feita a
| Exceto
| Menos
| Apenas   → Exclusão
| Tão só
| Tão somente
| Senão
| Somente
| Fora

| Se
| Porventura
| Por acaso
| Caso   → Hipótese, condição
| Desde que
| Só se
| Contanto que

| Sim
| Efetivamente
| No mesmo sentido
| Por certo
| Certamente
| Decerto
| Com certeza
| Sem dúvida   → Afirmação
| Seguramente
| Na realidade
| Realmente
| Em verdade
| Indubitavelmente
| Inquestionavelmente

| Não
De forma alguma
De modo algum
Em absoluto
Absolutamente
Nem sequer
Tampouco
Também não
Muito menos
Jamais
Nunca
Em tempo algum
Nenhuma vez | → | Negação |

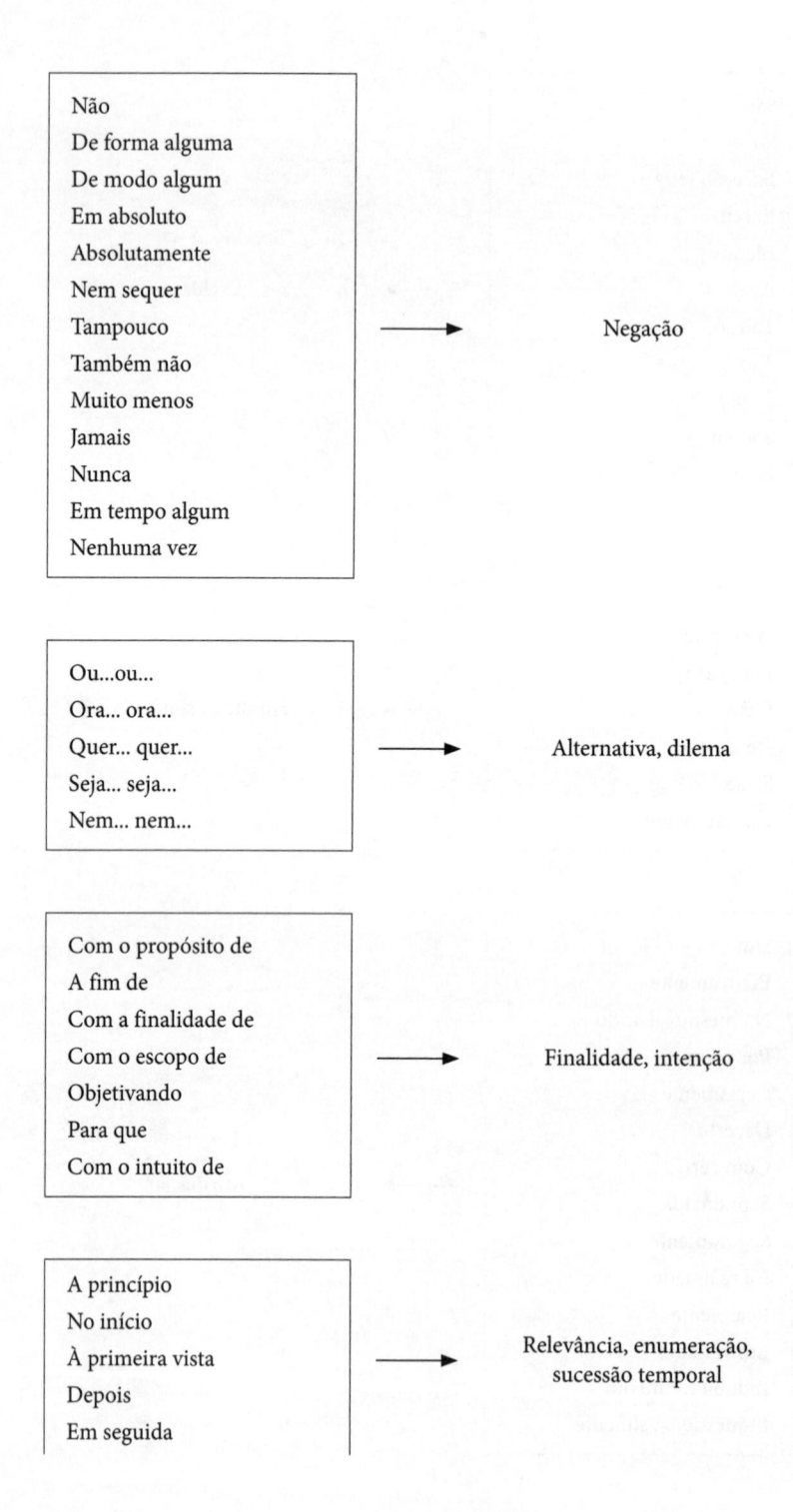

| Ou...ou...
Ora... ora...
Quer... quer...
Seja... seja...
Nem... nem... | → | Alternativa, dilema |

| Com o propósito de
A fim de
Com a finalidade de
Com o escopo de
Objetivando
Para que
Com o intuito de | → | Finalidade, intenção |

| A princípio
No início
À primeira vista
Depois
Em seguida | → | Relevância, enumeração, sucessão temporal |

De resto Em geral Em princípio No geral Em linhas gerais Primeiro Antes de tudo Por fim Finalmente Por derradeiro Afinal Posteriormente No primeiro momento Em primeiro plano Inicialmente Preliminarmente	⟶ Relevância, enumeração, sucessão temporal
Assim como Tal qual Do mesmo modo Como Tanto quanto Segundo Conforme Da mesma sorte Outrossim Em corroboração Em consonância com Em conformidade com Em assonância com Em harmonia com Nesse diapasão Nesse lanço Nesse passo A propósito No caso em tela Na esteira de Consoante No compasso de	⟶ Comparação, semelhança, combinação

| A saber |
| Qual seja |
| Quer dizer |
| Vale dizer |
| À guisa de |
| A título de exemplo | → Indicação, explicação, elucidação, ilustração |
| Por exemplo |
| Ou melhor |
| Ou seja |
| Isto é |
| Melhor dizendo |

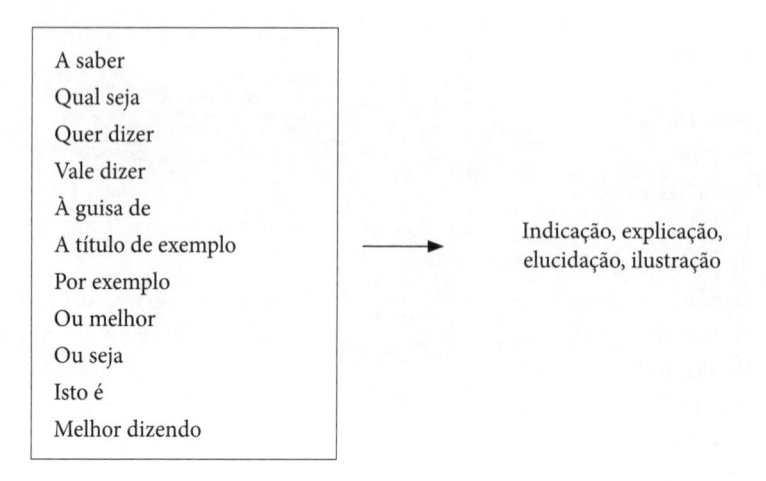

6.5. COERÊNCIA

Analisemos o que dizem sobre coerência alguns autores já citados.

- Franck: coerência designa "a conexão *formal* e de *conteúdo* entre elementos sequenciais..." (grifos nossos).
- Beaugrande e Dressler: "coerência é o resultado da atualização de significados potenciais que vai configurar um *sentido*" (grifo nosso).
- Marcuschi: coerência é "o resultado de processos *cognitivos* operantes entre usuários dos textos; é o nível da conexão *conceitual-cognitiva* e estruturação do *sentido*..." (grifos nossos).
- Tannen: define coerência "em termos de organização de estruturas *subjacentes*, que fazem com que palavras e sentenças componham um todo *significativo* para os participantes de uma ocorrência discursiva" (grifos nossos).

Podemos afirmar, à vista do exposto, que a coerência é uma questão de: (1) sentido; (2) cognição; (3) macroestrutura (subjacência). O povo costuma referir-se à coerência com as expressões "uma coisa bate com outra" ou "dizer coisa com coisa".

Um texto é coerente quando dele se pode extrair o conteúdo significativo, sem qualquer ofensa às regras do raciocínio lógico. Assim, para que haja coerência num texto é necessário que suas passagens se coadunem harmoniosamente, ou pelo menos que não se colidam.

Há a necessidade, outrossim, em se tratando de textos sobre o real, e não sobre o verossímil, que as passagens do texto não contrariem o conhecimento geral estabelecido das coisas. Assim, quando se extrapolam os limites da realidade, só não haverá incoerência se o texto narrativo for ficcional, como, *v. g.*, as fábulas de La Fontaine. Um texto jurídico, entretanto, para ser coerente deve estar adstrito à realidade dos fatos.

Um texto ao qual falte coerência não é propriamente um texto, *stricto sensu*, já que lhe falta o necessário e inerente poder comunicativo. Porém, incoerências há que por serem pequenas não viciam o texto por completo, sendo possível extrair-lhe o teor significativo, ainda que parcialmente prejudicado.

Há incoerência, por exemplo, quando as ideias encadeadas no discurso petitório levam à conclusão da possibilidade de determinado pedido, e o requerente pede outro. Haverá incoerência, outrossim, se os fatos narrados forem controversos e conflitantes, ou aludam a fatos que não correspondam à realidade das coisas.

O inciso III do § 1º do art. 330 do Código de Processo Civil estabelece que será considerada inepta a petição inicial quando "da narração dos fatos não decorrer logicamente a conclusão". Não poderia ter sido outra a postura do legislador, pois se trata de casos em que a incoerência vicia por completo o entendimento do texto. A petição inicial, portanto, deverá ser indeferida porque não está apta a expor ao Poder Judiciário uma ilação adequada dos fatos que motivam a lide.

Em se tratando de incoerência em discursos jurídicos proferidos por juiz ou tribunal, ou seja, em decisões judiciais, o Código de Processo Civil oferece às partes o recurso denominado embargos de declaração. Caberão embargos de declaração, por exemplo, se o juiz fundamentar copiosa e claramente sua decisão em prol do autor, mas julgar a lide improcedente; ou, como exemplifica Dinamarco (2003, p. 689), julgar improcedente a reintegração de posse e procedente o pedido de indenização.

O art. 1.022, I, do Código de Processo Civil, reza: "Cabem embargos de declaração contra qualquer decisão judicial para esclarecer obscuridade ou eliminar *contradição*" (grifo nosso). Esta disposição legislativa, no que tange à contradição nas decisões judiciais, tem respaldo no conceito da coerência textual e da imprescindibilidade de unidade de sentido ao texto.

Ora, se a contradição corresponde a uma incoerência, e a incoerência afeta a possibilidade de compreensão de um texto, acarretando-lhe ausência de unidade de significação, então uma decisão judicial à qual falte coerência não presta o serviço jurisdicional, pois não diz o direito (*ius dicere*) de uma maneira cognoscível.

De todo o exposto, portanto, seja em discursos judiciais ou extrajudiciais, percebe-se que se da narração dos fatos não decorrer logicamente a conclusão, o discurso estará incoerente e o pedido que eventualmente contenha deverá ser negado ou, conforme o caso, sequer apreciado. Isto ocorre em razão de a incoerência viciar por completo o entendimento do texto.

A coerência depende, portanto, tanto de fatores internos ao texto como de fatores que lhe são externos, isto é, o contexto. O contexto se constitui de aspectos da realidade que fazem parte do domínio do interlocutor, e servem de base para a interpretação do texto. Quando elementos do texto não se harmonizam com o contexto, o texto padece de incoerência.

Se, portanto, alguém que estava indo em linha reta de São Paulo a Campo Grande atropela uma pessoa pela manhã e argumenta que não pôde vê-la em razão dos raios solares matinais, que lhe ofuscavam a visão, padecerá de um erro de coerência: visto que vivemos num contexto em que o sol nasce no leste, como poderia ofuscar-lhe a visão numa estrada em sentido oeste, pela manhã? O discurso, portanto, é incoerente, não por causa dos elementos internos ao texto, mas sim por causa de elementos externos, ou seja, o contexto.

A coerência, vê-se, é imprescindível à comunicação, já que sua ausência impossibilita a compreensão, em maior ou menor grau, da mensagem transmitida. A presença de incoerência em determinados discursos pode, inclusive, ser indício de que a pessoa está faltando com a verdade, fato que, dependendo da situação, levará a consequências de natureza criminal, como é o caso do crime de falso testemunho (art. 342, CP). Importante ressaltar, igualmente, que a incoerência no discurso do depoimento pessoal não traz consequências penais, porquanto não há tipificação de tal conduta no nosso ordenamento, embora possa fazer prova de natureza cível contra o depoente.

6.6. CONSIDERAÇÕES FINAIS SOBRE COESÃO E COERÊNCIA

Coesão e coerência são ideias distintas, mas praticamente indissociáveis, razão de alguns autores falarem apenas de coesão. Entretanto, pode haver coesão sem coerência e vice-versa.

O texto abaixo de Pignatari (1977, p. 48) não é coeso, mas coerente:

"chuv
a
chuv
a
chuv
a
chuv
a
chuv
a"

Já o texto proposto por Koch e Travaglia (1989, p. 29) é coesivo, mas incoerente:

"O gato comeu o peixe que meu pai pescou. O peixe era grande. Meu pai é alto. Eu gosto do meu pai. Minha mãe também gosta. O gato é branco. Tenho muitas roupas brancas."

- Alguns autores afirmam não haver (em sentido próprio) textos incoerentes. Todo texto comporta algo de coerente; ao receptor cabe recuperar o sentido que costura o texto. Como diz Maingueneau (2000, p. 27), a coerência não está dentro do texto, ela é construída pelo coenunciador. Mesmo o doente mental não seria, de todo, incoerente. O conhecido texto de Chesterton parece estar na mesma linha: "O louco não é o homem que perdeu a razão, mas o homem que perdeu tudo menos a razão."
- No texto de Chesterton, a incompatibilidade pode desfazer-se com o *distinguo* da filosofia escolástica. Vale o mesmo para o célebre texto de Heráclito: "Entramos e não entramos duas vezes no mesmo rio", e do poeta Virgílio, no segundo livro da Eneida, v. 314: "*Una salus victis nullam sperare salutem*".[1]
- Muitas são as expressões que à primeira vista soam incoerentes, como "não li e não gostei", "quarentena de quatro dias", "novena de três dias", "cavalgar um burro" etc. Poderíamos incluir o que nos conta Werneck (1992, p. 148): "Para não falar nas disparatadas sugestões que [Evandro Pequeno] oferecia a seus contemporâneos: um piano com sotaque português, eleições para presidente deposto, uma fórmula de envenenamento de acadêmicos com verbos e adjetivos extravagantes que eles gostam de usar [...]".
- A ausência de coesão parece aflorar na chamada concordância ideológica ou psicológica em que se faz o ajuste sintático não entre os termos expressos, mas com outro termo latente no espírito do escritor, como diz Galvão (1954, p. 102), ao citar os conhecidos versos de Manuel Bandeira, com nosso grifo:

"Irene preta
Irene boa
Irene sempre de bom humor.
Imagino Irene entrando no céu

---

[1] A única salvação para os vencidos é não esperar nenhuma salvação.

– Licença, meu branco!
E São Pedro bonachão:
– *Entra*, Irene. *Você* não precisa pedir licença."

Nota-se no último verso uma divergência no tratamento do pronome pessoal *tu* (entra) e *você* (3ª pessoa). Em termos gramaticais os pronomes, no caso, não se quadram. Entretanto, a afetividade, a camaradagem, a simpatia explicam, na fala comum, a transposição de uma forma pronominal para outra.

- A conexidade proporcionada pela coesão entre os diversos membros da frase se estabelece de diversas formas, como, por exemplo, (1) com a *repetição*, por um movimento prospectivo, de *progressão*, explorado na literatura, via de regra. Tal acontece, *verbi gratia*, em Poe com o *never more* num movimento em que a angústia vai acentuando até a total desesperança acompanhada pelo lúgubre grasnar do corvo. (2) Por um movimento retrospectivo, de *regressão*.

Vamos encontrar no texto abaixo exemplo de regressão e progressão:

"Ah! Claramente eu o relembro! Era no glacial dezembro
e o fogo agônico animava o chão de sombras fantasmais.
Ansiando ver a noite finda, em vão, a ler buscava ainda
algum remédio à amarga, infinda, atroz saudade de Lenora
– essa, mais bela do que a aurora, a quem nos céus chamam Lenora
e nome aqui já não tem mais."

Regressão

"Ah! Claramente eu o relembro!"
O pronome *o* retoma a estrofe antecedente.

"e o fogo agônico animava o chão de sombras fantasmais."
Os adjetivos *agônico* e *fantasmais* retomam, respectivamente, os substantivos *fogo* e *sombras*.

"Essa mais bela do que a aurora, a quem nos céus chamam Lenora."
O demonstrativo *essa* retoma Lenora do verso antecedente.

Progressão

"algum remédio à *amarga, infinda, atroz* saudade de Lenora"
Temos uma figura chamada *gradação* que vai intensificando, levando para frente a dor da saudade de Lenora.

- Diferenças entre coerência e coesão.

Alhures já alertamos o leitor que distinção não é separação (*aliud distinctio, aliud separatio*). Nos quadros a seguir apontamos as principais distinções entre coesão e coerência.

Coesão

Planta-se no plano gramatical e frasal
Assenta-se na superfície do texto (conexão sequencial)
Está no plano da microestrutura (partes componentes do texto)
Estabelece relações entre termos

Coerência

Trabalha no plano cognitivo (inteligibilidade do texto)
Assenta-se na subjacência do texto (conexão conceitual)
Está no plano da macroestrutura (aspecto global do texto)
Estabelece relações de conteúdo

Para encerrar o assunto sobre coesão e coerência, oferecemos ao leitor um texto de Ruy Castro na *Folha de S. Paulo*, 13 out. 2009, p. A2.

RUY CASTRO
Ao mestre, com desprezo

"**RIO DE JANEIRO** – Em março, um professor de história, filho de um amigo meu, foi desacatado em sala por três alunos num colégio em Moema, zona sul de São Paulo. O mestre deu queixa na diretoria. Esta apoiou os desordeiros. O professor pediu demissão e foi para casa, onde teve uma crise nervosa. Passa agora por uma síndrome do pânico. A orientadora da escola, única pessoa a apoiá-lo, foi demitida.

Este é um colégio de classe média, em que os alunos se sentem com privilégios pelo fato de pagar altas mensalidades. Mas, nas escolas públicas, a realidade é ainda pior. Mais de cem casos de alunos que desrespeitam professores são relatados diariamente à Secretaria Estadual de Educação de São Paulo por um sistema de registro de ocorrências do gênero. A maioria dos casos vem da região metropolitana de São Paulo.

São alunos que desprezam a liturgia da escola, saem da sala sem autorização do professor e ofendem verbalmente quando ele ousa protestar contra a zorra. Usam toda espécie de aparelho eletrônico durante a aula, de celular a iPod, e, certos da impunidade, destroem equipamentos ou instalações da escola na frente dos colegas e funcionários. Uma das principais diversões é pôr fogo nas lixeiras.

É o terror. As escolas cogitam instalar câmeras em suas dependências, para ter provas documentais contra os vândalos e padronizar as informações, o que permitirá estabelecer estratégias de combate à violência. Mas nada impede que os cafajestes – difícil chamá-los de alunos – roubem também as câmeras e riam das estratégias.

Os jovens valentões que agrediram o professor em Moema (aliás, com o apoio da classe) foram expulsos do colégio meses depois. Mas não por indisciplina. Deixaram-se apanhar traficando drogas dentro das instalações."

O texto constrói-se num plano paradigmático e sintagmático entre os termos do enunciado, em linha sequencial (coesão) e num plano relacional de conteúdo conceitual (coerência). Dessarte, percebe-se no texto um engaste entre as palavras em torno de uma só e mesma ideia que percorre o texto do início ao fim, a saber, a indisciplina no ensino público e particular, com as devidas exceções, para fugir à generalização.

Há no texto perfeita costura entre as palavras e a presença de um mesmo fio condutor a concatenar os parágrafos, articulando o texto, dando-lhe um tecido conjuntivo.

O primeiro parágrafo constitui a introdução ou *exórdio* no plano estabelecido por Aristóteles e cuja finalidade é expor o assunto e despertar a expectativa do auditório.

Os três parágrafos subsequentes apresentam a argumentação e peroração (*peroratio*), em que se faz a recapitulação do assunto, com o fito de realçar a ideia.

Chama-nos a atenção o título do texto em que Ruy Castro – conhecedor de cinema – evoca o filme *Ao mestre, com carinho*, desconstruindo-lhe o título.

Trata-se de um caso de intertextualidade a confirmar que todo texto não é obra de um só autor. Um autor sozinho não tece um texto, assim como um galo sozinho não tece uma madrugada, para nos recordar de João Cabral de Melo Neto.

6.7. EXERCÍCIOS

1. Leia o texto a seguir e responda às questões.

WALTER CENEVIVA
Entre Bento e Paulo

"O tema vem, em via indireta, dos milhões de fiéis que homenagearam o Círio de Nazaré e a padroeira do Brasil no curso deste mês. Eles prestaram o respeito, dos que têm fé, à mãe do Cristo, em um tempo no qual o catolicismo anda abalado pelos escândalos da pedofilia, entre comportamentos irregulares de seus sacerdotes.

A forte resistência de Bento 16 ao direito de padres se casarem ignora a radical transformação de costumes dos últimos cem anos. Traz à memória os séculos de oposição ao abandono do dogma de que o sol girava ao redor da Terra. A permissão do casamento teria duplo efeito benéfico: acolheria o retorno da solução bíblica e contribuiria para diminuir abusos contra menores.

Na busca desse efeito encontra-se o apoio do apóstolo São Paulo, que foi para os cristãos o arauto original dos ensinamentos do Cristo.

Apesar da insuficiência de seus dados pessoais, é sabido que se notabilizou por suas cartas (as epístolas do Novo Testamento). Uma parte delas teve a autenticidade reconhecida a Timóteo. O pontífice contribuiria para a adequação do pensamento católico ao padrão de comportamento atual se lhe desse atenção para admitir o matrimônio sacerdotal, forma segura de ajuste à doutrina paulina e de redutor da delituosidade sexual por padres.

Colho a lição de Paulo em seis edições de textos bíblicos, aceitos pela Igreja Católica, com variações próprias de traduções diferentes. São referidas adiante, apenas no essencial do terceiro capítulo da carta. Elas falam por si mesmas. Indico, em cada caso, a versão entre aspas, só a primeira em maior extensão.

São elas: 1ª – Bíblia em tradução ecumênica, Edições Loyola, 1995: 'O epíscopo deve ser irrepreensível, esposo de uma só mulher, sóbrio, ponderado, de maneiras corretas, hospitaleiro, capaz para ensinar, nem dado ao vinho, nem briguento, porém, manso';

2ª – 'Bíblia de Jerusalém', Novo Testamento, Edições Paulinas, 1976: 'Se alguém aspira ao episcopado, boa obra deseja. É preciso, porém, que o epíscopo seja irrepreensível, esposo de uma única mulher...';

3ª – Bíblia Sagrada, Edições Paulinas, 1966: 'O episcopado, deseja uma obra boa. É necessário, pois, que o bispo seja irrepreensível, que tenha esposado uma só mulher...';

4ª – Novo Testamento, 1938 com 'nihil obstat', sem indicação de editora: 'Importa que o pastor seja irrepreensível, casado só uma vez';

5ª – Bíblia Sagrada, Edições Paulinas, 1971: 'É necessário, pois, que o bispo seja irrepreensível, que tenha esposado uma só mulher...';

6ª – Bíblia Sagrada, Edição Pastoral, Sociedade Bíblica Católica Internacional e Paulus, 1995: 'É certo que se alguém aspira a um cargo de direção, está aspirando a uma coisa nobre. É preciso, porém, que o dirigente seja irrepreensível, esposo de uma única mulher...'.

É evidente que o sacerdote casado ocupará parte de seu tempo com a família. É certo que a pedofilia não será extirpada de vez com o matrimônio. Parece certo, entretanto, que essa mancha será substancialmente reduzida, com a liberdade do casamento. Será bom para o direito e para a religião, em capítulo no qual Paulo tem mais autoridade que Bento."

   a) Delimite as partes do texto (exórdio, narração, argumentação e peroração).
   b) Qual é a ideia-chave do texto?
   c) Identifique os elementos de coesão presentes no texto.
   d) O texto é coerente? Por quê?

2. Leia o texto a seguir e responda às questões.

> "Sogramigna infernale chi murré
> Vinte quatro anno maise tardi che devia
> Fique aí a vita intera e maise um dia,
> Que io non tegno sodades di vucê.
>
> Nu doce stante che vucê murrê
> Tive tamagno attaque di legria
> Che quase, quase murri aquillo dia,
> Co allegró chi apagné de ti perdê.
>
> E oggi cuntento como um boi di carro
> I mais libero d'um passarigno
> Passo a vita pitáno o meu cigarro.
>
> Imaginando chi aóra inzatamente
> Tu stá interrada até o piscocigno
> Dentro d'um brutto taxo di água quente."

   a) O autor do texto, Juó Bananère, dialoga com um conhecido soneto de Camões. Tente identificar o soneto camoniano.
   b) No caso acima, trata-se de paráfrase, estilização ou paródia? Justifique sua resposta.

3. Com base nos estudos sobre o latim no Direito e sobre contexto, elabore dissertação a respeito do brocardo jurídico *lex non est textus sed contextus*.

7
PRÁTICA DA LINGUAGEM JURÍDICA

Importante, antes de se adentrar a prática da linguagem jurídica propriamente dita, que se distingam os conceitos de discurso jurídico, discurso judicial e discurso extrajudicial.

O discurso, como já vimos, é um modo complexo de exercitar a comunicação, isto é, tornar algo comum, expressar de forma concatenada as ideias para que o destinatário possa assimilá-las e, assim, compreender a mensagem, quiçá até mudando seu posicionamento ideológico anterior ao discurso (e a essa força persuasiva se dá o nome de argumentação, ou mesmo retórica).

Ocorre que o discurso pode recair sobre vários objetos, sobre várias temáticas. Qualificar-se-á o discurso conforme ele esteja circunscrito a um tema, ou pelo menos tenha esse tema como ponto principal: é o que ocorre, por exemplo, com o discurso político, publicitário, jornalístico, religioso, literário, pedagógico e assim por diante.

Não é diferente com o discurso jurídico. "Jus-juris", como sabemos, significa direito, em seu sentido amplo. Assim, será jurídico o discurso quando envolver direitos e obrigações, ou seja, quando estiver eivado de juridicidade, quando recair sobre relações que envolvam o direito, referindo-se o discurso, ainda que indiretamente, às normas e princípios de um ordenamento jurídico, sejam de Direito Privado ou de Direito Público.

Portanto, o contrato, a ata, o parecer, a petição inicial, a contestação, a sentença, a notificação, a procuração, o requerimento, o acórdão, entre outros, são textos jurídicos. E, como são textos concatenados, redigidos de modo a entrelaçar as ideias e estabelecendo um fio condutor com objetivo preestabelecido, chamamo-los de discurso jurídico.

Entretanto, nem todos esses discursos jurídicos são judiciais. Um discurso jurídico pode ser judicial ou extrajudicial. É o que ocorre, por exemplo, com o requerimento e com a procuração, os quais, embora sejam jurídicos, podem ser judiciais ou extrajudiciais.

O adjetivo "judicial" refere-se ao fato de que está sendo processado em juízo. Quando se fala em discurso judicial, significa que o texto está compondo um processo judicial, do qual faz parte.

Destarte, quando estamos diante de uma procuração ou de um requerimento extrajudiciais, dizemo-los jurídicos, porquanto a matéria tratada se encontra imbuída na ordem jurídica, mas não judiciais, pois não se referem a qualquer processo judicial; o discurso extrajudicial, pois, tem por escopo produzir seus efeitos entre pessoas que não estão compondo uma lide.

Já a procuração judicial, além de ser um discurso jurídico, pois recai sobre temática que envolve o direito, também é um discurso judicial. Isto porque essa modalidade de procuração é outorgada com a finalidade de provar, em juízo, num processo judicial, que o procurador efetivamente possui os poderes de representação.

Da mesma forma ocorre com o requerimento. Quando judicial, trata-se de um discurso dirigido ao juiz. Quando extrajudicial (observe o prefixo *extra*, com o sentido de que está fora), não há processo judicial, muitas vezes é realizado por pessoas que não são juristas, requerendo algo a alguém, como, por exemplo, o empregado que, por escrito, requer a concessão de férias num mês específico, o que pode ou não ser deferido.

Vale lembrar que o termo "foro", hoje compreendido como o poder judiciário em si, circunscrito a determinado território em que exerce a competência, deu origem ao adjetivo "forense". O discurso forense, portanto, é o discurso judicial, aquele que é realizado no "fórum" (do latim *forum*, que significava "praça pública", e hoje é compreendido como o espaço físico onde se exercita o foro, normalmente em primeiro grau, como é o caso do famoso Fórum João Mendes Jr.).

Ressalte-se que o discurso jurídico, estando inserto ou não nos autos de um processo judicial, deve atender aos padrões da linguagem culta, devendo ser escrito de modo escorreito, conciso, coerente e, conforme o caso, juridicamente fundamentado.

Não se pode olvidar que a finalidade da linguagem é a comunicação, e a utilização da norma culta não significa adornar o discurso de modo excessivo e desnecessário, utilizando, por exemplo, palavras de raríssimo uso ou mesmo expressões mortas, as quais dificultam a compreensão e acabam por andar na contramão da comunicação.

Produzir longos parágrafos também não se mostra vantajoso. Os parágrafos, na língua escrita, representam estágios do raciocínio, de modo que o escritor deve facilitar a compreensão ao estruturar seu texto conforme as etapas necessárias à sua compreensão, sob pena de fazer o interlocutor embaralhar-se no entendimento.

Essa é a origem, inclusive, do sinal gráfico que representa o parágrafo (§). Antigamente, não se escrevia com parágrafos separados por espaços e linhas, como se convencionou atualmente. Apontava-se no próprio texto corrido o momento em que havia a seção: escrevia-se a expressão latina *signum sectionis*, ou seja, sinal de secção, demonstrando que naquele momento se encerrava uma etapa do texto e se iniciaria outra. Esta expressão, abreviada para SS, originou o símbolo §, que em verdade é a fusão de dois esses (S).

Este símbolo, nos tempos hodiernos, ainda tem utilidade, principalmente na linguagem jurídica. Quando o *caput* de um artigo não esgota o conteúdo pretendido pelo legislador, colocam-se parágrafos nesse artigo. Isso sói ocorrer, também, nos contratos. O símbolo gráfico do parágrafo (§) é colocado apenas quando há dois ou mais parágrafos no mesmo artigo, pois quando existe apenas um, escreve-se por extenso a expressão "parágrafo único".

Outra peculiaridade dos discursos jurídicos, seja judicial, seja extrajudicial, é o nome atribuído a cada uma das partes, conforme a situação jurídica em que se encontram. Abaixo, segue tabela que apresenta a situação jurídica e os nomes que se lhes dão às partes.

Situação jurídica (contratos, peças, atos)	Parte 1	Parte 2
Achado de tesouro	Descobridor	Proprietário
Achado de tesouro em terreno aforado	Enfiteuta	Descobridor
Administração de condomínio	Administrador	Condôminos
Administração de condomínio edilício	Síndico	Condôminos
Adoção	Adotante	Adotando, adotado
Agência e distribuição	Proponente	Agente distribuidor
Agravo de instrumento e agravo retido	Agravante	Agravado
Alimentos	Alimentante	Alimentando
Anticrese	Credor anticrético	Devedor anticrético
Apelação	Apelante	Apelado
Arrolamento	Arrolante	Arrolado
Assistência	Assistente	Assistido
Carta precatória	Juízo deprecante	Juízo deprecado
Cessão	Cedente	Cessionário
Chamamento ao processo		Chamado

Situação jurídica (contratos, peças, atos)	Parte 1	Parte 2
Comissão	Comitente	Comissário
Comodato	Comodante	Comodatário
Compra e venda	Vendedor	Comprador
Condomínio, copropriedade	Condômino, coproprietário	Condômino, coproprietário
Confissão judicial	Confitente	
Conflito de competência	Suscitante	Suscitado
Constituição do penhor	Credor pignoratício	Devedor pignoratício
Contestação	Réu	Autor
Contrato de adesão	Estipulante	Aderente
Contrato estimatório	Consignante	Consignatário
Contratos em geral	Contratante	Contratado
Corretagem	Cliente	Corretor
Crime	Agente, autor, sujeito ativo	Vítima, sujeito passivo, ofendido
Curatela	Curador	Curatelado
Denúncia	Denunciante (Ministério Público)	Réu, denunciado
Denunciação da lide	Denunciante	Denunciado
Depósito	Depositante	Depositário
Descoberta	Dono, legítimo possuidor	Descobridor
Direitos de vizinhança	Vizinho, confinante	Proprietário
Doação	Doador	Donatário
Embargos infringentes e embargos de declaração	Embargante	Embargado
Empreitada	Dono	Empreiteiro
Endosso	Endossante	Endossatário
Enfiteuse	Enfiteuta, foreiro	Proprietário, dono, senhorio
Envio de carta	Remetente	Destinatário
Especificação	Especificador	Proprietário
Estipulação em favor de terceiros	Estipulante	Terceiro

Situação jurídica (contratos, peças, atos)	Parte 1	Parte 2
Evicção	Evicto	Alienante
Exceção (impedimento e suspeição)	Excipiente	Excepto
Exceção de incompetência	Excipiente	Excepto
Execução	Exequente	Executado
Fiança	Fiador	Devedor
Gestão de negócios	Dono	Gestor
Habeas Corpus	Paciente	Autoridade coatora
Hipoteca	Credor hipotecário	Devedor hipotecário
Impugnação ao cumprimento de sentença	Impugnante	Impugnado
Impugnação ao valor atribuído à causa	Impugnante	Impugnado
Indenização	Autor do dano, indenizador	Vítima, indenizado
Indiciamento	Autoridade policial, delegado de polícia	Indiciado, investigado
Inquérito policial	Autoridade policial, delegado de polícia	Averiguado, investigado
Interdição	Requerente	Interdito, interditado, interditando
Inventário	Paciente	Autoridade coatora
Liquidação da sentença	Liquidante	Liquidado
Locação	Locador, senhorio, proprietário, dono	Locatário, inquilino
Mandado de segurança	Paciente, impetrante	Autoridade coatora, impetrado
Mútuo	Mutuante	Mutuário
Nomeação à autoria	Nomeante	Nomeado
Notificação	Notificante	Notificado
Nunciação	Nunciante	Nunciado
Oposição	Opoente	Oposto
Pacto internacional	Estado-signatário	Estado-signatário
Petição inicial	Autor, requerente	Réu, requerido

Situação jurídica (contratos, peças, atos)	Parte 1	Parte 2
Processo civil (em geral)	Autor, requerente	Réu, requerido
Processo criminal (ação pública)	Ministério Público, Justiça Pública	Réu, acusado
Procuração (mandato)	Mandante, outorgante, representado	Procurador, mandatário, representante, outorgado
Promessa de contrato	Promitente	Promissário
Promessa de fato de terceiro	Promitente	Terceiro
Promessa de recompensa	Promitente	Candidato
Pronúncia	Ministério Público	Réu, pronunciado
Proposta de contrato	Proponente	Aceitante
Propriedade	Proprietário, dono	
Propriedade fiduciária	Credor fiduciante	Devedor fiduciário
Queixa-crime	Querelante	Querelado
Reclamação trabalhista	Reclamante	Reclamado
Reconvenção	Reconvinte	Reconvindo
Recursos (em geral)	Recorrente	Recorrido
Representação	Representante	Representado
Seguro	Segurador	Segurado
Servidão predial	Dono do prédio dominante	Dono do prédio serviente
Substabelecimento	Substabelecente	Substabelecido
Superfície	Superficiário	Fundieiro, proprietário concedente
Título de crédito Título ao portador	Credor, possuidor, proprietário	Devedor, emitente, sacado
Tradição	Adquirente	Transmitente
Transporte de pessoas	Transportador	Pessoa transportada
Tutela	Tutor	Tutelado
Usucapião	Usucapiente, possuidor	Proprietário
Usufruto	Usufrutuário	Nu-proprietário
Vícios redibitórios	Adquirente	Alienante

Importante, também, atentarmos para a utilização dos verbos em harmonia com a situação jurídica. Apresentamos, a seguir, tabela explicativa, alicerçada nas linguagens legislativa e forense.

Peça/contrato/fato	Verbo
Ação (em geral)	Propor
Agravo de instrumento	Interpor, requerer
Agravo retido	Interpor, requerer
Apelação	Interpor
Associação	Constituir
Autoria	Nomear
Bem de família	Instituir
Conflito de competência	Suscitar
Contestação	Apresentar, oferecer
Contratos em geral	Celebrar, firmar
Crime	Praticar
Curatela (nomeação)	Nomear
Danos	Indenizar
Declaração de ausência	Requerer
Declaração de inconstitucionalidade	Arguir
Denúncia	Oferecer (MP) / Receber ou rejeitar (magistrado)
Direitos reais em geral	Constituir
Embargos à execução	Alegar, requerer, opor
Embargos de declaração	Opor
Embargos de terceiro	Requerer, opor
Embargos do devedor	Opor
Embargos infringentes	Interpor
Endosso	Lançar
Escritura	Lavrar
Exceção (impedimento e suspeição)	Arguir, oferecer
Exceção de incompetência	Arguir, oferecer

Peça/contrato/fato	Verbo
Exceção declinatória	Opor
Execução em geral	Promover
Extinção da turbação	Ser mantido na posse
Extinção do esbulho	Ser restituído na posse
Fundação	Criar, instituir
Habeas Corpus	Impetrar Conceder (magistrado)
Habeas Data	Impetrar Conceder (magistrado)
Habilitação	Requerer
Herdeiro ou legatário	Instituir
Incidente de falsidade	Arguir
Incidente de inconstitucionalidade	Manifestar, arguir
Incompetência (pelo juiz)	Declinar
Incompetência absoluta (de ofício)	Declarar
Incompetência absoluta (pela parte)	Alegar
Interdição	Requerer
Juntada de documentos aos autos	Requerer
Lei	Elaborar
Liquidação da sentença	Requerer
Mandado de Injunção	Impetrar Conceder (magistrado)
Mandado de Segurança	Impetrar Conceder (magistrado)
Medida cautelar	Requerer
Nulidade (de ofício)	Decretar
Ônus	Gravar de
Oposição	Oferecer
Pedido	Requerer (parte) Acolher, deferir (magistrado) Rejeitar, indeferir (magistrado)

Peça/contrato/fato	Verbo
Pena	Aplicar
Petição Inicial	Propor (autor) Aditar (autor) Despachar (magistrado) Indeferir (magistrado)
Poderes (procuração)	Outorgar
Pronúncia	Oferecer (MP) Receber (magistrado) Rejeitar (magistrado) Desclassificar (magistrado) Absolver sumariamente (magistrado)
Proposta de contrato	Oferecer
Reclamação trabalhista	Propor, apresentar, fazer
Reconvenção	Oferecer
Recurso (em geral)	Interpor (parte) Conhecer (magistrado) Dar provimento, deferir (magistrado) Indeferir (magistrado)
Rol de testemunhas (apresentação)	Apresentar
Sentença	Proferir
Separação consensual	Requerer
Sociedade	Contratar
Sucursal, filial, agência	Instituir
Termo de conciliação	Homologar
Tutela (nomeação)	Nomear
Tutela antecipada	Requerer
Valor da causa (impugnação)	Impugnar

7.1. DISCURSOS EXTRAJUDICIAIS

Conforme já visto, existem discursos jurídicos que não são destinados a compor um processo judicial, visto que não há lide que os envolva, de modo que são classificados como discursos extrajudiciais.

Passaremos a expor alguns dos discursos extrajudiciais mais comuns; entretanto, cabe dizer que esses exemplos são apenas referências e não abarcam todas as possibilidades discursivas. O ideal é que o jurista cunhe seu próprio estilo e, respeitando as normas e padrões exigidos, realize o discurso conforme as exigências e peculiaridades de cada caso concreto.

7.1.1. Notificação extrajudicial

O substantivo "notificação" é derivado do verbo "notificar", o qual tem sua origem latina na palavra *notificare*. Nada mais é do que dar a notícia, dar a saber, dar ciência.

A parte que dá ciência, ou seja, que envia a notificação, é chamada de "notificante", e à outra se dá o nome de "notificada".

A notificação extrajudicial ocorre quando o notificante quer comunicar o notificado de algo, ou, como é comum, quer formalizar a transmissão da informação, para que mais tarde, quiçá em juízo, não seja alegado o desconhecimento.

É o caso, a título de exemplo, do locador que notifica o inquilino de sua mora, constando na notificação que se a dívida não for paga no prazo de 48 horas haverá a cobrança por meio judicial, cumulada com pedido de despejo.

Outro exemplo que se aventa é o do empregador que notifica extrajudicialmente o empregado que se ausenta injustificadamente do serviço por mais de 30 dias, constando da notificação que está dispensado por justa causa em razão do abandono de emprego, nos termos do art. 482, alínea *i*, da Consolidação das Leis do Trabalho, devendo comparecer na empregadora para receber seus direitos trabalhistas.

Muito frequente, também, a notificação de proprietário de imóvel alugado que encontra um comprador interessado. Como se sabe, o inquilino tem preferência na aquisição e precisa ser comunicado da pretensa venda. Assim, o proprietário deve notificar o inquilino para que, se quiser, exerça seu direito de preferência no prazo de 30 dias, comprando o imóvel nas mesmas condições da oferta recebida.

Entre vizinhos de um condomínio edilício, no qual um dos condôminos esteja rompendo com as normas sobre o silêncio noturno, poderá o síndico enviar uma notificação extrajudicial, comunicando que se não houver a cessação do referido comportamento será expedida a multa prevista no regimento interno.

Comum é a contranotificação. Ocorre quando o notificado quer exprimir algo ao notificante, por não concordar com o teor da notificação, ou então para conceder maiores informações e explanações sobre o caso. Enfim, é a resposta formal que o notificado dá ao notificante.

Prudente é que o notificante, para resguardar-se de seus atos, tenha provas de que enviou a notificação e de que ela foi recebida, seja por meio de carta ou telegrama com AR (aviso de recebimento) ou por meio de um protocolo devidamente assinado. Com o tempo, os meios eletrônicos, como o aviso de recebimento de programas de *e-mails*, ou mesmo a troca de *e-mails*, vão ganhando força e servindo de prova robusta para os atos extrajudiciais.

A notificação, quando judicial, emana de ordem do juiz, com o fim de comunicar determinada pessoa de algo ou de algum fato, que seja também de seu interesse, podendo assim tomar as medidas legais cabíveis. É o caso, por exemplo, do credor hipotecário que é judicialmente notificado de penhora realizada sobre o bem dado em hipoteca.

7.1.1.1. Estrutura da notificação extrajudicial

A notificação extrajudicial deve conter os seguintes elementos:

a) Título

É o nome do documento, no caso pode constar somente "Notificação" ou então "Notificação extrajudicial".

b) Espaço regulamentar e margens

Deve-se deixar um espaço entre o título e a qualificação, a fim de que possam ser lançadas, nesse espaço, anotações pertinentes, como, por exemplo, um carimbo de protocolo.

Importante, também, atentar-se às margens. À esquerda de quem olha o documento, necessário que haja quatro centímetros de margem, e a explicação é simples: normalmente os documentos são autuados, ou seja, postos em autos. A autuação requer espaço à margem esquerda, sob pena de tornar-se impossível ler o que estiver próximo à referida margem.

Aconselha-se, igualmente, que haja margem direita e inferior de dois centímetros, e margem superior de três centímetros. Isso para que o documento, com o passar do tempo, não seja prejudicado em seu teor caso as folhas se deteriorem em suas bordas.

c) Qualificação do notificante

Recomenda-se que a qualificação do notificante, em analogia ao disposto no art. 319, II, do Código de Processo Civil, seja composta do prenome e sobrenome, estado civil, existência de união estável, profissão, número de inscrição no Cadastro de Pessoas Físicas do Ministério da Economia (CPF-ME), endereço eletrônico, domicílio e residência. Costuma-se colocar, também, a nacionalidade e o número da carteira de identidade (Registro Geral – RG). A qualificação completa tem por objetivo identificar corretamente a pessoa, evitando assim confusões em razão da homonímia. Quando se trata de pessoa jurídica, devem constar a razão social, o Cadastro Nacional de Pessoa Jurídica (CNPJ-ME) e a sede.

d) Verbo "notificar"

Uma vez qualificado o notificante, coloca-se a expressão "notifica extrajudicialmente", ou então "vem por meio desta notificar extrajudicialmente", ou ainda "apresenta notificação extrajudicial em face de". Na verdade, o que ocorre é a necessidade de o verbo "notificar" estar presente entre a qualificação do notificante e a qualificação do notificado.

Qualquer que seja a escolha, mostra-se relevante lembrar que a notificação, assim como a imensa maioria dos discursos jurídicos, deve ser escrita em terceira pessoa. Assim, não se escreve "notifico", e sim "notifica", ou "notificam", caso sejam dois ou mais notificantes.

e) Qualificação do notificado

Conforme exposto acima, o ideal é que haja a qualificação completa (prenome e sobrenome, nacionalidade, estado civil, existência de união estável, profissão, CPF-ME, RG, endereço eletrônico, domicílio e residência). Em sendo pessoa jurídica, coloca-se o CNPJ-ME, bem como os demais dados pertinentes.

Entretanto, vezes há em que não se conhecem todos os dados identificadores do notificado. Nesse caso, colocam-se os dados de que se dispõe, ainda que seja somente o nome.

f) Narração ou descrição do que se pretende dar ciência

A notificação é, em essência, a comunicação formal de um fato, ou de algo. Dessa forma, este é o espaço destinado para que o notificante informe o notificado do que se pretende. É, em si, o cerne da notificação, podendo conter, além da narração de fatos pretéritos, informações sobre as futuras providências legais que o notificante pretende realizar.

g) Local e data

Coloca-se o nome da cidade de onde provém a notificação, e não o da cidade à qual a notificação será dirigida. Assim, se a notificação for encaminhada para o Recife, vinda de São Paulo, será esta a cidade constante no final do documento.

A data é aquela em que o documento foi finalizado. Não se confunde com a data em que foi recebido, que deverá estar no aviso de recebimento ou no protocolo.

h) Assinatura

A assinatura é do notificante, o qual, querendo, pode submetê-la a reconhecimento de firma, embora não seja obrigatório.

7.1.1.2. Exemplo de notificação extrajudicial

Notificação Extrajudicial

(Espaço regulamentar)

JOÃO CARLOS DE ALMEIDA, brasileiro, solteiro, empresário, portador do RG nº 12.345.678-9, inscrito no CPF-ME sob nº 123.456.789-01, residente e domiciliado na Rua Mirassol, nº 14, CEP 12345-678, São Paulo – SP, endereço eletrônico joao@joao.com.br, notifica extrajudicialmente Vossa Senhoria, Sr. JOSÉ ALBERTO CAMPOS, brasileiro, casado, jornalista, portador do RG nº 98.765.432-10, inscrito no CPF-ME sob nº 012.345.678-90, residente e domiciliado na Rua Sol Poente, nº 41, CEP 09876-543, São Paulo – SP, endereço eletrônico jose@jose.com.br, do que segue abaixo.

O Notificante adquiriu em 11 de janeiro de 2021 o imóvel localizado na Rua Sol Poente, nº 41, CEP 09876-543, São Paulo – SP, conforme consta da matrícula 123.456 do 17º Registro de Imóveis da Capital.

Dispõe a legislação civil vigente que, inexistindo disposição expressa em contrato e averbação junto à matrícula do imóvel, o adquirente de imóvel não é obrigado a cumprir contrato de locação firmado entre o antigo proprietário e o locatário do imóvel, devendo exercer a denúncia em até 90 (noventa) dias após a aquisição (art. 8º, *caput* e § 2º, Lei 8.245/91).

O novo proprietário, ora notificante, vem por meio desta exercer a denúncia do contrato de locação que vigia entre Vossa Senhoria, ora notificado, e o antigo proprietário do imóvel, não havendo nenhum interesse por parte do novo proprietário em manter relação locatícia com Vossa Senhoria.

O prazo legal para a desocupação, segundo o art. 8º da Lei 8.245/91, é de 90 (noventa) dias, contados a partir desta notificação.

Caso Vossa Senhoria não desocupe o imóvel no prazo estabelecido por lei, responderá a processo judicial, no qual se apurarão todos os danos e prejuízos resultantes da ocupação ilegal.

São Paulo, 18 de janeiro de 2021.

_____

João Carlos de Almeida

7.1.1.3. Notificação extrajudicial por meio de advogado e por meio de cartório

É comum que notificações extrajudiciais sejam realizadas por meio de advogado, e isso é até mesmo aconselhável, porquanto o teor das notificações, em regra, envolve conhecimentos específicos da área jurídica.

Nesse caso, o advogado deve possuir uma procuração *ad negotia*, ou seja, deve estar munido dos poderes conferidos pelo notificante para representá-lo. Desse modo, o preâmbulo da notificação do exemplo acima poderia ser escrito com as seguintes modificações:

> "[qualificação do notificante] vem por meio de seu advogado que esta subscreve, Dr. JULIO CÉSAR FIZZO, inscrito nos quadros da OAB-SP sob nº 123.456, com escritório na Rua Quinze de Novembro, 1058, conj. 41, CEP 34567-890, São Paulo-SP, endereço eletrônico julio@advogado.com.br, notificar extrajudicialmente [qualificação do notificado]."

Por fim, há a possibilidade de realizar-se notificação extrajudicial por meio de Cartório de Registro de Títulos e Documentos. Nesse caso, a notificação será encaminhada por um oficial notificador, que possui fé pública, produzindo-se irrefutável prova de que o notificado recebeu a notificação e tomou conhecimento do seu teor.

É muito comum notificar-se por meio de cartório para constituir o devedor em mora, caracterizando assim o atraso no cumprimento da obrigação e, portanto, o surgimento dos efeitos jurídicos da mora.

Lembre-se, ainda, de que o cartório apenas entrega a notificação, conferindo fé pública a este ato, mas quem escreve o texto é o próprio notificante ou, se for o caso, seu advogado.

7.1.2. Requerimento extrajudicial

Requerer significa pedir, rogar, solicitar. O requerimento, por conseguinte, é uma peça jurídica em que se pleiteia algo a alguém. Dessa forma, o requerimento é endereçado ao destinatário que tenha poderes para conferir a providência solicitada, sob pena de mostrar-se inepto.

Dá-se o nome de "requerente" à parte que requer, e de "requerido" à parte a quem se requer.

O requerimento extrajudicial, entretanto, não é mero pedido. O requerimento é instrumento formal, escrito em harmonia à norma culta, dirigido a pessoa que tem autoridade e poder para deferir o pleito. Frise-se que esta modalidade de requerimento ocorre fora do âmbito judicial. Assim, a apreciação de um requerimento extrajudicial não é realizada por um magistrado, e sim pela pessoa a quem é dirigido.

Por ser instrumento formal, o requerimento extrajudicial deve ser escrito na terceira pessoa, transparecendo impessoalidade ao discurso. Assim como foi visto no estudo sobre a notificação, é possível que seja realizado por meio de advogado ou de outro representante convencional.

As possibilidades práticas do requerimento extrajudicial são vastas, sendo instrumento amiúde utilizado na seara acadêmica, nos negócios e nas relações de trabalho.

Pertinente a utilização do requerimento extrajudicial, por exemplo, para que um aluno requeira ao coordenador a inclusão de disciplinas optativas no currículo acadêmico. Outro exemplo, ainda no campo acadêmico, é o do aluno que requer ao departamento competente de sua instituição de ensino a concessão de bolsa de estudo.

Nas relações de trabalho, não é rara a realização de requerimento endereçado ao departamento de recursos humanos, solicitando que não seja descontado dos vencimentos o valor da contribuição previdenciária, por já haver recolhimento do valor máximo por outra empregadora.

Ainda nas relações de trabalho, é comum existir requerimento em que se pleiteie abono de faltas, concessão de férias em determinado mês, concessão de licença não remunerada, subsídio para realização de pós-graduação e mudança de função, entre outros.

Constante também a presença do requerimento nos negócios, como, por exemplo, quando há depósito a maior e se requer o estorno, ou então quando se requer a devolução da mercadoria que não foi entregue nas condições pactuadas.

Pode ser necessária a realização de um requerimento, também, quando o condômino solicita ao síndico a convocação de uma assembleia extraordinária, para tratar de assunto urgente e relevante, ou então quando o proprietário requer ao locatário que apresente os comprovantes de pagamento do Imposto sobre a Propriedade Predial e Territorial Urbana.

Qualquer que seja o teor da solicitação extrajudicial, desde que demande formalidade e envolva aspectos jurídicos, será pertinente a utilização do requerimento.

Cabe dizer, ainda, que o requerimento extrajudicial pode conter solicitação claramente amparada por lei, portanto direito incontroverso, ou então conter pleito que não está resguardado por lei, cujo deferimento dependerá das circunstâncias de cada caso concreto. Sugere-se, no primeiro caso, que a argumentação seja concisa, pautada basicamente na fonte de direito que resguarda o pedido. No segundo caso, entretanto, faz-se mister maior argumentação, contendo, inclusive, narração mais pormenorizada dos fatos e exposição dos motivos do requerimento.

Como se verá mais à frente, o requerimento extrajudicial não se confunde com o judicial: enquanto aquele é instrumento amplamente utilizado, para diversos fins, este é de uso restrito no processo judicial, servindo como meio de comunicação entre as partes e o magistrado.

7.1.2.1. Estrutura do requerimento extrajudicial

a) Endereçamento

O requerimento extrajudicial se inicia com o endereçamento, ou seja, a indicação de quem deve receber o documento. Subentende-se, portanto, que a pessoa à qual se endereça o requerimento tem poderes para decidir sobre o pleito que lhe foi submetido.

A melhor orientação é para que se coloque, no endereçamento, o cargo ocupado pela pessoa, e não o seu nome. Nesse sentido, por exemplo, "Ilmo. Sr. Gerente de Recursos Humanos da empresa Compre Fácil", ou então "Ilmo. Sr. Coordenador de Curso de Graduação da Faculdade de Direito da Universidade de Coimbra", ou ainda "Magnífico Reitor da Universidade de São Paulo".

Entretanto, vezes há em que o endereçamento para o cargo ocupado pelo destinatário pode dificultar a identificação da pessoa. Ou, então, pode haver situações em que o requerimento precisa ser recebido, obrigatoriamente, por determinada pessoa física. A título de exemplo, imagine-se o caso de um requerimento destinado a um professor universitário específico: pode haver mais de um professor da disciplina em questão na mesma universidade, e até mesmo mais de um professor por turma, de modo que o endereçamento pelo nome do destinatário, em vez de endereçar genericamente ao cargo, mostra-se plausível, mesmo porque é comum que o requerimento não seja entregue pessoalmente pelo requerente, correndo-se o risco de não chegar corretamente ao seu destino caso não esteja bem identificado.

Importante, também, ter em mente que o endereçamento (vocativo) deve estar em harmonia com o pronome de tratamento pertinente a cada caso concreto, que deve ser utilizado no corpo do texto:

Pronome de tratamento	Vocativo
Vossa Senhoria	Ilustríssimo Senhor
Vossa Excelência	Excelentíssimo Senhor
Vossa Magnificência	Magnífico Reitor
Vossa Majestade	Sua Majestade, Rei

Vossa Alteza	Sua Alteza, Príncipe
Vossa Santidade	Beatíssimo Padre
Vossa Eminência	Eminentíssimo Senhor

Cabe dizer, ainda, que após o vocativo deve ser colocado o cargo que o destinatário ocupa: "Ilustríssimo Senhor Diretor da Faculdade de Direito da Universidade Presbiteriana Mackenzie", "Excelentíssimo Senhor Presidente da Câmara Legislativa do Município de São Paulo", "Magnífico Reitor da Pontifícia Universidade Católica do Paraná".

Conforme acima exposto, o melhor estilo, normalmente, é endereçar o requerimento ao cargo ocupado pela pessoa, ou então à própria pessoa física, por meio do vocativo "Ilustríssimo Senhor" ou equivalente. Entretanto, caso seja endereçado a órgãos, departamentos, seções ou pessoas jurídicas, não se deve empregar o termo "ilustríssimo". Nesses casos, mostra-se adequado utilizar a preposição "a", como nos exemplos a seguir: "Ao Departamento Financeiro da..."; "À Seção de Pós-graduação da Faculdade de Direito da Universidade..."; "À Junta Administrativa de Recursos de Infração da Cidade de São Paulo". Dessa forma, equivocado escrever "Ilustríssima Coordenadoria", ou "Ilustríssimo Departamento". Há de se atentar, ainda, para o fato de que, caso o endereçamento não seja para pessoa física, então o corpo do requerimento não pode apresentar pronomes de tratamento como "Vossa Senhoria".

b) Espaço regulamentar e margens

Entre o endereçamento e a qualificação do requerente é necessário que haja um espaço de pelo menos oito centímetros, a fim de que sejam lançadas, nesse local, as anotações cabíveis, principalmente despachos e protocolos.

Quanto às margens, aplicam-se as mesmas regras já estudadas: quatro centímetros de margem esquerda, três centímetros de margem superior e dois centímetros de margens inferior e direita.

c) Qualificação do requerente

A qualificação do requerente há de ser pertinente ao caso concreto. Serve a qualificação para que o destinatário possa identificar a pessoa do requerente, sem que haja dúvidas.

Assim, se o requerimento está sendo realizado por um discente, importante que conste o número sobre o qual o aluno está matriculado na instituição. Se o requerimento for realizado por um empregado, dirigido ao chefe, importante que conste, por exemplo, o setor em que trabalha e a função que desempenha. Caso o requerimento esteja sendo realizado por um condômino, endereçado ao síndico, é certamente mais importante que conste o número da unidade autônoma em que o requerente mora do que o seu CPF ou RG.

Mais uma vez destacamos a necessidade de redigir o discurso em terceira pessoa. Embora o próprio requerente escreva e assine o documento, o texto deve estar em terceira pessoa, afastados, portanto, o pronome "eu" e qualquer conjugação verbal na primeira pessoa.

d) Verbo "requerer" ou "solicitar"

Feita a qualificação pertinente do requerente, coloca-se o verbo "requerer" conjugado na terceira pessoa. Embora o termo "requer" já esteja cristalizado, nada impede que sinônimos sejam utilizados: "solicita", "pede", "roga". Há, entretanto, certa rejeição pelo verbo "suplicar", visto que traz consigo certa carga pejorativa, conquanto tenha sido utilizado amiúde em antanho.

e) Requerido

Em regra não se coloca, no corpo do requerimento, a qualificação do destinatário, porquanto já identificado pelo cargo ou nome no endereçamento. Coloca-se, tão só, o pronome de tratamento adequado, em harmonia com o endereçamento, conforme elucidado acima.

Utiliza-se o pronome de tratamento Vossa Excelência (V. Ex.ª) para as seguintes autoridades:

- do Poder Executivo:

    Presidente da República;

    Vice-Presidente da República;

    Ministros de Estado;

    Governadores e Vice-Governadores de Estado e do Distrito Federal;

    Oficiais-Generais das Forças Armadas;

    Embaixadores;

    Secretários-Executivos de Ministérios e demais ocupantes de cargos de natureza especial;

    Secretários de Estado dos Governos Estaduais;

    Prefeitos Municipais.

- do Poder Legislativo:

    Deputados Federais e Senadores;

    Ministros do Tribunal de Contas da União;

    Deputados Estaduais e Distritais;

    Conselheiros dos Tribunais de Contas Estaduais;

    Presidentes das Câmaras Legislativas Municipais.

- do Poder Judiciário:
  Ministros dos Tribunais Superiores;
  Membros de Tribunais;
  Juízes;
  Auditores da Justiça Militar.

O uso do pronome de tratamento "digníssimo (DD)", para as autoridades arroladas acima, foi abolido pelo Manual de Redação da Presidência da República, de 1991, por considerar que a dignidade é pressuposto para que se ocupe qualquer cargo público.

O pronome de tratamento "Vossa Senhoria (V. S.ª)" deve ser empregado para as demais autoridades e para os particulares em geral. Cumpre fazer a ressalva de que o Manual acima mencionado assevera ser desnecessária a utilização do vocativo "ilustríssimo senhor" para os particulares e autoridades tratadas pelo pronome "Vossa Senhoria". Entretanto, assenta-se em cristalizado costume a inclusão do referido superlativo nas comunicações formais.

Em razão da tradição, o pronome de tratamento "Vossa Magnificência" é utilizado para os Reitores de universidades, sejam públicas, sejam particulares.

f) Pedido propriamente dito e explanação dos fatos e do direito

A próxima etapa do requerimento é expor o pedido que se almeja, de modo claro, preciso e conciso. O pedido é parte visceral do requerimento, de tal sorte que deve ser elaborado com muita cautela e atenção.

Caso o pedido seja corolário de direito nítido e evidente, não há necessidade de se prolongar na argumentação, bastando, como no exemplo apresentado mais à frente, um único parágrafo.

É possível, entretanto, que o deferimento do pedido não seja certo, em razão de não estar evidentemente lastreado em norma jurídica, ou em razão de os fatos que envolvam o pedido serem de grande complexidade. Nesse caso, então, faz-se necessário explanar os fatos de forma mais ampla e argumentativa, embasando o pedido com as fontes de direito existentes, as quais devem constar do requerimento.

Nesse caso, em que o pedido é mais complexo, mostra-se necessário desenvolver os fatos e os direitos em diversos parágrafos, os quais devem estar permeados de coesão e coerência, além da imprescindível tonalidade argumentativa.

g) Menção dos documentos anexos

Em havendo documentos comprobatórios dos fatos sustentados, aconselhável que sejam colocados anexos ao requerimento extrajudicial, fazendo com que se robusteça a força persuasiva do discurso.

Para tal, coloca-se no final do requerimento a expressão: "conforme comprova(m) o(s) documento(s) anexo(s)", ou então "conforme documento(s) incluso(s)".

É costume, também, utilizar a forma abreviada da palavra documento: "conforme doc(s). anexo(s)".

h) Desfecho

O desfecho de um requerimento extrajudicial é realizado por meio da expressão:

> Nesses termos,
> Pede deferimento.

Frequente é encontrarmos a expressão:

> Termos em que
> Pede deferimento.

Há aqueles, ainda, que por questão de estilística abreviam o "Pede" para "P.", propiciando a harmonia gráfica abaixo:

> Termos em que
> P. deferimento.

Outras modalidades vão surgindo, como a expressão reduzida "Pede deferimento", ou então "Pede e aguarda deferimento".

i) Local e data

O local é a cidade em que foi escrito o documento. Há aqueles que após a cidade colocam o estado (Borba – AM, Japeri – RJ, Alagoinhas – BA), a fim de facilitar a identificação. Após o nome da cidade, coloca-se a data em que se terminou o requerimento, mesmo que não seja essa a data que foi entregue, visto que a data de elaboração não se confunde com a data da entrega ou do protocolo.

j) Assinatura do requerente

Em regra quem assina o documento é o próprio requerente. Entretanto, caso esteja representado por procurador, será este que, em nome daquele, assinará o requerimento.

7.1.2.2. Exemplo de requerimento extrajudicial

Ilustríssimo Senhor Professor Dr. Jorge Antunes de Almeida da Faculdade de Direito da Universidade São Pedro

(Espaço regulamentar)

PAULO HENRIQUE DO AMARAL, brasileiro, casado, estudante de Direito da instituição de ensino acima mencionada, portador do registro acadêmico nº 123.456, requer a Vossa Senhoria, nos termos do Regimento Interno desta Universidade, a aplicação de prova substitutiva da disciplina Linguagem Jurídica, visto que no dia 29 de abril de 2021, em que ocorreu a prova, encontrava-se acometido de doença infectocontagiosa, conforme comprova o atestado médico anexo.

Nesses termos,
Pede deferimento.

São Paulo, 3 de maio de 2021.

_____
Paulo Henrique do Amaral

7.1.3. Parecer jurídico

Elucidativa a explicação de De Plácido e Silva (1978, p. 1120): "o parecer jurídico é provocado por uma consulta, em que se acentuam os pontos controversos da questão, a serem esclarecidos pelo consultado".

Parecer jurídico é o resultado formal da reflexão sobre determinada questão jurídica que é submetida ao jurista. Não se confunde o parecer com mera consulta ou explanação verbal.

Não é raro as partes juntarem aos autos pareceres de juristas especialistas no assunto, a fim de robustecerem as teses sustentadas, principalmente quando a lide verse sobre questões de direito controvertidas.

Existem renomados juristas que são famosos pela qualidade de seus pareceres jurídicos. Normalmente são advogados com larga experiência acadêmica e forense, com publicações sobre o tema, e que não realizam pareceres contrários ao seu posicionamento ideológico, daí a fidedignidade que lhes são inerentes.

Dessa maneira, é possível vislumbrar duas perspectivas para o parecer jurídico:

a) resultado formal de uma consultoria, em que o consulente expõe ao advogado consultor o caso concreto e as questões sobre as quais deseja aclaramento, o que será feito por meio do parecer escrito, com a finalidade de elucidar as dúvidas existentes. O objetivo dessa modalidade de parecer é, portanto, esclarecer o cliente sobre as questões jurídicas envolvidas num caso que pode ou não estar *sub judice*;

b) posicionamento jurídico-ideológico de jurista renomado em sua especialidade, que é contratado pela parte especialmente para dissertar sobre as questões jurídicas que envolvem determinado caso *sub judice*, com a finalidade de a parte juntar aos autos o parecer produzido, fortalecendo a tese sustentada. O objetivo desse parecer, portanto, é de aumentar a força persuasiva da tese já sustentada em juízo pelo patrono da parte, que não se confunde com o autor do parecer.

7.1.3.1. Parecer jurídico, parecer técnico e laudo pericial

O parecer jurídico, conforme exposto acima, debruça-se sobre questão de direito, com finalidade de afastar as dúvidas do consulente ou então de produzir dissertação que será juntada aos autos a fim de endossar a tese sustentada pela parte.

O parecer jurídico, pois, encontra distinções em relação ao "laudo pericial" e em relação ao "parecer técnico", os quais não podem ser confundidos. O laudo pericial é realizado por um auxiliar da justiça, ou seja, um perito de confiança do juízo. Havendo, por exemplo, um processo crime por homicídio com arma de fogo, o juiz poderá nomear o perito criminal em balística para que esclareça os pontos controvertidos. Esse perito, ao concluir seus estudos, emitirá um "laudo pericial".

Ocorre que ao réu é facultado apresentar o resultado do estudo de outro especialista, ao qual se dá o nome de assistente técnico. O resultado do estudo do assistente técnico receberá o nome de "parecer técnico".

O "parecer técnico", portanto, embora seja realizado para ser juntado aos autos, não é necessariamente um discurso jurídico, visto que por vezes as questões a serem aclaradas são de fato, e não de direito, razão pela qual há pareceres técnicos realizados por médicos, contadores, engenheiros, geneticistas, grafólogos, economistas etc.

É de se levar em conta, entretanto, que o juiz tende a recepcionar melhor o entendimento do perito, uma vez que é de confiança do juízo e por este nomeado. O parecer técnico, conquanto não se possa negar sua força persuasiva, é realizado por especialista contratado pela parte e não possui o dever jurídico de imparcialidade ao qual está submetido o perito.

7.1.3.2. Estrutura do parecer jurídico (consultivo)

a) Título

Na parte superior do documento, respeitada a margem de três centímetros, coloca-se o nome "Parecer Jurídico". Não raro, substitui-se tal expressão pelo título "Consultoria Jurídica".

b) Identificação do consulente e do consultor

Entre o título e a exposição dos questionamentos é necessário deixar um espaço de oito centímetros, no qual, à esquerda, coloca-se a identificação do consulente, isto é, de quem solicita a consulta, e do consultor, ou seja, de quem elabora o parecer.

Embora a identificação do consulente e do consultor normalmente se concentre em seus nomes, nada impede que outros dados de qualificação sejam colocados, como, por exemplo, o domicílio e o CPF-ME/CNPJ-ME do consulente, ou então o endereço do escritório, o número da OAB e os títulos acadêmicos do consultor.

c) Exposição dos questionamentos

Feitas as devidas identificações, cumpre expor formalmente os questionamentos que foram trazidos à baila. Conforme já estudado, o parecer consultivo é realizado com o escopo de afastar as dúvidas expostas pelo consulente. Assim sendo, cabe ao consultor expor de modo claro, no início do parecer, quais os questionamentos que devem ser solucionados.

Importante, pois, que o consultor saiba exatamente as dúvidas do consulente, sob pena de elaborar parecer que não seja profícuo. Afinal, além de estar redigido em linguagem clara e objetiva, necessário se faz que o parecer atinja seu principal objetivo, qual seja, explicar com exatidão a matéria indagada, pondo fim às dúvidas do consulente.

d) Exposição dos fatos

Estabelecidas as questões realizadas pelo consulente, mostra-se de extrema importância que o consultor exponha os fatos que envolvem o caso sob estudo.

Dessa maneira, deve-se filtrar as informações recebidas do consulente, a fim de que sejam postos no parecer tão somente os fatos juridicamente relevantes para o deslinde do caso.

O jurista só poderá manifestar-se corretamente em seu parecer se sabedor dos fatos que envolvem os questionamentos jurídicos. Dessarte, cumpre ao consultor buscar todas as informações necessárias, com as quais poderá posicionar-se em sua análise jurídica.

e) Análise do caso

Conquanto seja imprescindível a boa exposição dos questionamentos e dos fatos, o núcleo do parecer é, fatalmente, a análise do caso. É, pois, a efetiva contribuição do jurista, o qual recepciona os fatos expostos e apresenta os caminhos a serem percorridos.

Dessa maneira, mostra-se assaz relevante que a análise jurídica do caso se dê de modo estruturado, concatenado, claro, objetivo, sem que se perca o fio condutor do discurso, que no caso é a explanação das dúvidas.

Lembre-se, ainda, de que geralmente o parecer consultivo se destina a alguém que não é jurista. Dessarte, a utilização de brocardos, expressões e vocábulos jurídicos pode dificultar a compreensão. Caso sejam realmente necessários, adequado que haja explicação de seu conceito no próprio corpo do parecer, afinal o consulente solicita o parecer para ter suas dúvidas solucionadas, e não agravadas.

Obviamente que, em sendo parecer cuja destinação é a juntada em autos de um processo judicial, a fim de corroborar a tese sustentada pela parte perante o juiz, não há por que preocupar-se com a explanação de termos jurídicos, porquanto os destinatários são profissionais do Direito.

Aconselha-se que a análise do caso esteja lastreada nas fontes de direito pertinentes. Isso porque o parecer é um posicionamento do jurista em face de determinado caso concreto, expondo sua visão de como o ordenamento jurídico trata a situação sob análise. Dessa maneira, nada mais coerente do que expor, no corpo do parecer, normas jurídicas, decisões judiciais, súmulas e excertos de doutrina aplicáveis ao caso.

Dependendo da complexidade do tema, o parecer pode ter poucas ou várias laudas. Questões há que são pacíficas e simples para os juristas, embora para o leigo muitas vezes proporcione hesitações, como é o caso da herança das dívidas de pessoa insolvente. Não há por que tecer dezenas de páginas para apresentar resposta a questionamentos simples, visto que não se julga o texto pela extensão, e sim pela qualidade das informações nele contidas. No discurso jurídico, a prolixidade excessiva, antes de ser mérito, é vício.

f) Conclusões

Muitos se equivocam ao pensar que o espaço formalmente destinado à conclusão de um parecer é o local em que se deva inaugurar as conclusões do discurso. As conclusões, em realidade, devem estar na análise do caso, e nesta etapa final deve haver a retomada das principais conclusões a que se chegou. É, como se diz na Retórica clássica, a *peroratio*, parte final do discurso que deve conter as assertivas mais importantes desenvolvidas durante a produção discursiva.

A utilidade desta etapa do parecer, à qual alguns chamam de "considerações finais", é evidente. Durante o discurso, conforme o caso, são muitas as orientações transmitidas, algumas delas de vital importância, e que podem ficar perdidas em meio às laudas do parecer, caindo no esquecimento do leitor.

Para evitar isso, de modo a garantir que o consulente absorverá as principais orientações transmitidas, coloca-se na parte final do discurso a chamada "conclusão", ou "conclusões". Aconselha-se, inclusive, que as conclusões sejam numeradas, facilitando, assim, a compreensão do leitor.

g) Local, data e assinatura

O local diz respeito à cidade em que o parecer foi escrito, a data se refere ao dia em que foi concluído e a assinatura deve ser do jurista que realizou o texto. Obviamente, em sendo mais de um autor, todos devem assinar o parecer.

Ressalte-se, ainda, a necessidade de constar, abaixo do nome do advogado consultor, o número de inscrição da Ordem dos Advogados do Brasil.

7.1.3.3. Exemplo de parecer jurídico (consultivo)

PARECER JURÍDICO

Consulente: Empresa de Siderurgia do Brasil

Consultado: Dr. Pedro de Souza Melo

Questionamento:

A consulente indaga sobre como proceder em face de funcionária que foi demitida, teve seu aviso prévio indenizado e dias depois apresentou atestado médico, declarando inapta ao trabalho pelo prazo de 90 dias, requerendo encaminhamento ao Instituto Nacional do Seguro Social (INSS).

Fatos:

Cristina de Barros Carvalho foi admitida pela consulente em 1º/12/2008 e demitida em 13/10/2011, tendo recebido o aviso prévio indenizado.

Em 22/10/2011 compareceu à empresa e entregou atestado médico comprobatório de "ataques de pânico frequentes, labilidade emocional e prejuízo cognitivo, sem qualquer condição laborativa", afastando a funcionária por 90 (noventa) dias.

Em 26/10/2011 o patrono da funcionária, Dr. Sandro Cruz, entrou em contato telefônico com a consulente dizendo que o atestado suspende o aviso prévio indenizado e que a consulente deveria emitir uma guia encaminhando-a para o INSS.

Análise:

O aviso prévio é um instituto que tem como objetivo propiciar ao trabalhador a possibilidade de preparar-se para o desligamento e buscar nova inserção no mercado de trabalho.

O aviso prévio indenizado é prática corrente nas relações trabalhistas: o empregador dispensa o funcionário de cumprir o aviso prévio, pagando, na data da dispensa, o equivalente ao mês de trabalho em que cumpriria o aviso.

Foi o que aconteceu no caso concreto.

Entretanto, no que toca ao aviso prévio indenizado, o Tribunal Superior do Trabalho (TST) vem entendendo de forma pacífica que o contrato de trabalho se projeta para o futuro, até a data em que findaria o mês referente ao aviso prévio, caso estivesse trabalhando.

Assim, no caso concreto, embora tenha havido a dispensa em 13/10/2011 com o aviso indenizado, o contrato se projeta por mais um mês (que é o prazo em que a funcionária estaria cumprindo o aviso prévio).

Desse modo, o INSS deve conceder o auxílio-doença, caso seja constatada a patologia. É o que está na Súmula n. 371 do TST: "Aviso prévio indenizado. Efeitos. Superveniência de auxílio-doença no curso deste. A projeção do contrato de trabalho para o futuro, pela concessão do aviso prévio indenizado, tem efeitos limitados às vantagens econômicas obtidas no período de pré-aviso, ou seja, salários, reflexos e verbas rescisórias. No caso de concessão de auxílio-doença no curso do aviso prévio, todavia, só se concretizam os efeitos da dispensa depois de expirado o benefício previdenciário."

O ideal é que a própria funcionária, o quanto antes, agende perícia médica a ser realizada pelo INSS. A empresa não tem obrigação de realizar o encaminhamento e não deve, de modo algum, emitir a Comunicação de Acidente de Trabalho (CAT), visto que não houve acidente de trabalho.

Assim, se o INSS conceder o auxílio-previdenciário para a referida funcionária, só haverá o efeito da dispensa depois de o auxílio cessar. Caso não haja a concessão do benefício previdenciário pelo INSS, então os efeitos da dispensa surtirão normalmente.

Importante ressaltar que mesmo que o perito do INSS ateste a existência de doença, caso não haja nexo entre a doença e a atividade laboral, não haverá a incidência de estabilidade provisória.

Ainda que o funcionário esteja no período de aviso prévio indenizado, caso seja acometido de doença profissional que o impossibilite ao trabalho por mais de 15 (quinze) dias, ser-lhe-á concedida a estabilidade provisória de 12 meses desde a alta médica.

Isso porque o TST entende que existe estabilidade provisória em razão de acidente de trabalho ou de doença profissional mesmo em curso o aviso prévio, conforme decisão de 25/5/2011: "De se observar que esta Corte, desde que assentado o nexo de causalidade com o labor, tem reconhecido o direito à estabilidade mesmo àqueles empregados que já tinham seus contratos de trabalho extintos ao tempo da manifestação de moléstia ocupacional (Súmula 378, item II, do TST). Desse modo, razão não há para desproteger o empregado que sofre infortúnio quando ainda presta serviços ao empregador, embora a título de aviso-prévio. Tal compreensão decorre, ainda, do teor da Súmula 371 desta Corte, que é clara ao afirmar, em sua parte final, que 'no caso de concessão de auxílio-doença no curso do aviso-prévio, todavia, só se concretizam os efeitos da dispensa depois de expirado o benefício previdenciário'. Portanto, a aplicação conjunta dos referidos entendimentos sumulados não deixa dúvidas de que o fato de infortúnio e, por conseguinte, o gozo do auxílio-doença ocorrer na vigência do aviso-prévio não retira do empregado o direito à garantia de emprego prevista no art. 118 da Lei nº 8.213/1991. TST, RR-15100-63.2005.5.02.0446, 8ª T.".

Conclusões:

1. A própria funcionária deve realizar o agendamento e comparecer ao INSS, para realização de perícia médica, não havendo, no presente caso, obrigação jurídica de a empresa realizar o encaminhamento.
2. Caso o perito constate a doença, ela receberá auxílio-doença que deverá ser pago pelo INSS.
3. Caso a doença não seja considerada profissional, não há incidência de estabilidade provisória.
4. Sendo constatada a patologia pela perícia médica do INSS, os efeitos do desligamento da funcionária só serão plenos quando expirar o benefício previdenciário.
5. Constatado o nexo de causalidade entre a doença e o trabalho, ainda que seja durante o aviso prévio, a consulente deverá ou reintegrar a funcionária, ou indenizá-la em razão do período de estabilidade provisória.

São Paulo, 4 de novembro de 2011.

Dr. Pedro de Souza Melo
OAB-SP 123.456

7.1.4. Ata

A ata é um registro escrito de determinado evento, normalmente reunião ou solenidade. Lavra-se a ata, portanto, para descrever os acontecimentos de tal evento, fazendo-se assentar a data, o local, as pessoas presentes, a matéria deliberada e as decisões tomadas.

O termo "ata" tem origem no latim, porquanto os romanos chamavam de *acta* os assentamentos nos quais constavam os registros públicos (casamentos, óbitos, julgamentos, comícios, entre outros eventos). Hodiernamente, entretanto, o termo se refere ao documento que se redige para registrar os acontecimentos de uma assembleia ou reunião realizada em sociedades, associações, fundações, condomínios edilícios etc.

Quem lavra a ata é o secretário chamado para tal fim. A ata, após lavrada, será lida em voz alta para que todos os ouvintes manifestem a concordância com o teor do que foi lavrado, de modo que a ata possa ser assinada pelo presidente da assembleia e demais pessoas que possuam essa incumbência.

Tradicionalmente, o discurso utilizado nas atas é composto de um único parágrafo, ainda que seja extremamente longo. Não há, portanto, lista de itens ou divisão em parágrafos, constituindo-se um texto contínuo do início ao fim.

A ideia é a de assegurar-se que não haverá acréscimos indevidos no documento, sobretudo quando manuscrito.

O discurso deve conter a descrição fiel dos acontecimentos, em forma metódica e pormenorizada. Não há qualquer espaço para argumentação, visto que na ata o único objetivo é registrar os fatos ocorridos.

Outro item importante diz respeito a números, valores e datas, os quais, em regra, devem vir escritos na sua forma extensa. Deve-se evitar, também, a utilização de abreviaturas ou siglas.

As deliberações e atos praticados no evento que está sendo secretariado devem constar da ata no tempo pretérito perfeito: "decidiu", "recebeu", "afirmou", "concordou".

Conforme a tradição, também, não se rasura a ata, tampouco se usa corretivo. Caso seja manuscrita ou datilografada, o secretário escreverá, logo após o equívoco, a expressão "digo", de modo a corrigir o que havia escrito, conforme o exemplo a seguir: "os condôminos elegeram Carlos Costa como síndico do Edifício Antena Azul, conferindo-lhe mandato de um ano, digo, de dois anos".

7.1.4.1. Ata de audiência

Há, também, a ata produzida em juízo. Tal ata recebe o nome de "ata de audiência", que é o documento lavrado pelo escrivão, com supervisão do juiz, para que fiquem registrados os fatos ocorridos durante a realização da audiência. Anote-se, entretanto, que o depoimento pessoal e a oitiva de testemunhas são lavrados em termo próprio, apartados da ata.

Comum é o pedido verbal do advogado, na audiência trabalhista, para que conste em ata o protesto em face de indeferimento exarado pelo magistrado em relação a determinado pedido que lhe foi formulado. Imagine-se que o advogado quer formular certa questão à testemunha, fato a que o magistrado erige óbice, por entender não pertinente. Assim, requer o advogado que conste tal indeferimento da ata de audiência, na forma de protesto, a fim de que a decisão do magistrado possa ser revista, em sede de recurso ordinário, pelo juízo *ad quem*.

Ressalve-se que a ata produzida pelo juízo não possui a estrutura e a forma da ata estudada abaixo.

7.1.4.2. Estrutura da ata

a) Título

Na parte superior do documento deve ser colocado o seu título. É comum, e até louvável, que no próprio título já se especifique o teor do documento, conforme os exemplos a seguir:

"Ata de Assembleia condominial para eleição de síndico."
"Ata de Assembleia Extraordinária da empresa Empreendedorismo e Saber Ltda. para deliberação sobre alteração de sede."
"Ata de Reunião Extraordinária para aprovação de despesa imprevista."
"Ata do Conselho de Classe do segundo bimestre do primeiro ano do ensino médio da Escola Estadual Pinheiro Branco."

b) Data e hora

Inicia-se a ata, tradicionalmente, com a menção da data por extenso, conforme o seguinte exemplo: "Aos quatro dias do mês de maio de dois mil e catorze...". Em que pese seja essa a forma cristalizada e mais aceita, não é raro encontrar atas que apresentam a data com outra redação: "No dia quatro de maio de dois mil e catorze..."

De qualquer modo, não se pode, de forma alguma, iniciar ata com a menção da data no formato numérico ("Aos 04/05/2014", ou mesmo "Em 04/05/2014").

Posta a data, mister se faz que seja indicado o horário em que a reunião iniciou: "Aos dois dias de janeiro de dois mil e catorze, às treze horas..." Não é demais lembrar que no Brasil é frequente a utilização do sistema de vinte e quatro horas e também o sistema de doze horas. Assim sendo, recomenda-se, quando necessário à extinção da ambiguidade, que se indique o período: "às oito horas da manhã", "às seis horas da tarde".

É comum, e aconselhável, que a ata contenha referência ao edital de convocação: "Aos vinte dias de janeiro de dois mil e catorze, às dezesseis horas, em segunda chamada, visto não ter havido quórum na primeira chamada realizada às quinze horas e trinta minutos, conforme edital de convocação publicado em dez de janeiro de dois mil e catorze..."

c) Local

Uma vez que estejam indicados a data e o horário, cumpre registrar o local físico em que se realizou o evento: "nas dependências do Hotel Manjar situado na Rua...", "na sede da própria empresa, localizada na Rua..."

Diferentemente dos outros documentos estudados até então, o local indicado na ata não se limita ao nome da cidade, devendo conter os dados do local em sua completude: logradouro, número e complemento, CEP, cidade e estado, podendo incluir o bairro, embora não seja absolutamente necessário.

d) Identificação do evento

Uma vez apresentados a data, o horário e o local, cumpre identificar o evento que está sendo registrado na ata, conforme os exemplos:

"...foi realizada a Assembleia Extraordinária da empresa Pague Bem Ltda..."
"...foi realizada a primeira reunião da Associação de Paraquedistas de Boituva..."

Cabe dizer que, assim como no título, é possível mencionar sucintamente o teor do evento, como no exemplo:

"...foi realizada a Assembleia Extraordinária para deliberação sobre aquisição de imóvel da empresa Mercado do Futebol Ltda..."

Cumpre esclarecer, também, que após a menção do nome da entidade há a necessidade de qualificá-la, preferencialmente, de modo completo, ou seja, constando domicílio, CNPJ-ME, inscrições, registro do ato constitutivo, representações etc.

e) Identificação das pessoas presentes

O próximo passo se concentra na indicação das pessoas presentes no evento, sendo prudente a indicação do cargo que ocupa na entidade, por exemplo, "com a presença do administrador Sr. Bruno Pardo...", "com a presença do sócio Sr. Claudio Vila...".

Importante, ainda, destacar que os presentes devem ser qualificados, preferencialmente de modo completo, constando nome, nacionalidade, estado civil, profissão, cédula de identidade, número do CPF-ME, residência e domicílio.

f) Presidente e secretário

Surge a necessidade, agora, de expor quem foi chamado para secretariar o evento, que é quem está lavrando a ata, e quem está presidindo a assembleia, ou então o corpo diretivo que está comandando o evento.

Assim sendo, comum a expressão: "Para presidir a Assembleia foi chamado o Sr. Antonio Carlos, e para secretariá-la foi chamada a Sra. Andreia Montanha."

g) Menção da pauta do evento e dos fatos ocorridos

Cumpre, agora, expor a pauta da reunião, ou seja, o assunto abordado no evento. Não se trata, ainda, do relato dos fatos ocorridos, mas sim da explicitação do tema sobre o qual os presentes irão debater.

Dessa forma, encontra-se com frequência a expressão: "Logo em seguida o presidente tratou do assunto constante da ordem do dia, qual seja, a deliberação sobre a alteração da sede da empresa", ou ainda "Passou-se, então, a tratar do assunto do dia, qual seja, a aquisição de ações da empresa Petrobras."

Entretanto, cumpre esclarecer que muitas entidades realizam reuniões ou assembleias periódicas. Constitui-se, então, um Livro de Atas, no qual as atas são escritas conforme os eventos vão ocorrendo. Dessa maneira, quando se inicia um novo evento, costuma-se, antes de expor a matéria da ordem do dia, ler a ata antecedente, razão pela qual é comum encontrar em atas a frase: "Inicialmente foi lida e aprovada a ata da assembleia anterior, e, então, passou-se a debater sobre o assunto do dia, qual seja, a exclusão do sócio Sr. Alfredo Maia."

O próximo passo na lavratura da ata, e de certo o mais relevante, é descrever os atos ocorridos na reunião ou assembleia. Mesmo que sejam muitos, os atos devem ser fielmente descritos, ainda que ocupem várias e várias laudas. Deve-se esclarecer, no registro, se as decisões foram por unanimidade, ou por maioria, e também se deve registrar a identificação das pessoas que praticaram atos registrados, como, por exemplo, sugestões e informações exaradas. Ainda, importante atentar-se para que o registro de números, valores e percentuais sejam extremamente fiéis, os quais devem estar, conforme já explicado, por extenso.

h) Leitura, aprovação da ata, encerramento e assinaturas

Uma vez que estejam cumpridas todas as etapas anteriores, a ata é lida em voz alta, para que todos tomem conhecimento e exarem a sua aprovação. Ato contínuo à leitura para os presentes é a descrição, na ata, do próprio ato de leitura e aprovação, como nos exemplos:

> "Terminadas as deliberações, a presente ata foi lida e por todos aprovada."
> "Findas as deliberações, leu-se a ata em voz alta, a qual foi aprovada por unanimidade."

Encerra-se a ata, pois, com a menção de que o secretário a lavrou e que os membros competentes a assinaram. A competência para assinar a ata lavrada dependerá de cada caso, de modo que situações há em que bastam as assinaturas do presidente e do secretário. A exigência do reconhecimento de firma variará, também, conforme o caso concreto.

O encerramento da ata guarda algumas particularidades. É comum constar os verbos "ler" e "lavrar" na primeira pessoa do singular, conjugado no pretérito perfeito, e às vezes até mesmo a explicitação do pronome pessoal:

> "Eu, Paulo Plínio, secretário da Assembleia, lavrei a presente ata, que depois de lida e aprovada por unanimidade foi assinada por todos os presentes."

Atente-se para o fato de que não se colocam data e local no final do documento, visto que foram indicadas, por extenso, logo na primeira frase da ata.

7.1.4.3. Exemplo de Ata de Assembleia Extraordinária de Sociedade Limitada

ATA DE ASSEMBLEIA EXTRAORDINÁRIA
PARA DELIBERAÇÃO SOBRE DISTRIBUIÇÃO DE LUCROS

Aos onze dias do mês de janeiro de dois mil e catorze, às nove horas da manhã, na sala de negócios do Hotel Coroa, Rua Alumiar, nº 23, CEP 12345-678, na cidade de São Paulo, Estado de São Paulo, foi realizada a Assembleia Extraordinária da Empresa de Laticínios Ltda., inscrita no Cadastro Nacional de Pessoas Jurídicas sob número 01.234.567/0001-06, com Inscrição Municipal número 1.123.456-7, e com seu ato constitutivo registrado no 4º Oficial de Registro de Títulos e Documentos e Civil de Pessoa Jurídica sob número 1234567 em 30/01/2001, com sede da Rua Curupi, nº 123, CEP 12345-678, na cidade de São Paulo, Estado de São Paulo, com a presença de todos os sócios, a saber: PAULA SANTOS, brasileira, casada, empresária, inscrita no Registro Geral sob número 1.234.567 SSP-SP e no Cadastro de Pessoa Física sob número 123.456.789-10, residente e domiciliada na Rua Sapucaia, nº 890, CEP 23456-789, na cidade de São Paulo, Estado de São Paulo; CLARA LOPES PRADO, brasileira, solteira, professora, inscrita no Registro Geral sob número 2.345.678 SSP-SP e no Cadastro de Pessoa Física sob número 098.765.432-10, residente e domiciliada na Rua das Flores, nº 180, CEP 12345-678, na cidade de São Paulo, Estado de São Paulo; e PEDRO AUGUSTO, brasileiro, casado, médico, inscrito no Registro Geral sob número 2.333.444 SSP-SP e no Cadastro de Pessoa Física sob número 555.666.777-88, residente e domiciliado na Rua Vulcão, nº 493, CEP 56789-123, na cidade de São Paulo, Estado de São Paulo. Para presidi-la foi chamada a sócia Sra. Clara Lopes Prado, e para secretariá-la a sócia Sra. Paula Santos. Logo em seguida a presidente tratou do assunto constante da ordem do dia, qual seja, a deliberação sobre a distribuição dos lucros auferidos no exercício de dois mil e treze, nos termos do contrato social, o qual foi lido novamente pela presidente e que, ato seguinte, mostrou a todos os presentes as contas apresentadas pelos administradores, o balanço patrimonial e o resultado econômico. Deliberou-se e foi aprovado expressamente, por unanimidade, que a distribuição de lucros no exercício social de dois mil e treze será feita sobre cinquenta por cento do lucro auferido no referido exercício, sendo que os outros cinquenta por cento serão utilizados na compra de imóvel no valor máximo de um milhão de reais. Eu, secretária da Assembleia, lavrei a presente ata, que depois de lida e aprovada por unanimidade foi assinada por todos os presentes.

_____
Clara Lopes Prado
Presidente

_____
Paula Santos
Secretária

_____
Pedro Augusto

7.1.5. Procuração extrajudicial

O termo "contrato" significa convergência de vontades, harmonia de interesses. Embora a lei prescreva a forma de alguns contratos, em regra eles podem existir sob a forma verbal ou escrita.

O contrato escrito, portanto, está exteriorizado por um documento, ao qual, a rigor, se dá o nome de "instrumento de contrato", embora para o leigo acabe se confundindo com o próprio termo "contrato".

Entre os vários contratos típicos existentes, há o mandato, que consiste no fato de alguém receber de outrem poderes para, em seu nome, praticar atos, ou administrar interesses, conforme se depreende da leitura do art. 653 do Código Civil.

O mandato pode ser verbal, mas a prática é que seja exteriorizado por um documento, ou seja, que haja um instrumento, a fim de que a outorga de poderes possa ser comprovada perante terceiros, mormente perante o terceiro com quem o mandatário tratar. A procuração é, pois, a denominação dada ao instrumento do mandato. É essa a razão pela qual não existe procuração verbal, embora possa existir mandato verbal.

A procuração, portanto, não é por essência um contrato, mas sim a exteriorização de um contrato, qual seja, o contrato de mandato. São várias as denominações atribuídas às partes que figuram na procuração: a parte que outorga os poderes recebe o nome de representado, outorgante, mandante ou constituinte; já a parte à qual se outorga os poderes recebe o nome de representante, outorgado, mandatário ou procurador.

A palavra "procuração" assenta suas raízes etimológicas no verbo latino *procurare*, constituído pelo prefixo *pro*, cuja designação é "em favor de", "para frente", e no verbo *curare*, que significa cuidar.[1] Assim, àquele que possui uma procuração cabe cuidar dos interesses do mandante, que, assim como o mandatário, pode ser pessoa física ou jurídica. Por isso, em latim, recebe o nome de *procurator*, ou seja, o que cuida de algo em favor de alguém.

Como já explicado, a procuração necessariamente tem a forma escrita. Essa forma, entretanto, pode ser praticada de duas maneiras, quais sejam, ou por meio de procuração particular, situação em que o próprio outorgante escreve o documento, ou por meio de procuração pública, situação em que a lavratura do instrumento se dá em tabelionato de notas, em livro próprio, por oficial que possui fé pública.

A procuração pública, portanto, fica arquivada no cartório de notas em que foi lavrada, sendo possível extrair cópias reprográficas, às quais se dá o nome de

---

[1] O verbo latino *curare* é a raiz, também, de outros vocábulos jurídicos, como, por exemplo, "curadoria" e "curador".

"certidões", com exceção feita à cópia original, que recebe o nome de "traslado". O art. 657 do Código Civil estipula que a forma do mandato tem de atender à forma prescrita em lei para a prática do ato pretendido (se o ato deve ser praticado por instrumento público, pública terá de ser a procuração).

O mandato, como vimos, é um contrato em que há a outorga de poderes, a fim de que o representante possa praticar atos ou administrar interesses do representado. É o caso, por exemplo, da pessoa que constitui representante para realizar matrícula em instituição de ensino, ou então da pessoa que constitui representante para alienar bem imóvel. Nessas hipóteses, portanto, o representante que assinará os documentos pertinentes, como se fosse o próprio representado. Daí a utilização frequente da abreviatura "p.p.", anteposta à assinatura, simplificando a expressão "por procuração".

Não se pode confundir, de modo algum, o termo "mandato" com o termo "mandado". A palavra "mandado" significa ordem judicial, tendo sua raiz etimológica no verbo latino *mandare*, que significa ordenar, mandar. Nesse sentido, os exemplos "mandado de prisão", "mandado de soltura", "mandado de busca e apreensão", "mandado de citação" e "mandado de embargo de obra nova". Também há a expressão "contramandado", cujo significado é a ordem judicial que torna sem efeitos o mandado anteriormente expedido.

Importante lembrar que o termo "mandado" é utilizado, também, para designar dois remédios constitucionais: o mandado de injunção e o mandado de segurança. Esses mandados não significam "ordem judicial", mas sim um pedido ao juízo para que expeçam os respectivos mandados. Assim, pode-se dizer que mandado de segurança foi indeferido ou então que o magistrado expediu mandado de segurança. Como se vê, são termos equívocos, pois plurissignificantes.

Já o vocábulo "mandato" repousa suas raízes etimológicas na expressão latina *manus dare*, que literalmente pode ser traduzido por "dar a mão", mas que deve ser entendido como autorização ou concessão de poder. Não se pode negar, entretanto, a imbricação entre os termos latinos *manus dare* e *mandare*, visto que este é composto daquele, dos quais surge o termo *mandatum*, evidenciando a mesma origem latina para os termos vernáculos mandato e mandado.

O político, por exemplo, pode ter o seu mandato[2] cassado, ou seja, a outorga de poderes concedida pelo povo, por meio das eleições, pode ser anulada caso

---

[2] Cabe lembrar que não existe procuração no mandato político, entre outras peculiaridades. Embora seja verdadeira concessão de poderes, a função exercida pelo político eleito diverge da atuação de um procurador judicial ou extrajudicial. Vale ressaltar, ainda, que os políticos (Poder Legislativo e Poder Executivo) possuem mandato, visto que tomam

incorra em improbidade administrativa, nos termos da lei. Caso haja ordem de prisão em razão de crimes cometidos, haverá a expedição de um mandado.

Por todo o exposto, percebe-se conter gravíssimo desvio da norma culta a expressão "o mandado do político foi cassado", ou então "o mandato de prisão foi expedido".

Passaremos a estudar, neste tópico, a estrutura da procuração extrajudicial, também denominada *ad negotia*, ou seja, aquela em que o mandatário recebe poderes para praticar, em nome do representado, atos negociais, de administração, enfim, atos da vida civil, como a compra, alienação ou locação de bem, atos perante entidades públicas e particulares, retirada de documentos, recebimento de valores e votação em assembleia condominial e até mesmo celebrar casamento, nos termos do art. 1.542 do Código Civil. Obviamente, atos há que são personalíssimos, e não admitem procuração, afinal seria até mesmo jocoso imaginar um trabalhador assinar o seu ponto e também assinar, por procuração, o do colega que não compareceu ao trabalho.

A procuração judicial, que será estudada mais adiante, guarda peculiaridades marcantes, razão pela qual o art. 692 do Código Civil estabelece que o mandato judicial se subordina às normas processuais que lhe dizem respeito, figurando o mencionado diploma legislativo apenas como norma supletiva. Isso ocorre pelo fato de a procuração judicial ser o instrumento com o qual o advogado demonstra, em juízo, que possui os poderes de representação de seu cliente. A procuração judicial só se justifica, portanto, quando se pretende atuar em juízo; já a procuração *ad negotia* tem por finalidade constituir representante apenas para atos extrajudiciais, pois mesmo que o mandatário seja advogado, não poderá defender em juízo o mandante se a procuração não contiver os poderes de representação judicial.

O instrumento de mandato extrajudicial pode ser outorgado visando à prática de um ato em específico ou para os negócios em geral. Desse modo, quando se outorga procuração para administração geral, não se especifica um negócio propriamente dito, cabendo ao mandatário a gerência de todos os negócios do mandante. Por outro lado, quando se outorga procuração especial, determina-se

---

posse de seus cargos em razão de eleição, ou seja, por meio da manifestação de vontade do povo. Já os magistrados (Poder Judiciário) e os membros do Ministério Público não são mandatários, visto que o ingresso na carreira se dá por meio de concurso público de provas e títulos. O mandato dos políticos se assemelha muito ao mandato, por exemplo, de um síndico, já que a investidura no cargo depende de eleição, e não há procuração, mesmo porque os poderes já estão delimitados nas atribuições do próprio cargo para o qual foi eleito.

o negócio ou o ato para o qual se está outorgando os poderes, não podendo o mandatário praticar atos que não sejam referentes ao negócio especificado.

Cabe explicar que o mandato em termos gerais só confere ao mandatário poderes de mera administração, não podendo alienar bens, gravar de ônus reais, transigir ou praticar qualquer ato que exceda à administração ordinária dos negócios do mandante (art. 661, CC).

Assim, para a prática de atos de disposição patrimonial, mister se faz que os poderes sejam especiais e expressos. Procuração que contenha a expressão "podendo o mandatário praticar qualquer ato de disposição que julgar necessário" não confere poder para que o procurador venda casa do mandante, ou emita notas promissórias, visto que o negócio não está especificado.

Os poderes outorgados por meio da procuração podem ser amplos ou restritos, ou seja, o mandato pode conferir ao procurador vasta autonomia na prática dos atos que lhe foram confiados, ou pode restringi-los, de modo que os atos praticados devem estar circunscritos às determinações do mandante.

Dessa forma, ao constituir mandatário para realizar negócio determinado, pode o mandante estipular os parâmetros em que ele deve ser realizado, ou então outorgar amplos poderes para que o representante tome as decisões necessárias. A título de exemplo, cite-se o caso do mandante que outorga poderes para que o procurador firme contrato de locação de bem imóvel, atribuindo-lhe amplos poderes, ou então estipulando poderes restritos, de modo que o próprio mandante já estabelece o valor da locação, a forma de garantia e o prazo, entre outras possibilidades.

Vê-se, assim, que em regra a restrição de poderes diminui a autonomia do mandatário. Entretanto, em se tratando de outorga de poderes que excedam à administração ordinária, a procuração necessariamente deve conter, de forma expressa, a especificação do negócio e a extensão dos poderes.

7.1.5.1. *Estrutura da procuração extrajudicial*

a) Título

Como título, deve ser colocado centralizado o nome do instrumento:

PROCURAÇÃO
PROCURAÇÃO *AD NEGOTIA*
PROCURAÇÃO EXTRAJUDICIAL

Quaisquer das opções acima cumprem a função de intitular e identificar a exteriorização do contrato de mandato no âmbito extrajudicial. Em razão de costume, o título é normalmente grafado em letras maiúsculas.

b) Espaço regulamentar e margens

Para possibilitar despachos e anotações, deve-se deixar espaço de 8 cm entre o título e o início do parágrafo. Também se mostra necessário, para preservar o documento da atuação do tempo, bem como permitir a sua leitura após eventual autuação, que sejam respeitadas margens de 4 cm à esquerda de quem olha o documento, 3 cm acima do título, 2 cm à direita e 2 cm na parte inferior.

c) Qualificação do mandante

A procuração se inicia com a qualificação completa do mandante. Ressalve-se que embora a procuração seja escrita e assinada pelo próprio mandante, todo o texto é em terceira pessoa, impessoal. Dessa maneira, constitui erro grave a utilização do pronome "eu", ainda que a qualificação venha posposta.

Assim sendo, dá-se início à procuração com os seguintes dados do mandante: prenome, sobrenome, nacionalidade, estado civil, profissão, RG, CPF, residência e domicílio. Pode-se colocar, também, o endereço eletrônico.

Em se tratando de pessoa jurídica, colocam-se os dados pertinentes, conforme o caso concreto: razão social, número de inscrição no CNPJ, sede e qualificação do representante legal da pessoa jurídica (por exemplo: "neste ato representada pelo sócio-administrador Sr..."). Pode-se inserir na qualificação da pessoa jurídica, também, a inscrição estadual, inscrição municipal, NIRE, registro e arquivo de contrato social e atas na Junta Comercial, entre outros dados.

Residência e domicílio, via de regra, são postos conjuntamente, mediante a expressão "residenciado e domiciliado", ou então "com residência e domicílio"; entretanto, são conceitos distintos, e nada impede que haja uma residência e um domicílio, afinal o domicílio é o centro de negócios de uma pessoa, onde ela responde por todas as suas obrigações e estabelece sua residência com ânimo definitivo. Se também houver outro local que a pessoa habite, sem ânimo definitivo, terá residência e domicílio distintos.

Também a preposição é manancial de confusões, quando se trata da expressão "residenciado e domiciliado". É costume, plenamente contrário à boa linguagem, utilizar a preposição "a" após a referida expressão. O correto é o uso da preposição "em", conforme o exemplo abaixo:

> "Carlos Alberto da Silva, brasileiro, solteiro, médico, portador da cédula de identidade RG nº 12.345.678, inscrito no CPF-ME sob nº 123.456.789-10, residenciado e domiciliado *na* [em + a] Rua da Alegria, nº 123, CEP 12345-678, Bairro do Limoeiro, São Paulo-SP [...]"

É possível, também, que num mesmo instrumento haja mais de um mandante, referente a um mesmo negócio. É o caso, por exemplo, de procuração que institui poderes para que o mandatário aliene bem móvel que pertença a duas pessoas. Será, pois, necessário que na procuração constem os dois coproprietários como mandantes. Em casos como esse, realiza-se a qualificação integral de cada mandante, um por vez.

d) Nomeação e constituição do(s) procurador(es)

Após a qualificação do mandante, faz-se necessária a menção do ato de nomeação e constituição do(s) procurador(es). Tal se realiza por meio de frase já cristalizada no discurso jurídico:

"[...] nomeia e constitui seu(s) bastante(s) procurador(es) [...]"

A referida frase constitui elemento de ligação entre o sujeito que outorga poderes e o que os recebe, ou seja, o que constitui procurador (representado, mandante) e o que se torna procurador (representante, mandatário).

Paira a dúvida sobre o termo "bastante". Alguns sustentam tratar-se de advérbio, com o sentido de "suficientemente", referindo-se aos verbos "nomear" e "constituir", razão pela qual se deveria estruturar a frase da seguinte maneira: "[..] nomeia e constitui bastante [advérbio] seus procuradores [...]".

Outros, aos quais parece assistir maior razão, sustentam tratar-se de adjetivo, com o sentido de "suficiente, que basta", referindo-se ao substantivo procurador: "[...] nomeia e constitui seus bastantes [adjetivo] procuradores [...]".

O efeito prático é claro: em se tratando de advérbio, não varia em número; em se tratando de adjetivo, varia em número, pois concorda com o substantivo.

Há de se lembrar, ainda, que os verbos devem vir no plural caso haja mais de um mandante: "[...] nomeiam e constituem seu bastante procurador [...]".

e) Qualificação do mandatário

Bom é que se indique a qualificação integral do mandatário, assim como a do mandante: prenome, sobrenome, nacionalidade, estado civil, profissão, RG, CPF, residência e domicílio. Pode-se colocar, também, o endereço eletrônico.

f) Especificação do negócio, do ato

O mandato, já dissemos, pode referir-se a um ou mais negócios específicos, ou para negócios em geral. Trata-se do objetivo da outorga, que deve necessariamente constar da procuração, conforme determinação do art. 654, § 1º, do Código Civil.

Dessa maneira, quando o mandante pretender outorgar poderes para que o representante possa gerir negócios determinados, estes devem estar expressamente referenciados no instrumento de mandato. Caso não se refira apenas a um ou outro negócio, e sim a todos os negócios do mandante, a procuração deve expressamente mencionar a sua finalidade geral. Assim, temos os exemplos:

Finalidade especial:

> "[...] para o fim especial de firmar contrato de locação do imóvel localizado na Rua dos Patos, 123, CEP 12345-678, São Paulo-SP [...]"
>
> "[...] para o fim especial de doar a instituição de caridade todos os livros que compõem o acervo pessoal do mandante [...]"
>
> "[...] para o fim especial de realizar votação na Assembleia Extraordinária do Condomínio Sol Poente, a ser realizada no dia 01/01/2017, às 20:30, nas dependências do próprio edifício [...]"
>
> "[...] para o fim especial de vender o terreno localizado na Rua dos Pratos, 123, CEP 23456-789, São Paulo – SP, com matrícula nº 12345, no Segundo Cartório de Registro de Imóveis da Capital, pelo valor de R$ 200.000,00 (duzentos mil reais) [...]" (obs.: para este ato exige-se procuração pública).

Finalidade geral:

> "[...] para o fim geral de administração de todos os negócios do mandante [...]"

À primeira vista, parece que o procurador que possui mandato geral a todos os negócios do mandante possui "carta branca", isto é, pode praticar qualquer ato. Não é bem assim. Quando o mandato refere-se a negócios em geral, não os especificando, o mandante fica habilitado a praticar apenas atos de mera administração.

g) Atribuição e extensão dos poderes

Além da indicação do objetivo da outorga, faz-se necessário indicar a extensão dos poderes conferidos ao mandatário. Vimos, no item acima, que o mandato em termos gerais só confere direito de administração, isto é, o mandatário com poderes gerais não pode alienar (tornar alheio: vender, doar, trocar etc.), hipotecar, transigir, empenhar, ou praticar qualquer ato que extrapole a administração ordinária dos negócios do mandante. Portanto, nos exemplos citados, o representante com mandato para finalidade geral, sem especificação dos negócios e da extensão dos poderes, não poderia doar os livros para instituição de caridade, tampouco realizar a venda do terreno. Ainda que constasse em sua procuração que o mandatário "pode praticar qualquer ato que julgue necessário", ainda assim não poderia praticar atos que exorbitam a mera administração, pois para isso a lei exige poderes especiais e expressos (art. 661, § 1º, CC).

Nesse diapasão, uma vez indicado o negócio a que se refere a procuração, cumpre demonstrar a extensão dos poderes conferidos. Tais poderes podem ser amplos ou restritos: se forem amplos, referem-se a todos os expressos, e também a outros de administração ordinária, conferindo maior liberdade ao mandatário; se forem restritos, referem-se tão só aos atos expressamente especificados, e mais nenhum outro. Vejamos os exemplos abaixo.

Poderes irrestritos:

> "[...] para o fim especial de realizar votação na Assembleia Extraordinária do Condomínio Sol Poente, a ser realizada no dia 01/01/2017, às 20:30, nas dependências do próprio edifício, conferindo-lhe amplos e irrestritos poderes para praticar os atos necessários para o fiel cumprimento deste instrumento de mandato, expressamente, entre outros, votar para eleição de síndico, votar pela realização de benfeitorias, ainda que voluptuárias, votar para qualquer assunto que seja posto em pauta, relatar queixas e fatos, firmar compromisso e transigir [...]"

Poderes restritos:

> "[...] para o fim especial de realizar votação na Assembleia Extraordinária do Condomínio Sol Poente, a ser realizada no dia 01/01/2017, às 20:30, nas dependências do próprio edifício, conferindo-lhe restritos poderes para praticar os atos necessários para o fiel cumprimento deste contrato de mandato, expressamente, e tão somente, votar em favor de Maria Chagas para a eleição de síndico [...]"

Vê-se, pois, que no primeiro exemplo (poderes amplos e irrestritos) há maior liberdade do procurador, que pode agir conforme as decisões que julgar adequadas, desde que pertinentes ao negócio que lhe foi confiado. Já no segundo caso (poderes restritos), o mandatário está sujeito às determinações expostas pelo mandante.

É possível, ainda, estipular prazo certo para a validade do mandato. Nesse caso, deixa-se expresso que os poderes atribuídos terão validade até determinada data. Mais incomum, mas também possível, é a subordinação dos efeitos do mandato a evento futuro e incerto, ou seja, a uma condição.

h) Possibilidade de substabelecer

Substabelecer é outorgar para terceiro os poderes recebidos do mandante. Ao constituir representante, é possível atribuir-lhe poder para estender os poderes recebidos a outro, o substabelecido. Assim sendo, quem realiza o substabelecimento é o mandatário, desde que munido de poderes pelo mandante para tal.

A fim de afastar dúvidas e eventuais conflitos, sugerimos que conste sempre no instrumento de mandato a permissão ou vedação ao ato de substabelecer:

> "[...] votar para qualquer assunto que seja posto em pauta, relatar queixas e fatos, firmar compromisso e transigir, podendo substabelecer, inclusive".

"[...] votar para qualquer assunto que seja posto em pauta, relatar queixas e fatos, firmar compromisso e transigir, não podendo substabelecer".

i) Local e data

Dentre as exigências legais para o instrumento particular de mandato, feitas pelo art. 654, § 1º, do Código Civil, consta a menção do local e da data. O local é o de passagem do instrumento, isto é, o município onde foi realizada a procuração, ainda que seja outro o local em que serão praticados os atos. A data deve conter dia, mês e ano. É praxe que se coloque local e data numa única frase:

"São Paulo, 25 de abril de 2017" (mais usual).
"Rio de Janeiro, vinte e cinco de abril de 2017."
"Recife, dois de maio de dois mil e dezessete."

Lembramos que quando for o dia inaugural do mês, faz-se a referência pela numeração ordinal: primeiro, ou 1º.

j) Assinatura

Quem assina o instrumento é o mandante, e somente o mandante. Não se confunde a procuração com contrato de prestação de serviços: pela procuração não fica o mandatário obrigado a prestar serviço, tampouco a aceitar o contrato de mandato, razão pela qual não exara sua assinatura. Uma vez que pratique os atos constantes do mandato, o representante, obviamente, imbui-se de diversas obrigações, oriundas da aceitação do mandato; entretanto, não é o simples fato de o mandante assinar o instrumento de mandato que vinculará o mandatário a cumprir o dever de representação.

Com o escopo de atribuir segurança jurídica aos negócios que envolvam mandatários, o art. 654, § 2º, do Código Civil estabelece que o terceiro com quem o procurador tratar pode exigir que o instrumento de mandato tenha firma reconhecida. Firmar é assinar, assim, firma reconhecida corresponde à assinatura que recebe fé pública em razão de ter sido reconhecida como autêntica por Tabelionato. Existem duas formas de reconhecimento de firma: por autenticidade e por semelhança. Nesta, já há firma registrada em cartório, e o oficial compara a assinatura do documento com a assinatura que consta nos registros; naquela, a pessoa que assina o documento o faz na presença do oficial, que a dá por autêntica.

Embaixo da assinatura deve vir o traço sobre o qual ela é lançada, que marca a posição espacial da firma, e o nome completo do mandante, por extenso, evitando-se abreviaturas.

7.1.5.2. *Exemplo de procuração extrajudicial*

PROCURAÇÃO *AD NEGOTIA*

(espaço regulamentar)

MARCOS LUIZ DE ALMEIDA, brasileiro, solteiro, engenheiro, portador da cédula de identidade RG nº 12.345.678-9, inscrito no CPF-ME sob nº 123.456.789-10, com residência e domicílio na Rua dos Círculos, nº 100, CEP 12345-678, Bairro do Redondo, São Paulo-SP, nomeia e constitui seu bastante procurador SANDRO CASTRO DE SOUZA, brasileiro, casado, administrador, portador da cédula de identidade RG nº 23.456.789-0, inscrito no CPF-ME sob nº 234.567.890-10, com residência e domicílio na Rua das Arestas, nº 4, CEP 23456-789, Bairro do Quadrilátero, São Paulo-SP, para o fim especial de realizar matrícula acadêmica na Faculdade de Arquitetura da Universidade Euclides da Cunha, conferindo-lhe amplos e irrestritos poderes para estruturar grade horária, escolher disciplinas, turmas e período, realizar quaisquer pagamentos que se mostrem necessários, firmar compromissos, negociar débitos pendentes, receber documentos e praticar todos os demais atos que se mostrem necessários para o fiel cumprimento deste instrumento de mandato, podendo substabelecer, inclusive.

São Paulo, 22 de maio de 2020.

_____
Marcos Luiz de Almeida

7.1.6. Substabelecimento extrajudicial

Já tivemos a oportunidade de conceituar o substabelecimento: é a outorga feita pelo mandatário, para terceiro, dos poderes recebidos do mandante.

Conforme visto, a procuração pode ser realizada por instrumento particular ou público, este lavrado no tabelionato de notas. Entretanto, mesmo sendo pública a procuração, o substabelecimento pode ser realizado por instrumento particular. É o que determina o art. 655 do Código Civil: "Ainda quando se outorgue mandato por instrumento público, pode substabelecer-se mediante instrumento particular."

O substabelecimento pode ser total ou parcial, ou seja, pode transmitir todos os poderes de que dispõe o procurador, ou pode outorgar apenas alguns poderes, os quais, nesse caso, devem ser especificados. Também pode ser realizado com reserva de poderes e sem reserva de poderes. No substabelecimento sem reservas, o procurador se despe dos poderes recebidos, a eles renunciando; no substabelecimento com reserva, há cumulação de poderes, pois embora o procurador os transmita para o substabelecido, também os guarda para si.

7.1.6.1. Estrutura do substabelecimento extrajudicial

a) Título e espaço regulamentar

Intitula-se "SUBSTABELECIMENTO", em letras maiúsculas, centralizado. Abaixo do título e antes da qualificação de quem substabelece, deixa-se espaço regulamentar de 8 cm.

b) Qualificação do substabelecente

Assim como a procuração se inicia com a qualificação do mandante, o substabelecimento se inicia com a qualificação do substabelecente, ou seja, aquele que substabelece.

Em que pese alguns doutrinadores sustentarem ser desnecessária a qualificação integral do substabelecente, posicionamo-nos no sentido de que o rigor e a completude das informações não atrapalham o negócio jurídico, antes, ajudam-no.

Sugerimos que o substabelecimento seja escrito na terceira pessoa, assim como na procuração, evitando o uso do pronome "eu" e das conjugações verbais correspondentes, embora haja aceitação em sua utilização, principalmente quando se lança o substabelecimento no próprio documento da procuração, com o sujeito oculto: "Substabeleço na pessoa de...". Nesses casos, como o substabelecente já está qualificado na procuração (na condição de mandatário), então o pronome "eu", ou sua elipse, substitui por completo a qualificação.

c) Menção ao ato de substabelecer

Feita a qualificação do substabelecente, tem lugar a menção ao ato de substabelecer. A frase, posta abaixo, relaciona a pessoa do substabelecente com a pessoa do substabelecido:

"[...] substabelece na pessoa de [...]"

d) Qualificação do substabelecido

Deve ser completa a qualificação do substabelecido, para que se possa identificar com precisão. Obviamente, podem ser vários os substabelecidos, devendo constar qualificação integral de cada um.

e) Indicação da reserva de poderes

Conforme já explicado, o substabelecente pode resguardar para si iguais poderes, ou pode a eles renunciar, conforme os exemplos abaixo.

Com reserva de poderes:

"[...] com reserva de iguais, os poderes outorgados por [...]"
"[...] com reserva de iguais poderes, os outorgados por [...]"

Sem reserva de poderes:

"[...] sem reserva, os poderes outorgados por [...]"
"[...] sem reserva de poderes, os outorgados por [...]"

f) Qualificação do representado

Para que fique o documento completo, aconselha-se seja indicada a qualificação integral do representado, isto é, aquele que outorgou poderes ao mandatário, o qual, por sua vez, transmite-os ao substabelecido.

Na hipótese de o substabelecimento ser feito no próprio documento da procuração (digitado, datilografado ou manuscrito), mostra-se comum a substituição da qualificação do representado pela expressão "os poderes outorgados na presente procuração", visto que no próprio documento já consta a qualificação completa do mandante.

g) Local e data

Local é o município em que os poderes foram substabelecidos, podendo ser distinto do local em que o mandante outorgou os poderes para o mandatário. A data refere-se ao dia, mês e ano em que houve o substabelecimento, ou seja, é igual ou posterior à data da procuração.

h) Assinatura

Mesmas regras da procuração: assina-se sobre um traço, o qual demarca a posição espacial da firma, e sob o qual há o nome por extenso do substabelecente. A firma reconhecida não é obrigatória, mas pode ser exigida pelo terceiro com quem o substabelecido tratar. Assim como o procurador não assina a procuração, o substabelecido não assina o substabelecimento.

7.1.6.2. Exemplo de substabelecimento extrajudicial

SUBSTABELECIMENTO

(Espaço regulamentar)

SANDRO CASTRO DE SOUZA, brasileiro, casado, administrador, portador da cédula de identidade RG nº 23.456.789-0, inscrito no CPF-ME sob nº 234.567.890-10, com residência e domicílio na Rua das Arestas, nº 4, CEP 23456-789, Bairro do Quadrilátero, São Paulo-SP, substabelece na pessoa de PEDRO PAULA DE LIMA, brasileiro, divorciado, portador da cédula de identidade RG nº 34.567.890-1, inscrito no CPF-ME sob nº 345.678.901-23, com residência e domicílio na Rua das Margens, nº 50, CEP 34567-890, Bairro das Amoras, São Paulo-SP, com reserva de iguais, os poderes outorgados por MARCOS LUIZ DE ALMEIDA, brasileiro, solteiro, engenheiro, portador da cédula de identidade RG nº 12.345.678-9, inscrito no CPF-ME sob nº 123.456.789-10, com residência e domicílio na Rua dos Círculos, nº 100, CEP 12345-678, Bairro do Redondo, São Paulo-SP.

São Paulo, 15 de maio de 2020.

_____
Sandro Castro de Souza

7.2. DISCURSOS JUDICIAIS

Até o momento estudamos peças, documentos e instrumentos extrajudiciais, ou seja, textos que não têm por escopo integrar os autos de um processo judicial, embora tratem de direitos e obrigações, por isso são jurídicos. Doravante, passaremos ao estudo dos discursos judiciais, ou seja, aqueles que são realizados para compor um processo judicial.

Várias são as possibilidades dos discursos judiciais, pois vários são os atos processuais. São diversos, também, os procedimentos, os pedidos, as matérias, as partes que integram o processo, os órgãos judiciários. Cada discurso, pois, deve atender às exigências do caso concreto, o que só se faz com pleno conhecimento do direito material, processual e da linguagem jurídica. Aliás, o domínio da linguagem jurídica, bem como o do vernáculo, são indispensáveis para a atuação judicial.

O estudo das estruturas de algumas petições, que fazemos neste capítulo, serve como baluarte, mas não esgota as possibilidades discursivas do texto judicial, haja vista a sua amplitude.

7.2.1. Numeração de processos: Número Único Nacional

O Conselho Nacional de Justiça (CNJ), por meio da Resolução nº 65, implantou novas regras para a numeração de processos, com o intuito de padronizá-la em um único formato, abrangendo todos os processos que tramitam em todos os órgãos do Poder Judiciário do país: daí a nomenclatura "Número Único Nacional". Até mesmo os processos anteriores à Resolução do CNJ tiveram seus números convertidos para a nova formatação.

O Número Único Nacional tem a estrutura abaixo, com seis campos obrigatórios:

NNNNNNN-DD.AAAA.JTR.OOOO
Ex.: 0000125-40.1981.403.6100

O campo NNNNNNN identifica o número sequencial do processo por unidade de origem, devendo ser zerado a cada ano. Os zeros à esquerda podem ser omitidos, para fim de localização.

O campo DD, com dois dígitos, identifica o dígito verificador. O campo AAAA, com quatro dígitos, identifica o ano do ajuizamento do processo. O campo J, com um dígito, identifica o órgão ou segmento do Poder Judiciário, observada a seguinte correspondência:

I	– Supremo Tribunal Federal	1 (um)
II	– Conselho Nacional de Justiça	2 (dois)
III	– Superior Tribunal de Justiça	3 (três)
IV	– Justiça Federal	4 (quatro)
V	– Justiça do Trabalho	5 (cinco)
VI	– Justiça Eleitoral	6 (seis)
VII	– Justiça Militar da União	7 (sete)
VIII	– Justiça dos Estados e do Distrito Federal e Territórios	8 (oito)
IX	– Justiça Militar Estadual	9 (nove)

O campo TR, com dois dígitos, identifica o tribunal do respectivo segmento do Poder Judiciário e, na Justiça Militar da União, a Circunscrição Judiciária, conforme quadro abaixo:

Processo no Segmento Judiciário/Circunscrição Judiciária	Número TR
Processos originários do Supremo Tribunal Federal, do Conselho Nacional de Justiça, do Superior Tribunal de Justiça, do Tribunal Superior do Trabalho, do Tribunal Superior Eleitoral e do Superior Tribunal Militar	00
Processos originários do Conselho da Justiça Federal e do Conselho Superior da Justiça do Trabalho	90
Processos da Justiça Federal (Tribunais Regionais Federais)	01 a 05, conforme as regiões
Processos da Justiça do Trabalho (Tribunais Regionais do Trabalho)	01 a 24, conforme regiões
Processos da Justiça Eleitoral (Tribunais Regionais Eleitorais)	01 a 27, conforme ordem alfabética dos Estados da Federação
Processos da Justiça Militar da União (Circunscrições Judiciárias Militares)	01 a 12, conforme subdivisão
Processos da Justiça dos Estados e do Distrito Federal e Territórios (Tribunais de Justiça)	01 a 27, conforme ordem alfabética dos Estados da Federação e do Distrito Federal
Processos da Justiça Militar Estadual (Tribunais Militares dos Estados de Minas Gerais, Rio Grande do Sul e São Paulo)	13, 21 e 26, respectivamente

O campo OOOO, com quatro dígitos, identifica a unidade de origem do processo. Os tribunais devem codificar as suas respectivas unidades de origem do processo no primeiro grau de jurisdição (0000) com utilização dos números 0001 (um) a 8999 (oito mil, novecentos e noventa e nove), observando-se as subseções judiciárias (Justiça Federal), as varas do trabalho (Justiça do Trabalho), as zonas eleitorais (Justiça Eleitoral), as auditorias militares (Justiça Militar Estadual e da União) e os foros de tramitação (Justiça dos Estados, do Distrito Federal e dos Territórios). Nos processos de competência originária dos tribunais, o campo deve ser preenchido com zero, e nos das turmas recursais, o primeiro algarismo deve ser 9.

7.2.2. Procuração judicial

Já vimos que a procuração *ad negotia* consiste na exteriorização do mandato extrajudicial. Trate-se, pois, de outorga de poderes para que o representante administre os negócios do representado. Não se confunde, pois, com mandato judicial, exteriorizado por procuração judicial.

O mandato judicial se refere à representação em juízo, ou seja, quando há processo judicial. Para que uma pessoa possa agir em juízo,[3] faz-se necessário que esteja representado por profissional legalmente habilitado – o advogado, devidamente inscrito nos quadros da Ordem dos Advogados do Brasil. Essa representação se faz por meio da procuração judicial. Em razão disso, dispõe o art. 692 do Código Civil que "o mandato judicial fica subordinado às normas que lhe dizem respeito, constantes da legislação processual, e, supletivamente, às estabelecidas neste Código". O Estatuto da Advocacia e da Ordem dos Advogados do Brasil e o Código de Processo Civil versam sobre o mandato judicial.

É possível que numa mesma procuração sejam conferidos poderes judiciais e extrajudiciais. Nesse caso, o mandatário é necessariamente advogado, pois só assim pode postular em juízo, e está também munido de poderes para administrar os negócios do mandante. A essa procuração dá-se o nome de "PROCURAÇÃO AD JUDICIA ET EXTRA", isto é, procuração judicial e extrajudicial.

No caso de urgência, o advogado, para agir conforme os interesses de seu cliente, pode atuar sem procuração judicial, desde que a apresente no prazo de quinze dias, prorrogáveis por mais quinze (CPC, art. 104, § 1º). O fato de estar munido de procuração extrajudicial em nada modifica a necessidade de o advogado apresentar em juízo a procuração judicial.

Assim como a procuração extrajudicial, a judicial também pode ser realizada por instrumento particular ou público, este lavrado em Tabelionato de Notas.

7.2.2.1. Estrutura da procuração judicial

a) Título

Como título, deve ser colocado, centralizado, o nome do instrumento:

PROCURAÇÃO JUDICIAL
PROCURAÇÃO *AD JUDICIA*

As duas possibilidades cumprem a função de intitular e identificar a exteriorização do contrato de mandato no âmbito judicial. Mais raramente, vê-se "INSTRUMENTO DE MANDATO JUDICIAL". Já é praxe grafar o título em letras maiúsculas.

---

[3] Há situações excepcionais que dispensam a presença do advogado para agir em juízo, *v.g.*, para impetrar *habeas corpus*, para pleitear perante o JEC em causas de até 20 salários-mínimos, para pleitear direitos trabalhistas na Justiça do Trabalho.

b) Espaço regulamentar e margens

Recomenda-se deixar espaço de 8 cm entre o título e o início do parágrafo, a título de espaço regulamentar. Também se mostra recomendável, para possibilitar a leitura após eventual autuação e preservar o documento em face do constante manuseio e da ação do tempo, que sejam respeitadas margens de 4 cm à esquerda de quem olha o documento, 3 cm acima do título, 2 cm à direita e 2 cm na parte inferior.

c) Qualificação do mandante

O mandante é a pessoa que está sendo processada, ou então a pessoa que processa, ou, ainda, terceiro que eventualmente intervenha no processo. É, enfim, a pessoa que procura advogado para que este defenda seus interesses em juízo, e para tal lhe confere poderes, por meio da procuração judicial.

A procuração se inicia com a qualificação completa do mandante. Ressalve-se que embora a procuração seja escrita e assinada pelo próprio mandante, todo o texto é em terceira pessoa, impessoal. Assim como na procuração extrajudicial, constitui erro gravíssimo a utilização do pronome "eu", ainda que a qualificação venha posposta.

Dessa maneira, qualifica-se o mandante com os seguintes dados: prenome, sobrenome, nacionalidade, estado civil, profissão, RG, CPF, endereço eletrônico, residência e domicílio.

Em se tratando de pessoa jurídica, colocam-se os dados pertinentes, conforme o caso concreto: razão social, número de inscrição no CNPJ, sede e qualificação do representante legal da pessoa jurídica (por exemplo: "neste ato representada pelo sócio-administrador Sr..."). Pode-se inserir na qualificação da pessoa jurídica, também, a inscrição estadual, inscrição municipal, NIRE, registro e arquivo de contrato social e atas na Junta Comercial, entre outros dados.

É possível haver num mesmo instrumento de mandato judicial mais de um mandante, referente a um mesmo processo (coautores ou corréus).

d) Nomeação e constituição do(s) procurador(es)

Passo seguinte, faz-se necessária a menção do ato de nomeação e constituição do(s) procurador(es), o que se faz por meio de uma das frases abaixo:

"[...] nomeia e constitui seu(s) bastante(s) procurador(es) [...]"

"[...] nomeia e constitui seu(s) bastante(s) procurador(es) judicial(is) [...]"

"[...] nomeia e constitui seu(s) bastante(s) procurador(es) o(s) advogado(s) [...]"

As referidas frases fazem o elo entre o sujeito que outorga poderes e o que os recebe, ou seja, o que constitui procurador (pessoa processada ou que processa, representado, cliente) e o que se torna procurador (advogado, patrono, representante judicial).

e) Qualificação do mandatário

A qualificação do mandatário é distinta: por se tratar de advogado, cujos poderes recebidos servem para postular em juízo, sua qualificação se restringe ao nome completo, número de inscrição da Ordem dos Advogados do Brasil, com a respectiva seção, e o endereço em que receberá intimação. A utilização do título "Doutor", na forma abreviada ("Dr."), é opção. Vejamos os exemplos:

> "[...] nomeia e constitui seu bastante procurador Dr. Túlio de Almeida, inscrito nos quadros da OAB-SP sob número 123.456, com escritório localizado na Avenida Paulista, nº 1.000, conjunto 115, CEP 12345-678, São Paulo – SP, endereço eletrônico tulio@advogado.com.br [...]"
>
> "[...] nomeia e constitui seus bastantes procuradores judiciais Túlio de Almeida, inscrito nos quadros da OAB-SP sob número 123.456, com escritório localizado na Avenida dos Marajás, nº 1.000, conjunto 115, CEP 12345-678, São Paulo – SP, endereço eletrônico tulio@advogado.com.br, e Angela dos Anjos, inscrita nos quadros da OAB-SP sob número 234.567, com escritório localizado na Rua dos Augustos, nº 500, CEP 23456-789, São Paulo – SP, endereço eletrônico angela@advogada.com.br [...]"

Mesmo que os mandatários façam parte de uma sociedade de advogados, a procuração deve ser outorgada individualmente, contendo a qualificação de cada um. Nesse caso, também deve constar, expressamente, a identificação da sociedade de que façam parte.

Também podem constar como mandatários os estagiários regularmente inscritos na Ordem dos Advogados do Brasil. Nesse caso, os estagiários poderão praticar os atos privativos da advocacia, desde que em conjunto com advogado e sob a responsabilidade deste, na forma do Regulamento Geral do Estatuto da Advocacia e da OAB, editado pelo Conselho Federal da Ordem dos Advogados do Brasil.

f) Finalidade especial ou geral

O mandato judicial pode referir-se a um ou mais processos determinados, ou então para o foro em geral. Trata-se do objetivo da outorga, que deve necessariamente constar da procuração judicial.

Assim, quando o mandante pretender outorgar poderes para que o representante possa atuar judicialmente em determinado(s) processo(s), e somente nele(s), deve outorgar mandato com finalidade especial. Caso não se refira apenas a uma ou outra demanda, e sim a qualquer ato judicial, em qualquer juízo e instância, deve-se outorgar mandato para o foro em geral. De qualquer modo, sendo para patrocinar apenas um processo, sendo para o foro em geral, os atos que demandam poderes especiais só poderão ser praticados se estes estiverem específica e expressamente relacionados, conforme veremos mais à frente.

Finalidade especial (procuração do patrono do autor)

> "[...] para o fim especial de propor ação de indenização por danos morais em face de Ronaldo da Silva, brasileiro, casado, médico, portador da cédula de identidade RG nº 12.345.678, inscrito no CPF-ME sob nº 123.456.789-10, com residência e domicílio na Rua do Papelete, nº 123, CEP 12345-678, Bairro Jardim Imperatriz, Sorocaba-SP [...]"

Finalidade especial (procuração do patrono do réu)

> "[...] para o fim especial de defendê-lo na ação judicial de despejo, autuada sob nº 1234567-40.1981.403.6100, proposta por Rogério de Souza, brasileiro, viúvo, publicitário, portador da cédula de identidade RG nº 12.345.678, inscrito no CPF-ME sob nº 123.456.789-10, com residência e domicílio na Rua Cristal, nº 123, CEP 12345-678, Bairro da Baixada, São Paulo-SP [...]"

Finalidade geral:

> "[...] para o foro em geral, podendo propor contra quem de direito as ações competentes e defendê-lo nas contrárias [...]"

g) Atribuição e extensão dos poderes

À primeira vista, parece que o procurador pode praticar todo e qualquer ato judicial. Não é o que ocorre. Para a prática de determinados atos judiciais, o advogado precisa estar munido de procuração com poderes expressos. Ainda que esteja escrito na procuração que o mandatário pode praticar "quaisquer atos que se mostrem necessários", ainda assim não poderão ser praticados se não estiverem expressos.

O art. 105 do Código de Processo Civil apresenta rol dos atos que demandam previsão expressa: receber citação, confessar, reconhecer a procedência do pedido, transigir, desistir, renunciar ao direito sobre o qual se funda a ação, receber, dar quitação, firmar compromisso e assinar declaração de hipossuficiência econômica.

Dessa maneira, a procuração judicial deve conter expressamente a extensão dos poderes. Caso não sejam especificados, o mandatário pode praticar todos os atos do processo, com exceção dos mencionados acima. Vejamos os exemplos:

Sem especificação de poderes:

> "[...] conferindo-lhe amplos e irrestritos poderes para praticar todos os atos judiciais ou extrajudiciais que se fizerem necessários ao fiel cumprimento deste instrumento particular de mandato, substabelecer, inclusive."

Com especificação de poderes (devem ser escolhidos dentre aqueles previstos no art. 105 do CPC):

> "[...] conferindo-lhe amplos e irrestritos poderes para praticar todos os atos judiciais ou extrajudiciais que se fizerem necessários ao fiel cumprimento deste instrumento particular de mandato, expressamente, transigir, desistir, firmar compromissos, confessar, receber, dar quitação e substabelecer, inclusive."

É comum relacionar grande quantidade de atos na procuração: interpor recursos, acompanhar autos, realizar audiências, receber intimações, reconvir etc. Todos esses atos, entretanto, não necessitam de menção expressa na procuração.

É possível, ainda, estipular prazo certo para a validade do mandato, embora isso seja mais frequente na procuração extrajudicial. De qualquer modo, havendo interesse em estabelecer prazo no mandato judicial, deve-se deixar expresso que os poderes atribuídos terão validade até determinada data. Nesse caso, extinto o mandato a prazo certo, tem-se por inexistente eventual ato praticado por advogado cujos poderes de representação cessaram (STJ, 3ª T., REsp 29.801-9).

Importante ressaltar que não é possível, na procuração judicial, proibir o ato de substabelecer. Trata-se de incumbência do advogado, e somente dele, aferir a necessidade e conveniência de realizar substabelecimento com reserva de poderes. Essa é a leitura do art. 26 do Código de Ética e Disciplina da OAB: "O substabelecimento do mandato, com reserva de poderes, é ato pessoal do advogado da causa."

h) Local e data

O local é o de passagem do instrumento, isto é, o município onde foi realizada a procuração, ainda que seja outro o local em que correrão os processos. A data deve conter dia, mês e ano.

i) Assinatura

Quem assina o instrumento é o mandante, e somente o mandante. Não se deve confundir a procuração judicial com o contrato de prestação de serviços advocatícios. Este não é peça judicial, diz respeito somente aos contratantes.

Embaixo da assinatura deve vir o traço sobre o qual ela é lançada, que marca a posição espacial da firma, e o nome completo do mandante, por extenso, evitando-se abreviaturas. A procuração judicial não precisa trazer firma reconhecida.

7.2.2.2. Exemplo de procuração judicial para finalidade especial

PROCURAÇÃO *AD JUDICIA*

CLÁUDIO NUNES, brasileiro, casado, jornalista, portador do RG nº 12.345.678-9, inscrito no CPF-ME sob nº 123.456.789-01, residente e domiciliado na Rua Mirassol, nº 50, CEP 12345-678, São Paulo – SP, endereço eletrônico claudio@claudio.com.br, nomeia e constitui sua bastante procuradora DRA. LÚCIA MARIA DE CARVALHO, inscrita nos quadros da OAB-SP sob nº 12.345, com escritório localizado na Rua Macunaíma, nº 600, CEP 01234-567, São Paulo – SP, endereço eletrônico lucia@advogada.com.br, para o fim especial de propor ação judicial de despejo em face de ALBERTO DAS CRUZES, brasileiro, solteiro, biólogo, portador do RG nº 11.222.333-4, inscrito no CPF-ME sob nº 111.222.333-44, residente e domiciliado na Rua Mirassol, nº 50, CEP 12345-678, São Paulo – SP, endereço eletrônico alberto@alberto.com.br, conferindo-lhe amplos e irrestritos poderes para praticar todos os atos judiciais ou extrajudiciais que se fizerem necessários ao fiel cumprimento deste instrumento particular de mandato, expressamente, transigir, desistir, firmar compromissos, confessar, receber, dar quitação e substabelecer, inclusive.

São Paulo, 14 de maio de 2020.

_____
Cláudio Nunes

7.2.2.3. Exemplo de procuração judicial para finalidade geral

PROCURAÇÃO *AD JUDICIA*

EMPRESA ALIMENTÍCIA LTDA., inscrita no CNPJ-ME sob EMPRESA ALIMENTÍCIA LTDA., inscrita no CNPJ-ME sob nº 12.345.678/0001-12, com sede na Rua das Sociedades, nº 123, CEP 12345-123, São Paulo – SP, endereço eletrônico empresa@empresa.com.br, representada pelo sócio-administrador Cláudio Nunes, brasileiro, casado, empresário, portador do RG nº 12.345.678-9, inscrito no CPF-ME sob nº 123.456.789-01, residente e domiciliado na Rua Mirassol, nº 50, CEP 12345-678, São Paulo – SP, nomeia e constitui seu bastante procurador DR. PEDRO LASSA, inscrito nos quadros da OAB-SP sob nº 123.456, com escritório localizado na Rua Mocana, nº 450, CEP 01234-567, São Paulo – SP, endereço eletrônico pedro@advogado.com.br, para o foro em geral, podendo propor contra quem de direito as ações competentes e defendê-la nas contrárias, conferindo-lhe amplos e irrestritos poderes para praticar todos os atos judiciais ou extrajudiciais que se fizerem necessários ao fiel cumprimento deste instrumento particular de mandato, expressamente, receber citação inicial, confessar, reconhecer a procedência dos pedidos, transigir, desistir, renunciar ao direito sobre que se funda a ação, receber, dar quitação, firmar compromisso e substabelecer, inclusive.

São Paulo, 14 de maio de 2020.

_____

EMPRESA ALIMENTÍCIA LTDA.
(Cláudio Nunes)

7.2.3. Substabelecimento judicial

O substabelecimento, já vimos, é o instrumento pelo qual o mandatário repassa os poderes recebidos do mandante a terceiro, o substabelecido. No mandato judicial, os poderes envolvem o patrocínio em juízo, razão pela qual o substabelecido, assim como o mandatário, deve ser advogado, ou estagiário de direito.

Mencione-se, ainda, que o substabelecimento judicial pode ser particular, ainda que seja pública a procuração *ad judicia*. O substabelecimento pode ser, também, total ou parcial. Se total, outorga ao substabelecido todos os poderes de que dispõe o procurador; se parcial, outorga apenas os poderes que estiverem expressamente relacionados no substabelecimento.

Por fim, o substabelecimento judicial pode ser conferido com reserva de poderes e sem reserva. No substabelecimento sem reservas, o procurador judicial se despe dos poderes recebidos, a eles renunciando, não podendo mais representar o mandante em juízo; no substabelecimento com reserva, há cumulação de poderes, pois embora o procurador os transmita para o substabelecido, também os guarda para si. Dessa maneira, havendo reserva de iguais poderes, tanto substabelecente quanto substabelecido podem atuar em juízo, isolada ou conjuntamente.

7.2.3.1. Estrutura do substabelecimento de procuração judicial

a) Título e espaço regulamentar

Intitula-se "SUBSTABELECIMENTO JUDICIAL", ou simplesmente "SUBSTABELECIMENTO", em letras maiúsculas, centralizado. Abaixo do título e antes da qualificação de quem substabelece, deixa-se espaço regulamentar de 8 cm.

b) Qualificação do substabelecente

O substabelecimento se inicia com a qualificação do substabelecente, ou seja, aquele que substabelece. Como se trata de substabelecimento judicial, então a qualificação deve restringir-se ao nome do advogado, sua inscrição na Ordem dos Advogados do Brasil, com a respectiva seção, e o endereço do escritório.

Pode haver mais de um substabelecente. Entretanto, constando da procuração mais de um mandatário judicial, basta um deles para outorgar o substabelecimento.

c) Menção ao ato de substabelecer

Feita a qualificação do advogado substabelecente, deve-se mencionar o ato de substabelecer: "[...] substabelece na pessoa de [...]".

d) Qualificação do substabelecido

É necessário fazer constar a qualificação pertinente do advogado ou estagiário de direito substabelecido, ou seja, nome completo, número de inscrição e seção da OAB, endereço do escritório e, se for o caso, a sociedade de advogados da qual faz parte.

e) Indicação da reserva de poderes e finalidade

O advogado substabelecente pode resguardar para si iguais poderes, ou pode a eles renunciar. Há a possibilidade, também, de o procurador transmitir ao substabelecido somente algum ou alguns poderes, situação em que o substabelecimento se torna parcial, por vezes visando a uma finalidade específica, como, por exemplo, realizar sustentação oral em Tribunal Superior.

Não raro, quando o substabelecimento visa à transmissão de poderes de representação judicial de um processo determinado, já em curso, coloca-se a identificação dos referidos autos, nos quais se encontra a procuração. Essa identificação se faz por meio do número atribuído ao processo, normalmente acrescido da menção expressa da vara, foro e comarca em que tramita.

f) Qualificação do representado

Para que fique o documento completo, aconselha-se seja indicada a qualificação integral do representado, isto é, aquele que outorgou poderes ao mandatário, o qual, por sua vez, transmite-os ao substabelecido.

g) Local e data

Local é o município em que os poderes foram substabelecidos, podendo ser distinto do local em que o mandante outorgou os poderes para o mandatário. A data refere-se ao dia, mês e ano em que houve o substabelecimento, ou seja, é igual ou posterior à data da procuração judicial.

h) Assinatura

Apenas o substabelecente assina, e o faz sobre um traço, o qual demarca a posição espacial da firma, e sob o qual há o nome por extenso do substabelecente. Não há necessidade de reconhecimento de firma.

7.2.3.2. Exemplo de substabelecimento judicial

SUBSTABELECIMENTO

(Espaço regulamentar)

JULIO CASTANHA, advogado devidamente inscrito nos quadros da OAB sob nº 123.456, com escritório na Rua Batatais, nº 123, CEP 12345-678, Bairro Andorras, São Paulo-SP, substabelece na pessoa do advogado LUIZ DE LIMA SILVEIRA, inscrito nos quadros da OAB sob nº 111.222, com escritório no mesmo endereço, com reserva de iguais, os poderes outorgados por CELSO MAIA JÚNIOR, brasileiro, solteiro, engenheiro, portador da cédula de identidade RG nº 12.345.678-9, inscrito no CPF-ME sob nº 123.456.789-10, com residência e domicílio na Rua dos Círculos, nº 100, CEP 12345-678, Bairro do Redondo, São Paulo-SP, nos autos do processo nº NNNNNNN-DD.AAAA.JTR.OOOO, que tramita na 2ª vara cível da comarca de Jundiaí.

São Paulo, 29 de maio de 2020.

_____
Julio Castanha
OAB-SP 123.456

7.2.3.3. Exemplo de substabelecimento judicial simplificado (em primeira pessoa)

SUBSTABELECIMENTO

(Espaço regulamentar)

Substabeleço na pessoa do Dr. LUIZ DE LIMA SILVEIRA, OAB nº 111.222, com escritório na Rua Batatais, nº 123, CEP 12345-678, Bairro Andorras, São Paulo-SP, com reserva de iguais poderes, os a mim outorgados por CELSO MAIA JÚNIOR, brasileiro, solteiro, engenheiro, RG nº 12.345.678-9, CPF-ME nº 123.456.789-10, com residência e domicílio na Rua dos Círculos, nº 100, CEP 12345-678, Bairro do Redondo, São Paulo-SP.

São Paulo, 29 de maio de 2020.

_____
Julio Castanha
OAB-SP 123.456

7.2.4. Requerimento judicial simples

O requerimento judicial é aquele feito ao magistrado por uma das partes, solicitando algo. Alguns requerimentos são complexos, excedem à órbita de mera petição, e para sua realização demanda-se vasto desenvolvimento argumentativo e rigor às exigências do momento processual. As peças inaugurais, ou seja, aquelas que dão início ao processo, são exemplos de requerimentos complexos, os quais recebem designações específicas: petição inicial, reclamação trabalhista, denúncia, queixa-crime.

Naturalmente, além das peças principais inerentes a cada procedimento, amiúde surge a necessidade de as partes se comunicarem com o magistrado, conforme o andamento do processo. Assim, a parte, para cumprir determinada ordem judicial, ou para informar o magistrado de algo, ou ainda para realizar determinado pedido, utiliza-se de requerimentos judiciais simples. Exemplos: petição para juntada de documento, para apresentação do rol de testemunhas, para vista dos autos fora do cartório, para informar que as partes entraram em acordo, para requerer penhora *on line*, para juntar guia comprobatória de pagamento de custas etc. Enfim, é por meio de requerimentos judiciais que as partes se comunicam com o juiz, e este se comunica com as partes por meio de intimações, as quais são publicadas no Diário Oficial.

7.2.4.1. Estrutura do requerimento judicial simples

a) Endereçamento

O requerimento judicial se inicia com o endereçamento, isto é, a indicação da autoridade judicial competente para receber e apreciar o teor da peça. A indicação, entretanto, não se faz na pessoa do magistrado, faz-se para o cargo, por meio de formas já cristalizadas na prática forense, conforme exemplos abaixo:

Justiça Estadual:

> EXCELENTÍSSIMO SENHOR DOUTOR JUIZ DE DIREITO DA 2ª VARA CÍVEL DO FORO REGIONAL DE PINHEIROS DA COMARCA DE SÃO PAULO
> EXCELENTÍSSIMO SENHOR DOUTOR JUIZ DE DIREITO DA 1ª VARA CRIMINAL DA COMARCA DE RIBEIRÃO PRETO

Justiça Federal:

> EXCELENTÍSSIMO SENHOR DOUTOR JUIZ FEDERAL DA 4ª VARA CÍVEL DA SUBSEÇÃO JUDICIÁRIA DE GUARULHOS, SEÇÃO DE SÃO PAULO

Justiça do Trabalho

> EXCELENTÍSSIMO SENHOR DOUTOR JUIZ DO TRABALHO DA 9ª VARA DO TRABALHO DE SÃO PAULO – SP

Cumpre alertar que a designação por "doutor" faz parte da praxe forense, tanto para magistrados quanto para advogados e promotores. Essa tradição tem respaldo no Decreto Imperial de 1º de agosto de 1825, de Dom Pedro I, que deu origem à Lei do Império de 11 de agosto de 1827, que dispôs sobre o título de Doutor para o advogado. Dessa forma, o título deve ser referenciado no endereçamento da peça judicial, independentemente de o magistrado possuir título acadêmico de doutoramento.

b) Espaço regulamentar e identificação da numeração do processo

Entre o endereçamento e a qualificação do requerente é necessário que haja um espaço de pelo menos oito centímetros, a fim de que sejam lançados, nesse local, os protocolos e eventuais despachos. Nesse espaço, à esquerda, deve ser identificado o processo a que diz respeito o requerimento, por meio da menção expressa do número dos autos.

Quanto às margens, aplicam-se as mesmas regras já estudadas: quatro centímetros de margem esquerda, três centímetros de margem superior e dois centímetros de margens inferior e direita.

c) Nome do requerente

O parágrafo deve iniciar com a qualificação do requerente, e não de seu advogado. Aliás, não é necessário que a qualificação contenha todos os dados do requerente, visto que já estão indicados no processo, nas primeiras peças. Assim, é costume mencionar apenas o seu nome (prenome e sobrenome), acrescido da frase "melhor qualificado nos autos em epígrafe", ou "já qualificado nos autos em epígrafe". A expressão "em epígrafe" refere-se ao número dos autos que deve ser alocado no espaço regulamentar, conforme explicado acima.

d) Menção da parte contrária

O requerimento, obviamente, pode e deve ser manejado por autor e réu, conforme pratiquem os atos que lhes dizem respeito. Assim, o autor do requerimento judicial simples pode ser tanto o autor como o réu do processo.

Se for o autor do processo quem requer, deve-se mencionar a parte contrária (réu) por meio da frase "que move em face de [nome do réu]". Se for o réu do processo quem requer, deve-se mencionar a parte contrária (autor) por meio da frase "que lhe move [nome do autor]".

Não é necessário qualificar por completo a parte contrária, visto que já está integralmente qualificada nas peças antecedentes. Assim, usa-se a expressão "igualmente qualificada", isto é, do mesmo modo que o requerente: nos autos do processo em epígrafe.

e) Intermediação do advogado

Por tratar-se de requerimento judicial, não é possível de ser realizado diretamente pela parte. O advogado é indispensável. Essa é a razão pela qual deve figurar, no requerimento, a indicação de que o pleito é feito por meio de advogado devidamente constituído, isto é, munido de poderes para a representação judicial do requerente, conforme procuração *ad judicia* juntada aos autos. A par do termo "advogado", utilizam-se as designações "patrono", "procurador judicial", "mandatário judicial", "defensor". Vejamos o exemplo:

"[...] vem, por meio de seu patrono devidamente constituído, à ilustre presença de Vossa Excelência [...]"

f) Referência à determinação judicial que se está cumprindo

No mais das vezes, o requerimento é realizado visando ao cumprimento de determinada ordem judicial, ou então para demonstrar ao magistrado que a referida ordem foi cumprida, ou, ainda, para expor razões que modifiquem a ordem exarada. Nessas hipóteses, pois, o requerimento se refere a uma determinação judicial específica, exarada no processo. Em razão disso, para que fique claro e coerente, coloca-se no requerimento o número da folha dos autos em que se encontra a determinação judicial que está sendo cumprida.

g) Objeto do requerimento

Passadas as etapas anteriores, chega-se ao núcleo do requerimento, ou seja, seu objeto, o pedido propriamente dito, a informação que se pretende passar ao magistrado. Para tal, utiliza-se o verbo "requerer", conjugado na terceira pessoa. Embora o termo "requer" já esteja cristalizado, nada impede que sinônimos sejam utilizados: "solicita", "pede", "roga". Não se utiliza mais o verbo "suplicar", tampouco seus cognatos "suplicante" e "suplicado", em razão da carga pejorativa que trazem.

Conforme o caso, pode ser necessário prolongar-se na argumentação e na exposição dos fatos, mesmo que ocupe outros parágrafos. De qualquer modo, o pedido deve ser claro, coerente e conciso. Lembre-se de que concisão não é taciturnidade; o discurso conciso expressa o necessário, com precisão e objetividade, sem floreios ou rodeios.

h) Menção dos documentos anexos

Por vezes há documentos que acompanham o requerimento, e devem ser juntados aos autos. Tais documentos devem ser numerados (Doc. 1, Doc. 2, Doc. 3...) e devidamente referenciados no corpo do requerimento.

i) Desfecho

O desfecho de um requerimento judicial é realizado por meio da expressão:

Nesses termos,
Pede deferimento.

Frequente é encontrarmos a expressão:

Termos em que
Pede deferimento.

Há aqueles, ainda, que por questão de estilística abreviam o "Pede" para "P.", propiciando a harmonia gráfica abaixo:

> Termos em que
> P. deferimento.

Outras modalidades vão surgindo, como a expressão reduzida "Pede deferimento", ou então "Pede e aguarda deferimento", ou ainda "Espera receber mercê".

j) Local e data

O local é a cidade em que foi escrito o documento. Há aqueles que após a cidade colocam o estado (Borba – AM, Japeri – RJ, Alagoinhas – BA), a fim de facilitar a identificação. Ainda que seja outra a comarca em que tramite o processo, deve-se indicar o local no qual foi redigido.

Após o local, coloca-se a data em que se terminou o requerimento, mesmo que não seja essa a data do seu protocolo. Cumpre esclarecer que a data registrada, para fim de contagem de prazos, é a do protocolo, e não a que consta no requerimento.

k) Assinatura do advogado

É o advogado quem assina o requerimento, não havendo qualquer necessidade de firma reconhecida. Se forem vários os advogados constituídos, basta a assinatura de um deles, embora o requerimento possa trazer mais de uma assinatura.

Abaixo da assinatura, deve vir por extenso o nome completo do advogado, bem como o número de inscrição e seção da Ordem dos Advogados do Brasil.

7.2.4.2. Exemplo de requerimento judicial simples

Segue, abaixo, exemplo de ordem judicial publicada no Diário Oficial e, mais abaixo, do requerimento pertinente.

Exemplo de intimação:

> NNNNNNN-DD.AAAA.JTR.OOOO – Ação de despejo – LÚCIA MARIA DE CARVALHO X JOSÉ ALBERTO NUNES – Fl. 210 – 1 – Providencie o autor o recolhimento de 01 diligência para expedição do mandado. – Int. – ADV. LUIZ DE ALMEIDA PRADO, OAB/SP 123456. ADV. PAULO DE CASTRO, OAB/SP 234567.

Exemplo do requerimento pertinente:

EXCELENTÍSSIMO SENHOR DOUTOR JUIZ DE DIREITO DA 3ª VARA CÍVEL DO FORO CENTRAL DA COMARCA DA CAPITAL, SÃO PAULO

Proc. NNNNNNN-DD.AAAA.JTR.OOOO

LÚCIA MARIA DE CARVALHO, já qualificada nos autos do processo em epígrafe, que move em face de JOSÉ ALBERTO NUNES, igualmente qualificado, vem, por meio de seu advogado devidamente constituído, à ilustre presença de Vossa Excelência, cumprindo com a determinação constante da fl. 210, requerer a juntada da guia comprobatória (Doc. 1) do recolhimento do valor referente a 01 diligência para expedição do mandado.

Nesses termos,

P. deferimento.

São Paulo, 29 de maio de 2017.

Luiz de Almeida Prado
OAB-SP 123.456

7.2.4.3. *Exemplo de requerimento judicial simples para juntada de substabelecimento*

EXCELENTÍSSIMO SENHOR DOUTOR JUIZ DE DIREITO DA 5ª VARA CÍVEL DO FORO REGIONAL DO TATUAPÉ DA COMARCA DA CAPITAL, SÃO PAULO

Proc. NNNNNNN-DD.AAAA.JTR.OOOO

MARIA DAS DORES, melhor qualificada nos autos do processo em epígrafe, que lhe move JOÃO LIMA, igualmente qualificado, vem, por meio de sua advogada devidamente constituída, à ilustre presença de Vossa Excelência requerer a juntada de substabelecimento com reserva de iguais poderes (Doc. 1).

Termos em que
Pede deferimento.

São Paulo, 29 de maio de 2017.

Beatriz Camargo de Assis
OAB-SP 123456

7.2.5. A construção do discurso na petição inicial

A petição inicial é um requerimento judicial complexo, visto que demanda larga exposição de fatos e direitos, e se desenvolve sob as exigências da legislação processual civil. É por meio da inicial que o autor invoca o Poder Judiciário a sair de sua inércia e a exercer a jurisdição civil, pondo fim ao conflito existente.

Passaremos a estudar o contexto jurídico em que se insere a petição inicial, e as características do discurso que a compõe.

7.2.5.1. *Crises jurídicas*

Dá-se o nome de "lide" a um conflito de interesses qualificado pela resistência de uma parte a se submeter à vontade da outra, cujo interesse lhe é contrário. A lide, portanto, é uma realidade fática que possui origem anterior à instauração do processo civil. A bem dizer, é a lide que motivará o processo judicial, já que este é o instrumento democrático adequado de que dispõem as partes para resolver a *crise jurídica* que se lhes apresenta.

Cândido Rangel Dinamarco (2003, p. 146) divide em três as crises jurídicas, conforme as tutelas jurisdicionais que requerem: *crise de certeza jurídica, crise das situações jurídicas* e *crise de adimplemento*.

As crises de certeza jurídica demandam uma tutela meramente declaratória. À tutela declaratória, portanto, cumpre declarar a existência ou inexistência de uma relação jurídica ou, ainda, o seu modo de ser, *i. e.*, sua natureza jurídica. A crise de certeza jurídica pode incidir, ainda, sobre a autenticidade ou falsidade de documento, visto que esses fatos legitimam a parte interessada a propor ação com pedido declaratório.

A crise das situações jurídicas, por sua vez, demanda do Estado-juiz uma tutela constitutiva. A tutela constitutiva se resume na criação, extinção ou modificação de uma relação jurídica, conforme, respectivamente, constitua uma nova relação jurídica, desconstitua uma relação jurídica outrora constituída ou modifique uma relação jurídica existente.

Já a crise de adimplemento acontece quando o devedor não cumpre com sua obrigação. O inadimplemento pode se referir a uma obrigação de fazer ou não fazer, de entregar coisa ou de pagar. À tutela que remedia esta modalidade de crise dá-se o nome de condenatória, quando concedida no processo de conhecimento.

7.2.5.2. O pedido

A tutela jurisdicional somente será prestada quando devidamente requerida (princípio da inércia da jurisdição). Portanto, instaurada a crise jurídica, recai sobre o interessado o ônus de requerer ao Estado-juiz a prestação jurisdicional.

Por meio da petição inicial, estruturada nos termos do art. 319 do Código de Processo Civil, o autor leva ao conhecimento do juiz a sua versão sobre os fatos que envolvem a lide, e requer uma prestação jurisdicional que a solucione. Ora, já vimos que no processo de conhecimento o autor pode pedir três modalidades de tutelas jurisdicionais: declaratória, constitutiva e condenatória. O pedido formulado pelo autor, então, tem de guardar coerência com os fatos expostos. Em outras palavras, podemos dizer que a espécie de tutela requerida pelo autor tem de ser a adequada à crise jurídica exposta na narração dos fatos.

A prestação jurisdicional não pode exceder ao pedido, tampouco lhe ser de natureza diversa. Em seu art. 492, o Código de Processo Civil determina que "é vedado ao juiz proferir decisão de natureza diversa da pedida, bem como condenar a parte em quantidade superior ou em objeto diverso do que lhe foi demandado".

Posta, portanto, a proibição de sentenças *ultra* ou *extra petita*, cabe ao autor delimitar exatamente a natureza e a extensão de seus pedidos, para que não lhe sobrevenha sentença favorável que na prática não resolva seus problemas, o que vai de encontro aos interesses do moderno "processo civil de resultados".

Há de se atentar, outrossim, para o disposto no art. 330, § 1º, inciso III, do Código de Processo Civil, que considera inepta a petição inicial que não guarde lógica entre a narração dos fatos e a conclusão que se lhes dê. Trata-se, em verdade, de uma hipótese irremediável de incoerência textual, fazendo com que a peça judicial não seja apta a produzir seus efeitos precípuos.

Também padece de vício grave, que a torna inepta, a petição inicial que contenha pedidos incompatíveis entre si.

7.2.5.3. Argumentação e lógica

A Lógica Formal tem por objeto o estudo do pensamento voltado a estruturas formais que possibilitem afirmar a validade de um raciocínio lógico em face de determinadas premissas consideradas ou verdadeiras ou falsas, sendo irrelevante se essas premissas correspondem ou não à verdade dos fatos.

Para a Lógica Formal, portanto, importante é a demonstração da validade de determinado raciocínio, que se dá pela existência de sistematicidade interna e coerência entre as proposições e as conclusões. A Lógica Formal, pois, demonstra a validade formal dos argumentos expostos, os quais são, necessariamente, ou absolutamente verdadeiros, ou absolutamente falsos.

Para a argumentação jurídica, entretanto, não basta a validade formal do raciocínio. É necessário, também, que as proposições correspondam à verdade dos fatos, e que tais fatos sejam provados.

Alguns princípios da Lógica Formal se mostram muito importantes para a construção do discurso jurídico da petição inicial, como a coerência entre os argumentos e a sistematicidade interna. Outros, entretanto, não se harmonizam com os princípios processuais constitucionais, como a intolerância às proposições verossímeis e a irrelevância à verdade dos fatos.

O princípio processual do contraditório e a própria estrutura dialética do processo colidem com alguns caracteres da Lógica Formal, o que a tornam, senão inadequada, ao menos insuficiente para servir de base para a construção do discurso jurídico.

Por outro lado, harmoniza-se com o processo judicial, mormente com o processo de conhecimento, a Teoria da Argumentação, já que as alegações realizadas pelo autor são recepcionadas pelo juiz apenas como proposições verossímeis, razoáveis. A produção de provas e a força argumentativa dos elementos linguísticos que terão o condão de atribuir, a essas alegações razoáveis, poder de convencimento suficiente para persuadir o julgador da conclusão sustentada.

Daí se conclui que quando uma ou mais premissas têm razoabilidade, verossimilhança, possibilidade de verdade, já está fornecida a base sobre a qual um discurso argumentativo-retórico bem elaborado pode efetivamente persuadir o julgador sobre a conclusão afirmada.

Tal discurso, entretanto, há de obedecer aos princípios de coerência da lógica formal, sem os quais a verdade não pode ser demonstrada sequer com premissas absolutamente verdadeiras.

Em face desse contexto, afirma Alaôr Caffé Alves (2005, p. 399) que a lógica jurídica "não é de modo algum uma Lógica Formal aplicada ao direito". Realmente não é, pois a lógica jurídica que trabalha com a Teoria da Argumentação, ou seja, com proposições verossímeis; enquanto a Lógica Formal é forma pura de pensamento, desvinculada do conteúdo das proposições e das conclusões, não admitindo discussões sobre o mérito dos argumentos.

7.2.6. Construção do discurso na contestação

Após a manifestação do autor, em se tratando de procedimento ordinário, o réu é citado para responder às alegações da petição inicial no prazo de 15 dias, sob pena de revelia, ou seja, sob pena de serem reputados verdadeiros os fatos afirmados pelo autor (art. 344, CPC).

Assim, para preservar seus interesses, o réu, em regra, vê-se obrigado a apresentar ao órgão julgador competente, em petição escrita, suas razões. A lei, portanto, compele os litigantes a exporem suas perspectivas dos fatos e suas razões, de maneira a criar uma estrutura processual dialética.

A estrutura processual é dialética porque as partes constroem teses opostas, ao juiz lhas apresentando conforme seus interesses. Produzem, portanto, discursos do gênero aristotélico judiciário, o qual, na definição de Mosca (2004, p. 31), tem por objetivo "destruir os argumentos contrários, tendo que combater a parte oposta, ou seja, a tese proposta e apresentar provas técnicas (criadas no discurso e dependentes da retórica), além das extra técnicas preexistentes ao discurso (leis, testemunhas etc.)".

7.2.6.1. Argumentação e lógica

A argumentação elaborada na contestação tem por escopo refutar as alegações sustentadas pelo autor na petição inicial. Nesse sentido, dispõe o art. 336 do Código de Processo Civil: "Incumbe ao réu alegar, na contestação, toda a matéria de defesa, expondo as razões de fato e de direito com que impugna o pedido do autor e especificando as provas que pretende produzir."

Portanto, tudo o que não foi objeto de argumentação e de pedido pelo autor não carece de refutação, já que ao juiz é defeso conceder ao requerente prestação superior ou de natureza distinta da requerida, conforme já estudado. *Quod non est in actis non est in mundo*.[4] O magistrado, ao exercer a jurisdição civil, não pode se servir, para fundamentar sua sentença, de fatos descobertos pelo juiz à revelia do autor, assim como não pode ter por fundamento a prova realizada pela parte por meio ilícito.

Nesse sentido, também, o art. 141 do Código de Processo Civil: "O juiz decidirá o mérito nos limites propostos pelas partes, sendo-lhe vedado conhecer de questões *não suscitadas* a cujo respeito a lei exige iniciativa da parte" (grifo nosso).

Por outro lado, se a matéria de fato exposta pelo autor na petição inicial não for precisamente refutada pelo réu, presumir-se-ão verdadeiros os fatos não impugnados, salvo as exceções previstas pelos incisos do art. 341 do Código de Processo Civil:

> "Art. 341. Incumbe também ao réu manifestar-se precisamente sobre as alegações de fato constantes da petição inicial, presumindo-se verdadeiras as não impugnadas, salvo se:
>
> I – não for admissível, a seu respeito, a confissão;
>
> II – a petição inicial não estiver acompanhada de instrumento que a lei considerar da substância do ato;
>
> III – estiverem em contradição com a defesa, considerada em seu conjunto."

Vê-se, portanto, que salvo as exceções que envolvam o direito cogente, *i. e.*, a ordem pública, os fatos apreciados pelos magistrados são recepcionados sob a ótica da verdade formal, ou seja, da verdade extraída dos autos e avaliada sob os princípios do direito processual civil.

A verdade real, objeto de busca incessante pela jurisdição penal, tem sua importância mitigada no processo civil. Tanto o é que em seu art. 504, inciso II, o Código de Processo Civil determina que não faz coisa julgada a verdade dos fatos, estabelecida como fundamento da sentença.

Não haveria como ser diferente, pois a sentença deve ser fundamentada em fatos extraídos das provas presentes nos autos, o que nem sempre traduz a realidade. Se os fatos fizessem coisa julgada, ou seja, não pudessem mais ser objeto de qualquer questionamento judicial, comprometer-se-ia o direito constitucional da ampla defesa.

---

[4] Aquilo que não está nos autos não está no mundo.

Salutar, também, citar o art. 507 do Código de Processo Civil, que se alicerça na verdade formal do processo civil e privilegia a segurança e a certeza jurídicas: "É vedado à parte discutir no curso do processo as questões já decididas a cujo respeito se operou a preclusão." A preclusão, portanto, impede que seja reaberta discussão sobre questões já apreciadas no curso do processo, mesmo que eventuais decisões não encontrem respaldo na realidade fática.

Nesse sentido, Theodoro Júnior (2004, p. 488) explica que "sem uma ordenação temporal desses atos (*processuais*) e sem um limite de tempo para que as partes o pratiquem, o processo se transformaria numa rixa infindável. Justifica-se, pois, a *preclusão* pela aspiração de *certeza* e *segurança* que, em matéria de processo, muitas vezes prevalece sobre o ideal de *justiça* pura ou absoluta" (grifos do autor).

7.2.6.2. O princípio da eventualidade

A defesa elaborada na contestação comporta o uso de argumentos respaldados pelo Princípio da Eventualidade, que chegam a atingir a contradição, mas são válidos em face do princípio constitucional da ampla defesa (art. 5º, CF). Nas palavras de Dinamarco (2003, p. 469), "A garantia constitucional da ampla defesa abre portas ao réu para cumular defesas em ordem sucessiva, ainda que logicamente incompatíveis entre si, desde que essa incompatibilidade não chegue ao ponto extremo de caracterizar malícia, ou litigância de má-fé. Tal é o chamado princípio da eventualidade, que visa a assegurar a efetividade da defesa ampla."

Todavia, cabe ressaltar que os argumentos utilizados sob o Princípio da Eventualidade, embora possam vir de encontro à Lógica Formal, não implicam apreciação iníqua do mérito, visto que o julgador deve observar as provas e formular sentença necessariamente fundamentada, além de válida sob o ponto de vista formal, isto é, ordenada numa estrutura silogística coerente, como se verá adiante.

Conclui-se, portanto, que embora determinados argumentos da contestação possam estar ordenados de forma "ilógica", o juiz quando profere a sentença deve dispô-la de modo lógico e coerente, não podendo acatar dois fundamentos que colidam entre si.

A faculdade concedida ao réu de aduzir na contestação todas as defesas de que dispõe, mesmo que da sucessão de suas defesas não resulte a lógica exigida aos discursos do autor e do juiz, acaba por resultar em ônus, pois após o trânsito em julgado serão consideradas deduzidas e repelidas todas as alegações e defesas que as partes poderiam opor, mas não opuseram (art. 508, CPC).

Mesmo que não haja coisa julgada, como em sede de recurso de apelação, a matéria de fato não apresentada ao juízo *a quo* só será apreciada pelo juízo recursal nos casos em que a parte prove que deixou de suscitar as questões por motivo de força maior (art. 1.014, CPC).

Por todo o exposto, mostra-se possível, *e. g.*, que um réu acusado de quebrar um vaso chinês verde se defenda da ação de indenização por danos materiais na seguinte sucessão de argumentos: que não quebrou nenhum vaso; que se quebrou algum vaso, não era chinês; que se quebrou algum vaso chinês, não era verde. Ora, não fosse o princípio da ampla defesa assegurado ao réu, os argumentos sustentados após a afirmação de que "nenhum vaso foi quebrado" seriam incoerentes.

Entretanto, basta ao réu, no exemplo acima, provar que o vaso verde não foi quebrado, independentemente da questão sobre a autoria da quebra de algum vaso. Isto porque, mesmo que o réu tenha quebrado um vaso, não sendo verde, não há o que se falar em procedência da ação de indenização, ao menos no mesmo processo, pois ao juiz é defeso extrapolar o pedido do autor, cuja causa de pedir, no exemplo, é a indenização por quebra de um vaso chinês *verde*. Não pode o juiz, provada a incolumidade do vaso verde, ou a negativa de autoria de sua quebra, condenar o réu, no mesmo processo, a indenizar o despedaçamento de um vaso egípcio laranja, porque extrapolaria os pedidos do autor.

7.2.7. Construção do discurso na sentença judicial

Estabelece o Código de Processo Civil, em seu art. 203, que os pronunciamentos do juiz consistem em sentenças, decisões interlocutórias e despachos. O próprio artigo, em seus três primeiros parágrafos, define tais pronunciamentos judiciais, *in verbis*:

> "Os pronunciamentos do juiz consistirão em sentenças, decisões interlocutórias e despachos.
> § 1º Ressalvadas as disposições expressas dos procedimentos especiais, sentença é o pronunciamento por meio do qual o juiz, com fundamento nos arts. 485 e 487, põe fim à fase cognitiva do procedimento comum, bem como extingue a execução.
> § 2º Decisão interlocutória é todo pronunciamento judicial de natureza decisória que não se enquadre no § 1º.
> § 3º São despachos todos os demais pronunciamentos do juiz praticados no processo, de ofício ou a requerimento da parte."

É por meio da sentença, portanto, que se encerra uma fase do ofício jurisdicional, ou seja, o juiz profere sua decisão sobre o caso concreto e específico que lhe foi submetido, pondo fim à sua apreciação sobre o mérito (art. 487), ou extinguindo o processo sem resolução do mérito (art. 485). Publicada a sentença, o juiz só poderá alterá-la para lhe corrigir inexatidões materiais ou erros de cálculo, ou então por meio de embargos de declaração (CPC, art. 494).

7.2.7.1. Estrutura da sentença judicial

A sentença judicial deve conter os elementos essenciais previstos no art. 489 do Código de Processo Civil. Os incisos deste artigo estabelecem que a sentença deve possuir relatório, fundamentos e dispositivo.

O relatório deve conter o nome das partes, a síntese do pedido do autor e da resposta do réu e as ocorrências de maior relevância havidas no curso do processo. Os fundamentos, por sua vez, consistem na análise das questões de fato e de direito submetidas ao juízo. O dispositivo, por último, diz respeito à decisão do magistrado no que tange às questões que lhe foram submetidas.

Em realidade, a sentença deve possuir uma estrutura silogística. Os argumentos sustentados pelas partes que hajam proporcionado o convencimento do juiz devem figurar como proposições tidas como verdadeiras pelo julgador. O direito que regulamenta a situação jurídica contida nestas proposições constitui uma segunda proposição.

Tais proposições constituem premissas das quais se extrai uma conclusão, que é a decisão do magistrado sobre a lide que lhe foi submetida a apreciação e julgamento. A decisão, portanto, há de guardar lógica entre as premissas, ou seja, entre os fatos considerados verdadeiros pelo magistrado e o ordenamento jurídico.

Vale dizer que a segunda premissa, que é o direito genérico e abstrato a ser aplicado ao caso concreto e específico, pode não encontrar disposição expressa em texto legal. Isso, porém, não exime o juiz de realizar o julgamento. Nesse sentido, dispõe o art. 140 do Código de Processo Civil: "O juiz não se exime de decidir sob a alegação de lacuna ou obscuridade do ordenamento jurídico."

O direito que fundamenta a decisão do magistrado, portanto, não é necessariamente um texto legislativo. Quando a lei for omissa, o juiz deve socorrer-se da analogia, dos costumes e dos princípios gerais de direito, conforme disposto no art. 4º da Lei de Introdução às Normas do Direito Brasileiro. Há, também, a doutrina e a jurisprudência, fontes materiais de direito, as quais auxiliam o magistrado no julgamento da ação. Por fim, o parágrafo único do art. 140 do Código de Processo Civil estabelece que o juiz só decidirá por equidade quando a lei expressamente o autorizar.

Já a primeira premissa, que são as questões do caso concreto e específico apresentadas ao magistrado e por ele tidas por verdadeiras, depende exclusivamente do livre convencimento do julgador.

O livre convencimento do juiz se faz por meio das provas produzidas e dos argumentos utilizados pelas partes. Não há, na lei, hierarquização das provas ou dos argumentos, pois cabe ao juiz apreciá-los e lhes dar o valor que entender cabível. Assim, por exemplo, pode o magistrado julgar improcedente uma ação de investigação de paternidade, mesmo tendo o laudo pericial apontado o réu como pai, desde que o juiz tenha se convencido do contrário em razão das demais provas e argumentos existentes nos autos.

Nesse sentido, determina o art. 371 do Código de Processo Civil: "O juiz apreciará a prova constante dos autos, independentemente do sujeito que a tiver promovido, e indicará na decisão as razões da formação de seu convencimento."

7.2.7.2. Os fundamentos

A sentença obedece, conforme vimos, a uma estrutura silogística, cujos requisitos são determinados pelos incisos do art. 489 do diploma processual civil pátrio. Os argumentos utilizados para fundamentar a decisão judicial não possuem, entretanto, a mesma natureza persuasiva das peças judiciais tecidas pelas partes.

Isto porque o objetivo da sentença não é convencer as partes da procedência de suas razões, mas tão somente o de explicar o porquê da decisão, ou seja, elucidar as partes sobre quais foram os motivos que levaram o magistrado a acolher ou rejeitar o pedido do autor, ou a acolhê-lo em parte.

A exigência da fundamentação das decisões judiciais não existe para que as partes sejam persuadidas pelo magistrado, mas sim para garantir a não ocorrência da arbitrariedade e do desrespeito à lei. A fundamentação das decisões, antes de servir às partes como explicação, serve à própria manutenção do Estado Democrático de Direito, garantindo que as decisões se deem com fulcro no ordenamento jurídico.

Ademais, os fundamentos da sentença judicial de primeira instância são a base sobre a qual se constrói a argumentação nos recursos judiciais. Não fosse o conhecimento dos motivos que ensejaram uma sentença em determinado sentido, tornar-se-ia complexa e difusa a construção argumentativa dos recursos para nova apreciação do caso concreto. A fundamentação da sentença judicial, vê-se, é indispensável ao funcionamento de um sistema jurídico democrático.

Além disso, a fundamentação da sentença judicial atende a um elemento ontológico humano: o de receber explicações sobre as decisões que lhe tolhem as pretensões, colaborando para o apaziguamento social.

Destarte, pode até ocorrer que a parte sucumbente, em face da fundamentação da sentença, convença-se de que não lhe assistia razão. Resta claro, entretanto, que a persuasão das partes não é o objetivo precípuo da exigência legal da fundamentação da sentença. Assim, embora determinadas sentenças até possam constituir um discurso retórico, não é de sua essência sê-lo.

Dizemo-lo porque um magistrado, ao fundamentar a sentença, deve ter por objetivo esclarecer as partes sobre os motivos de seu convencimento, bem como demonstrar quais os elementos do ordenamento jurídico que respaldam sua decisão; não deve se preocupar, entretanto, em eivar a sentença de elementos retóricos, a fim de persuadir as partes.

7.3. EXERCÍCIOS

1. Você comprou da empresa "More Bem" todos os móveis que irão guarnecer a sua nova casa. Segundo o contrato, os móveis deveriam ser entregues em 15 dias, contados do pagamento, mas já houve o transcurso de 20 dias, sem que a empresa tenha cumprido com a sua obrigação. Notifique a empresa, a fim de que tome ciência de que você irá ingressar em juízo caso os móveis não sejam entregues nas próximas 48 horas. Crie os demais dados necessários.

2. Como representante de sala, elabore o documento pertinente para requerer à direção da faculdade a inserção de novas disciplinas optativas no currículo.

3. Elabore procuração extrajudicial com a finalidade de outorgar a alguém poderes para alugar sua casa. Crie os demais dados necessários.

4. João Pedro procurou você, advogado, para propor ação de indenização em face de Julio de Almeida. Produza a procuração pertinente. Crie os demais dados necessários.

5. Como advogado do autor, tome as providências necessárias em razão da determinação judicial abaixo. Crie os demais dados necessários. (Obs.: "contrafé", no caso, é a cópia da petição inicial, a qual será entregue ao réu pelo oficial de justiça no momento da citação).

   NNNNNNN-DD.AAAA.JTR.OOOO – Ação de divórcio – MARIA DE PAULA RUIZ X ALBERTO PASSOS NUNES – Fl. 20 – 1. Providencie a autora a juntada de sua certidão de casamento atualizada. – Int. – ADV. LEANDRO DA MATA, OAB/SP 123.456.

Apêndice A

EXPRESSÕES JURÍDICAS EM MACHADO DE ASSIS

Resplandecem no universo inúmeras estrelas, cada uma com incandescência e brilho próprios, revelando maior ou menor intensidade. O mesmo ocorre no universo das estrelas da literatura: há algumas que brilham, outras refulgem vigorosamente. Na constelação da literatura brasileira, estrelas há de primeira grandeza: José de Alencar, Guimarães Rosa, Euclides da Cunha, Graciliano Ramos, Olavo Bilac, Rui Barbosa, Mário de Andrade, Clarice Lispector, Vieira e outros mais.

Entre as estrelas de primeira grandeza da literatura nacional, por certo figura Machado de Assis, que ostenta, segundo opinião de muitos literatos, a maior fulgência entre todas as nossas estrelas. Escritor fecundo, Machado nos herdou romances, contos, poesias, crônicas, crítica, epistolário e artigos variados. Percorremos várias obras de Machado de Assis com o intuito de realizar um inventário de expressões e termos jurídicos utilizados ao longo de suas produções literárias.

Ao ler as obras de Machado de Assis, percebe-se facilmente a dimensão universal de sua cultura, que se exterioriza por meio dos multifacetados problemas sobre os quais escreveu: política, economia, sociologia, religião e diversos outros assuntos. No entanto, parece dispensar atenção especial ao Direito, presente na maioria de suas obras, poesia inclusive. É de se imaginar que seu conhecimento sobre o vocabulário jurídico tenha provindo de seu trabalho como funcionário público, bem como de seus relacionamentos sociais. O mesmo aconteceu com o humanista e dramaturgo Gil Vicente, cujo acervo jurídico se explica em razão do convívio com os homens do foro na corte portuguesa.

Preocupamo-nos, nesta apresentação dos termos jurídicos encontrados nas obras machadianas, em lhes verificar a origem etimológica, normalmente latina, além de realizar explicações sobre o sentido de cada um dos termos, contextualizados na ordem jurídica atual quando necessário. Como teremos oportunidade de averiguar, as expressões jurídicas utilizadas por Machado de Assis frequentam várias searas do direito: penal, comercial, trabalhista, civil, processual, tributário.

Passaremos a analisar, primeiro, o vocabulário jurídico em seus romances.

1. RESSURREIÇÃO

- **Direito divino**

    Em Machado aparece na expressão "parasita por direito divino", ao referir-se a Viana que "nasceu parasita". Na terminologia jurídica fala-se em direito divino por oposição a direito humano.

- **Herança**

    Na lição de Ernout e Meillet (1951, p. 520), o termo é próprio do Direito. A personagem Félix sai da pobreza graças a uma inesperada herança, o que, também, sucede com Rubião em *Quincas Borba*.

    O cognato herdar significa "deixar em herança" e "receber de herança".

- **Roubou**

    O verbo roubar leva-nos ao cognato roubo, termo unívoco do vocabulário jurídico, ao lado de furto. Este, consoante o Código Penal (art. 155), consiste em "subtrair, para si ou para outrem, coisa alheia móvel". Roubo (CP, art. 157) é "subtrair coisa móvel alheia, para si ou para outrem, mediante grave ameaça ou violência a pessoa, ou depois de havê-la, por qualquer meio, reduzido à impossibilidade de resistência".

- **Viúva**

    Trata-se da mulher casada que sobrevive ao marido e que, na linguagem empolada do antigo código, não "convola a novas núpcias". No Direito fala-se em "cônjuge supérstite".

    Machado, sabemo-lo, povoa seus romances de viúvas, sempre vestidas de preto. Alguém perguntou: "Estaria Machado interessado na cor das vestes ou nas viúvas?"

2. A MÃO E A LUVA

- **Defesa**

    Defesa, defensor, defensoria são termos correntes no vocabulário jurídico. Chama-se a atenção para o termo "defeso", particípio passado arcaico de defender, sobrevivente no Direito com o sentido de "proibido". Como tal aparece, por exemplo, no Código Civil, art. 1.228, § 2º: "São defesos os atos que não trazem ao proprietário qualquer comodidade..." No Brasil, o período em que se veda a pesca é o "período de defeso". No francês o sentido de "proibir" mantém-se na expressão *"il est défendu"*.

- **Flagrante delito**

    Flagrante delito é o crime que está sendo praticado ou acaba de ser cometido. Uma vez que o criminoso seja surpreendido em flagrante delito, há elevado grau de certeza da autoria e da materialidade do crime, o que autoriza sua prisão independentemente de ordem judicial.

A propósito, conta-se que há uma foto de Fernando Pessoa em um bar, bebendo uma taça de vinho, foto esta com a seguinte dedicatória a amigo: "em flagrante delitro".

3. *HELENA*

- **Fatal**

    Vincula-se o termo ao latim *fatum* (destino inevitável). Já no latim adquiriu conotação pejorativa: destino mau, desgraça. Na terminologia jurídica indica o que é decisivo, improrrogável e se usa para designar o prazo inevitável que, uma vez findo, está morto e não revive.

- **Mancebo**

    Termo arcaico, sobrevivente no Direito com os derivados "mancebia", "amancebar" e "amancebado". O amancebado (amásio) mantinha relação sexual às claras, mais íntimo, com uma mulher, o que o diferenciava de amante.

- **Prova**

    Demonstração da existência ou veracidade de um fato ou de um ato jurídico. Considera-se a confissão a melhor das provas, segundo os aforismos: *confessio est probatio omnibus melior* (a confissão é a melhor de todas as provas), *confessio est regina probationum* (a confissão é a rainha das provas) e *confessio maxima omnium probationum* (a confissão é o máximo de todas as provas).

- **Testamento**

    Declaração legal pela qual alguém manifesta sua vontade do que se deve fazer após sua morte. Ao lado de herança, é um termo recorrente nas obras machadianas.

4. *IAIÁ GARCIA*

- **Advogar**

    O verbo remonta ao latim *ad* (para si, perto de si) e *vocare* (chamar), verbo este frequente na linguagem jurídica, por exemplo, *in jus vocare* (chamar à justiça). Advogar é patrocinar ações postas em juízo. Quem exerce tal função é o advogado, figura presente em, praticamente, todos os romances machadianos.

- **Intervir**

    O verbo consta no *Dicionário de tecnologia jurídica* de Pedro Nunes (1965, p. 116), bem como os cognatos intervenção, interventor, interveniente. O verbo já contém a preposição "em" (*inter*). Dessarte, "intervir em" constitui um pleonasmo ratificado pelo uso. O mesmo sucede, por exemplo, em comungar com, interpor entre, coincidir com, conviver com etc.

A figura do interventor político mereceu crítica de Lamartine Babo na conhecida música de carnaval ido e vivido:

> "Mulata, mulatinha, meu amor!
> Fui nomeado teu tenente – interventor."

- **Pertinente**

  Cognato do verbo "pertencer", o termo, bem como o seu antônimo (impertinente), são usados no Direito, no seu sentido primitivo: cabível.

- **Recusar**

  O termo "recusar", na linguagem jurídica, implica não aceitação, não recebimento, de caráter peremptório ou decisivo.

5. *MEMÓRIAS PÓSTUMAS DE BRÁS CUBAS*

- **Arguir**

  O verbo apresenta três significados: (1) acusar (CPP, art. 105); (2) alegar (CPP, art. 214); (3) inquirir, interrogar (CLT, art. 827). Com a reforma ortográfica atual o trema foi eliminado, bem como o acento agudo em "arguis", "argui", "arguem", e no presente do subjuntivo. Henriques e Andrade já na primeira edição do *Dicionário de verbos jurídicos* (1996, p. 41) advertiam sobre mudanças da reforma ortográfica.
  O cognato "arguinte" não está registrado no Volp (2009).

- **Conclua**

  O verbo concluir tem sua raiz no latim *claudere* (fechar, encerrar). Da mesma raiz é "cláusula" que, na linguagem jurídica, é manifestação de vontade ajuntada num dispositivo de contrato ou testamento, ou noutros instrumentos. Consta, também, a expressão "autos conclusos", isto é, levados ao despacho do juiz.
  O vocábulo latino está presente, também, na expressão *numerus clausus*, utilizada para designar enumeração que seja taxativa, isto é, que não permite acréscimos. Em oposição há a expressão *numerus apertus*, utilizada quando a enumeração é meramente exemplificativa.

- **Fidúcia**

  Termo derivado do latim *fidere* "confiar". No Direito Romano é um contrato de boa-fé sinalagmático (de obrigações recíprocas). Cognatos, entre outros, são "fiar" e "fiado". O último aparece na expressão "vender fiado" que ensejou os versos em que se sacrifica a concordância para salvar a rima e o ritmo:

> "Vendendo-se fiado
> Duas coisas acontece:
> Perde-se o dinheiro
> E o freguês desaparece."

- **Fumos de fidalgo**

    Esta expressão, Machado a tirou, provavelmente, da expressão jurídica *fumus boni juris* (indício de bom direito). A mesma expressão reaparece em *Dom Casmurro*, bem como "fumos de pacholice".

    A personagem machadiana teria ares, aparência de fidalgo.

- **Jurisprudência**

    Na lição de Silveira (1957, p. 355), jurisprudência é "conjunto de decisões proferidas pelos Tribunais" em um mesmo sentido.

    No termo observa-se a sobrevivência do caso genitivo latino *juris*. O mesmo verifica-se, por exemplo, em *legis*perito, *sui*cídio, *litis*consorte, *rei*vindicação e outros mais.

6. **QUINCAS BORBA**

    - **Adultério**

        Violação da fé conjugal por um dos cônjuges. O termo especificou-se para o matrimônio. Para outros casos, usa-se adulteração (do vinho, da lei, do leite etc.).

        O nono mandamento (não desejar a mulher do próximo) vale, também, para a mulher. Os versos de Eduardo Correa Azevedo, tio de Noel Rosa, citados por Máximo e Didier (1990, p. 9), não passam de brincadeira:

        > "Só se entende este mandamento
        > Com o sexo masculino.
        > Pode as asas, abrir, então, sedento
        > O desejo feminino."

    - **Demente**

        O termo é clara amostra da permanência do ablativo latino: *de* (preposição de ablativo) + *mente* (ablativo de *mens – mentis*). Vale o mesmo para *amente* (a + mente), *mentecapto* (ablativo absoluto: mente + capto), *sinecura* (sine + cura) e outros mais.

Antes da Lei que instituiu o Estatuto da Pessoa com Deficiência (Lei 13.146/15), o Código Civil previa, em seu art. 4º, II, que eram relativamente incapazes as pessoas com discernimento reduzido em razão de deficiência mental. De forma menos polida, o Código Civil de 1916 utilizava-se da inadequada expressão "loucos de todo gênero", que foi objeto de atenuação nas legislações seguintes.

- **Foro**

   A propósito do termo, Henriques (2008, p. 71) propõe:

   1. Foro (som aberto, correspondente a *forum* (forma latina) ou *fórum* (forma vernácula)). A forma latina, de sentido amplo, adquiriu o sentido de "mercado", do lugar de reunião onde se resolviam contestações e processos. Daí, o sentido atual: prédio onde funcionam os órgãos do Poder Judiciário e, por extensão, local onde se fazem audiências. A variante "foro" (som aberto no singular e plural) é de pouco uso.

   2. Foro (som fechado no singular, e aberto no plural) apresenta vários sentidos: prédio onde funciona o Poder Judiciário; área de jurisdição de um juiz; julgamento; juízo (foro íntimo); direito; título (foros de legitimidade).

- **Herdeiro**

   Na opinião de De Plácido e Silva (1978, p. 759), herdeiro é tanto a pessoa que sucede por força de lei, como a que sucede por força de testamento.

   Na lição de Ernout e Meillet (1951, p. 520), o termo *heres* era a princípio masculino, pois só o filho homem podia herdar.

7. **DOM CASMURRO**

   - **Agregado**

      Na opinião de De Plácido e Silva (1978, p. 93), o termo, como substantivo, tem na linguagem jurídica o sentido de "agregação", isto é, ajuntamento, adjunção de coisas.

   - **Alugou**

      O verbo alugar comporta dois sentidos. Dar de aluguel (sentido ativo) e tomar de aluguel (sentido passivo).

      Os substantivos "aluguel" (aluguéis) e "aluguer" (alugueres) são utilizados na linguagem jurídica.

   - **Casa**

      Na série sinonímica, *casa – residência – domicílio*, os termos, no Direito, revestem-se de uma feição particular: *casa* (sentido amplo de habitação); *residência* (lugar de permanência), *domicílio* (sentido restrito; lugar onde se responde pelos atos da vida civil. Lugar onde há *animus permanendi*, ou seja, onde se estabelece a residência com ânimo definitivo, conforme art. 70 do Código Civil).

- **Comborço**

  O termo provém da forma hipotética celta "combortia", da raiz "bertium" (berço, leito). Comborço seria, assim, participante do mesmo leito. Caiu em desuso mesmo na linguagem jurídica.

  Trata-se do indivíduo amancebado com vínculo íntimo com a mulher, às claras, ao contrário de amante que, mesmo hoje, procura manter segredo de seu relacionamento. A propósito de amante convém lembrar que o termo sofreu alteração semântica no correr do tempo.

  Antes não tinha conotação pejorativa, tanto que, conforme já expusemos, Pe. Vieira chamou a Cristo de "divino amante". Em José de Alencar e outros, amante é o namorado.

  A seguir, o termo sofreu aviltamento de sentido. No Direito é a pessoa que mantém relação sexual clandestina. O mesmo acontece na linguagem popular: é a "outra".

  Hoje, no âmbito jurídico, a amante é designada pelo termo "concubina" (CC, art. 1.727), que não se confunde com a "companheira", que é aquela que vive em união estável, nos termos dos arts. 1.723 e seguintes do Código Civil.

- **Outrossim**

  Elo de coesão indicativo de inclusão, realce ou adição, de uso frequente nos textos jurídicos.

- **Pagar**

  O termo remonta ao latim *pacare*, cuja raiz é *pax-pacis* (paz). Quem paga o que deve, tranquiliza-se, põe-se em paz. O Direito refere-se a pagar (pagamento) na parte "Das Obrigações". Monteiro (1967, p. 276) ensina que "pagamento feito a terceiro desqualificado, que não seja credor ou seu representante, não tem efeito liberatório, não exonera o devedor". Cita um adágio: "Quem deve a Pedro e paga a Gaspar, que torne a pagar", adágio que vem do francês: "Qui doit à Luc et paye à François, paye une autre fois."

- **Toga**

  Veste talar, de cor negra, usada por juízes, promotores e advogados nos atos em que se administra a justiça. Em Roma, era o traje dos cidadãos romanos. Juiz togado diz-se do juiz diplomado, de carreira, em oposição ao juiz leigo. Há quem reserve o termo "toga" para a vestimenta utilizada por juízes, e "beca" para a utilizada pelos promotores e advogados.

8. ESAÚ E JACÓ

- **Audiência**

    Na lição de Nunes (1965, p. 157), o termo assume três sentidos: (1) ato de ouvir a parte; (2) ato público com a presença das partes interessadas, testemunhas etc.; (3) reunião do tribunal para julgar os feitos, recursos e publicar os despachos.

- **Cunhado**

    Grau de parentesco por afinidade; é o irmão de um dos cônjuges. Esta relação de parentesco recebe o nome de cunhadio.

- **Consultar**

    O verbo em pauta tem duplo particípio passado: consultado e consulto. Este substantivou-se e, como tal, sobrevive na linguagem jurídica com o sentido de "tratadista de Direito". Como forma composta temos "jurisconsulto".

    O poeta e advogado Tomás Antonio Gonzaga, imaginando-se casado com Marília, diz:

    > "Enquanto revolver os meus consultos,
    > Tu me farás gostosa companhia,
    > Lendo os fastos da sábia mestra História,
    > E os cantos da poesia."

    Nos tempos de Gregório de Matos, usava-se o termo "letrados" para designar o jurisconsulto:

    > "Dois conventos, seis frades, três letrados,
    > Um juiz com bigodes e sem ouvidos,
    > Três presos de piolhos carcomidos [...]"

- **Emprestar**

    O verbo conta com dois significados: dar empréstimo (sentido ativo) e receber empréstimo (sentido passivo).

    La Fontaine, na conhecida fábula (1991, p. 25), diz que a formiga *n'est pas prêteuse*, não é fácil no empréstimo. Ela poderia assinar os versos a seguir:

    > "Aqui acabou-se o fiado;
    > O emprestado também morreu.
    > Se fio, dou o que é meu;

Se empresto, lá vai o certo.
E para evitar tudo isto,
Não fio, não dou, não empresto."

Alguém já disse: "Livro bom mesmo é aquele que é emprestado e devolvido."

- **Parente**

  Pessoa ligada a outra por vínculos de consanguinidade ou afinidade ou, ainda, por vínculo matrimonial ou de companheirismo. O parentesco por afinidade limita-se aos descendentes, ascendentes e irmãos do cônjuge ou do companheiro.

  A palavra provém do latim *parens* que, no parecer de Ernout e Meillet (1951, p. 854), no início indicava o pai e a mãe e, na época imperial, estendeu-se aos próximos (*propinqui*).

9. MEMORIAL DE AIRES

- **Acordo**

  Nascentes (1955, p. 6) informa que o termo se prende ao latim hipotético *accordare* por *concordare*. Na linguagem jurídica, significa ajuste, contrato. O verbo "acordar" lembra-nos "acórdão", de uso na tecnologia jurídica com o sentido de resolução ou decisão coletiva dos tribunais de justiça.

  Este termo é uma forma verbal arcaica substantivada, o que aconteceu em outros casos como:

  déficit   → o déficit

  superávit → o superávit

  nascituro → o nascituro

- **Casar**

  O verbo frequenta o Livro IV do Código Civil, que trata do Direito de Família, e está presente no ditado popular "quem casa, quer casa".

  Casar em latim é *nubere* (cobrir-se com véu).

  Era uso em Roma que as jovens, em se casando, se cobrissem de um véu.

- **Cônjuge**

  Com este termo designam-se os que se unem pelo laço matrimonial: marido e mulher. Ernout e Meillet (1951, p. 582) nos ensinam que "*coniux*" aplicava-se mais à mulher. Para o marido havia *uir* e *maritus*.

- **Desembargador**

    O termo transita, por vezes, a obra do romancista com o sentido atual: magistrado de um Tribunal de Justiça.

- **Falácia**

    Relacionava-se ao verbo latino *fallere*, cujo sentido primeiro, no dizer de Ernout e Meillet (1951, p. 380), era *tromper* (enganar) e *cacher* (esconder). O termo está presente na técnica jurídico-comercial.

- **Fazenda**

    Aparece no vocabulário jurídico com o sentido de "tesouro público". Veja-se o Código Tributário Nacional, art. 173: "O direito de a Fazenda Pública constituir o crédito tributário extingue-se após cinco anos."

    Outro sentido que lhe cabe é "bens, riqueza", correspondente ao ditado popular "Quem dorme, dorme-lhe a fazenda", onde se pode ver o anacoluto. Este sentido responde ao brocardo jurídico *dormientibus ius non sucurrit* (O Direito não socorre os que dormem).

    Em Machado, fazenda refere-se à propriedade rural, casa de campo.

- **Inventário**

    Está relacionado o termo ao Direito das Sucessões e consiste na descrição tanto dos herdeiros quanto dos bens do morto (do *de cujus*), com avaliação e liquidação da herança.

    Até a Lei 11.441/07, o inventário era realizado exclusivamente por meio de processo judicial. A referida lei possibilitou a realização de inventário extrajudicial, desde que todos os interessados sejam capazes, haja consenso e o *de cujus* não tenha deixado testamento.

- **Ladrão**

    O latim *latro,* donde provém ladrão, designava, a princípio, o soldado mercenário. Como este era, via de regra, um saqueador, o termo adquiriu o sentido atual. Na técnica jurídica, trata-se de quem desvia ou se apodera, de qualquer forma, de bens alheios. De sentido amplo designa o gatuno, o infiel, o estelionatário, o peculatário.

    Na voz popular, há o "ladrão formigueiro" que, à moda das formigas, vai levando aos poucos.

Examinemos agora os contos machadianos.

10. *CONTOS FLUMINENSES*

- **Controvérsia**

    O termo está registrado no *Dicionário de direito romano*, de Silveira (1957, p. 164), com o sentido de "contestação, processo".

- **Decadência**

    Do latim *cadere* (cair, cessar, perecer) e, na terminologia jurídica, usa-se para indicar o perecimento de um direito, geralmente por decurso de prazo. O art. 210 do Código Civil determina: "Deve o juiz, de ofício, conhecer da decadência, quando estabelecida por lei."

- **Delação**

    O termo tem sua raiz no verbo latino *ferre*, cujo sentido mais comum é "levar". Na linguagem do Direito, temos, consoante Ernout e Meillet (1951, p. 404): *deferre nomen ad iudices* (denunciar), *deferre reum* (denunciar) e *delator* (época imperial).

    Delação comporta um sentido pejorativo, mesmo quando premiada.

- **Induzir**

    Do latim *in + ducere* (levar para frente) com acusativo. Daí dever-se-ia dizer: *res in iudicium deducta* (questão levada ao juízo) e não *res in iudicio deducta*, como é praxe. O verbo é corrente no Código Penal (arts. 122, 218, 227, 228 e 248).

- **Recurso**

    Na linguagem forense consiste na "provocação a novo exame dos autos para emenda ou modificação de primeira sentença", consoante João Monteiro, citado por Silva (1978, p. 1.312).

    Cognatos da palavra *recurso*:

    Recorrer: ato de interpor recurso.

    Recorrente: quem recorre com recurso.

    Recorrido: parte contra quem se recorre.

- **Tabelião**

    Do latim *tabula*, prancha para escrever. Trata-se do "notário" (*notaire*), isto é, quem se instalava no mercado para fazer escrituras. Hoje, é o oficial público, cuja função é redigir e instrumentar atos e contratos. O art. 3º da Lei dos Cartórios (Lei 8.935/1994) explicita: "Notário, ou tabelião, e oficial de registro, ou registrador, são profissionais do direito, dotados de fé pública, a quem é delegado o exercício da atividade notarial e de registro."

11. HISTÓRIAS DA MEIA-NOITE

- **Lide**

  Do latim *lis-litis*, termo da linguagem jurídica, como litigar, litígio, litigioso. Trata-se do processo, debate jurídico. Machado fala em "lides poéticas" e "lides forenses".

- **Noiva**

  Nascentes (1955, p. 356) relacionava o termo ao latim hipotético *novia*, resultado de *nova* + *nupta* (recém-casada). Esposa significava noiva, proveniente do latim *sponsa* (a prometida), do verbo *spondere* (prometer).

- **Omissão**

  Conta com dois particípios passados: omitido e omisso; este assumiu a forma de adjetivo e, como tal, é recorrente na linguagem jurídica. Omissão é ausência do fato.

- **Pecúlio**

  O termo remonta ao latim *pecus* (gado) e, no parecer de Silveira (1957, p. 498), era pequena parte do rebanho destinada ao escravo, como propriedade.

  Pecúnia, peculato, peculiar, pecuniário são cognatos.

12. PAPÉIS AVULSOS

- **Curar**

  O termo não está registrado nos dicionários jurídicos. Aparecem os cognatos de "curar": curatela (encargo de quem cuida dos interesses de outro); curador (quem cuida dos negócios de outrem); curadoria (ofício do curador).

- **Estipêndio**

  Termo de Direito Administrativo, com o sentido de remuneração, vencimento. Vem do latim *stips* (pequena moeda para pagamento de soldados).

  A forma primitiva era *stitipendium*, abreviada para *stipendium*, assim como hominicidium > homicídio; formicicida > formicida etc.

- **Imposto**

  Relaciona-se ao Direito Tributário, visto que imposto, assim como taxa e contribuição, são espécies de tributos.

  Prende-se ao latim *imponere*, composto de *ponere* (por).

- **Regímen**

    Cognato de *regere* (dirigir em linha reta); o termo, em sentido jurídico, consiste no modo regular com que as coisas devem conduzir-se.

    Machado usa a forma erudita praticamente em desuso; o próprio Direito, conservador que é, usa *regime*. Caiu o *n* em volume, nome, nume, lume, abdome, exame, germe, cacófato, síndeto, hipérbato. Conservou-se em pólen, cânon, hífen, líquen, sêmen, cólon e alguns outros mais.

- **Rapto**

    Do latim *rapere* que Ernout e Meillet (1951, p. 996) traduzem por "*emporter violemment*" (arrebatar violentamente – aspecto físico e moral), sentido que o Direito conserva.

13. *HISTÓRIAS SEM DATA*

- **Assentamento**

    O sentido tanto na linguagem comercial como na linguagem jurídica é "anotação", "lançamento". No caso de Machado, trata-se de assentamento de batismo.

- **Erário**

    Do latim *aerariu*, cognato de *aes* (bronze), especializado em "dinheiro". Daí erário, dinheiro, tesouro público.

- **Fraude**

    Relaciona-se ao latim *fraus* (engano, má-fé, dolo). Trata-se, pois, de engano malicioso. Já no Direito Romano havia esta conotação, já havia o *animus nocendi* (a intenção de prejudicar). O termo está presente no Código Civil, em fraude contra credores, e no Código de Processo Civil, em fraude à execução.

- **Lavrar**

    Etimologicamente, o termo procede do latim *laborare* (abrir sulcos na terra para o plantio). Na técnica jurídica é pôr escrito, elaborar, dar forma escrita a uma sentença, laudo etc. Lavrar uma sentença é o mesmo que exarar.

14. *VÁRIAS HISTÓRIAS*

- **Advertir**

    Provém do latim *ad* + *vertere* (voltar-se para).

    Na linguagem jurídica tem o sentido de "avisar" (aconselhar) ou "admoestar", com carga penal.

- **Cartório**

    De "carta" (sentido primitivo de papel).

    Na área forense tem o sentido amplo de escrivania judicial (tabelionatos, registros e outros ofícios de caráter público).

- **Culpa**

    Na opinião de Silveira (1957, p. 174), culpa é ato ou abstenção que causa prejuízo a outrem sem conotação de dolo. Para Ernout e Meillet (1951, p. 278), o latim *culpa* na linguagem de direito designa a "négligence". Atualmente, a culpa é entendida em dois sentidos: o amplo, abarcando o dolo, a imprudência, a imperícia e a negligência; e o restrito, sentido em que se exclui o dolo, como no homicídio culposo, em que não há intenção de produzir o resultado.

- **Escrivão**

    Termo derivado de *scribere* (escrever), designa o serventuário da justiça, cuja função é escrever atos processuais determinados pelo magistrado.

15. PÁGINAS RECOLHIDAS

- **Anulou**

    Verbo "anular" (invalidar ato com vício ou defeito substancial tanto na área administrativa como no campo processual).

- **Censura**

    De acordo com Silva (1978, p. 324), o termo apresenta três significados: (1) função de quem promove o censo; (2) pena disciplinar; (3) medida preventiva de uma publicação.

- **Crime**

    Crime é toda ação tipificada pela lei como tal. O termo vem do grego pelo latim *crimen*.

- **Fiscal**

    Do latim *fiscalis* (pessoa incumbida de zelar pelo cumprimento de leis relacionadas ao fisco). O termo vem da raiz *fiscus*, cujo sentido primitivo era cesto de uso geral; depois, cesto para moedas; cesto para dinheiro público e enfim, tesouro público.

    A propósito: na Idade Média, havia doações da nobreza (com vícios) à igreja. Esta não podia aceitar e o fisco colhia. Daí, o adágio: *Quod non capit*

Christus, capit fiscus,[1] transformado pelo povo em *quod non capit Christus, rapit* (rouba) *fiscus.*[2]

16. RELÍQUIAS DE CASA VELHA

- **Aborto**

    Do latim *ab* (sentido negativo) + *ortus* (nascimento): privação do nascimento. Aborto é o resultado do abortamento (ato de abortar). Este assunto é, atualmente, muito ventilado e discutido.

- **Ameaça**

    O latim *minatia* deu-nos "ameaça", com aglutinação do artigo "a". O mesmo aconteceu, por exemplo, no espanhol, e não ocorreu no francês "ménace".

    O termo, no âmbito criminal, é tratado pelo art. 147 do Código Penal.

- **Capital**

    O termo é formado de *caput-capitis* (cabeça e outros sentidos). Capital, em Direito Civil e Comercial, tem múltiplos significados. Em Machado, o termo refere-se a dinheiro.

- **Credor**

    Do latim *creditor*, da raiz de *credere* (crer), termo, originariamente, de cunho religioso. Credor é toda pessoa possuidora de um crédito em relação a outrem. O credor e o devedor possuem um vínculo obrigacional, de modo que o devedor deve satisfazer a prestação devida, que é, em essência, o crédito a que faz jus o credor.

- **Lucro**

    Lucro é o proveito, vantagem, benefício auferido em razão de determinada transação ou atividade econômica exercida. Provém do latim *lucrum*, assim como a palavra "logro", que consite em ato de má-fé com o intuito de lesar ou ludibriar alguém: às vezes, nos negócios, o lucro assenta-se no logro. Provavelmente, por esta razão, é que Bourcier (1956, p. 429) diz: "Il y a une tendance à donner un sens péjoratif aux termes commerciaux..."[3]

---

[1] O que Cristo não recebe, o Fisco recebe.
[2] O que Cristo não recebe, o Fisco rouba.
[3] Há uma tendência em se dar sentido desfavorável aos termos de negócios comerciais.

17. *OUTROS CONTOS*

- **Auditório**

Do latim *audire* (ouvir), como audiência, auditor, auditoria. No Direito, o auditório, comumente designado por "sala de audiências", é o local onde o juiz ouve as partes e profere sentenças.

O termo "auditório" também se refere a quem ouve a sentença, seja uma pessoa (auditório particular) ou conjunto de pessoas (auditório universal). A retórica (argumentação) é parte integrante do discurso jurídico, presente tanto na exposição das teses das partes quanto na fundamentação da sentença.

- **Auto**

Proveniente do latim *actu*, o termo "auto", com vocalização do *c*, assumiu muitos significados como "peça teatral", os autos de Gil Vicente. Em Direito (sentido estrito), significa todo termo ou narração circunstanciada de uma diligência judicial ou administrativa (SILVA, 1978, p. 195).

No plural designa o conjunto das peças de um processo judicial ou administrativo. É a exteriorização física ou digital do processo judicial, que é abstrato, daí a expressão "autos do processo".

- **Autoridade**

O latim, *auctoritas* explica a origem do termo que, na terminologia jurídica, refere-se ao poder de comando, direito, jurisdição etc.

- **Cadáver**

Corpo de pessoa morta ou privado de vida. O termo vem do latim *cadavere*. Não passa de brincadeira a afirmação de que o termo proviria de *ca*ro *da*ta *ver*mibus.[4]

- **Confiscar**

De *confiscare*. Ato pelo qual se apreendem e se adjudicam ao fisco bens de outrem, seja por ato administrativo, seja por determinação do juiz.

- **Consórcio**

Na terminologia do Direito, quando se fala em consórcio, entende-se o casamento (consórcio matrimonial), a associação de empresas (consórcio empresarial) e a cooperação econômica entre pessoas para aquisição de bens. Quem participa do consórcio é o "consorte". Este, então, é o participante do mesmo destino (bom ou ruim).

---

[4] Carne dada aos vermes.

- **Contrafação**

    Do baixo latim *contra* + *facere* que, segundo Silva (1978, p. 427), significa "reproduzir por imitação".

    O sentido proposto por Silva, no mesmo passo citado, é tanto ato *fraudulento* com o qual se falsifica ou imita algo, como *usurpação dolosa* de obra literária ou artística. O Direito de Autor é regido pela Lei 9.610/98, e a contrafação é crime previsto no art. 184 do Código Penal.

- **Decisão**

    Cognato de decidir (latim *decidere*), decisão, em juízo, consiste na solução de controvérsia (questão), o que se dá por meio do exercício da jurisdição.

- **Delinquente**

    A raiz do termo é o verbo latino *delinquere* (faltar ao dever, cometer uma falta). O termo é usado, praticamente, com o sentido de criminoso (primário ou reincidente).

- **Falecer**

    De Plácido e Silva (1978, p. 672) liga o verbo ao latim *fallere*, cujo sentido próprio é "enganar". Daí falácia, falência, falido etc.

    Nascentes (1955, p. 207) liga-o a um hipotético incoativo de *fallere* "fallescere", de onde proviria o sentido atual (falecer, fenecer, morrer).

    O verbo "falecer" também era empregado no sentido de "faltar" (falecem-me forças, por exemplo), o que, no parecer de Barreto (1954, p. 92), está fora de circulação; seria, para ele, um *arcaísmo parcial*. O antigo Código de Processo Civil, em seu art. 51, trazia o verbo falecer com tal sentido: "[...] Se qualquer das partes alegar, no entanto, que falece ao assistente interesse jurídico para intervir a bem do assistido, o juiz [...]."

- **Inocente**

    Juridicamente, é quem se acha sem culpa, isento de culpa.

    Etimologicamente, é quem não é nocivo; *nocens* é nocivo; *in* + *nocens* (não nocivo) do verbo *nocere*. É de notar que a forma simples (nocente) desapareceu, o que ocorreu em vários casos citados em Damião e Henriques (2009, p. 63).

- **Investigação**

    O termo remonta ao latim *in* (aqui prefixo intensivo) + *vestigo* (seguir à procura, à descoberta); daí o *vestigium* (planta dos pés).

    A investigação refere-se mais à área penal, como na expressão "investigação criminal", em que se pretende elucidar a materialidade e autoria de um crime.

- **Lauda**

    O termo figura em De Plácido e Silva (1978, p. 915) que, assim, o define: "toda face ou banda de papel [...]: é uma das páginas da folha, assim considerada a da frente ou anverso como a das costas ou verso".

    Na tradução de *O corvo* de Edgar Poe, Machado de Assis usa a palavra "lauda":

    > "Em certo dia, à hora, à hora
    > Da meia-noite que apavora
    > Eu, caindo de sono e exausto de fadiga
    > Ao pé de muita lauda antiga
    > ...."

- **Libelo**

    Etimologicamente, trata-se do diminutivo de *líber* (livro).

    Juridicamente, libelo, na área processual penal, era o instrumento de acusação que deveria ser apresentado após o trânsito em julgado da sentença de pronúncia. O libelo, pois, consistia em exposição escrita dos fatos e das circunstâncias agravantes que envolvessem o caso, bem como dos dispositivos legais em que o réu estivesse incurso e da pena prevista, para que o júri tivesse conhecimento.

    Com a reforma processual penal de 2008, o libelo foi suprimido (Lei 11.689/08).

- **Matar**

    Consoante Bourcier (1956, p. 181) e vários outros autores de renome, o termo vem de *mactare* que teria gerado o hipotético *mattare*, donde matar.

    O termo sabe ao discurso jurídico, muito embora De Plácido e Silva não o mencione. É o verbo que tipifica a conduta de homicídio prevista no art. 121 do Código Penal.

Passamos, agora, às crônicas machadianas:

18. *HISTÓRIA DE 15 DIAS*

- **Apuro**

    Verbo "apurar" que, na linguagem jurídica, tem o sentido de verificar o resultado de uma ocorrência por meio de fatos ou alegações. O termo relaciona-se ao latim *purus* (limpo, escolhido, nítido), mais ligado à linguagem religiosa, à qual esteve associada a linguagem jurídica.

- **Interpelação**

    Do latim *inter + pello* que, na lição de Ernout e Meillet (1951, p. 875), significa "interromper pela palavra". O verbo *pello* contém a ideia de "empurrar" e mesmo "bater", "ferir", segundo os mesmos autores. O verbo teve seu sentido enfraquecido, mas ainda guarda um tom de imperativo categórico como, muitas vezes, acontece no discurso jurídico.

    Interpelar é, pois, exigir explicações de uma pessoa.

- **Óbito**

    Do latim *obire* (composto de *ire*). Na lição de Ernout e Meillet (1951, p. 353), o verbo significa "ir ao encontro ou contra". *Obire mortem* é afrontar a morte, morrer.

    A forma *ito* (latim *itus*) encontra-se em um sem-número de palavras, cujo sentido se define pelo prefixo: *êxito* (saída para fora, resultado, morte); *âmbito* (saída de um lado para outro, em redor); *introito* (saída para dentro, entrada, começo); *súbito* (o que vem inesperado) etc.

- **Vencimentos**

    Silva (1978, p. 1631) registra inúmeros sentidos do termo na terminologia jurídica. São correntes no Direito Comercial as expressões: prestações *vincendas* e juros *vincendos*, lembrança do gerundivo latino.

    O particípio passado desusado de "vencer" é "victo", sobrevivente em "invicto", "evictor" e "evicção", estes dois últimos, termos jurídicos.

19. *NOTAS SEMANAIS*

- **Coletoria**

    Do latim *colligere* (ajuntar, recolher).

    Termo arcaico que designava a repartição pública onde se recebiam e se pagavam impostos.

- **Multa**

    De acordo com Nascentes (1955, p. 346), o termo provém do latim *mulcta*. Ernout e Meillet não relacionam o termo. Consta, porém, em Gaffiot (1934, p. 999).

    Sanção pecuniária imposta à pessoa por infringir regra em princípio legal ou contratual. A multa é, inclusive, uma das penas existentes no Direito Criminal, ao lado das restritivas de direitos e das privativas de liberdade.

- **Onerosos**

    De *onus – oneris*, ônus, carga, peso. No Direito corre a expressão *onus probandi* (obrigação de provar), que em regra cabe a quem alega ou acusa.

Há também o brocardo *ubi bonus, ibi onus*, correspondente a *ubi commoda, ibi incommoda*.

Diz-se que é praxe, no sistema capitalista, dividir os ônus e não os bônus.

- **Receita**

  Do verbo latino *recipere* (receber). O termo consiste, na linguagem jurídica, na entrada de numerário, acolhida de dinheiro, arrecadação de verbas.

20. BALAS DE ESTALO

- **Denúncia**

  O termo liga-se à raiz de *nuntius* (núncio, mensageiro); o verbo denunciar, na opinião de Ernout e Meillet (1951, p. 801), na linguagem do direito e do ritual significava "declarar solenemente, levar ao conhecimento, testemunhar".

  Aplica-se na seara jurídica com o sentido genérico de "declaração" em juízo. No Direito Penal é o instrumento pelo qual o promotor denuncia ao magistrado a ocorrência de um delito.

- **Documento**

  Relaciona-se ao latim "documentum" da raiz do verbo *docere*. Seria, então, "ensino, lição".

  Na área jurídica, trata-se de papel escrito onde consta a existência de ato, fato ou negócio levado a juízo como prova.

- **Legatário**

  Para Bréal e Bailly (s.d., p. 155), o termo prende-se a *lex* com sentido amplo (pacto, disposição, condição).

  Legatário é a pessoa favorecida, beneficiada por um legado.

  O Código Civil, art. 1.943, parágrafo único, fala em "colegatário" e "coerdeiro". A Reforma Ortográfica eliminou o hífen nos dois casos.

- **Testamentário**

  O termo remonta ao latim *testamentarius* de *testamentum*. Para Ernout e Meillet (1951, p. 1217), o termo significa "*relatif aux testaments*" e "*celui qui fait un testament*". Já em português, testamentário é o que pertence ao testamento e testamenteiro é a pessoa encarregada de fazer cumprir as disposições de um testamento.

- **Tribunal**

  O termo pode ser tomado em mais de um sentido. Entendemos que, no texto machadiano, o autor refere-se ao tribunal do júri: tribunal popular de justiça.

21. *A SEMANA*

- **Abstenção**

    Para De Plácido e Silva (1978, p. 12), abstenção "é vocábulo que, na linguagem jurídica, tanto significa a renúncia a um direito ou seu não exercício, como o não exercício de uma função".

- **Abuso**

    Do latim *abusus* (*ab* + *usu*, desvio do uso). Na linguagem jurídica, indica o excesso de poder ou do direito ou mesmo a má aplicação do direito.

    Lembremos o brocardo: *abusus non tollit usum* (a má aplicação do uso não faz norma).

- **Acionista**

    Acionista ou acionário é a pessoa possuidora de ações de sociedades anônimas.

- **Comutada**

    De comutação que, na Execução Penal, é a atenuação, diminuição da pena; não é, pois, libertação da pena.

- *Habeas Corpus*

    Damião e Henriques (2009, p. 68) lembram que se trata do instituto de garantia contra a violência ou constrangimento na liberdade de locomoção.

    Habeas corpus é uma ordem que, em latim, se exprime no imperativo ou no subjuntivo (*habeas*), na lição de Ernout e Thomas (1953, p. 234).

    Habeas corpus é uma expressão latina grafada sem hífen, sinal gráfico inexistente em latim. A Reforma Ortográfica manda usar o hífen quando a expressão tem o artigo: o habeas-corpus, ou quando vernaculizada. Há de se lembrar que a vernaculização completa da expressão deve ser: Hábeas--Córpus. Apenas com o hífen a vernaculização é manca.

- **Impunidade**

    Do latim *in* (negativo) + *poena* (falta, ausência de pena, de sanção penal).

    Não se há de confundir o termo com "absolvição" (a pena não existe) e "impronúncia" (a pena não existe). Na impunidade, a pena existe, mas não houve sua aplicação.

    Machado diz que "a impunidade é o colchão dos tempos: dormem-se aí sonos deleitosos".

- **Infringir**

    Vem do latim *in* + *frangere* (quebrar com violência) e significa violar um dispositivo legal.

    Há de se cuidar em não se confundir "infligir" e "infringir".

- **Inquérito**

    Relaciona-se ao verbo latino *quaeritare* (procurar sem cessar). O inquérito, portanto, deve ser uma busca incessante e, por isso, não deve dormir nas gavetas.

    Trata-se de uma medida instaurada com o objetivo de apurar a existência de certos fatos.

- **Indenização**

    Forma-se do latim *in* + *demnis* (sem perda, sem prejuízo) e este, de *damnare* (prejudicar).

    Indenização é compensação, retribuição de caráter pecuniário para ressarcir perdas ocorridas. Quem indeniza, em tese, torna indene, ou seja, sem danos.

    Observe-se que a forma simples *dene* desapareceu, permanecendo o composto *indene*, como ocorreu em vários casos:

mentado	– comentado
concusso	– inconcusso
dubitável	– indubitável
cógnito	– incógnito
honestar	– coonestar
victo	– invicto
ulto	– inulto

- **Interrogatório**

    Composto do verbo latino *rogare*, cujo sentido primitivo era "dirigir-se a", depois, "questionar", "interrogar", sentidos todos tirados da linguagem jurídica, na asserção de Ernout e Meillet (1951, p. 1017).

    Trata-se do conjunto de indagações dirigidas a alguém para a apuração de determinado fato.

    Segundo mandamento constitucional, ainda que em face do juiz ou de autoridade policial, o silêncio do interrogado não importará em confissão nem poderá ser interpretado em prejuízo da defesa (CF, art. 5º, LXIII). Na atual ordem jurídica não se aplica, portanto, o brocardo *interrogatus non respondens, pro confesso habetur* (ter-se-á por confesso o interrogado que não responder).

- **Inquirir**

    Do latim *inquirere* (composto de *quaerere* – procurar). Ernout e Meillet (1951, p. 972) observam que Cícero usava este verbo com frequência.

    O verbo significa "fazer perguntas, indagar" com o objetivo de se apurar algum fato. Fazer perguntas com insistência, pois o prefixo *in*, no caso, é intensivo.

- **Jurado**

    Provém do latim *juratus* (quem presta, quem prestou juramento). Quem participa do julgamento, como jurado, presta juramento.

- **Jurista**

    Emprega-se no sentido de quem escreve livros jurídicos (*juris scriptores*) e, por extensão, a quem é versado nas leis, dedicado aos estudos jurídicos. De Plácido e Silva (1978, p. 902) informa que, na terminologia mercantil, jurista é a pessoa que vive de juros.

- **Magistrado**

    Forma-se do latim *magis* com ideia de superioridade. Na área jurídica, o termo indica o juiz, a autoridade judiciária em qualquer instância.

- **Metrópole**

    O termo consta no vocabulário jurídico de De Plácido e Silva e vem do grego *méter* e *pólis* (cidade-mãe). Não está relacionado ao grego *métron* (medida).

- **Morto**

    Termo conhecido no Direito por *de cujus*. O morto é representado pelo herdeiro, ou curador. O patrimônio, que porventura deixar, chama-se herança.

- **Ouvidor**

    Do verbo ouvir, o termo, no direito antigo do Brasil colonial, era o indicativo dos juízes que os donatários colocavam em suas terras.

- **Pactuada**

    Particípio de "pactuar": o que foi pactuado (ajustado). Pactuar é firmar um pacto (ajuste). Quem faz o pacto é o "pactuante" ou "pactário".

- **Perdão**

    O termo ocorre no Direito Civil, Comercial e Penal.

    No Direito Civil e Comercial perdão é a desobrigação, quitação concedida pelo credor ao devedor a título gracioso.

    No Direito Penal corresponde a "indulto" que livra da sanção penal.

- **Petição**

  Do latim *petire*, cognato de *petere* (pedir, solicitar). No parecer de Ernout e Meillet (1951, p. 891), *petere* tinha uma ideia acessória de violência, presente em quase todos seus compostos. O próprio termo *petitio* tinha esta marca, hoje desfeita, embora todo requerimento possa conter uma ponta de reclamação.

  Trata-se da formulação de um pedido a quem de direito. A peça judicial que entrega a matéria litigiosa ao magistrado e requer a solução do conflito chama-se "Petição Inicial", ou "Petição Exordial", geralmente abreviada por "a Inicial", ou "a Exordial".

- **Pretoria**

  Cognato de "pretor", magistrado romano, cujas funções variavam com frequência. Pretoria é o ofício do pretor e o lugar onde ele exerce seu trabalho. Na afirmação de De Plácido e Silva (1978, p. 1217), no Brasil, é o lugar onde o juiz de casamentos os preside.

- **Processo**

  Do verbo latino *procedere* (avançar, prosseguir).

  Na terminologia jurídica, o termo toma-se em dois sentidos (SILVA, 1978, p. 226): (1) sentido amplo: conjunto de regras para administração da justiça (Direito Processual); (2) conjunto de atos executados em ordem preestabelecida para investigação e solução de uma pretensão.

- **Promotor**

  Cognato de *promovere*, composto de *movere* (levar à frente, avançar).

  Aos promotores, cabe-lhes promover iniciativas de interesse público, especialmente, na área criminal. Os promotores de justiça são membros do Ministério Público em primeira instância; em segunda, chamam-se procuradores de justiça.

- **Queixa**

  Na opinião de Nascentes (1955, p. 426), o termo está vinculado ao latim *coaxare* (crocitar, grasnar).

  Queixa e denúncia usam-se como se sinônimos fossem, embora o primeiro tenha caráter particular e o segundo, caráter público, uma vez que é promovido por autoridade pública (promotor de justiça). A queixa, ou queixa-crime, é a peça exordial da ação penal privada. Não se confunde com a expressão vulgar "dar queixa à polícia", que consiste no ato de levar ao conhecimento da autoridade policial a ocorrência de um crime.

- **Reforma**

    Substantivo, cujo sentido, na linguagem jurídica, é modificação de decisão interlocutória ou sentença anterior por instância jurisdicional superior. Difere de "anulação" (sugere nova decisão) e de "suspensão" (período em que se suspendem os efeitos jurídicos).

- **Remédio**

    Teria sido formado de *res* (coisa) e *mederi* (cuidar).

    De acepção mais ampla que "medicamento", o termo "remédio" aplica-se também à linguagem jurídica. No Direito, a expressão "remédio jurídico" é utilizado para designar meio adequado, legal, capaz de reparar danos ou assegurar direitos.

- **Restituir**

    O verbo tem o sentido de devolver, repor, reintegrar, restabelecer. Todos estes verbos trazem o sentido de "volta ao anterior", segundo o prefixo *re*.

- **Solidário**

    Do latim *solidus* que exprime a qualidade do que deve ser cumprido *in totum*, por inteiro, sem fracionamento. O termo tem largo uso no Direito Privado onde se fala, por exemplo, em credor solidário e devedor solidário.

- **Subscrevo**

    Compõe-se de *sub* (debaixo de) e *scribere* (escrever). O sentido, então, é apor assinatura, assinar embaixo, ratificar. O prefixo *sub* manterá o hífen diante de *b, r, h* (sub-raça), como Henriques e Andrade já advertiam (2009, p. 137).

    Judicialmente, o ato de subscrever contém a ideia de "assumir compromisso", "atestar", "certificar". Na afirmação de Ernout e Meillet (1951, p. 1.068), no Direito Romano, o verbo carregava um tom de acusação *"soussigner une accusation"*.

- **Subsídio**

    O latim *subsidium* (auxílio, reforço) explica o termo. Na linguagem do Direito Constitucional, subsídio tem o sentido de remuneração devida ao Presidente da República e ao vice, bem como aos deputados e senadores, entre outros.

    No comércio exterior, entende-se "subsídio" por auxílio do governo para que se aumentem exportações ou se reduzam importações, com o intuito de proteger e fomentar o mercado interno.

- **Sugestão**

    O termo interessa ao Direito no sentido de que a sugestão pode influir na vontade de uma pessoa e, até mesmo, instigá-la a cometer atos que infrinjam a lei. Em se tratando de suicídio, a sugestão que se torna induzimento ou instigação é fato típico, ou seja, considerado crime, previsto no art. 122 do Código Penal.

- **Vínculo**

    Do latim *vinculum*, do verbo *vincire* (ligar, atar). Vínculo é, pois, ligação, laço, elo.

    No Direito, fala-se em várias espécies de vínculo (de parentesco, obrigacional, real, social etc.). Entre os cognatos de vínculo, merece menção o termo "vinculante" na expressão "súmulas vinculantes" do Supremo Tribunal Federal (STF), as quais, apesar de duras críticas, ingressaram no ordenamento jurídico brasileiro por meio da Emenda Constitucional nº 45.

Apêndice B

LATINISMOS NA LITERATURA JURÍDICA

No contexto da história do Ocidente Medieval, reparamos a estreita comunhão entre a linguagem eclesiástica e a linguagem jurídica. Como deveria ser, o mundo social medievo, com inclusão da igreja, estava impregnado do direito, como diz, com propriedade, o brocardo *ubi societas, ibi jus*.

Impossível é negar a influência profunda e indelével da igreja no polo espiritual e político e, consequentemente, no polo jurídico da Idade Média. Tal influência deve ser medida também pela linguagem eclesiástica, o latim.

A presença do latim na linguagem jurídica remonta às épocas clássica e medieval, atravessa os séculos e ainda hoje é de *usus fori*.[1] Por este motivo, soa-nos oportuno citar e examinar os latinismos nas obras de alguns autores.

1. LATINISMOS EM MAGALHÃES NORONHA (*CURSO DE DIREITO PROCESSUAL PENAL*, 1969)

- *Actum trium personarum*
  Ato de três pessoas; alusão ao juiz, ao autor e ao réu, participantes do Juízo.

- *Ad hoc*
  Para um caso específico. A expressão correta é sem hífen.
  Quando o advogado do réu não comparece, o magistrado pode nomear um defensor *ad hoc*, isto é, para aquele ato, a fim de que o acusado tenha resguardado o seu direito de defesa.

- *Apud*
  Literalmente: em, junto a. Utiliza-se a expressão em sentido físico e moral. Muito comum seu uso, também, em citação de citação.

---

[1] Uso do foro.

- *Communis opinio doctorum*

  A expressão é usada na argumentação *ex auctoritate* (opinião comum das autoridades). Tal expressão corre nos livros de Direito com pequenas alterações. O próprio Noronha repete a expressão (p. 412).

- *Concursus delictorum*

  De modo geral, é a concorrência, a pluralidade de crimes, que se não confunde com o crime continuado.

- *Concursus delinquentium*

  Crime cometido por duas ou mais pessoas. A queixa de crime atinge a todos os participantes.

- *Custos legis*

  Literalmente, guardião da lei, com alusão ao papel desempenhado pelo Ministério Público.

- *Delatio criminis*

  Trata-se da comunicação à polícia da ofensa pelo próprio ofendido.

- *Dominus litis*

  Trata-se do requerente, o autor da ação. Dessa maneira, na ação penal privada, corresponde a quem cabe a conveniência da ação: o ofendido, ou seu representante.

- *Extra petita*

  Fora dos pedidos, além dos pedidos. Com a reforma ortográfica, *extra* usa-se com hífen diante de *vogal igual* e *h*. Em latim não existe hífen.

  Refere-se à sentença que concede tutela além do que foi pedido, ferindo o princípio da inércia jurisdicional.

- *Forma dat esse rei*

  Literalmente "a forma dá o ser da coisa". Trata-se de um princípio da filosofia escolástica para ressaltar a importância da forma.

- *Ictu oculis*

  Ictus us é golpe; temos então "golpe de vista" (*coup d'oeil*), considerado por muitos como galicismo.

- *In dubio pro reo*

  O aforismo é bem conhecido, e já explicado: "na dúvida, pelo réu".

- **Indulgentia principis**

    Clemência do soberano (do príncipe). Na época medieval o direito estava vinculado ao soberano. Daí a expressão *Quo vadunt reges, vadunt leges* (aonde vão os reis, vão as leis).

- **Ipso facto**

    Em razão do próprio fato.

- **Iter criminis**

    Caminho do crime, percurso do crime, sucessão de atos praticados pelo agente criminoso.

- **Jus eundi ultro citroque**

    Direito de ir e vir; ir de um lado para outro. O advérbio latino *citro* sempre se usa com *ultro*. A expressão está relacionada com o *habeas corpus*.

- **Jus moribus constitutum**

    Significa direito constituído pelos costumes, alusão ao direito consuetudinário.

- **Metu publicae potestatis**

    Por medo do poder público. A expressão aparece ao tratar da concussão (p. 266): "Consiste a concussão em o funcionário exigir, indevidamente, de outrem uma vantagem, *metu publicae potestatis*."

    Em retórica fala-se em argumento *terrorista* quando se usa o medo.

- **Onus probandi**

    Peso da prova; a quem incumbe provar.

- **Pro rata**

    Em proporção, proporcionalmente, rateio. A expressão completa é *pro rata parte*.

- **Probatio probatissima**

    Alusão à prova de confissão que, para muitos, já não é tão absoluta.

- **Ratione materiae**

    Expressão tirada da filosofia e cujo sentido é "em razão da matéria". Na lição de Lalande (1980, p. 877), o termo razão proviria de *ratus* do verbo *reor, ratus sum, rati* (crer, pensar). *Ratus* adquiriu o sentido de "cálculo", semântica conservada em *pro rata*. *Ratio*, por influência de Cícero, adquiriu o sentido da palavra grega *lógos*.

As expressões *ratione materiae* e *ratione loci* referem-se à competência de julgar, isto é, a matéria e o local são alguns dos critérios utilizados para distribuir entre os vários órgãos judiciais o exercício da jurisdição.

- *Suaviter in modo, fortiter in re*

  Discorrendo sobre os debates no julgamento do réu, o autor (p. 295) diz que o promotor deve ater-se aos fatos e não ofender o acusado e ter em mente a expressão acima e agir "suavemente quanto ao modo e fortemente quanto ao fato". A expressão deve ter sido parafraseada por Che Guevara: "há de endurecer, mas sem perder a ternura".

2. LATINISMOS EM WASHINGTON DE BARROS MONTEIRO (*DIREITO DAS OBRIGAÇÕES*, 1967)

- *Ad instar*

  Sentido: à semelhança de, à medida de.

  Segundo Ernout e Meillet (1951, p. 569), o sentido primitivo era "*poids que l'on place sur un plateau de la balance pour faire equilibre, contrepoids*" (peso que se coloca sobre o prato da balança para equilibrar, contrapeso).

- *Casus belli*

  O fato gerador de guerra.

- *Conventio*

  Termo de caráter genérico abrangendo tanto os contratos como os pactos.

- *Ex delicto*

  Por força do delito.

- *Eo quod plerumque fit*

  O que acontece por vezes, por via de regra.

- *Fiducia*

  Da raiz de *fidere* (confiar).

  Fidúcia e fiduciário são termos da linguagem jurídica.

- *In terminis*

  Literalmente, em termos.

- *Litis contestatio*

    Literalmente: a contestação da lide. É, sentido estrito, a contestação realizada pelo réu ao pedido formulado pelo autor.

- *Nemo aliud pro alio invito creditori solvere potest*

    Ninguém pode entregar algo em lugar de outra coisa (por outra) sem anuência do credor, mesmo que se trate de outra coisa mais valiosa.

- *Nemo potest ex malitia propria, suam conditionem meliorem facere*

    Ninguém pode, por malícia própria, melhorar sua condição.

    Seria como diz Monteiro (1967, p. 120) premiar a má-fé e a desonestidade.

- *Nemo potest locare opus in perpetuum*

    Não pode haver perpetuidade da obrigação.

- *Nemo ad faciendum cogi potest*

    Ninguém pode ser coagido a fazer. Variante: *Nemo cogi ad factum*.

- *Pactum de non praestanda evictione*

    Pacto pelo qual o vendedor fica isento de responder por evicção, isto é, ajuste entre as partes por meio do qual o alienante afasta a sua responsabilidade em face de eventual perda do bem em razão de decisão judicial que atribui a coisa negociada a terceiro.

    Evicção liga-se ao verbo *evencer*, cujo particípio passado "evencido" desapareceu. Já o outro particípio passado "evicto" permaneceu, praticamente, na linguagem jurídica. Outros sobreviventes de "victo", são, por exemplo, "convicto" e "invicto".

- *Obligatio*

    Prende-se o termo ao verbo *ligare* + *ob*, de sentido físico e moral, denotando o liame existente entre credor e devedor. Monteiro (1967, p. 6) informa que *obligatio* é termo relativamente recente. O vínculo obrigacional era antes marcado por *nexum*. Ernout e Meillet e Bréal e Bailly não comentam.

- *Nexum*

    Do verbo *nectere* (enlaçar e, daí, ligar, unir): na prosa, no dizer de Ernout e Meillet (1951, p. 772), é de uso em sentido figurado e jurídico. A nosso ver, o termo provém da linguagem filosófica (nexo causal). De acordo com os mesmos autores (passo acima), *nexum* designava, na Lei das XII Tábuas, a obrigação por *aes* (moeda de bronze) e *libra* (balança) e palavras sacramentais que uniam o devedor e o credor.

Nexo causal é a relação de causa existente entre um fato antecedente e um fato subsequente; este, pois, consequência daquele.

- **Stipulatio**

    Do verbo latino *stipulare* (engajar-se). *Stipulatio* é, por consequência, o engajamento, entre os romanos, de uma parte com proposta em forma de pergunta (*interrogatio*) e de outra parte com a resposta (*responsio*). Com a resposta, estabelecia-se a adesão ou falta de adesão. Em caso afirmativo, gerava-se a obrigação.

    Temos, então, a retórica natural em funcionamento.

    Quanto à origem etimológica de estipulação há divergência: (1) Para Bréal e Bailly (s.d., p. 563) a origem seria *stips*, pequena moeda cuja função, entre outras, era pagamento de soldados; (2) Ernout e Meillet (1951, p. 1.148) dizem que os juristas do Baixo Império ligavam o termo ao adjetivo *stipulus* (firme); (3) outros vinculam o termo a *stipula* (palha) em razão do costume de se rasgar uma palha ao se prometer alguma coisa.

- **Vinculum juris**

    Vinculum remonta ao verbo latino *vincire* (ligar). Vínculo jurídico é a relação jurídica estabelecida entre o sujeito ativo de direito e o sujeito passivo (vínculo pessoal), ou um objeto (vínculo real).

3. LATINISMOS EM EDUARDO C. B. BITTAR (*LINGUAGEM JURÍDICA*, 2009)

- **Ab origine**

    A partir da origem.

- **Ad perpetuum**

    Para sempre.

- **Animal simbolicus**

    Referência à importância que o símbolo desempenha na Semiótica.

- **Ex nihilo**

    Forma abreviada da expressão filosófica *ex nihilo nihil* (do nada se tira nada).

- **Ex qua oritur ius**

    Da qual nasce o direito. Alusão às fontes do Direito.

- *Grosso modo*
  Equivalente a "de modo geral".

- *Hic et nunc*
  Aqui e agora.

- *Intentio lectoris*
  Intenção, vontade do leitor.

- *Intentio legislatoris (auctoris)*
  Intenção, vontade do legislador (autor).

- *Intentio operis*
  Intenção, vontade da obra.

- *Inter absentes*
  Comunicação pelo texto escrito.

- *Inter praesentes*
  Comunicação vivida pelos interlocutores.

- *In totum*
  No total: concordar *in totum*, isto é, completamente: em gênero, número e grau.

- *Jus positum*
  O Direito estabelecido; em vigor.

- *Mundus juris*
  Mundo do direito, tudo que se refere ao direito; universo do direito.

- *Opinio doctoris*
  Alusão ao argumento de autoridade.

- *Ratio aestetica*
  "Razão da fruição dos conteúdos e formas estéticas a da liberdade de criação", no dizer de Bittar (2009, p. 157).

- *Ratio essendi*
  Razão de ser, expressão filosófica.

- **Sub examine**
  Sob exame.

- **Sub foco**
  Sob foco, sob análise.

- **Totum juridicum**
  O Direito na sua totalidade.

- **Ubi societas ibi semiosis**
  O autor parece tratar da linguagem jurídica pelo ângulo da semiótica. Daí a criação do aforismo acima.
  Muitos são os aforismos criados com os advérbios latinos *ubi* (onde) e ibi (aí).
  Ubi societas, ibi ius
  Ubi ius, ibi semiosis
  Ubi emolumentum, ibi onus
  Ubi bonus, ibi onus
  Henriques (2003, p. 50) criou o axioma: *ubi societas, ibi rethorica*.

4. LATINISMOS EM MARIA SYLVIA ZANELLA DI PIETRO (*DIREITO ADMINISTRATIVO*, 1996)

- **Administro**
  Discorrendo sobre a origem de "administração", a autora (p. 48) informa que alguns ligam o termo a *ad + ministro* (servir, executar), corradical de *minuere* (diminuir).

- **Ad manus trahere**
  Trazer às mãos. Outra explicação para a origem de administração, menos provável.

- **Allodium**
  Segundo a autora (p. 422), o termo refere-se a uma porção de terra atribuída aos vencidos.
  O termo não está registrado em Gaffiot (1934), Ernout e Meillet (1951), Bréal e Bailly (s.d.).

- **Alterum non laedere**
  Não prejudicar a outrem: um dos princípios básicos, fundamentais do Direito. O verbo *laedere* significa "bater" (sentido físico e moral) e, daí, ferir, prejudicar.

Do mesmo verbo temos o adjetivo "leso" (lesa) e, sendo adjetivo, flexiona-se normalmente sempre separado por hífen.

    leso-patriotismo   lesos-patriotismos
    leso-velho   lesos-velhos
    lesa-pátria   lesas-pátrias
    lesa-majestade   lesas-majestades

- ***Exceptiones sunt strictissimae interpretationis***
  No tocante ao exercício de direitos e à assunção de obrigações, normas restritivas e exceções devem ser interpretadas restritivamente.

- ***Ex orbita***
  Fora de órbita; daí exorbitar.

- ***Jus utendi***
  Direito de usar. Do verbo latino *uti*.

- ***Jus fruendi***
  Direito de fruir (gozar). Do verbo latino *frui*.

- ***Jus abutendi***
  Direito de abusar, cujo sentido era "usar completamente" desprovido de sentido pejorativo. Os romanos sintetizavam o direito de propriedade no *jus utendi, fruendi* e *abutendi*.

- ***Jus eminens***
  Consoante Di Pietro (p. 26), é o direito composto de prerrogativas e poderes atribuídos ao príncipe para o bem da coletividade.

  A propósito, não se confunda *eminente* (alto, elevado) e *iminente* (prestes a acontecer). Às vezes, há confusão: as duas formas podem ser usadas, como em passagem do livro *O Guarani*, de José de Alencar: "Peri tomou a resolução pronta que exigia a eminência do perigo: em vez de ganhar a mata, suspendeu-se a um dos cipós, e galgando o cimo da palmeira, aí abrigou-se com Cecília." No caso, parece estar mais para *iminência*.

- ***Jus politiae***
  Direito de polícia. Tanto o *jus eminens* quanto o *jus politiae*, segundo a autora (1996, p. 26), são direitos atribuídos aos príncipes na Idade Média.

- *Mandamus*

    De acordo com Nunes (1965, p. 184), é o mandado, ordenação, mandado de segurança.

    Do latim *man(um)do* (colocar nas mãos).

- *Pacta sunt servanda*

    Os pactos devem ser observados: princípio da força obrigatória das convenções.

- *Quod regis placuit lex est*

    O que agradou ao rei é lei.

    Referência ao poder absoluto da monarquia na Idade Média.

- *Uti singuli*

    De uso singular (particular). Trata-se de serviços que visam diretamente aos cidadãos (água, luz, transporte).

- *Uti universi*

    De uso da coletividade; serviços usufruídos indiretamente pelos indivíduos (defesa do país).

5. **LATINISMOS EM TERCIO SAMPAIO FERRAZ JR. (*INTRODUÇÃO AO ESTUDO DO DIREITO*, 2001)**

    - *Animal laborans*

        Há certa tendência em designar o ser humano por *animal* (*animal laborans*, *animal simbolicus*, por exemplo). *Animal* está ligado a *animus*, que designa o "ser pensante". O termo sofreu degeneração de sentido.

        Laborans remete ao verbo latino *laborare*, cujo cognato é *labor*, trabalho com sentido acessório de esforço fatigante, consoante Ernout e Meillet (1951, p. 595).

    - *Argumentatio*

        Do latim *argumentatio*, cognato de *arguere* (persuadir). A velha retórica (Aristóteles) e a nova retórica (Perelman e Tyteca) estabeleceram distinção e, mesmo, separação entre *argumentação* e *demonstração*. Esta apoia-se na lógica formal exclusivamente. Aquela (argumentação) sustenta-se na lógica formal e na lógica informal. Em outras palavras, usa argumentos lógicos e quase lógicos.

- *Auctoritas*

  Remonta ao latim *augere* (aumentar, fazer crescer). O argumento quase lógico de autoridade (*ex auctoritate*) aumenta a força da argumentação, mas não tem força de decisão.

- *Confirmatio*

  Ligado ao verbo *firmare* do qual é composto, o termo entrou em circulação com a *Rhetorica ad Herennium*, com a lição dos abalizados Ernout e Meillet (1951, p. 422). Vê-se, então, que o termo tem conotação gramatical e retórica. Entrou na linguagem jurídica pela filosofia escolástica.

- *Controversio*

  O termo relaciona-se ao latim *verto* (voltar: sentido próprio e figurado, físico e moral).

  Na opinião de Ernout e Meillet (1951, p. 1283), o termo é próprio da retórica. Em sentido literal é "volta em sentido contrário". Sentido próprio: disputa, querela, adversário, da mesma raiz.

  A nosso ver, o termo transitou da filosofia escolástica para o direito.

- *Contradictio in terminis*

  Expressão que frequenta a filosofia. Lalande (1980, p. 184) fala em *contradictio in adjeto* e *contradictio in terminis*. Esta é "a contradição manifestada pela própria forma dos termos entre os quais ela existe ou que a contêm" (tradução nossa). A expressão *contradictio in adjetis* aparece, por exemplo, em Monteiro (1967b, p. 134).

- *Contrarietates*

  Termo vigente na filosofia escolástica (medieval): falta de sintonia na interpretação, o que suscitava dúvidas.

- *Dissentio*

  Forma-se do verbo latino *sentio* + a forma negativa *dis*: *dis* + *sentio* (dissentir, discordar, não concordar).

  Deve-se lembrar de que no ensino jurídico medieval se fazia uso do método da dialética da *disputatio*, característica do ensino teológico e filosófico medievo.

- *Dubitatio*

  Do verbo *dubitare* (duvidar): estar dividido entre duas alternativas. A *dubitatio* é consequência das *contrarietates*.

- *Facultas agendi*

    Prende-se *facultas* ao verbo *facere* (fazer, colocar, pôr). Tradução: faculdade, possibilidade de agir.

    Encontra-se também a expressão *facultas eligendi* (faculdade de escolher).

- *More geometrico*

    Literalmente: à moda geométrica. A expressão é de uso no discurso retórico em relação à demonstração levada ao excesso por Descartes que mereceu do filósofo francês Victor Cousin as palavras seguintes: "le démon de la géométrie fût le mauvais génie de Descartes" (O demônio da geometria foi o mau gênio de Descartes – tradução nossa).

- *Pater familias*

    Consoante Silveira (1957, p. 492), o termo indicava "o chefe da casa, o titular da soberania familiar" e, por isso, era uma pessoa *sui juris*.

    Para Ernout e Meillet (1951, p. 862), o termo *pater* não tem sentido físico, caso em que se usava *parens, genitor* ou mesmo *progenitor*.

- *Probatio*

    O termo em Quintiliano equivale à *argumentatio* e à *confirmatio* (Cícero); promana de *probo* (provar). No parecer de Ernout e Meillet (1951, p. 950), o termo tinha sentido abstrato e, na época imperial, adquiriu sentido concreto: prova.

- *Solutio*

    Do verbo *solvere* (desligar, desfazer, resolver). O escopo do pensamento jurídico medieval, pela dialética, era, pela *controversia*, pela *ars opponendi et respondendi*, chegar à solução dos problemas postos pela *quaestio*.

6. LATINISMOS EM MIGUEL REALE (*FILOSOFIA DO DIREITO*, 1965)

- *Agens*

    Literalmente: agente, aquele que age. Do verbo latino *agere* que, na opinião de Ernout e Meillet (1951, p. 28), na linguagem do direito se usa em sentido absoluto: *agere lege* (proceder de acordo com a lei); *agere cum* (discutir com); *actio* (processo judicial); *actor* (advogado) etc.

    Agere indica ação, movimento contínuo, diferente de *facere* (fazer) de movimento em determinado instante.

    A Filosofia guarda o mesmo sentido: ser que age. O mesmo acontece na Semiótica.

- *Ancilla theologiae*

   Expressão da teologia tomista, segundo a qual a filosofia é uma auxiliar da teologia.

- *Communitas gentium*

   Comunidades das raças, das etnias, dos povos.

   Reale (1965, p. 210) parece dizer que a tendência é haver integração histórica da civilização para a formação de uma comunidade dos povos. Hoje fala-se em tendência multipolar.

- *Damnas esto*

   Reale (1965, p. 439) cita esta fórmula arcaica *damnas esto* (seja ligado a, obrigado a) para dizer que *obligare* e *damnare* iam de par, no início, quando a obrigação tinha conotação religiosa.

   A fórmula completa, na lição de Ernout e Meillet (1951, p. 292), é *heres meus damnas esto* (meu herdeiro seja obrigado). Trata-se, pois, de uma fórmula de herança.

- *Desideratum*

   Neutro latino, cujo significado é "desejo", o plural é *desiderata*.

   O termo é corradical de *desiderare*, cuja raiz é *sidus* (constelação, conjunto de estrelas), termo da linguagem augural.

   Ernout e Meillet (1951, p. 1101) ensinam que o sentido primeiro de *desiderare* (desejar) era "deixar de ver", "constatar a ausência de" e, daí, desejar.

- *Ego*

   Em gramática, o *ego* (o *eu*) opõe-se ao *tu*, mas em qualquer forma de discurso, o *eu* supõe o *tu*; não se opõem, mas se entrelaçam. O *eu* é o enunciador e o *tu* é o enunciatário.

   Temos, então, o *ego* em relação ao *alter*; é a identidade e a alteridade, tão caras à Semiótica e à Retórica.

   Merece lida a afirmação de Reale (1965, p. 303): "Na Moral, o *ego* pode dirigir-se ao *alter*, mas não se prende a ele, enquanto no Direito o *ego* se enlaça ao outro, e o outro, concomitantemente, se enlaça ao primeiro sujeito."

- *Ex facto oritur jus*

   O direito nasce do fato, age apoiado nos fatos; não age abstratamente.

- *Ex professo*

   Corresponde à expressão *ex cathedra* (do alto da cátedra), cujo sentido é "com autoridade professoral", ou "com exatidão".

- *Habitat*

    Palavra latina proparoxítona. O *habitat* (lugar onde habita) do homem é a sociedade.

- *Homo juridicus*

    A palavra latina *homo* é corrente em expressões como, p. e., *homo juridicus, homo ludens, homo erectus, homo religiosus*, ao lado de *animal* a que já nos referimos.

    O homem que interessa ao Direito não é um ser abstrato, mas concreto. Está inserido numa sociedade concreta, de cujo contexto participa e depende.

- *Inter homines*

    Literalmente: entre os homens. A expressão está relacionada com o anterior. Toda conduta humana é um fato social, diz respeito à sociedade.

- *Lucidus ordo*

    Sentido: lúcida ordem ou lucidez da ordem. O autor refere-se à sistematização necessária no Direito. Toda novidade deve-se integrar no todo. Numa lei não basta a contiguidade material dos parágrafos; deve haver uma continuidade lógica.

- *Pari passu*

    De parelha, a passo igual, no mesmo passo.

- *Regula juris*

    Medida do direito.

    O termo *regula* comporta a raiz latina *reg*, do verbo *regere* (dirigir em linha direita). Do termo *regula* temos, em português, *régua* e *regra*. A primeira (régua) aplica-se no plano físico e a segunda (regra) no plano ético.

- *Socius*

    Os seres humanos conscientizaram-se de que sós não lograriam os seus objetivos, razão por que instituíram a sociedade humana. Decorre daí que cada um se tornou sócio do outro na consecução de seus planos. O *ego* deixa de ser *ego* e passa a ser *socius* no plano jurídico.

    Na sociedade humana, a rigor, não existimos, mas coexistimos.

BIBLIOGRAFIA

ACQUAVIVA, M. C. *Dicionário acadêmico de direito*. São Paulo: Saraiva, 2008.

ACQUAVIVA, M. C. *Dicionário Jurídico Acquaviva*. São Paulo: Rideel, 2010.

ALMEIDA, N. M. de. *Dicionário de questões vernáculas*. São Paulo: Caminho Suave, 1981.

ALMEIDA, N. M. de. *Gramática latina*. São Paulo: Saraiva, 2008.

ALMEIDA, N. M. de. *Gramática metódica da língua portuguesa*. São Paulo: Saraiva, 2009.

ALMEIDA PRADO, L. R. *O juiz e a emoção*. Campinas: Millennium, 2003.

ALVES, A. C. *Lógica*: pensamento formal e argumentação. São Paulo: Quartier Latin, 2005.

ALVES, J. C. M. *Direito romano*. Rio de Janeiro: Forense, 2008.

ALVIM, D. F. *Lógica*. 2. ed. Petrópolis: Vozes, 1964.

ANDRADE, M. M. de; HENRIQUES, A. *Língua portuguesa*: noções básicas para cursos superiores. 10. ed. São Paulo: Atlas, 2009.

ARISTÓTELES. *Órganon*. Bauru: Edipro, 2005.

ARISTÓTELES. *Retórica*. Tradução e notas de Manuel Alexandre Junior. Lisboa: Imprensa Nacional/Casa da Moeda, s.d.

ARISTÓTELES. *Arte retórica e arte poética*. Estudo introdutório de Goffredo Telles Júnior. Rio de Janeiro: Ediouro, [s.d.].

ASSIS, M. *Obra completa*. Rio de Janeiro: Aguilar, 1962.

AZEVEDO, F. F. dos Santos. *Dicionário analógico da língua portuguesa*: ideias afins/thesaurus. 2. ed. Rio de Janeiro: Lexikon, 2010.

BARILLI, R. *Retórica*. Lisboa: Presença, 1979.

BARKER, S. F. *The elements of logic*. 3. ed. New York: McGraw-Hill, 1980.

BARRETO, F.; LAET, C. de. *Antologia nacional*. Rio de Janeiro: Francisco Alves, 1957.

BARRETO, M. *Factos da língua portuguesa*. 2. ed. Rio de Janeiro: Simões, 1954.

BARROSO, I. (Org.). *O corvo e suas traduções*. Rio de Janeiro: Lacerda E., 1998.

BECHARA, E. *Moderna gramática portuguesa*. Rio de Janeiro: Lucerna, 2001.

BECHARA, E. *Moderna gramática portuguesa*: atualizada pelo novo acordo ortográfico. Rio de Janeiro: Lucerna, 2009.

BELTRÃO L. *Folkcomunicação*. São Paulo: Cortez, 1980.

BEVILÁQUA, C. *Código Civil dos Estados Unidos do Brasil comentado*. Rio de Janeiro: Ed. Paulo de Azevedo, 1949. v. 1.

BITTAR, E. C. B. *Linguagem jurídica*. 4. ed. São Paulo: Saraiva, 2009.

BORBA, F. S. da. *Pequeno vocabulário de linguística moderna.* 2. ed. São Paulo: Editora Nacional, 1976.

BOURCIER, E. *Eléments de linguistique romane.* 4. ed. Paris: Klincksieck, 1956.

BRAGA, J. A. de A. JAAB sem açúcar e sem afeto. In: DE PAULA, A. J. et al. *Antologia brasileira de humor.* Porto Alegre: L&PM, 1976. v. 1.

BRASIL. Tribunal Superior Eleitoral. *Thesaurus.* 6. ed. rev. e ampl. Brasília: Secretaria de Documentação e Informação, 2006.

BRÉAL, M.; BAILLY, A. *Dictionnaire étymologique latin.* Paris: Hachette, s.d.

BRETON, Ph. *Argumentação na comunicação.* 2. ed. Tradução de Viviane Ribeiro. Bauru: Edusc, 2003.

BULFINCH, T. *O Livro de ouro da mitologia*: histórias de deuses e heróis. Rio de Janeiro: Ediouro, 1999.

CAMARA JR., J. M. *Estrutura da língua portuguesa.* Petrópolis: Vozes, 2002.

CAMARA JR., J. M. *Dicionário de filologia e gramática.* 5. ed. Petrópolis: Vozes, 1977.

CARVALHO, C. de. *Para compreender Saussure.* 5. ed. Rio de Janeiro: Ed. Rio, 1987.

CARVALHO FILHO, A. de. *Machado de Assis.* Salvador: Progresso, 1959.

CAZACU, T. S. *Lenguaje y contexto.* Barcelona: Grijalbo, 1970.

CEGALLA, Domingos Paschoal. *Dicionário de dificuldades da língua portuguesa.* 3. ed. Rio de Janeiro: Lexikon, 2009.

CHARAUDEAU, P.; MAINGUENEAU, D. *Dicionário de análise do discurso.* São Paulo: Contexto, 2004.

CUNHA, A. G. da. *Dicionário etimológico da língua portuguesa.* 4. ed. Rio de Janeiro: Lexikon, 2010.

CUNHA, C. *Uma política do idioma.* 3. ed. Rio de Janeiro: Tempo Brasileiro, 1975.

DAMIÃO, R. T.; HENRIQUES, A. *Curso de português jurídico.* 10. ed. São Paulo: Atlas, 2009.

DECLERG. G. *L'art d'argumenter.* Paris: Editions Universitaires, 1992.

DEFAYS, J. M. *Le comique.* Paris: Seuil, 1996.

DELMANTO, R. *Causos criminais.* Rio de Janeiro: Renovar, 2009.

DIAS, A. E. S. da. *Syntaxe histórica portuguesa.* 3. ed. Lisboa: Clássica, 1954.

DINAMARCO, C. R. *Instituições de direito processual civil.* 3. ed. rev. e ampl. São Paulo: Malheiros, 2003. v. 3.

DINIZ, M. H. *Código Civil anotado.* São Paulo: Saraiva, 2006.

DINIZ, M. H. *Dicionário jurídico.* São Paulo: Saraiva, 2009.

DINIZ, M. H. *Dicionário jurídico acadêmico.* São Paulo: Saraiva, 2010.

DIP, R. *Direito penal*: linguagem e crise. Campinas: Millennium, 2001.

DUBOIS, J. et al. *Dicionário de linguística.* São Paulo: Cultrix, 1978.

ERNOUT, A.; MEILLET, A. *Dictionnaire étymologique de la langue latine.* 3. ed. Paris: Klincksieck, 1951.

ERNOUT, A.; THOMAS, F. *Syntaxe latine*. 2. ed. Paris: Klincksieck, 1953.

FERRAZ JR., T. S. *Direito, retórica e comunicação*. São Paulo: Saraiva, 1997.

FERRAZ JR., T. S. *Introdução ao estudo do direito*. 3. ed. São Paulo: Atlas, 2001.

FERREIRA, A. B. de H. *Novo Dicionário Aurélio de Língua Portuguesa*. Curitiba: Positivo, 2009.

FETZNER, N. L. C. (Coord.). *Lições de gramática aplicadas ao texto jurídico*. Rio de Janeiro: Forense, 2007.

FRANÇA, L. R. *Brocardos jurídicos*. 4. ed. São Paulo: Revista dos Tribunais, 1984.

FREIRE, L. *Grande e novíssimo dicionário da Língua Portuguesa*. Rio de Janeiro: Ed. Rio de Janeiro, 1957, 5 v.

GAFFIOT, F. *Dictionnaire illustré latin-français*. Paris: Hachette, 1934.

GALVÃO, J. B. *Subconsciência e afetividade na língua portuguesa*. 3. ed. Rio de Janeiro: Simões, 1954.

GILSON, E. *La philosophie au Moyen Age*. Paris: Payot, 1922, 2 v.

GONÇALVES, C. R. *Direito Civil brasileiro*: parte geral. São Paulo: Saraiva, 2010.

GREIMAS, A. J.; COURTÉS, J. *Dicionário de Semiótica*. Tradução de Alceu Dias Lima et al. São Paulo: Cultrix, s.d.

GUIMARÃES, E. *Texto, discurso e ensino*. São Paulo: Contexto, 2009.

GUIMARÃES, E. Figuras de retórica e argumentação. In: MOSCA, L. do L. S. (Org.). *Retóricas de ontem e de hoje*. 2. ed. São Paulo: Humanitas, 2001.

GUIMARÃES, V.; THEBICH, S. M. *Dicionário de palavras cultas da Língua Portuguesa*. Fortaleza: HB Editora, 2006.

HENRIQUES, A. *Prática da linguagem jurídica*. São Paulo: Atlas, 2004.

HENRIQUES, A. *Argumentação e discurso jurídico*. São Paulo: Atlas, 2008.

HENRIQUES, A. *A dimensão retórico-jurídica nos autos religiosos de Gil Vicente*. 2003. Tese (doutorado) – São Paulo: USP.

HOMERO. *Ilíada* (em versos). Tradução de Carlos Alberto Nunes. Rio de Janeiro: Ediouro, 2001.

INSTITUTO, A. H. *Escrevendo pela nova ortografia*: como usar as regras do novo acordo ortográfico da língua portuguesa. 2. ed. São Paulo: Publifolha, 2008.

JESUS, D. E. de. *Código penal anotado*. São Paulo: Saraiva, 1995.

JOLIVET, R. *Curso de filosofia*. Tradução de Geraldo Dantas Barreto. Rio de Janeiro: Agir, 1975.

JOTA, Z. S. dos. *Dicionário de linguística*. Rio de Janeiro: Presença, 1976.

JOVANOVIC, A. *Descubra a linguística*. São Paulo: Nacional, 1987.

KASPARY, A. J. *O verbo na linguagem jurídica*. 2. ed. Porto Alegre: Livraria do Advogado, 1990.

KASPARY, A. J. *Habeas verba*. 3. ed. Porto Alegre: Livraria do Advogado, 1996.

KOCH, I. G. V.; TRAVAGLIA, L. C. *Texto e coerência*. São Paulo: Cortez, 1989.

KOCH, I. G. V.; TRAVAGLIA, L. C.. *A coerência contextual*. São Paulo: Contexto, 2004.

KOCH, I. G. V. *Argumentação e linguagem*. 2. ed. São Paulo: Cortez, 1987.

KOCH, I. G. V. *A coesão textual*. São Paulo: Contexto, 2004.

LA FONTAINE, J. D. Fables Choisies. Paris: Jallimard, 1991.

LALANDE, A. *Vocabulaire téchnique et critique de la philosophie*. 13. ed. Paris: PUF, 1980.

LAPA, M. R. *Estilística da língua portuguesa*. 8. ed. Coimbra: Coimbra Editora, 1959.

LAUSBERG, H. *Elementos de retórica literária*. Tradução de R. M. Rosado Fernandes. 3. ed. Lisboa: Estampa, 1995.

LEJAY P.; PLESSIS, F. *Oeuvres d' Horace*. Paris: Hachette, 1911.

LOBATO, M. *Emília no país da gramática*. São Paulo: Globo, 2008.

LYONS, J. *Introdução à linguística teórica*. São Paulo: Nacional: Edusp, 1979.

MACHADO, J. P. *Dicionário etimológico da língua portuguesa*. Lisboa: Confluência, 1967.

MAGALHÃES, E. C. P.; MAGALHÃES, M. C. P. *Dicionário jurídico Piragibe*. Rio de Janeiro: Lumen Juris, 2007.

MAINGUENEAU, D. *Novas tendências em análise do discurso*. Tradução de Freda Indursky. Campinas: Pontes, 1989.

MARCHAK, S. Quem é importante? In: BELINKY, T. *Di-versos russos*. São Paulo: Scipione, 1990.

MARITAIN, J. *A ordem dos conceitos*: lógica menor. Rio de Janeiro: Agir, 1980.

MAROUZEAU, J. *Traité de stylistique latine*. Paris: Belles Lettres, 1946.

MAXIMO, J.; DIDIER, E. *Noel Rosa*: uma biografia. Brasília: UNB – Linha gráfica, 1990.

MEIRELES, C. *Romanceiro da inconfidência*. Obra poética. Rio de Janeiro: Aguilar, 1958.

MEYER, M. *Questions de rhétorique*: language, raison et séduction. Paris: Librairie Générale Française, 1993.

MOLINIÉ, G. *Dictionnaire de rhétorique*. Paris: Librairie Générale Française, 1992.

MONÇÃO, G. F. *Curso básico de latim e latim forense*. Belo Horizonte: Del Rey, 2005.

MONTEIRO, W. Barros de. *Curso de direito civil*: direito das obrigações. 4. ed. São Paulo: Saraiva, 1967b.

MONTEIRO, W. Barros de. *Curso de direito civil*: direito das coisas. 7. ed. São Paulo: Saraiva, 1967a.

MORIER, H. *Dictionnaire de poétique et rhétorique*. Paris: PUF, 1961.

MOSCA, L. do L. S. (Org.). *Retóricas de ontem e de hoje*. São Paulo: Humanitas, 2004.

NASCENTES, A. *Dicionário etimológico da língua portuguesa*. Rio de Janeiro: Acadêmica, 1955.

NASCIMENTO, E. D. *Linguagem forense*. São Paulo: Saraiva, 2009.

NEGRÃO, T. et al. *Código Civil e legislação processual em vigor*. São Paulo: Saraiva, 2010.

NEGRÃO, T. et al. *Código de Processo Civil e legislação processual em vigor*. São Paulo: Saraiva, 2010.

NOGUEIRA, J. *Dicionário e gramática de Os Lusíadas*. Rio de Janeiro: Freitas Bastos, 1960.
NORONHA, E. M. *Curso de direito processual penal*. 3. ed. São Paulo: Saraiva, 1969.
NUNES, P. *Dicionário de tecnologia jurídica*. 6. ed. Rio de Janeiro: Freitas Bastos, 1965. 2 v.
OLÉRON, P. *L'argumentation*. 4. ed. Paris: PUF, 1996.
PEASE, B.; PEASE, A. *Desvendando os segredos da linguagem corporal*. Rio de Janeiro: Sextante, 2005.
PEREIRA, C. M. da S. *Instituições de direito civil*. 13. ed. Rio de Janeiro: Forense, 2009. v. 3.
PEREIRA, E. C. *Gramática expositiva*. 82. ed. São Paulo: Nacional, 1951.
PERELMAN, C. *Retóricas*. Tradução de Maria E. G. Pereira. São Paulo: Martins Fontes, 1997.
PERELMAN, C.; OLBRECHTS-TYTECA, L. *Tratado da argumentação*: a nova retórica. São Paulo: Martins Fontes, 1996.
PERRONE-MOISÉS, L. *As flores da escrivaninha*. São Paulo: Companhia das Letras, 1990.
PICHON, R. *Histoire de la littérature latine*. Paris: Hachette, 1908.
PIGNATARI, D. *Comunicação poética*. São Paulo: Moraes, 1977.
POLITO, R. *Oratória para advogados e estudantes de direito*. São Paulo: Saraiva, 2008.
PRADO, D. A. de. *Seres, coisas, lugares*. São Paulo: Companhia das Letras, 1997.
RAMOS, P. E. S. da. *Poesia do ouro*. Os mais belos versos da "Escola Mineira". São Paulo: Melhoramentos, 1964.
RAMOS, P. E. S. da. *Poesia barroca*. São Paulo: Melhoramentos, 1966.
REALE, M. *Filosofia do direito*. São Paulo: Saraiva, 1965.
REBOUL, O. *Introdução à retórica*. São Paulo: Martins Fontes, 1998.
REBOUL, O. *La réthorique*. 6. ed. Paris: PUF, 1984.
RECTOR, M; TRINTA, A. R. *Comunicação do corpo*. São Paulo: Ática, 1990.
RESENDE, O. L. *O braço direito*. São Paulo: Companhia das Letras, 1993.
RIBEIRO, J. *Frases feitas*. 2. ed. Rio de Janeiro: Francisco Alves, 1960.
ROBRIEUX, J. J. *Eléments de rhétorique et d' argumentation*. Paris: Dunot, 1993.
ROSA, E. *Os erros mais comuns nas petições*. 9. ed. Rio de Janeiro: Freitas Bastos, 1993.
SANT'ANNA, A. R. de. *Paródia, paráfrase & cia*. 3. ed. São Paulo: Ática, 1988.
SANTOS, G. C. dos. *Comunicação e expressão*: introdução ao curso de redação. Rio de Janeiro: Forense, 1983.
SARTORELLI, E. C. Elementos retóricos nas polêmicas religiosas da Reforma. As epístolas de Miguel Servet. *Letras Clássicas*, nº 4, São Paulo: Humanitas, 2000, p. 209-313.
SEVERINO, A. J. *Metodologia do trabalho científico*. 23. ed. São Paulo: Cortez, 2007.
SHOCAIR, N. M. *Português jurídico*. Teoria e prática. Rio de Janeiro: Elsevier, 2008.
SILVA, De Plácido e. *Vocabulário jurídico*. Rio de Janeiro: Forense, 1978.
SILVA, De Plácido e. *Vocabulário jurídico*. 28. ed. Rio de Janeiro: Forense, 2009.
SILVA, José Afonso da. *Curso de direito constitucional positivo*. 19. ed. São Paulo: Malheiros, 2001.

SILVEIRA, M. A. *Registro de imóveis*: função social e responsabilidades. São Paulo: RES Editora, 2007.

SILVEIRA, S. da. *Trechos seletos*. 6. ed. Rio de Janeiro: F. Briguiet, 1961.

SILVEIRA, V. C. da. *Dicionário de direito romano*. São Paulo: José Bushatsky, 1957. 2 v.

SINDOU, M. J. O. *Dicionário jurídico*. Academia Brasileira de Letras Jurídicas. Rio de Janeiro: Forense Universitária, 2009.

SOUZA, A. A. de. *A língua portuguesa no Brasil*. Rio de Janeiro: Fundo de Cultura, 1960.

TERRA, E. *Linguagem, língua e fala*. São Paulo: Scipione, 1997.

THEODORO JR., H. *Curso de direito processual civil*. 41. ed. Rio de Janeiro: Forense, 2004. v. 1.

TOMPAKOW, R.; WEIL, P. *O corpo fala*: a linguagem silenciosa da comunicação não verbal. Petrópolis: Vozes, 1993.

TÔRRES, A. A. de. *Comentários à polêmica entre Rui Barbosa e Carneiro Ribeiro*. São Paulo: Nacional, 1959.

TRUBILHANO, F. Perspectivas ontológicas do direito subjetivo: um estudo comparado. In: PEREIRA, Ademar; THEOPHILO NETO, Nuncio; DAMIÃO, Regina Toledo (Org.). *O direito na atualidade*. São Paulo: Rideel, 2010. p. 374-381.

TRUBILHANO, F. *Retórica clássica e nova retórica nos recursos judiciais cíveis*: a construção do discurso persuasivo. Tese (doutorado) – São Paulo: USP, 2013.

VALLER, W. *Os funcionários públicos à luz da jurisprudência*. São Paulo: Sugestões Literárias, 1976.

VENOSA, S. de S. *Direito civil*: parte geral. 10. ed. São Paulo: Atlas, 2010.

(Org.). *Novo Código Civil*. 4. ed. São Paulo: Atlas, 2004.

VOLP. *Vocabulário ortográfico da língua portuguesa*. 5. ed. Rio de Janeiro: Global, 2009.

WAMBIER, T. A. A. et al. *Primeiros Comentários ao Novo Código de Processo Civil*: artigo por artigo. 2. ed. São Paulo: Revista dos Tribunais, 2016.

WERNECK, H. *O desatino da rapaziada*. Jornalistas e escritores em Minas Gerais. São Paulo: Companhia das Letras, 1992.

WERNECK, H. *O Santo sujo*: a vida de Jayme Ovalle. São Paulo: Cosac Naify, 2008.

WINDISCH, U. *Le K. O. Verbal*: la communication conflictuelle. Paris: L'Age d'homme, 1987.

XAVIER, R. C. *Latim no direito*. Rio de Janeiro: Forense, 2005.

XAVIER, R. C. *Português no direito*. 9. ed. Rio de Janeiro: Forense, 1991.

ZUMTHOR, P. *A letra e a voz*: a literatura medieval. Tradução de Amálio Pinheiro e Jerusa Pires Ferreira. São Paulo: Companhia das Letras, 1993.